教育心理學

葉重新 著

作者簡介

葉重新　台灣台南市人

學歷

國立台灣大學心理學碩士、國立政治大學教育學博士

曾經任教

國立台中教育大學、國立彰化師範大學、國立政治大學、國立空中大學、東海大學、淡江大學、亞洲大學、中國文化大學、中原大學、輔仁大學、實踐科技大學、中央警察大學、萬能科技大學、中台科技大學、聖約翰科技大學、朝陽科技大學、台灣神學院、中台神學院

曾經擔任

淡江大學教育研究中心執行長、國立台中教育大學數理教育學系主任、考選部心理師考試典試委員、亞洲大學心理學系主任、保力達公司顧問、台中家庭扶助中心專業諮詢委員、國立台中圖書館教育文化講座、台灣北部社區心理衛生中心主任、斐陶斐榮譽學會總幹事

論文指導

擔任過約百名研究生學位論文指導教授

專書出版

心理與教育測驗、心理學、教育研究法、教育心理學、變態心理學、心理測驗、心理與生活、心理學概論

序

教育心理學是從事教育工作者必備的專業知識，因此，我國各師範大學、教育大學、各大學師資培育機構，均開設教育心理學之課程供學生修習。為何中小學教師或幼兒園教師必須修習教育心理學？究其主要原因，乃這些教師所教導的學生身心未臻成熟，教師如果懂得教育心理學，則容易針對學生個別差異來因材施教，能了解學生認知發展情形，善於激發學生學習動機與學習興趣，做好班級經營與管理，且能改善師生關係，做好教學評量工作，塑造學生優良品格，並能將各種學習理論應用到教學情境，增進教學效果，進而達成教育目標，使每一位學生都能成為身心健康的國民。

筆者在大學與研究所碩士班期間均主修心理學，博士班則鑽研教育學，因此對教育心理學這個領域產生濃厚興趣。在大學教學累積三十餘年經驗，曾在國立臺中教育大學教授教育心理學課程，在選擇教材時相當困擾，因為我國現有之教育心理學大學教科書都相當陳舊，而且其內容大都直接或間接的翻譯自外國教科書，學生研讀這類教科書之後，常有一知半解、見樹不見林的感覺，因此筆者乃萌生撰寫教育心理學教科書之念頭。

本書之撰寫力求簡潔易懂，多舉教學實例，理論與實際相結合，全書內容包括十三章：第一章緒論，說明教育心理學的意義與目的，釐清教育心理學的範圍，介紹教育心理學的研究方法；第二章說明各種身心發展理論；第三章探討兒童與青少年身心發展特徵；第四章就智力的性質與理論，加以探討，提出教師對智力個別差異學生的教育之道；第五章說明非智能因素個別差異，例如：不同種族文化、社經水準、性別、自我觀念、性格等學生之心理特徵與教育；第六章探討各種學習理論及其在教育上的應用；第七章說明人本主義心理學的緣起、理論與其在教育上的應用；第八章說明學習動機相關理論，並且分析教師激發學生學習動機的方法；第九章就記憶、遺忘與學習遷移等議題加以探討，並說明如何應用在教學上；第十章介紹思考活動與教學，說明教師如何培養學生思考能力；第十一章針對各種身心障礙學生的種類、原因、特徵，並說明其在教育上的應用；第十二章討論教師如何做好班級經營與秩序管理；最後一章說明教學評量的種類、如何編製教學評量工具，以及如何實施多元化教學評量。

本書能夠順利出版，感謝上天讓我在繁忙工作之餘有健康的身心，感謝家人的支持，也要感謝心理出版社的協助，使本書能順利出版。由於筆者在撰寫本書期間，除了教學之外並身兼學校行政工作，尚擔任研究生學位論文指導教授，工作相當繁忙，因此本書疏漏之處在所難免，懇請國內外教育心理學者先進不吝指正，以作為再版時修訂之參考。

葉重新 謹識

2022 年 2 月於台中市

目次

1 **緒論** ······ 1

第一節　教育心理學的性質 ······ 2
第二節　教育心理學研究的目的 ······ 5
第三節　教育心理學的歷史發展 ······ 7
第四節　教育心理學研究的主題 ······ 15
第五節　教育心理學常用的研究方法 ······ 18

2 **身心發展理論與教育** ······ 39

第一節　身心發展的涵義與爭論 ······ 40
第二節　認知發展理論 ······ 42
第三節　語言發展理論 ······ 53
第四節　心理社會發展理論 ······ 55
第五節　道德發展理論 ······ 60

3 **兒童與青少年期身心發展與教育** ······ 69

第一節　嬰兒期的身體發展與教育 ······ 70
第二節　學齡前兒童的身心發展與教育 ······ 72
第三節　學齡兒童的身心發展與教育 ······ 86
第四節　中學生的身心發展與教育 ······ 94

4 **智力個別差異因素與學校教育** ······ 103

第一節　智力的性質與相關概念 ······ 104
第二節　智力理論 ······ 107
第三節　智力的影響因素 ······ 116
第四節　智力測驗的種類與測驗分數的解釋 ······ 119
第五節　智力測驗在教育上的應用 ······ 124

5 非智能因素個別差異與學校教育 …… 127

第一節 種族文化差異與學校教育 …… 128
第二節 家庭差異與學校教育 …… 131
第三節 性別差異與學校教育 …… 136
第四節 自我觀念個別差異與學校教育 …… 142
第五節 性格差異與學校教育 …… 144

6 學習理論與教學 …… 157

第一節 學習的涵義 …… 158
第二節 古典制約的學習理論 …… 159
第三節 操作制約的學習理論 …… 165
第四節 社會學習理論及其在教學上的應用 …… 179
第五節 行為學習理論在教育上的應用 …… 182

7 人本主義心理學的學習理論 …… 189

第一節 人本主義心理學的歷史背景及其要義 …… 190
第二節 人本主義心理學的理論 …… 193
第三節 人本理論的教育理念 …… 196
第四節 人本取向教學法 …… 198
第五節 人本主義在教學上的應用及其限制 …… 208

8 學習動機與學習行為 …… 213

第一節 動機的性質與相關概念 …… 214
第二節 行為主義的學習動機理論 …… 219
第三節 人本主義的學習動機理論 …… 222
第四節 認知學派的動機理論 …… 227
第五節 激發學生學習動機 …… 234

9 **記憶、遺忘與學習遷移** …… 241
第一節　記憶 …… 242
第二節　遺忘 …… 256
第三節　學習遷移 …… 261
10 **思考活動與教學** …… 269
第一節　思考的性質與類型 …… 270
第二節　推理 …… 275
第三節　作決定與解決問題 …… 279
第四節　創造性思考與教學 …… 287
11 **特殊學生的心理與教學** …… 297
第一節　特殊學生的種類及出現率 …… 298
第二節　智能障礙與資賦優異學生 …… 299
第三節　學習障礙與語言障礙學生 …… 305
第四節　視覺障礙與聽覺障礙學生 …… 310
第五節　情緒障礙、行為異常與自閉症學生 …… 314
第六節　肢體障礙或身體病弱學生 …… 318
12 **班級經營與常規輔導** …… 325
第一節　了解學生身心發展的特徵 …… 326
第二節　班級經營管理 …… 329
第三節　營造良好的學習情境 …… 340
第四節　班級教室的布置 …… 345
第五節　教師領導與班級氣氛 …… 348
第六節　學生違規行為的管理與輔導 …… 352

13 **學生學習評量** …… 361
第一節　教學評量的涵義與目的 …… 362
第二節　教學評量的種類 …… 365
第三節　教學評量的工具 …… 368
第四節　多元化教學評量 …… 388

參考文獻 …… 393
一、中文部分 …… 393
二、英文部分 …… 393

索引 …… 401
一、漢英索引 …… 401
二、英漢索引 …… 409

第一章　緒論

教育心理學（educational psychology），是各師範大學、教育大學與各大學師資培育機構，指定學生必修的教育專業科目之一，同時也是中小學教師甄試必考的科目。由此可知，在成為教師之前，就必須具備教育心理學的專業知識，將來成為正式在職教師，才能成為經師與人師兼備的良師，這是筆者撰寫本書的主要目的。讀者研讀本章之後，應能達成以下目標：

1. 了解什麼是教育心理學。
2. 了解研究教育心理學的目的。
3. 了解現代教育心理學的演進歷程。
4. 明白現代教育心理學研究的主題。
5. 知道教育心理學者常採用哪些研究方法。

第一節　教育心理學的性質

壹、教育心理學的涵義

教育心理學係將心理學的知識應用到教學上，使教師教學與學生學習產生最大的效果。因為心理學主要在研究人類的行為，所以教師教學與學生學習之行為，可以使用心理學的原理來進行探討。

現代心理學可以分為：理論心理學與應用心理學兩大學門，教育心理學屬於應用心理學的一支，也是應用心理學門中最早出現的學科。教育心理學以心理學的認知理論、行為理論、人本理論以及生理學理論為基礎，在教育情境中研究教師與學生互動的行為；其主要目的在於解決有關教育的問題，經由科學研究的結果，除了了解教學上實際問題之外，亦可建立系統的教學理論，同時增進教師教學效果以及提升教育品質，使學生成為德、智、體、群、美等五育均衡發展、身心健全的國民，進而達成國民教育的目標。

貳、教育人員需要心理學知識

廣義來說，教育包含學校、家庭、社會與宗教等四大類，從事上述各類教育的人員，都需要具備教育心理學的基本知識與能力，尤其是教師若懂得運用教育心理學的原理與方法，在從事學校教育工作時，就比較容易收到教育的效果。

狹義而言，教育係指學校教育，又稱為正規教育。在中小學學校教育中，教師最重要的工作就是教學，其次為研究與服務。教師在整個教學過程中，大都要有以下五個步驟：

1. 擬訂教學目標。
2. 在進行教學之前，先評估學生已具備的學科知能。

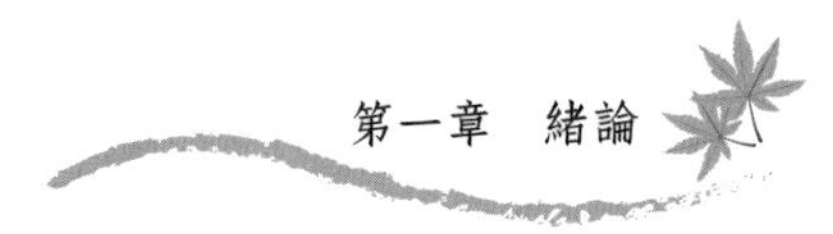

3. 對所要教授的學科進行課程設計。

4. 依教學計畫進行教學活動。

5. 對學生學習結果進行教學評量。

教師在上述教學歷程中，需要運用心理學的知識，將教學目標轉化為具體的行為目標，以心理或教育測驗工具，對學生的心智、學習潛能、性格、學習態度等進行評估，再蒐集教學相關資料編撰適當的教材，在教學活動歷程中做好班級經營，增強學生學習動機、提高學習興趣，導正其不良適應行為，然後以適當的教學評量工具，來評量學生學習成果。最後，對於未達成學習目標的學生進行補救教學，進而達成預期的教學目標。

參、優良教師應具備教育心理學的素養

教學是教師教導與學生學習的互動歷程，教師教學是否有良好的效果，除了教師本身的因素之外，尚受到教育行政、學校、學生以及學生家庭等方面的影響。其中，在學校方面，舉凡校長領導、學校行政、學校組織文化、學校環境與設備、學生班級人數等，都與教師教學效果有密切關聯。在教師個人方面包括：教師學科知識、教育理念、教育專業素養、教學態度、教學方法。在學生方面包括：智力、性向、學習動機、學習方法、學習興趣、同儕關係、學習態度、身心健康情形等因素。在學生家庭方面，以父母管教子女的方式、家庭社會經濟地位（social economic status, SES）、家庭居住環境、家庭設備、家人關係、父母對子女的教養態度與期望等因素，影響學生學習效果較大。

在教師教育專業素養方面，包括：教育哲學、教育心理學、教育社會學、教育測驗與評量、教育統計學、教學原理、諮商與輔導、班級經營、課程設計、教育研究法，以及特殊兒童教育等方面的知能，其中教育心理學就是教師專業素養方面重要的學科之一。

臺灣俗語說：「有狀元學生，沒有狀元老師。」具體而言，教師要成為一位經師、人師兼備的良師，實在很難有一套公式可供教師遵循。正如許多教育學家

常說：「經師容易，人師難求。」一位優良的教師，需要具備以下特徵：

1. 具有豐富的學科知識，精通教學科目內容。
2. 擁有精湛的教學方法與技巧。
3. 具有正確的教育理念，能將教育心理學的理論應用到教學工作上。
4. 擁有無私的教育大愛與高度的教育熱忱。
5. 了解學生身心的發展及特徵。
6. 了解學生個別差異，並給予適性教育與輔導。
7. 善於激發學生學習動機，使學生發展個人潛能。
8. 啟發學生獨立思考與解決問題的能力。
9. 塑造學生優良的品格與道德。
10. 具有民主風範、以身作則，作為學生的表率。
11. 有良好的師生關係，能做好班級經營。
12. 以適當的教學評量工具，來評量學生學習表現。
13. 對於學習成就偏低的學生，實施補救教學。
14. 能夠配合學校行政，達成學校教育目標。
15. 具有良好的親師關係。
16. 對行為偏差學生能做好諮商與輔導工作。
17. 能不斷自我充實、進修，對教學上所遭遇到的問題，進行研究。

上述這些特徵，皆與教師是否擁有教育心理學的素養，有著十分密切的關係。由此可知，教育心理學對每一位從事教育工作的教師而言，實在非常重要。

第二節　教育心理學研究的目的

壹、建立教育的理論

學校教育以學生為對象，每一個學生都是獨特的個體，除了性別、年齡之外，學生尚有生理、智力、性向、性格、興趣、宗教信仰、家庭背景、種族文化等方面的個別差異，因此，教育心理學的研究，不可能發現一套定理或定律。簡言之，教師不可能依照一定的模式來教學，就能夠使每一個學生品學兼優、身心健康、五育均衡發展；但根據教育心理學的研究，可以由許多實證資料，建立出有系統的教育理論，如此便可使教育人員根據這些理論，做為教育工作的參考。

貳、提升教育效果

教師在教學時，有時需要處理許多問題。教師如果能根據教育心理學家的研究結果來做處理，這樣就能使教師做正確的決定，例如：甲教師對上課出席率最高的學生給予獎勵，就理論而言，這樣會提高學生上課出席率。又如：乙教師對學業成績進步最大的學生給予獎勵，就理論來說，學業成績進步較少的學生也需要教師的獎勵；丙教師不獎勵任何一位學生，但是以增加課程的趣味性，來激發學生學習興趣，這樣也會提升學生學習動機。

上述這三位教師的教學策略，你認為哪一位最能使全班學生的出席率提高，同時學業平均成績也隨之進步？這時教師如果依照教育心理學者的研究結果，來做為決定的依據，就能夠得到實質的教育效果；反之，教師如果只依據自己主觀的判斷，這樣就比較不容易有實際的效果。

參、有利於教師做正確的決定

教師在教學情境中，時常會遭遇到一些問題，這時教師必須決定如何處理，例如：王老師上國文課時，小明經常擾亂上課秩序，這時王老師應該怎麼處理？王老師可能採取的策略和理論，如表 1-1 所示。

表 1-1　王老師對不守規則學生的策略及其理論依據

策　　略	理　　論
1. 不予理會。	如果理會他，將增強小明不守秩序的行為。
2. 罰站。	小明為了避免被罰站而改善不守秩序行為。
3. 將小明帶到辦公室教訓。	可以減少同學對小明的注意。
4. 向同學說明小明違反班規。	讓小明了解同學不支持他的行為。
5. 警告全班同學，如果小明不守班規就不下課。	全班同學會制止小明違反班規的行為。

根據表 1-1，教師管教小明的五個策略，你認為哪一個才是正確的？如果小明不遵守規矩的目的，是為了要引起老師和同學的注意，則教師不去理會他就有效果；但是，老師若不了解小明的心理就大聲責罵他，而使得小明引起老師的注意，反而助長其表現不良行為。王老師如果將小明帶到辦公室管教，可以減少同學對他的注意，這樣也有助於小明改善不守規矩的行為。

小明不守班規的行為，可能成為其他同學的不良示範，於是王老師向同學說明大家不可以和小明一樣，讓全班同學不支持小明的行為。最後一種方法，教師警告同學，如果和小明一樣不守規矩就不下課，如此一來，也可以促使全班同學一同制止小明不守規矩的行為。

王老師在處理小明不守規矩的行為時，如果依據教育心理學的行為學習理論，就容易做正確的決定。由於行為學習理論主張，一個人表現某一行為之後，如果得到獎賞，則以後容易再表現該行為；反之，一個人表現某一行為之後，如果沒

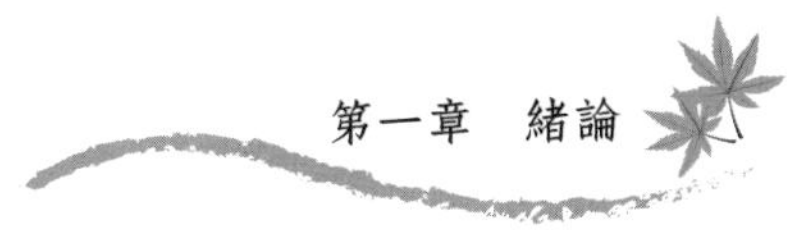

有得到獎賞，則以後不容易再表現該行為。因此，當小明表現不守規矩的行為時，王老師採取不理會他的策略，使小明覺得自己的行為不受老師歡迎，小明以後上課時就會遵守班規了。

肆、可作爲政府制定教育政策的參考

教育行政機關的主管在決定教育政策時，如果能參考教育心理學之學術研究報告，就有利於做正確的決策，例如：幼兒園是否要實施雙語教學？中學是否要實施能力分班教學？小學是否應實施建構式教學法？中小學學生在什麼階段實施性教育比較適合？如何評量教師的教學效能？哪些學生應接受特殊教育？以上這些問題不宜只由教育行政機關首長，憑其個人主觀的想法來作決定，最好根據教育心理學家的研究成果來規劃，這樣比較能對教育政策作出明智的決定。否則，學生就常成為學校教育實驗的「白老鼠」。

第三節　教育心理學的歷史發展

壹、教育心理學起源於哲學

中國古代的教育家和哲學家，例如：孔子、孟子、荀子等人，在論述教育時，都曾經運用心理學的有關理論。但是，這些古聖先賢對於教育心理學，普遍缺乏系統性的研究。

教育心理學屬於心理學的分支，雖然德國學者馮德（Wilhelm Maximilian Wundt, 1832-1920）在 1879 年，於該國萊比錫大學首先採用科學方法進行人類心理的研究。但是心理學的歷史淵源，可以追溯到二千多年前的古希臘哲學家，例如：蘇格拉底（Socrates, 469-1399 B.C.）、柏拉圖（Plato, 427-347 B.C.）、亞里斯多德（Aristotle, 384-322 B.C.）等人。心理學的研究起源於西方哲學，至少有以

下幾位哲學家，對於教育心理學的誕生具有啟示作用。

一、亞里斯多德

亞里斯多德是古希臘的偉大哲學家，在其個人的哲學思想中，已論及人類知識的產生、人的本性、記憶、推理等心理功能。他強調一個人的品德應從日常生活中去實踐，也認為智力比勞力重要，強調：「勞心治人，勞力治於人」，其哲學思想對於教育心理學的研究，頗具有催生作用（葉學志，1985）。

二、洛克

洛克（John Locke, 1632-1704）為 17 世紀英國哲學家，他提出**經驗主義**（empiricism），主張人類是由後天的學習經驗中獲得知識，認為人如「臘板」（Tabula Rasa）一樣，可以任意雕塑，人類的行為完全受後天環境的影響，這種觀點對於心理學家提出的學習理論，也具有催生作用。洛克認為教育的目的就是要給學生自由，但也要教導學生自我約束，也就是教育學生要「恩威並濟、寬嚴適中」，這種理念也是很重要的教學原理。

三、康德

康德（Immanuel Kant, 1724-1804）是 18 世紀德國哲學家，他提出**理性主義**（rationalism），認為人類與生俱來就有記憶、思想、判斷以及推理的能力，人類先天的理性是吸收知識的原動力。他的哲學思想對於認知理論具有啟示作用。

四、赫爾巴特

赫爾巴特（Johann Friedrich Herbart, 1776-1841）是德國知名的哲學家與教育家，他主張教育必須建立在倫理學與心理學兩學科之上。因為心理學是研究人類行為的一門科學，教師教學的對象是人，教育活動也需要以科學方法來進行，而非只憑教學者個人的經驗而已。換言之，教育工作者如果不懂心理學，就難以產生教育的效果。

赫爾巴特認為，教育必須有正確的方法，而教學方法需要根據科學的原理原則，也就是以心理學的理論學說作為依歸。赫爾巴特受理性主義哲學的影響，提出準備、提示、比較、概括以及應用等五段教學法，對當時教育學有很大的貢獻。

赫爾巴特重視人與人，以及人與物之間的關係。他強調道德教育的重要性，認為教育可以培養學生民胞物與、關懷與同理心，這種觀念對於教育心理學重視情意教育，具有很大的啟示作用。此外，赫爾巴特曾經提出**博雅**（liberal art）教育的概念，他特別重視教師教學要引發學生學習的興趣，主張教師應指導學生追求：知識、美感、抽象思考、人際交往、宗教信仰以及參與社會事務等，其教育思想與今日教育心理學的學習動機與興趣，頗有雷同之處。

五、斐斯塔洛齊

斐斯塔洛齊（Johann Heinrich Pestalozzi, 1746-1827）是瑞士的教育學者，在其教育思想中充滿了對貧困兒童的愛心與協助，他認為教導貧困兒童之前，要先了解這些兒童的心理，教師教學時必須站在兒童的立場來思考問題，因此他被尊稱為平民教育之父。其教育理念深受經驗主義的影響，在教育上提倡**直觀教學法**（intuitional instruction）。他認為教師教學時，應以學生觀察到的具體事物作為教材，也就是以實物作為教具，或要求學生就地取材來進行教學，這樣才能使學生產生最佳的學習效果。他的教育理念與現代心理學中，強調教學應配合學生認知發展的程度，不謀而合。

六、福祿貝爾

福祿貝爾（Friedrich Froebel, 1782-1852）是德國著名的幼兒教育家，他的教育理念受基督教的影響很大，認為神創造宇宙萬物，萬物皆有神性，所以教育者應有神愛世人的信念，他比喻：「孩童是植物，教師是園丁，校長是花園。」他主張一個人有愉快的童年，是奠定未來一生幸福美滿生活的基礎；反之，不幸的童年生活經驗，將使人的未來容易產生偏差行為。他強調教師應讓學生透過各種手工活動，把玩各種恩物，以激發其思考與創造能力。他的教育思想對日後兒童心理的研究，有很大的貢獻。

貳、教育心理學的萌芽期

一、馮德

馮德

19世紀末葉，歐美等先進國家的科學家，在物理學、化學、生物學、數學等自然科學領域的研究，已經有相當豐碩的成果。此時，德國心理學者馮德（Wilhelm Maximilian Wundt）在1879年，以自然科學的方法對人類行為進行有系統的實驗，從此心理學乃脫離哲學領域，獨自成為一門研究人類行為的科學。雖然馮德的研究未涉及教育方面的問題，但是對往後教育心理學的誕生，卻產生很大的啟迪作用。

二、詹姆斯

美國心理學者詹姆斯（William James, 1842-1910），重視人的心理功能，提倡**功能主義**（functionalism），他主張研究人類行為時，可以使用觀察、心理測驗或問卷調查。他認為教師觀察學生在日常生活中的行為，就能了解學生的興趣、態度、感情與價值觀，如此將有助於教師提升教學品質。他的觀念已將心理學的原理，運用到教學方面。

三、杜威

杜威

杜威（John Dewey, 1859-1952）是美國著名的哲學家、教育家與心理學家，在美國創立教育實驗學校，並曾擔任芝加哥大學心理學、哲學、教育學系系主任，他極力將心理學的研究發現應用到教育工作上。在心理學史上，他是功能主義學派的創始人之一。

杜威主張：(1)生活即教育，教育即生活，教育即生長，學校即社會，因此學生在學校的生活學習，有助於未來的生活；(2)每一個人都有發展的**潛能**（potentiality），教育的目的就是要激發個人的潛能，這種潛能就是心理學家所說的**性向**（aptitude）；(3)教學活動以學生為中心，學校課程必須符合學生的能力與興趣；(4)鼓勵學生**從做中學習**（learning by doing），從實踐中學習知識；(5)主張教育的目的是讓學生在歡樂中學習與成長。

四、桑代克

美國心理學者桑代克（Edward Lee Thorndike, 1874-1949），在 1903 年出版《教育心理學》（*Educational Psychology*）一書，在 1913 年又增訂其內容，成為三卷的《教育心理學》；1922 年又撰寫《教育心理學：學習的心理學》一書，該書提出學習的**準備律**（law of readiness）、**練習律**（law of exercise）、**效果律**（law of effect），以及**學習遷移**（transfer of learning）等學說，將人類學習的原理應用到教學方面，因此他被尊稱為教育心理學之父。

由於當時普通心理學的研究，大都以白老鼠、猴子、鴿子、黑猩猩、狗、貓等動物作為實驗對象，再將研究結果推論到人類的行為。在當時的時空環境背景下，桑代克的教育心理學著作，其主要內容包括：人類的本性、學習心理學、個別差異及其原因等三部分，其闡釋重點將動物行為研究所發現的原理、原則應用到教育情境上，尤其是他所主張的學習定律，包含準備律、練習律與效果律，都是以貓在**迷籠**（puzzle box）進行**操作制約**（operant conditioning）學習實驗所發現的。

桑代克的教育心理學是由動物的學習行為發展出來的，這比使用**內省法**（introspective method）以及哲學的思辯方法來解決教育問題較為科學。桑代克的教育心理學，將動物的學習行為應用到教育情境，雖然動物的行為與人類行為仍有很大的差距，不過，他的創見卻開啟了教育心理學研究的大門。

參、教育心理學的後續發展

在 1920 年代之後，心理學的研究對教育心理學的影響，比較顯著的有以下幾個方面。

一、行為主義

美國行為主義學者史金納（Burrhus Frederic Skinner, 1904-1990），是一位對學習心理學有深入研究的心理學家，他以白老鼠的操作制約學習實驗結果，建立刺激與反應連結的學習理論，進而提倡**編序學習**（programmed learning），終於建立操作制約學習理論。同時，根據該理論而發明**教學機**（teaching machine），教學機對教師教學與提升學生學習效果，都有很大的益處。

二、智力測驗

法國人比奈（Alfred Binet, 1857-1911）與其助理西蒙（Théodore Simon, 1872-1961），為了協助法國政府教育部將智力較低的兒童編入特別班級，以因材施教，因而在 1905 年編製全世界第一個標準化的智力測驗，稱為**比西量表**（Binet-Simon Scale）；該量表雖然只有 30 題，但是根據測驗結果可以診斷兒童的心智是否正常，以避免智力較低的兒童在普通班級學習的困難。因此，智力測驗對學校教育行政、學生諮商輔導，均有很大的助益。

比奈

三、認知心理學的催生

1960 年代以後，認知心理學成為心理學的顯學，而認知心理學對於教育心理學的影響，不亞於行為主義心理學。不少教育學者重視學生在學習過程中的**認知**（cognition），強調教師教學應配合學生認知的能力，這樣才能夠產生最大的教學效果。

認知心理學派在20世紀中葉興起，該學派的認知理論主張學習是個體對整個學習情境中，認知與了解事物之間的關係。在整個認知歷程中，個體先接受外在各種訊息，然後對這些訊息加以處理，而訊息如何處理就與認知有密切的關係。因此，個體的學習並非外在刺激與反應的連結歷程而已。

皮亞傑（Jean Piaget, 1896-1980）根據其多年以兒童為對象的實驗研究，提出認知發展理論。該理論認為，人類認知發展有一定的順序，而且與年齡有關，因此教師教學時，必須符合學生的認知發展程度，利用學生所能了解的方式來教學，如此才可以使學生學習產生最大的效果。皮亞傑的認知發展理論，對教育心理學具有很大的啟示作用。

1957年，蘇俄首先發射人造衛星成功，在太空競賽中取得領先地位，當時美國朝野人士大為震驚，於是美國聯邦政府提出《國家在危機之中》（*Nations at Risk*）的文告，全力謀求教育改革，以期在科學方面迎頭趕上蘇俄。美國教育家布魯納（Jerome Seymour Bruner, 1915- ）在1956年的著作《兒童思維之研究》（*A Study of Thinking*）一書中，強調要了解兒童的心理，不能再以白老鼠或鴿子作為研究對象，而必須以學生作為研究對象。1960年，在他出版的《教育歷程》（*The Process of Education*）一書中，強調教師教學時所提供的教材與方法，必須要符合學生認知結構，才能產生良好的教學效果。1966年，布魯納在《邁向教學的理論》（*Toward a Theory of Instruction*）一書中提出，教師教學要使學生獲得有效的學習，必須先了解學生的認知能力，當教師教學能符合學生認知程度時，才能產生有效的教學效果。

美國心理學家奈瑟（Ulric Neisser, 1928- ），在1967年出版《認知心理學》（*Cognitive Psychology*）一書之後，許多心理學家才投入認知領域的研究。後來，電腦的發明使得人類**訊息處理**（information processing）更加快速、便捷，再加上**語言心理學**（psycholinguistics）的研究日漸受到重視，於是認知心理學乃成為今日心理學的顯學。

近年來，認知心理學逐漸朝著以下幾個方向發展：(1)研究正常人認知的心理歷程；(2)研究大腦受傷者的認知現象；(3)研究電腦設計與**人工智慧**（artificial intelligence）；(4)研究學生學習過程的認知特徵。教育心理學特別受到上述四個方面的影響，在這種時代潮流影響之下，教育心理學者強調教師教學應重視學生如何思考，而非只灌輸知識而已。此後，認知心理學在教學上的應用，遂成了一股研究熱潮。

四、人本主義的影響

人本主義的代表人羅吉斯（Carl Ransom Rogers, 1902-1987）、馬斯洛（Abraham Harold Maslow, 1908-1970），他們強調人有自由意志去選擇和決定自己的行為，每一個人都必須對自己的選擇和行為負責。人能夠掌握自己的命運，如果一個人從小受到他人的關懷、鼓勵、尊重以及接納，就容易產生正向的自我觀念，這樣個人就能朝向**自我實現**（self-actualization）的目標去發展。

在人本主義的影響之下，強調學生為教學的主體，學校及教師不能強制學生學習，不能只靠獎勵或懲罰來影響學生學習。換言之，學習只能靠內發而不能外爍，教師應尊重學生學習自由，以民主方式來教導、啟發，使學生之自我潛能充分發展。在這種時空背景之下，**開放教育**（open education）盛行一時，例如：尼爾（Alexander Sutherland Neill, 1883-1973）創設風格特異的**夏山學校**（Summerhill School），該校不刻意以任何方式教導學生，而是讓學生自然發展，因此在一般公立學校適應不良的學生，在夏山學校中都能夠有良好的適應，於是人本教育學校便有如雨後春筍般的設立。因此，教育界又從重視認知領域，轉向重視人本教育。人本主義的思想對培養學生健全人格的道德教育、學生團體活動的合作學習，都具有啟蒙作用。

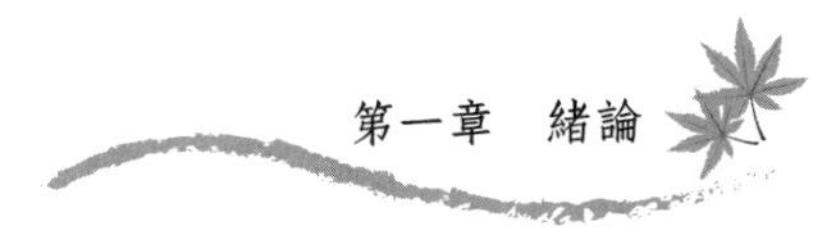

第四節　教育心理學研究的主題

壹、學生身心發展的特性

教育心理學以學生為研究對象，探討學生在教育情境中的學習行為。教師在面對一群不同生理狀況、性別、年齡、家庭背景以及宗教信仰的學生時，首先要了解學生身心發展狀況，配合兒童或青少年的身心發展情形來實施教學，這樣才能夠收到良好的教學效果。

一個人的發展包含：生理、動作技能、認知、語言、道德、情緒，以及社會行為等方面的發展。歷年來，有許多心理學者對個人的發展作深入的研究，其中比較著名的有：皮亞傑與維高斯基（L. S. Vygotsky）的認知發展理論、艾瑞克森（E. H. Erikson）的心理社會發展理論、皮亞傑與柯爾柏格（L. Kohlberg）的道德發展理論，以上這些理論都將在本書中加以討論。

貳、學生個別差異與適性教育

學生除了身心發展不同之外，其智力、性格、家庭社經地位、種族、語言、性別、學習能力、宗教信仰，以及身心健康情形等方面，也各有差異。教師不但要了解學生的個別差異，而且要針對個別學生的能力來實施教育，這樣不但能使每一個學生的潛在能力充分發揮出來，也可使每一個學生具有健全的身心發展。

參、各種心理學理論在教育上的應用

過去，雖然有許多心理學者提出不同的學習理論，大致可分為：認知取向、行為取向與人本取向的學習理論。其中認知取向的學習理論，偏重在記憶、遺忘、訊息處理、概念學習、有意義的學習等方面；行為取向的學習理論，以古典制約、操作制約為基礎，探討**行為塑造**（behavior shaping）、**行為改變**（behavior modification）以及**社會學習**（social learning）等；人本取向的學習理論，在教育上強調教師要傾聽學生的心聲，積極關懷、以同理心對待學生，使學生充分發揮潛在能力，並朝自我實現的方向去發展。

肆、學生學習動機與情緒

學生學習**動機**（motivation）是學習的原動力，學生如果缺乏學習動機，則學習無法持久，自然不容易產生學習效果。因此，教師如何針對學生的**學習風格**（learning style）調整教學策略，以符合個別學生的需求，就相當重要，例如：如何將學生分組，使學生合作學習？教師如何了解學生的心理需求，激發學習動機與學習興趣，使學生主動學習？以上領域也是教育心理學研究的主題。

伍、思考活動與教學

思考（thinking）是學習的基本條件，透過學校教育可以提升學生的思考能力。臺灣在考試領導教學的風氣之下，今日學校教育大都停留在教師將知識傳授給學生，學生背誦教材，或訓練學生解題的技巧，而忽略思考能力的培養，導致很難培育出有創造力的學生。在社會快速變遷、科學一日千里的今日世界，加強培養學生創造性思考與批判性思考能力，方能有效增進學生解決問題、適應環境，進而有改造環境的能力。因此，近代教育心理學家特別重視在教學過程中，培養學生獨立思考能力。

陸、記憶、遺忘與學習遷移

記憶（memory）是學習的基本要素，學生在學習過程中常有**遺忘**（forgetting）的現象。教師在教學之後，學生所學習的內容如果很快遺忘，就很難產生學習效果，因此，如何減少學生遺忘，增進記憶力，也是教師需要關注的問題。另外，在知識急遽暴增、快速變遷的社會中，教師如何教導學生以舊有的經驗與知識去學習新的事物，並且將所學習的知識、技能應用到日常生活中，這就是**學習遷移**（transfer of learning）的問題。因此，本書將探討記憶與遺忘的現象，並且說明學習遷移的理論及其在教育上的應用。

柒、師生關係與班級領導

教師如何營造良好的班級氣氛、塑造班級的優良班風、建立良好的師生關係、以何種方式來領導學生、師生之間如何有效溝通、教師的期望與學生行為有何關聯、教師如何與學生家長溝通、教師對於學生問題行為如何處理等，以上主題也是教育心理學研究的重點。

捌、道德與品格陶冶

我國的國民教育目標強調：教育旨在培養學生德、智、體、群、美等五育均衡發展的國民，由此可知，德育為五育之首。長久以來在升學主義風氣的影響之下，學生品德的陶冶向來不被重視，學生升學不考慮其操行成績也是原因之一。教師如何透過教育心理學的方法，協助學生養成良好的品格，這個主題在本書中也有詳細說明。

玖、學生偏差行爲及其輔導

教師教學的班級，通常會遇到各種類型的學生，教師除了教學與做研究之外，還有輔導學生的責任。少數學生有偏差行為，例如：性格偏差、精神官能症、霸凌、性變態、偷竊、吸菸、吸毒、說謊、逃學、自殘、攻擊、暴力、過動、自閉、**上學恐懼症**（school phobia）甚至變成精神疾病等，這些學生需要由輔導老師與教師來輔導。教師如何預防學生偏差行為的發生，以及如何輔導行為偏差的學生，這些問題也是本書的焦點之一。

拾、教學評量

教師在進行教學過程中，以及教學告一個段落之後，為了了解學生學習情形，以作為改進教學的參考，需要對學生進行教學評量（evaluation）。在傳統紙筆測驗之外，教學評量還有哪些種類？各種教學評量使用的時機為何？教師宜採用何種教學評量方法？教師如何編製學科測驗才有高的信效度？測驗結果如何分析與解釋，才能了解學生學習情形並且加以輔導？以上這些主題也是教育心理學研究的焦點。

第五節　教育心理學常用的研究方法

教育心理學隸屬於心理學的一個學門，心理學是研究人類行為的科學，教育心理學則是研究教師教學與學生學習的一門科學。既然教育心理學是一門科學，就需要採用科學方法來進行研究，而科學方法常採用**歸納法**（induction）以及**演繹法**（deduction）。歸納法係蒐集許多個別的資料，然後從中推求出普遍的原理；演繹法與歸納法相反，它是由普遍的原理來推斷事實的真相。

教育心理學的研究，首先要有研究主題，然後提出研究目的、研究問題或研究假設，再採用適當的研究方法，蒐集資料來考驗假設，教育心理學者常採用以下幾種研究方法。

壹、敘述法

敘述法（descriptive method）係指，針對研究問題蒐集許多資料，然後將這些資料以文字、數字、百分比或圖形，來加以說明或分析，例如：某國中三年級甲班學生有 50 人，患近視眼的學生有 40 人，近視的學生占該班學生的 80%；由此可見，該班學生患近視眼的人數比率偏高。

貳、發展研究法

發展研究法是探討個體身心發展所採用的方法，這種方法可以細分為以下四類。

一、縱貫研究法

縱貫研究法（longitudinal research method），旨在研究一個人或一群人，在經歷過一段時間之後的身心變化情形，這種研究需要對研究對象作長期追蹤，例如：研究臺灣 921 大地震那一年出生的小孩，經過十年之後其身高、體重之發展情形，如果與 921 大地震前一年出生的小孩相比顯著的較差，就可以說明大地震對兒童身體發展有不利的影響。

二、橫斷研究法

橫斷研究法（cross-sectional research method），就是在同一時間探討不同年齡者在某方面行為發展的情形，就可得知不同年齡者發展的差異情形，例如：研究臺北市國小二、四、六年級學生的平均身高，結果發現，二年級學生的平均身高 120 公分，四年級學生的平均身高 130 公分，六年級學生的平均身高 150 公分，這樣就可以發現，從中年級到高年級學生身高成長的速度，比從低年級到中年級的成長速度較快速。

三、橫斷後續研究法

橫斷後續研究法（cross-sequential research method），是同時對幾個組別的人從事一段時間的研究，這樣就可以知道不同組別的人身心發展差異情形，例如：研究臺南市國小二、四、六年級學生的平均身高，經過六年之後，發現這些學生的平均身高，在國中階段成長最快。

四、回溯研究法

回溯研究法（retrospective research method），是蒐集過去生活歷史的資料，

據以分析研判造成目前問題的原因，例如：一位有暴力傾向的學生，研究者訪問該生的父母、親戚、教師、朋友，結果發現與該生從小生活在暴力的家庭中有密切關係。

參、相關研究法

相關法（correlation method）旨在探討一個因素（或稱為變項）的變化，與另一個因素變化之間的關聯性。兩個變項之間的相關程度愈大，就愈能準確預測另一個變項的發生。在教育心理學上，有許多研究都在分析兩個事件之間的相關，例如：在國語與數學成績之間的相關研究中，假如研究結果發現，國語與數學成績之間有高的相關，則國語成績可能是因，而數學成績可能是果；但是，也可能國語成績是因，數學成績是果。因此，由相關資料無法明確知道何者是因，何者是果。

相關的大小，以 Pearson **積差相關係數**（coefficient of correlation）表示，相關係數通常以英文字母「r」來代表。r 值介於 +1.00 與 -1.00 之間，當 r 值大於 0 時，稱為正相關，等於 0 時為無相關，小於 0 則稱為負相關，例如：某教育心理學者將 30 名學生之高中畢業成績與其大學入學考試成績求相關，結果發現相關係數為 .92，由此結果顯示：高中畢業成績與大學入學考試分數之間，有相當密切的關係；但不能說高中成績很好的學生，大學入學考試一定得高分。如果相關係數等於 1.00 時，稱為完全正相關；反之，相關係數等於 -1.00 時，則稱為完全負相關。不過，完全正相關與完全負相關這兩種情況相當少見，除非兩件事是有完全的相關，否則很難以相關的大小來正確預測個人的行為。

當研究者想要研究的變項，無法以實驗法控制時，大都可以使用相關法來研究，例如：某教育心理學家發現有一個班級學生，近視眼的人數比其他班級多，這時不能進行實驗研究，但是可以進行相關研究。相關研究必須在樣本人數夠多時，研究結果才比較可靠，如果樣本人數太小，有可能因為巧合而造成偏高或偏低的相關。一般而言，樣本愈小所產生的相關誤差愈大，例如：有五名身高 190

公分的學生，體重都在 90 公斤以上，如果由這五名學生的身高與體重資料進行分析，統計結果發現有極高的相關（例如：r = .90），但是，我們不可以由這個相關資料推論說：高個子的學生都是胖子，此乃因研究樣本人數太小的關係。有關相關係數的計算方法，請參閱統計學專書。

肆、實驗研究法

一、實驗法的涵義

實驗法（experimental method）是各種研究方法中，最具有科學性且最嚴謹的一種研究方法。實驗法可以探討**自變項**（independent variable）與**依變項**（dependent variable）之間的因果關係。換言之，實驗研究就是在控制影響實驗結果的**無關干擾變項**（extraneous variable）之下，有系統地**操弄**（manipulate）自變項，然後觀察或測量依變項隨著自變項改變的情形，從而找出自變項與依變項之間的因果關係。

二、實驗法的種類

實驗法至少可以分為以下幾類，茲分別說明如下。

（一）實驗室實驗與實地實驗

實驗室實驗（laboratory experiment）是指在實驗室進行的實驗。實驗室的環境，例如：照明、噪音、溫度、濕度與室內布置等，均應保持恆定，使任何一組的受測者，都在相同的條件之下接受實驗；換言之，在實驗室中進行實驗，可以有效控制無關干擾變項。**實地實驗**（field experiment）常在實際生活環境中進行實驗，例如：在教室、工廠及操場等環境，研究者只能儘量控制無關干擾變項，但是不可能像實驗室控制得那麼嚴謹、精準。但也是因為實驗情境與實際生活情境相近，所以實驗結果比較能夠解釋實際發生的問題。

（二）真正實驗與準實驗

真正實驗（true experiment）是指，實驗者能夠有系統地操弄自變項，**隨機分派**（random assignment）受測者，並有效控制實驗誤差，使實驗結果完全來自實驗變項的改變。**準實驗**（quasi experiment）是指，實驗者不能隨機分派受測者，而且無法有效控制實驗誤差，實驗結果不完全來自實驗變項的改變。教育心理學的實驗宜採何種方式，應視實際需要而定，例如：以一個班級的學生作為教育心理學實驗的對象，實驗者在正常教學活動之下進行實驗，就是準實驗。因為每一個班級學生的能力、物理條件不一定相同，在無法有效控制實驗誤差之下進行實驗，所得到的結果會比較不準確。

（三）試探性實驗與驗證性實驗

試探性實驗（exploratory experiment）是指，研究者在對所探索的問題所知有限，不能提出實驗的假設之前，為了尋找哪些自變項會影響依變項，而進行的實驗。**驗證性研究**（confirmatory experiment）係指，研究者可以提出研究假設，驗證某些自變項是否為影響實驗結果的真正原因，進一步考驗所提出假設的真偽。

（四）環境刺激變項與反應變項法則實驗

有些研究旨在探討環境刺激變項（例如：照明、噪音、溫度、濕度等）與反應變項（例如：閱讀、學習速度、疲勞、工作效率等）之間，是否有因果關係存在，例如：某研究者想探討溫度的高低對閱讀速度的影響，就是屬於此類實驗。由這一類實驗所發現的刺激與反應的資料，就可得知行為變化的因果關係。

（五）個體變項與反應變項法則實驗

有些研究的目的是在探討個體變項（例如：性別、年齡、教育程度、身高、體重、血型、出生序等）對反應變項的影響，因為個體變項不能由研究者操弄，使它產生系統性變化，所以這類研究不符合實驗的基本條件。可是，研究個體的心理狀態（例如：疲勞程度、情緒狀態、注意力、動機等）對反應變項的影響，

研究者可以將心理狀態依**操作性定義**（operational definition）作為自變項，從而研究它與反應變項的關係，例如：研究學習動機對數學成績的影響，就是屬於這類實驗。

（六）個案實驗法

有些研究不適合以團體作為實驗對象，當研究對象人數很少的時候，採用個案實驗法比較恰當，例如：某研究者要研究自閉症兒童的學習動機，而自閉症兒童只有二人時，若再將他們分為兩組進行實驗，則無實質的意義。此時，採用單一受試者設計來進行研究，較能收到實際的效果。單一受試者實驗有許多類型，在此僅提出以下幾類加以說明。

1. A － B 設計

A － B 設計係比較同一名受測者，在 A 與 B 兩種情境之下的行為表現。情境 A 是基準線期間，研究者多次觀察和記錄受測者的行為，一直到受測者的行為表現呈現穩定狀態為止。接著施予實驗處理，這段期間為情境 B，研究者在情境 B 多次觀察或測量受測者的行為，如圖 1-1 所示。

圖 1-1　A － B 設計

假設受測者在 B 階段的行為表現，比 A 階段較佳，研究者就可以說該實驗處理產生正面效果，例如：有一位修習鍵盤樂的學生，經老師連續 5 週的觀察發現，彈鋼琴的技巧沒有明顯進步；後來這位老師在該生彈鋼琴之後，就立刻給予讚美（實驗處理），結果發現在實驗處理期間，該生的琴法顯著進步了，這就表示讚美產生了正面的效果。

2. A － B － A **設計**

A － B － A 設計，又稱為**倒返設計**（reversal design），這種設計是在 A － B 設計之外，再加上基準線期間。假設在實驗處理期間 B 受測者表現的行為，顯著地優於基準線期間 A 的行為，則該實驗處理產生了正面的效果。該設計的進行步驟，如圖 1-2 所示。

○○○○	×○×○×○×○	○○○○
基準線期間 A	實驗處理期間 B	基準線期間 A

○：觀察　×：實驗處理

圖 1-2　A － B － A 設計

例如：有一位修習長笛的學生，從開學到第 4 週，吹長笛的技巧沒有明顯進步，教師自第 5 週起連續 4 週，都對其吹奏長笛的行為給予讚美（×），結果發現其吹奏技能顯著進步；可是在第 9 週到第 12 週之間，不再對其吹奏長笛行為給予讚美，結果演奏技能就顯著退步了，與開學至第 5 週前的表現差不多。由此可見，教師讚美對該生演奏技巧確實有正面的效果。

3. A － B － A － B **設計**

A － B － A － B 設計是有兩個基準線和兩個實驗處理，這種設計因為經過兩次實驗處理，所以更能證明實驗處理的效果。假如受測者在兩次實驗處理期間所表現的行為，都顯著優於基準線期間，則顯示該實驗處理產生正面的效果。A － B － A － B 設計實驗的進行步驟，如圖 1-3 所示。

○○○○	×○×○×○×○	○○○○	×○×○×○×○
基準線期間 A	實驗處理期間 B	基準線期間 A	實驗處理期間 B

○：觀察　×：實驗處理

圖 1-3　A － B － A － B 設計

例如：有一位修習小提琴課程的學生，從開學一個月之後，拉小提琴的技巧進步很少，教師自第 5 週起連續 4 週，都對該生的行為加以讚美，結果發現該生於此期間拉小提琴的技能明顯進步。接著在第 9 週至第 12 週不對其加以讚美，則該生拉小提琴的行為表現又回到原點，最後在第 13 週至第 16 週，教師又對該生拉小提琴的行為給予鼓勵、稱讚，結果發現這名學生拉小提琴的技能又顯著進步了，如圖 1-4 所示。

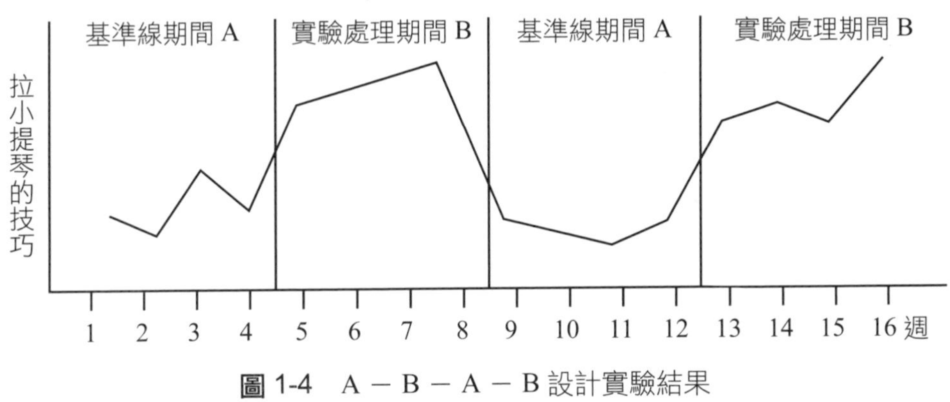

圖 1-4　A － B － A － B 設計實驗結果

4.B － A － B 設計

B － A － B 設計是在第一階段進行實驗處理，第二階段為基準線期間，受測者未接受實驗處理，第三階段再進行實驗處理。假如受測者接受前後兩次實驗處理之後的行為表現，都比基準線期間較佳，就顯示實驗處理產生了正面效果。反之，在兩次實驗處理之後，受測者的行為表現都比基準線期間較差，則顯示實驗處理沒有產生實質的效果。

例如：有一名學生每天下課時間都找人吵架，第 1 週至第 5 週教師看到這名學生跟別人吵架就叫他罰站，第 6 週至第 10 週看到這名學生跟別人吵架，不施以處罰，第 11 週至第 15 週看到他與別人吵架，教師就讓他罰站，結果發現實驗處理期間吵架次數均比基準線期間較少。由此可見，對這名學生施予罰站，有助於改善其不守規矩的行為，如圖 1-5 所示。

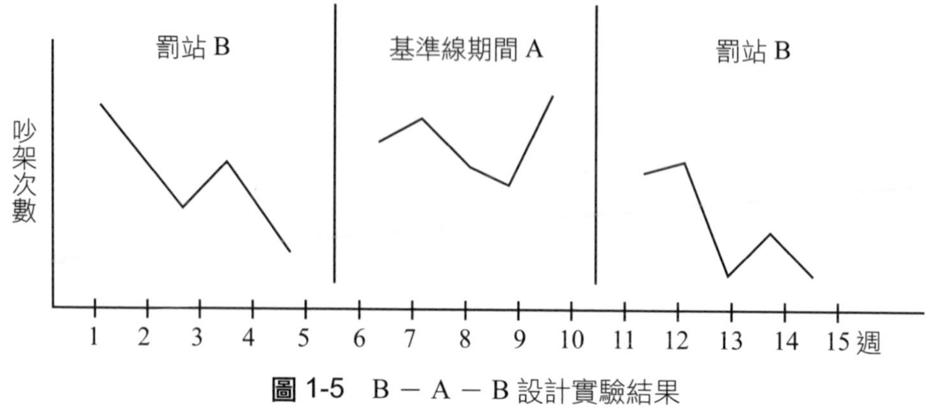

圖 1-5 B－A－B 設計實驗結果

5. A－B－C－B **設計**

在 A－B－C－B 設計中，A 為基準線，B 為實驗處理，C 是將實驗處理略作改變，實驗者可以比較 B 與 C 的效果。假如，有一名學生第 1 週至第 3 週上課時不守秩序（基準線期間），第 4 週至第 6 週當這名學生守規矩時就立刻讚美（B），第 7 週到第 9 週當這名學生守規矩時，教師不定時給予讚美，第 10 週至第 12 週當這名學生上課守規矩時就立刻讚美，實驗結果發現，立即讚美的效果大於不定時讚美，如圖 1-6 所示。

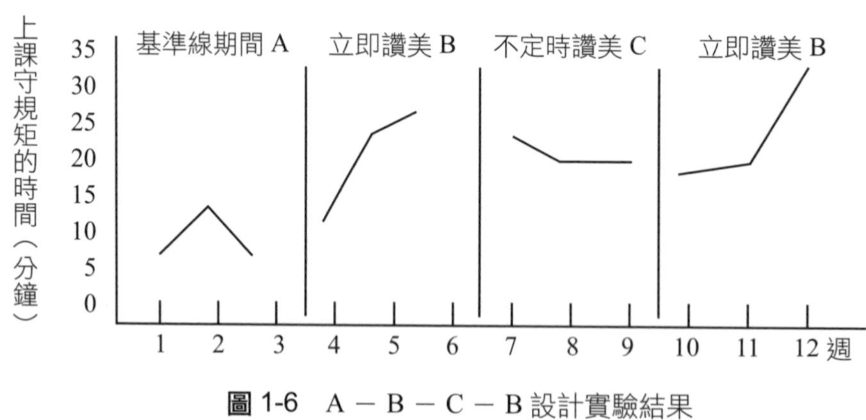

圖 1-6 A－B－C－B 設計實驗結果

6. 多基準線設計

多基準線設計（multiple-baseline design），適用於探討同一個受測者，在不同時段實驗處理所產生的效果。其實驗的進行方式，如圖 1-7 所示。

第一種行為	○○○○×○×○×○×○×○
第二種行為	○○○○○○×○×○×○×○
第三種行為	○○○○○○○○×○×○×○

○：觀察　×：實驗處理

圖 1-7　多基準線設計模式

例如：教師想要了解某一種懲罰方式，對某學生第一種行為（上課遲到），第二種行為（不守規矩），第三種行為（遲交作業）的效果。在實施懲罰之前先觀察學生的行為，形成基準。教師對這三種行為採取懲罰的順序，先由第一種行為，其次第二種行為，最後第三種行為。該學生這三種行為在被懲罰之後，消失愈多者，就表示這種懲罰愈有效果。

三、控制無關干擾變項

為了提高實驗結果的準確度，研究者將可能干擾實驗結果的變項，以**受試者間**（between subjects）差異控制，以及情境間差異控制。

受試者間差異控制，包括以下五個方法：

1. 以隨機分派法，將受試者分派到不同的組別。
2. 對同一組受試者，重複實施不同的實驗處理。
3. 將實驗組與控制組的受測者，其個人基本資料（例如：性別、年齡、教育程度、婚姻狀況等）逐一加以配對，使這兩組受測者的各種條件相等。
4. 將受試者的某一變項（例如：智力、學業成績等），先分組再進行實驗。在實驗結果以後，以**共變數分析**（covariance analysis）統計方法，處理各組實驗所得資料，以消除分組條件不同的因素，進而比較各組實驗結果的差異情形。

5. 將受試者變項納入實驗設計中，成為一個變項。

至於情境間差異控制，可以採取以下方法來控制：

1. 將無關干擾變項保持恆定或予以排除。
2. 將環境變項**隨機化**（randomization），例如：不同噪音程度的實驗室，可能影響實驗結果，因此可以將受測者隨機分派到不同的實驗室接受實驗。
3. 以**對抗平衡法**（counterbalance）控制因實驗順序所產生的誤差，例如：將受測者隨機分成甲、乙、丙三組，分別接受 A、B、C 三種實驗。為了使這三種實驗的順序在三組中達到平衡，實驗者對甲組採用 A、B、C 實驗順序，乙組採用 B、C、A 實驗順序，丙組採用 C、A、B 實驗順序。這樣就可以使甲、乙、丙三組人，接受實驗的先後順序達到平衡。

四、實驗法舉例

某研究者想探討，新教學法是否比舊教學法對數學成就有較好的效果，因此選取某國中二年級學生為對象，以簡單隨機抽樣的方法抽取男女生各 60 名，然後將這 120 名學生隨機分派 60 名到實驗組，另外 60 名隨機分派到控制組。這種分派方式合乎統計機率的原理，在理論上這兩組學生的條件是相同的。

在學期初，先對這兩組學生實施數學能力測驗，經過統計分析之後發現，這兩組學生數學成就分數並沒有顯著差異。接著對實驗組學生實施新教學法一個學期，同時對控制組學生實施舊教學法一個學期，在學期末同時對這兩組學生再實施數學成就測驗。如果實驗組的數學平均分數顯著地高於控制組，則研究者就可以宣稱新教學法優於舊教學法。但是，影響學生數學成績的變數還很多，諸如：上課時間、教室環境、教師教學態度、學生學習動機、學生智商、學生學習方法、同儕競爭、父母期望，以及教師對學生的期望等。上述這些因素，都必須使實驗組與控制組完全相等，這樣的實驗結果才能完全歸因於教學法的影響。

由上述可知，實驗法通常需要符合兩個條件：(1)各組的受測者是隨機分派的；(2)除了自變項之外，其餘會影響實驗結果的因素都應加以控制，使實驗組與控制組的條件完全相同。

伍、調查研究法

調查研究法大致可分為問卷調查法與訪問調查法兩種，茲簡要說明如下。

一、問卷調查法

問卷調查（questionnaire survey），係由研究人員預先將所要研究的問題，編製或修訂成問卷，郵寄或直接分送給受調查者，受調查者在問卷上自行填答，以表達其個人的意見或態度。這種調查法可以在同一時間調查許多人，調查結果可以進行**量化分析**（quantitative analysis）或**質性分析**（qualitative analysis），進一步了解受調查者對研究問題的意見或態度。

一份問卷內容大都包括三部分：第一部分為簡函，說明該問卷調查的目的、填寫及寄回（或交回）方式、致謝詞、署名研究者或研究單位，以及調查時間等。第二部分為填答者個人基本資料，此類資料通常為**自變項**（independent variable），包括：性別、年齡、教育程度、職業、婚姻、宗教信仰、經濟狀況及居住地區等，個人基本資料的項目名稱，依調查對象與研究目的而定；為了使受測者放心填寫問卷，以提高調查結果的真實性，一般問卷調查不要求受測者填寫個人姓名。第三部分為問卷題目，問卷題目類型繁多，至少可分為：是非題、選擇題、簡答題、填充題、量表題、**開放的**（open-ended）問題等，但以選擇題居多。

由於郵寄問卷的回收率普遍偏低，所以研究者在問卷回收截止日期之後，通常要實施兩至三次催收問卷，催收方式包括打電話或去函請求填答者寄回問卷，藉以提高問卷回收率。在最後一次催收問卷截止日期之後，研究者清查全部寄回或收回的問卷，先將受測者個人基本資料或問卷填寫不齊全者剔除，然後對有效問卷進行資料處理。研究對象在問卷上所填寫的資料，屬於反應變項或稱為**依變項**（dependent variable）。問卷調查資料分析的目的，旨在探討自變項與依變項之間的關係，也就是分析不同的性別、年齡、教育程度、職業及宗教信仰等類之對象，在問卷各個題目上的意見或態度，並比較其差異情形。常使用的統計分析方法包括：計算受測者在問卷題目填答反應的人數及百分比、**卡方考驗**（chi-square test）與**變異數分析**（analysis of variables）等。

調查法以**抽樣調查**（sampling survey）居多，其目的乃是經由對樣本調查所得的資料，推論到母群體，常用的抽樣調查有以下幾個方法。

（一）簡單隨機抽樣

簡單隨機抽樣（simple random sampling）的目的，在使每一個樣本都有相同被抽中的機率，其抽樣法以利用抽籤或**亂數表**（random table）最多。

（二）系統抽樣

系統抽樣（systematic sampling），係將母群體依序編號，再於每間隔若干個體，就抽取一個個體作為樣本，惟第一個樣本必須隨機抽取，例如：某一所中學有 10,000 名學生，研究者為了明瞭這些學生補習的情形，就從全部學生中隨機抽取 200 名作為樣本，由於樣本占全部學生（母群體）的五十分之一，因此按學生證號碼順序，每隔 50 號就抽取 1 名，例如：第一個被隨機抽中的樣本為 113 號，則第二個樣本為 163 號、第三個樣本為 213 號，依此類推；倘若抽到最後一個號碼尚不足 200 名時，就從頭繼續抽取，直到抽滿 200 名樣本學生為止。

（三）分層隨機抽樣

分層隨機抽樣（stratified random sampling），是將母群體依其性質分成若干層次，然後分別自每一個層次中，以簡單隨機抽樣法抽取若干樣本；但各層次所抽取樣本人數的比率，均應與母群體中各個層次人數占全體人數的比率相同，例如：教育心理學者想調查某國小學童使用零用錢的態度，將該國小分為高、中、低三個年級，假設該校高年級有 300 人、中年級有 400 人、低年級有 500 人，以分層隨機抽樣法欲抽取 192 人作為問卷調查樣本，則三個年級的抽樣人數，如表 1-2 所示。

表 1-2　各年級抽樣比率及人數

年級	人數	各層比率	各層抽取人數
高年級	300	25%	48
中年級	400	33.33%	64
低年級	500	41.67%	80
合計	1,200	100%	192

（四）叢集抽樣

叢集抽樣（cluster sampling）係指，將母群體依某種標準（例如：性別、年級、教育程度等）分為若干類別，每類別為一個團體，再從各個團體中以隨機方式抽取若干小團體，然後對這些小團體的所有個體進行調查，例如：某教育心理學者想知道臺北市高中生對大學推薦入學的看法，假設該市現在有市立高中 16 所，從這 16 所學校中隨機抽樣 4 所，然後對這 4 所學校的高中生全部實施調查。這種方法在實際實施調查過程中比較方便，因此在以學生為調查研究對象時，常被採用。但是，這些被抽中的樣本，其代表性比簡單隨機抽樣的樣本較低。

二、訪問調查法

訪問法是訪問調查法的簡稱，也是調查法的一種，可經由晤談來了解受測者的態度或意見。訪問法通常可分為面對面晤談與電話晤談。訪問的內容可分為結構型與非結構型，前者係指訪問的問題已事先設計好，訪問時依題目順序進行訪談；後者則指訪問前未事先設計好問題，訪問者與受訪者可以隨意交談。

在進行訪問之前，宜先對所要訪問的問題作深入的了解，再列出訪問綱要，擬妥訪問問題，並事先了解受訪者的個人資料，例如：年齡、性別、教育程度、職業、家庭背景與宗教信仰等，以利訪談時提出對方容易了解的問題。同時，在訪問時所需要使用的工具，也應有充分的準備。訪問者應接納或尊重受訪者，並遵循當地的風俗習慣與社會規範，以取得受訪者的合作。在正式進行訪問時，宜先自我介紹，使受訪者了解訪問者的態度及訪問的目的。

其次，訪問者應設法營造融洽的會談氣氛，減少題外話，保證訪談內容不對外公開，使受訪者心安而能暢所欲言，並且隨時注意對方的情緒，當受訪者情緒激動時，宜設法使其儘快平靜下來。如能徵得受訪者同意，最好將訪問過程錄音或錄影，以作為日後整理訪談資料的依據。如果對方不願意接受錄音或錄影，訪問者應將受訪者回答問題的重點牢記在心，在訪談結束離開現場之後，儘快地將訪談資料加以整理記錄，以免遺忘或因為訪問多位受訪者，造成訪問資料混淆不清。

訪問法通常可以對個案的問題作深入的探討與剖析，但是，這種研究方法相當耗時、費力，不容易大量實施訪問。同時，訪問結果所獲得的資料，不適合做量化分析。由上述可知，訪問法可以彌補問卷調查法的不足，兩者具有相輔相成的互補作用。因此，今日許多教育心理學者的調查研究，大多兼採問卷調查或訪問調查，如果僅採這兩種方法之一，容易被批評為偏重量化或偏重質性研究，無法達到質與量並重的效果。

陸、個案研究法

一、個案研究法的意義

個案研究法（case study method），是以個人或組織體（例如：一個家庭、一所學校或一個社區）作為對象，利用各種途徑蒐集個案相關資料之後，對個案的問題做深入的分析，再據以提出矯正或治療方案的一種研究方法。個案研究法在醫學界最常見，醫師治療患者的疾病之前，通常檢查病歷、疾病史狀況，以作為診療病情以及治療的依據。

近來，個案研究法的使用範圍逐漸擴大，心理學家、犯罪心理學家、社會工作者與企業管理人員等，均普遍採用之。教育心理學家常以個案研究法來探討學生個案深層的心理問題，例如：偷竊、霸凌、高智商低成就、中途輟學、恐懼上學等，並從研究結果中找出解決問題的方法。教育心理學者對於有學習障礙、偏差行為及情緒失常的學生，也常以個案研究法來進行。

二、蒐集個案資料的方法

在進行個案研究之前，研究者需要先深入了解個案的各種背景資料。蒐集個案資料的方法至少有以下幾種：

1. 文件分析法：分析學生日記、週記、學校成績、自傳及違反校規紀錄等。
2. 個別晤談或問卷調查。
3. 以觀察法蒐集學生個案的各種行為資料。
4. 實施各種測驗：如智力、性向、人格以及成就測驗，但在選用各種測驗工具時，應先考慮該測驗的信度、效度、常模以及實用性等。
5. 以社會計量法（sociometric method）了解個案的社會人際關係。
6. 由個案的身體健康檢查資料，了解個案行為發生的生理原因，例如：視力、聽力、各種生理系統及發育情形等，視研究需要而定。
7. 利用家庭訪視，蒐集個案的家庭生活與家人關係情形等相關資料。

三、蒐集個案資料的範圍

就個案資料的蒐集範圍而言，個人資料蒐集愈完整愈好。個案資料包括的範圍相當廣泛，至少可以分為以下幾種：

1. 個人基本資料，包括：性別、年齡、教育程度、住址、出生地、宗教信仰、婚姻狀況、政黨、血型、出生序等。
2. 家庭背景與家人關係，包括：家庭組織成員、父母親存歿情形、父母親教育程度、父母親職業、兄弟姊妹關係、家庭經濟狀況、居家環境、家庭氣氛、親子感情、父母管教子女態度、父母宗教信仰與家庭生活狀況等。
3. 學校生活，包括：學業成績、上學交通、課外活動興趣、學科興趣、學習態度、同儕關係、師生關係、參與社團活動情形、接受輔導、學校適應，以及獎懲紀錄等。

4. 社會生活，包括：交友情形、休閒生活、社區環境、鄰居關係、對權威人物的態度，以及參與社區文化活動情形等。
5. 心理特質，包括：情緒穩定狀況、挫折容忍力、神經質、焦慮、內向、外向、人際關係、積極進取、消極悲觀、自我中心、領導能力、憂鬱、自我觀念、價值觀、智力、性向等。
6. 身體特徵，包括：健康狀況、生病史、生理發育狀況、外貌、體型特徵，以及有無其他生理缺陷等。
7. 個案接受協助、輔導或治療的動機與意願。

四、分析個案資料

在蒐集個案資料之後，宜召開**個案研討會議**（case conference），邀請相關學者專家參加，集思廣益分析與鑑定問題的真正原因。個案研討會議的內容，不可隨意對外公開，以免傷害案主的個人隱私權，甚至觸犯法律。個案研討會議舉行的次數，視實際需要情況而定。

五、諮商、輔導與矯正治療

個案研究的最終目的，乃在針對個案問題提供處置方案。研究者不論採取諮商、輔導或矯正治療等方式，都應具備諮商輔導、臨床心理學、心理治療等領域的專業知能或證照，同時需要注意個案的個別差異情形，才能收到預期的效果。

柒、觀察研究法

一、觀察法的適用對象

在行為科學研究上，研究者為了蒐集研究資料，有時需要使用**觀察法**（observational method）；從事心理與教育研究工作時，大都用得到這個方法。在教育心理學研究中，常以觀察法來觀察嬰幼兒、兒童、特殊學生等各種行為資料，這是因為上述這些對象很難充分表達自己的心思意念，所以適合採用觀察法。教師對於學生學業成績的評量、師生互動歷程、教師教學表現等，除了使用紙筆測驗外，有時也可以藉由觀察法來進行研究。

二、觀察法的類型

觀察法就情境來說，可以分為自然觀察與控制觀察。前者是指在自然情境中，對人或動物的行為進行觀察記錄；後者是在人為安排預先設置的情境中，進行嚴密的觀察與記錄。

在進行觀察時，就觀察者身分立場的不同，可以分為**參與觀察者**（participant observer）與**非參與觀察者**（non-participant observer）。前者係指觀察者在觀察情境中，參與被觀察者的情境成為該團體的一員，使被觀察者沒有戒心，觀察者隨時觀察記錄所見所聞；後者則指觀察者在觀察情境中，扮演旁觀者的角色，不介入該團體的任何活動，將所見所聞隨時加以觀察記錄。

如以觀察資料之設計來分，又可以區分為**結構性觀察**（structured observation）與**非結構性觀察**（unstructured observation）。前者係指事先已明確知道哪些行為與活動可能要發生，將可能發生的行為項目事先設計出結構性的紀錄表格，觀察者只要找出被觀察者行為表現的項目，做記錄（如打√）即可，而後對這些紀錄資料進行量化及分析解釋；後者則缺乏明確的觀察項目以及系統化表格，觀察者在觀察過程中，通常以文字描述被觀察者的行為，結果只能做**質性分析**（qualitative analysis）。

不論採取哪一種觀察方式，原則上不宜使被觀察者發現自己被他人觀察，因而表現出不自然的行為。通常觀察成人的社會行為，可以採用參與觀察；觀察兒童的行為，宜採用非參與觀察。在從事非參與觀察時為了獲得真實資料，可以在觀察室與被觀察室之間裝設**單向視幕**（one-way screen），以避免進行觀察時干擾被觀察者的行為，或引起被觀察者察覺自己被人觀察，而表現出不自然的行為。

三、觀察法的程序與要領

為了獲得真實可靠的觀察資料，採用觀察法時，宜遵守以下幾項原則：

1. 要觀察的行為應先界定清楚，並且設計適當的觀察行為項目以及紀錄表格，以便將所觀察的行為快速記錄下來。
2. 每次僅觀察一種行為，以利觀察者能夠專心觀察和記錄。
3. 觀察記錄時除了做筆記之外，應儘量使用精密的記錄儀器，例如：錄音機、照相機或錄影機，以便蒐集更真實的資料。
4. 觀察的時間不必固定，最好採用**時間抽樣**（time sampling）方式，在觀察期間隨機抽取幾個等長的時段，來進行觀察。
5. 為避免觀察者個人主觀因素的影響，觀察者人數最好有兩人以上，但觀察者宜事先接受觀察方法的講習或訓練，以熟悉觀察的步驟及方法，並且提高觀察者的信度。
6. 以隨機方式選取被觀察的對象，例如：欲觀察學生上課行為，可以隨機選取若干班級學生進行觀察。
7. 觀察場地宜儘量配合被觀察者的正規活動，不要輕易更改原來場地。
8. 觀察的日期、時間、場地、人員、工具以及實施程序，都應事先做好妥善的規劃與安排。
9. 觀察者應與被觀察者建立友善關係，以消除被觀察者心裡的疑慮。
10. 有時可以採用**事件取樣**（event sampling），當被觀察者表現出某特定行為時，就予以記錄。

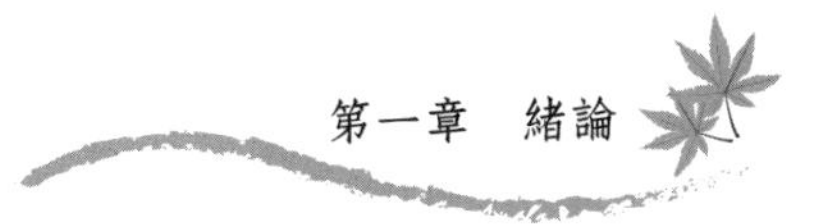

自我評量題目

1. 什麼是教育心理學？
2. 為何教育人員需要教育心理學的知識？
3. 試說明教師需要具備的教育心理學素養。
4. 一位優良的教師需要具備哪些特徵？
5. 為什麼要研究教育心理學？
6. 現代教育心理學的演進歷程為何？
7. 現代教育心理學的內容包括哪些重要議題？
8. 教育心理學者常採用哪些研究方法？
9. 何謂 A － B － A 設計？試舉一例說明之。
10. 何謂分層隨機抽樣？試舉一例說明之。
11. 何謂多基準線設計？試舉一例說明之。
12. 試比較橫斷後續研究法與橫斷研究法的異同。
13. 解釋名詞：

(1)認知心理學
(2)訊息處理
(3)人工智慧
(4)縱貫研究
(5)橫斷研究
(6)準實驗
(7)依變項
(8)A － B － A － B 設計
(9)B － A － B 設計
(10)分層隨機抽樣

第二章　身心發展理論與教育

一個人的身心發展，可以分為身體發展與心理發展兩方面。歷年來，有不少心理學者對人類身心發展提出各種理論，教育工作人員如果能熟悉這些理論，並且將身心發展理論應用到教育工作上，對於提升教學效果，促進學生身心健全發展，將有很大的助益。因此，本章先針對這些理論加以介紹，然後再說明這些理論與教育工作的關係。讀者研讀本章之後，應能達成以下目標：

1. 了解個人身心發展有哪些涵義與爭論。
2. 認識認知發展理論的要義。
3. 認識語言發展理論的要義。
4. 認識心理社會發展理論的要義。
5. 知道道德發展有哪些理論，與如何應用到教學上。
6. 了解各種身心發展理論如何應用到教學上。

第一節　身心發展的涵義與爭論

壹、發展的涵義

發展（development）一詞係指在個人一生中的成長歷程。影響個人身心發展的重要因素很多。但大多數發展心理學家認為，人類身心發展具有以下幾個特徵。

一、發展是連續性的

臺灣俗諺說：「兒童是國家未來的主人翁」、「三歲看大，七歲看老」，又說：「三歲決定一生」。上述這些俗語都強調，兒童時期的生活經驗，對個人未來一生發展有重大的影響。簡言之，人類的發展是有連貫性的，而且不可以分割的。

不少發展心理學家主張，兒童期是個人一生發展的基石。個人的發展由嬰兒期經歷兒童期、青少年期、成年期、中年期，到老年期，每一個階段的發展都影響以後各階段的發展，例如：小時候畏縮內向的人，長大以後也容易具有內向的性格；童年學習的語言，長大之後不容易改變；童年時期養成的習慣、興趣、嗜好可以維持一生，甚至影響個人成年以後的婚姻與事業。

二、發展是整體性的

一個人在身體、動作技能、語言、智力、學習、性格、情緒，以及人際關係等方面的發展，雖然各自獨立但卻彼此交互影響。換句話說，個體的身心發展是**整體的**（holistic），而非片面的，例如：10 歲兒童在動作技能、語言表達、思考等方面的能力，就普遍優於 6 歲兒童。

三、個體發展具有可塑性

可塑性（plasticity）是指，個人在生活經驗中身心發展的調適能力。個人身心發展除了受到遺傳因素的影響之外，同時也受到生活經驗的影響。一般而言，年齡愈小，可塑性愈大；反之，年齡愈大，可塑性愈小。

個人在發展過程中，假如曾經遭遇過不幸的經驗，使其身心發展受到傷害，若能獲得他人的關懷與協助，則可因人類有很大的可塑性，尚可順利發展，例如：有一位兒童受到同學霸凌，於是產生退縮的性格，經過導師適當輔導之後，逐漸恢復其自信心與友伴關係。

四、個體發展受社會文化的影響

每一個人出生以後，在成長的過程中難免受到社會文化的影響。而社會文化的層面很廣泛，包括價值觀、風俗習慣、宗教信仰、共同的生活經驗等，例如：在臺灣考上知名大學的學生，大都有參加過補習的經驗，這些學生運動休閒活動的時間就自然減少，得到近視眼的機會也就比較大。因此，從個體生長環境的社會文化背景去分析，將有助於了解其身心發展的特徵。

貳、發展的爭論

近幾十年來，有許多發展心理學家對人類發展持不同的觀點，茲簡述如下。

一、天性與教養之爭

天性（nature）論者主張，個人發展的歷程完全受遺傳因素的影響，個人不論再怎麼努力打拚，也無法改變發展的結果；相反的，**教養**（nurture）論的學者認為，無論個人的身世如何，只要後天有良好的學習環境，個人就能有很高的成就。到底先天遺傳與後天環境對個人的發展，何者比較重要？目前有許多心理學學者採取折衷的觀點，認為個人的發展乃受先天遺傳與後天環境交互作用的影響。

二、連續與不連續之爭

有些發展心理學者認為，人類的身心發展是連續累加的過程，也就是**量的改變**（quantitative changes），例如：兒童每長大一歲，就長得比以前更高、體重更重，同時也學習到更多的知識。但是，另外有的學者主張人類的發展是不連續的，也就是個人在某一個階段發展成熟之後，就直接邁入另一個階段，而且這種發展是屬於**質的改變**（qualitative changes），例如：青少年與兒童的認知能力就有層次上的不同。換言之，不連續論的學者將一個人的發展分成許多不同的階段，每一個階段的特徵都是不一樣的。

第二節　認知發展理論

壹、皮亞傑認知發展理論

皮亞傑（Jean Piaget）是一位舉世聞名的兒童心理學家，他對兒童認知發展研究有相當卓越的貢獻。皮亞傑早期所提出的認知發展理論，來自於他對自己兒女行為的觀察和記錄，後來他以實驗方法來驗證人類認知發展的特徵。皮亞傑從認知發展實驗結果發現，兒童在成長過程中，如果遭遇各種問題，會產生「為什麼」與「如何」的思維，隨著年齡的增加，兒童解決問題的能力也跟著提高。皮亞傑將一個人的認知發展分為四個階段，每一個階段的認知思考能力各有不同。皮亞傑的認知發展理論，其要義如下。

一、認知發展的基本理念

（一）基模

皮亞傑認為，一個人與生俱來就與環境有互動的能力，在互動的過程中，逐漸認識外在環境的各種訊息，並且懂得如何**訊息處理**（information processing），進而形成**認知結構**（cognitive structure）。兒童的思考與行為的模式，稱為**基模**（schema），例如：兒童看見一隻小白兔就想用手去觸摸牠，這表示該兒童已經具有觸摸小白兔的基模。

（二）同化

當個體面對問題時，通常會以現有的基模來思考如何解決問題，如果能夠順利解決問題，這種新經驗就會納入原有的認知結構，這種現象稱為**同化**（assimilation）。簡言之，同化是指個人將外在的訊息納入自己的體系中，例如：教師問兒童一個數學問題：「3 個蘋果 10 元，9 個蘋果共多少元？」如果兒童能夠解決這個問題，以後遇到「3 個蘋果 10 元，15 個蘋果共多少元」的問題時，就能夠順利解決。

（三）調適

如果一個人在面對新問題的時候，不能以原有的認知結構來解決，這時在其心理上就會產生認知失去平衡的狀態。個體為了免於心理上的**失衡**（disequilibrium），就需要修正原有的認知結構，以便順利解決問題，這個歷程稱為**調適**（accommodation），例如：教師問小朋友：「小明每天存 50 元，幾天後可以儲蓄 100 元？」再問兒童另一個問題：「小明每天存 100 元，但是花了 25 元，幾天以後可以剩餘 5,700 元？」這時兒童需要採取其他方法才能解決這個問題。又如：一個小孩子看到一隻狗就說：「狗狗！」媽媽立刻說：「這是一隻牧羊犬！」這時小孩子對這隻狗便產生了一個新的觀念，也就是修正原有的認知結構，來適應新接受的刺激，使原有狗之觀念分化出新的觀念。

由上述可知，個人在面對問題產生認知失衡，舊有的基模無法解決問題時，便會發展出新的基模，一直到認知恢復平衡狀態為止。皮亞傑認為，認知失衡是兒童學習成長與發展的契機；當兒童面對新的問題，能夠產生新的思考方式時，其認知能力就往上提升。此外，他也認為個體經由同儕之間的互動、討論或辯論，將有助於其思考、推理、判斷能力的發展。因此，教師在進行教學時，對學生提出一些須以新思維才能解決的問題，這樣對於改變學生的認知結構，促進其認知發展，將有很大的助益。

皮亞傑的認知發展理論，基本上就是**建構主義**（constructivist），他強調兒童在日常生活中藉著與外在世界的互動經驗，不斷同化與調適其認知，主動建構自己的認知體系進而獲得知識。

二、認知發展階段

皮亞傑將兒童和青少年的認知發展，分成四個階段：(1)感覺動作期；(2)前運思期；(3)具體運思期；(4)形式運思期。他認為每一個人的認知發展速度不一定相同，但是這四個認知發展階段都依序漸進發展。認知發展各階段的大約年齡與主要認知能力，如表 2-1 所示。

表 2-1 認知發展四個階段的認知能力

階　段	大約年齡	主要認知能力
感覺動作期	出生至 2 歲	1. 形成物體恆存性概念。 2. 靠感覺和動作來認識周遭事物。
前運思期	2 至 7 歲	1. 使用語言符號來表達心思意念。 2. 以自我為中心的思考。
具體運思期	7 至 11 歲	1. 具邏輯思考能力。 2. 能逆向思考。
形式運思期	11 歲至成年	1. 能進行抽象思考。 2. 能以系統化實驗來解決問題。

（一）感覺動作期

出生至 2 歲的嬰幼兒，藉由感覺和動作技能來探索外在世界，這個時期稱為**感覺動作期**（sensory-motor stage）。一個人與生俱來就有與環境中的人、事、物互動的能力，在嬰幼兒時期最早出現反射動作，例如：當奶嘴接觸到幼兒的嘴唇時，幼兒就自然產生吸吮的行為。嬰幼兒從反射動作中，進行**嘗試與錯誤學習**（trial-and-error learning），這時嬰幼兒已經出現思考能力，例如：一位 2 歲大的幼兒看見一隻幼犬覺得很新奇，於是就產生觸摸這隻小狗的動作，當他不小心被這隻幼犬咬傷之後，就知道小狗不可以隨意去撫摸的。

這個時期的嬰幼兒，逐漸發展出**物體恆存性**（object permanence）概念，例如：幼兒看見桌子上有一顆蘋果，如果媽媽以毛巾覆蓋此顆蘋果，這時幼兒雖然看不見蘋果，但是知道蘋果仍然存在著，於是會用手去掀開毛巾。簡言之，物體恆存性概念是指，個人雖然看不到原先的東西，可是在其認知中，這個東西是仍然存在著。

（二）前運思期

2 至 7 歲的幼兒開始使用語言，能以簡單的符號從事思考活動，但是其思考仍缺乏邏輯性，這個時期稱為**前運思期**（pre-operational stage），例如：有兩杯等量的水，將其中一杯倒入細長型的玻璃杯，另外一杯水倒入矮胖型的玻璃杯，然後問兒童：「哪一個杯子的水比較多？」5 歲以下的兒童大都認為：細長型玻璃杯的水比較多（如圖 2-1 所示）。由此可知，這個時期的兒童尚缺乏體積**保留**

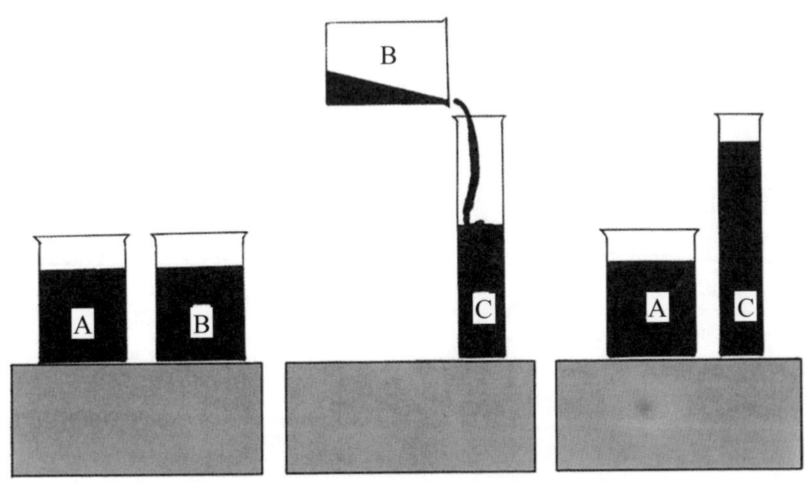

圖 2-1　體積保留概念實驗

（conservation）概念。

前運思期兒童對這個問題的思考為何不正確？至少有以下四個原因：

1. 注意力只集中到某一個因素

兒童只集中注意情境中的某一個因素，而忽略其他因素，例如：在上一個例子中，因為兒童只注意玻璃杯的高度，而忽略了杯子的寬度。

2. 不能逆向思考

前運思期的兒童缺乏**可逆性**（reversibility）的思考能力，例如：2 ＋ 3 ＝ 5，則 5 － 3 ＝ 2，但由於該階段的兒童缺乏逆向思考能力，於是不能理解為何 5 － 3 ＝ 2。又如：將細長型杯子的水倒入矮胖型杯子，雖然水量相同，但是這個時期的兒童卻不能了解為何這兩個杯子的水量還是一樣多。

3. 以直覺來思考

前運思期的兒童常常利用直覺來思考問題，無法將所獲得的資訊加以綜合分析，例如：教師問小明一個問題，師生對話如下：

教師問：「張三比李四高，李四比王五高，這三個人誰最矮？」

小明答：「李四。」

雖然小明清楚了解「張三」、「李四」、「王五」以及「高」等概念，但是缺乏邏輯推理能力，只憑直覺印象來回答問題所以就答錯了，同時也無法解釋自己如何解答這個問題。

4. 以自我為中心來思考

兒童以自我為中心的思考模式，皮亞傑稱為**自我中心主義**（egocentrism），這種思考方式只站在自己的觀點來思考問題，例如：教師問小明：「為什麼寒冷的天氣，小狗也要穿衣服？」小明回答說：「這樣小狗比較漂亮啊！」由此可知，小明只以自己所看見的現象來解釋。

（三）具體運思期

7至11歲的兒童，大都能利用具體的事物來進行思考，稱為**具體運思期**（concrete operational stage）。小學生的認知發展大致已進入這個階段，這個時期的兒童能以實體物來解決問題。具體運思期的兒童已經具有逆向思考能力，而且能夠解決保留概念的問題，例如：在前述體積保留概念的實驗中，兒童能了解細長型與矮胖型玻璃杯的水量相等，這種思考能力比前運思期兒童更高一個層次。

具體運思期的兒童也具有依邏輯順序排列事物，或將物體加以分類的能力，例如：能將木棒由最短的到最長的依序排列。此外，他們能根據兩個物體的關係，來推論它們與第三個物體之間的關係，例如：教師問小明：「張三比李四高，李四比王五高，這三個人誰最矮？」這個時期的兒童就能正確推論：張三最高，李四第二高，王五最矮。

小學教師在教學過程中，最好以教具來使學童產生具體概念，例如：教小學一年級學生學習個位數的加法，要教2＋3等於多少時，可以畫2個人與3個人，然後算給小朋友看：2個人加3個人總共5個人，所以2＋3＝5，這樣小朋友就容易明瞭。

小學生除了具有學習數字加、減、乘、除四則運算能力，同時能將數字大小依序排序，以及按物體屬性分類，同時也擁有時間與空間概念，例如：大多數兒童能夠正確畫出學校建築物之位置圖。此外，小學生能夠客觀思考問題，不再只以自我為中心。具體運思期的兒童也具有**類別包含**（class inclusion）的能力，例如：全班學生35人，男生20人，女生15人，兒童不但知道全班包含男生和女生，而且知道男生比女生多，顯然兒童也了解整體與部分之間的關係。

（四）形式運思期

11歲至成人的認知能力大都已進入**形式運思期**（formal operational stage），這個時期的個體已經具有抽象思考能力，能夠處理**假設演繹推理**（hypothetical-deductive reasoning）的問題。尹哈德和皮亞傑（Inhelder & Piaget, 1958）曾經探討具體運思期的小學生與形式運思期的青少年學生，其認知能力的差異情形。他們在小學生和中學生面前各放置一個鐘擺，這個鐘擺有一條吊繩，繩子的末端有吊錘，受測者可以改變繩子的長短、吊錘的重量、鐘擺的高度，以及推動鐘擺的力量，然後要求受測者找出影響鐘擺速度的因素。

實驗結果發現：中學生能有系統地進行實驗，一次改變一個因素，例如：先將吊錘的繩子保持相同長度，再嘗試不同吊錘重量、鐘擺的高度，以及推動鐘擺的力量，最後找到影響鐘擺速度的正確答案：鐘擺吊繩的長短是影響鐘擺速度的重要因素。但是，小學生在進行實驗時，先同時改變吊錘的重量與推力，再依序改變吊錘的重量、推力、繩子的長度，接著又改變推力、吊錘的重量等，最後得到不正確的結論：吊錘與推力是影響鐘擺速度的主要因素。

一個人的認知發展在進入形式運思期之後，就能解決**轉移性問題**（transitivity problem），例如：教師問一位高中生：「甲比乙矮，但甲比丙高，這三個人誰最高？」這名高中生能想像甲、乙、丙之間的關係，並嘗試找出每一個關係的正確性，一直到正確為止。由這個例子顯示，形式運思期的學生已具有監控自己思考的能力。

三、皮亞傑認知發展理論的評論及其對教育的啟示

皮亞傑所提出的認知發展理論，對於人類認知發展的研究有傑出的貢獻，雖然他的理論近年來也受到許多學者的質疑，不過，皮亞傑的認知發展理論在教育上仍然有其影響力，茲分述如下。

（一）皮亞傑理論的評論

皮亞傑主張一個人的認知發展其四個階段是固定的，而且循序漸進、拾級而上，不可跳級；像體積、數目、大小等保留概念，是不能經由教學而獲得。可是，根據庫薩卡（Kusaka, 1989）的研究，兒童各種保留概念可以經由教師的教導而成功獲得；傑門（Gelman, 1979）的研究發現，前運思期的兒童也能夠解決數目保留概念的問題；根據貝拉傑等人（Baillargeon, Graber, DeVos, & Black, 1990）的研究發現，即使是嬰幼兒也已經具有物體恆存性概念。此外，戴蒙（Damon, 1983）

的研究發現，兒童的思考並不完全以自我為中心，在一些比較簡單的問題上，兒童也具有客觀的思考能力。由上述可知，兒童的認知能力如果只以皮亞傑的理論來思考，尚無法圓滿地解釋。

皮亞傑將人類認知發展，依年齡分為四個階段。近年來有不少心理學學者發現，兒童的生活經驗與學習，都會影響其認知發展的速度，而且與年齡並無密切關聯（Byrnes, 1988; Gelman & Baillargeon, 1983）。此外，皮亞傑的認知發展理論，忽略了社會文化對個人認知發展的影響。

（二）皮亞傑認知理論對教育的啟示

根據皮亞傑的認知發展理論，學校教育應配合學生認知發展程度，如此才能收到最好的教學效果。茲就該理論在教育上的啟示，說明如下：

1. 教師不只重視兒童思考的結果，更應了解兒童思考歷程。
2. 教師不只傳授知識，而在提供多樣化活動，鼓勵兒童與環境互動，以發現新知識。
3. 教師應依據學生認知發展情形來教學，學生方能對學習內容真正理解。
4. 因學生認知發展速度有個別差異，故教師宜因材施教，且因材實施評量。
5. 教師教學應先了解學生認知階段與其思維方式，不可使用成人的想法來教導學生。

四、新皮亞傑學派

有一些認知心理學者，如喀斯（R. Case）、戴梅翠歐（A. Demetrion）、葉夫克萊（A. Efklides）、費雪（K. W. Fischer）等對皮亞傑的理論加以修正，其認知理論稱為新皮亞傑學派（Neo-Piagetian）。該學派的學者認為：從生命全程發展的觀點來看，皮亞傑的四個階段理論並不能涵蓋人類認知發展的全部歷程，故在形式運思期後增加第五個階段：後形式思維（postformal thinking）。該學派強調：

1. 兒童在某一階段的思維能力與問題的性質有關。

2. 教育訓練與學習經驗有助於兒童認知的發展。
3. 社會文化對個人認知發展有很大的影響。
4. 形式運思的能力並非到青春後期或成人前期就停止，一個人的認知發展可以延續到成年期以後（DeVries, 1997）。
5. 兒童訊息處理能力日漸成長，其認知能力也隨之增加。

貳、維高斯基的認知發展理論

維高斯基（Lev Semyonovich Vygotsky, 1896-1934）是 20 世紀初期俄羅斯著名的發展心理學家，出生於 1896 年，於 1934 年逝世，未能完成其畢生學術研究的志業。他的理論一直到 1970 年代，在歐美各國心理學與教育學界，才廣泛受到重視。他的認知發展理論後來在澳洲與南美洲，也掀起一股研究的熱潮。維高斯基對皮亞傑認知發展理論有許多評論，雖然距今已超過 70 年，但其認知發展理論，對人類語言與認知發展的關係，頗具有獨到的見解，值得吾人去加以重視。

維高斯基的認知發展理論強調兩個觀點：(1)兒童心智發展與其生活的經驗及歷史文化背景有密切關係；(2)個人生活中所使用的語言、符號、文字、數字、人際溝通等，都有助於其認知發展。雖然維高斯基與皮亞傑都認為，兒童所使用的語言、符號都經由一定的步驟獲得，可是維高斯基強調認知發展與他人教導和人際之間的互動有關，而與年齡或認知發展階段的關係並不密切（Daniels, 1995）。以下先介紹維高斯基的認知發展理論要義，再說明該理論在教學上的應用。

一、維高斯基認知發展理論要義

（一）高層次的心理能力根源於社會文化

維高斯基認為，在一個人的成長過程中，吸納社會文化的內涵，個人與社會文化不斷交互作用，逐漸使內在心靈產生變化，因此，社會文化對個人的認知能力有很大的影響。生長在同一個社會的人，使用相同的語言、有相同的生活方式，所以也有共同的認知和思維模式。

（二）學習能促進認知發展

維高斯基的認知發展理論主張「學習先於認知發展」，學習能促進認知發展，這個觀點與皮亞傑主張「發展先於學習」，正好相反。換句話說，個人在發展出某一個認知結構之前，就可先經由社會上有知識的人教導與對話，逐漸轉化為個人內在的思想觀念，兒童接受成人的教導獨自思考，就能夠逐漸產生解決問題的能力。

（三）由實際發展層次擴展至可能發展區

維高斯基（Vygotsky, 1978）認為，一個人的認知發展可以分為兩個層次：其一是實際的發展層次，這個層次是指兒童能夠獨立解決問題之能力的水平；其二是潛在的發展層次，這個層次是指兒童在成人的指導與協助，或在與能力較佳的同伴合作之下，解決問題之能力可能到達的水平。這兩個層次之間的差距，稱為**可能發展區**（the zone of proximal development, ZPD）。兒童在實際的發展層次學習時，如果能獲得同儕或成人的協助，就能邁入潛在發展層次。

維高斯基（Vygotsky, 1978）認為，教師配合學生的認知發展層次來教學，對學生認知發展並沒有多大的幫助。教師在教學時，應先了解學生目前所擁有的認知能力，再設法協助學生超越目前的發展層次，進而邁向更高的認知發展層次，而高層次的認知可以藉著社會文化來達成。社會文化的傳播者主要是教師或成人，所以學生從社會文化傳播者的互動中去學習，而教師或成人藉著示範、教導、發問、立即獎懲、回饋，以及提供思考性的教材，如此就有利於其認知的發展進入更高的層次。

（四）他人的協助有助於認知發展

維高斯基認為，要使兒童認知發展邁向可能發展區，需要獲得別人的協助，這就如蓋高樓大廈必須搭鷹架，始能順利施工，他稱這種現象為**構築鷹架**（scaffolding）。簡言之，構築鷹架是指兒童在學習初期無法獨自完成，而是由成人提供指導與協助，當兒童有能力獨自解決問題時，成人逐漸減少指導或協助，這樣

對促進其認知發展有所幫助，例如：兒童學習騎單車時，家長給予引導、鼓勵，兒童將容易學會騎單車的技巧，當兒童騎單車的技巧愈成熟時，成人就可以逐漸放手，最後兒童就能夠學會自己騎單車了。父母教導子女自己繫鞋帶或玩新遊戲時，通常也是使用構築鷹架的方法，一對一的教學就可以產生構築鷹架的作用。

二、維高斯基理論在教學上的應用

由上述可知，維高斯基的認知發展理論與皮亞傑不同。維高斯基強調社會文化與教育，對於促進兒童認知發展有很大的效果；但是皮亞傑則重視認知發展先於學習。換言之，皮亞傑認為兒童的認知發展至某一個層次之前，是無法經由學習使其認知層次向上提升。

以下說明維高斯基的認知發展理論如何應用到教學情境上。

（一）教師多提供師生互動機會

教師在教學過程中不宜只單向的傳授知識，而應採取師生互動的教學方式，讓兒童與師生互動學習。在學生學習的過程中，假如教師發現學生學習困難時，應透過說明、指導、獎勵、回饋等方法，適時地助其一臂之力，這樣可以引導兒童的認知能力向上提升。

（二）教師應對學生學習的潛在能力作適當評估

教師不僅要了解學生目前認知發展的層次，更重要的是評估學生之潛在能力，進而了解學生的可能發展區，教師藉著教學活動使學生的潛能充分發揮。

（三）安排合作學習，相互激勵共同成長

教師在教學時，可以將學生依不同程度來分組，讓同一組的學生參與討論、互相切磋。教學不只是教師將知識單向傳授給學生，同時可以鼓勵同儕之間彼此合作，共同來完成某些作業；程度較好的同學教導程度較差的同學，程度較好的學生也因扮演小老師的角色，而得到益處。這樣也可以增進自己解決問題的能力，同時促進個人認知能力的發展。

（四）發揮鷹架作用

學生在學習時若遭遇到困難的問題，教師應適時提供不同程度的提示與指導，也可以請小老師來協助學習落後的學生，使學生了解自己的問題，發現解決問題的方法，進而使學生對自己的學習產生信心；這樣可幫助學生在面對問題時，產生新的思維，從而激發其認知朝向最接近的發展區去發展。

第三節　語言發展理論

語言是人類溝通的重要工具，但兒童如何獲得語言？語言是與生俱來的能力或是經由模仿學習而獲得？或是與認知能力有關？歷年來，有許多學派的學者持不同的看法，茲分別說明如下。

壹、行爲主義學派

行為主義學者認為，語言學習是刺激與反應之間產生連結的過程。兒童在學習講話的時候，如果口語表達正確時，父母就給予讚美、鼓勵、微笑等，這樣可以使兒童對自己產生自信心（Moerk, 1992; Skinner, 1957），例如：小孩說：「媽媽！」「再見！」媽媽就說：「很棒！」經過幾次這樣的讚美之後，小孩就能正確講出「媽媽再見！」了。換句話說，兒童講正確的話語時，如果能獲得**增強作用**（reinforcement），以後兒童講話就會愈來愈正確；反之，兒童學習講話時，若受到他人的嘲笑或批評，則兒童語言表達沒有得到增強作用，如此便會妨礙兒童語言的發展。由此可知，增強是學習語言的重要條件。同樣的，教師在學生學習語言的時候，多給予學生鼓勵、獎勵、支持，也有助於學生語言的發展。

貳、天賦理論

語言心理學家強斯基（Chomsky, 1980）提出語言**天賦理論**（innative theory），他認為幼兒學習語言的能力是**天生的**（innate），語言學習是由**語言習得機制**（language acquisition device, LAD）來獲得的。語言習得機制並不是在人的頭腦裡有一個區域，而是有一組語言認知的能力，使得兒童能了解語音、語意，以及語法的規則。兒童透過語言習得機制就能學會母語，而每個民族的兒童，學習語言的過程大致相同。強斯基認為，人類之所以學會說話，有一部分原因是在小時候學習說話時，若幼兒學會一個新的詞彙，就得到父母的讚美、鼓勵，不斷地給予正增強，一般兒童在 4 歲時就具有基本的語言能力。

天賦理論認為，兒童天生就有一種內在的語言概念架構，可以不斷發展其語言。換句話說，兒童語言發展是直覺的，而且能夠無師自通。當個人能夠了解語言的規則，就可以使用少數的字彙來建構許多的句子。因此，教師在教學上應容許兒童發問並且給予適當回答，多提供兒童語言訓練的機會，這樣可以幫助學生充分發展語言天賦的能力。不過，強斯基的語言天賦理論，無法說明在不同家庭環境的兒童，其語言發展為何不同，也無法說明人類如何學會方言（Tomasello, 1995）。

參、社會認知理論

社會認知理論（social cognitive theory），強調語言**模仿**（modeling）對語言學習的重要性。該理論主張，兒童學習語言是對成人語言的臨摹（Bandura, 1986, 1989）。也就是說，兒童學習語言只是模仿周遭環境所聽到的語音和腔調，幼兒通常觀察、模仿大人說話的語音或一個字句，而無法模仿複雜的語句或文法。不過，兒童學習語言並不是對成人語言機械式的模仿，而是有選擇性的模仿（朱曼殊，1990）。因此，兒童所模仿的對象，其語音、語句、語法是否正確，就非常重要。

肆、社會學習理論

社會學習理論（social learning theory）認為，兒童在生活中，透過與成人的互動以及同儕之間的互動，或者是在日常生活中，接觸各種大眾傳播媒體逐漸學習語言。兒童為了要與人溝通交流，在**交流壓力**（communication pressure）之下，會主動學習他人的語言（Bates & McWhinney, 1982）。如果兒童學習語言的機會被剝奪，則兒童就不能學會說話。因此，成人或教師多與兒童互相對話，對於兒童語言發展有很大的幫助。

兒童在學習語言過程中，成人根據兒童的最接近發展區，調整語言的難易度，當兒童學會了簡單的語句時，成人再以較難一點的話語與兒童溝通，這樣就有助於兒童語言的發展。

第四節　心理社會發展理論

在兒童認知發展的過程中，其社會人際關係、自我觀念、道德觀念也同步發展。教師了解學生心理社會發展的情形，可以幫助學生德育與群育的發展。艾瑞克森（Erik Erikson, 1902-1994）對人類心理社會發展有相當深入的研究，他將一個人一生的心理社會發展分為八個時期，茲分別說明如下。

壹、艾瑞克森的心理社會發展理論

艾瑞克森曾接受佛洛伊德心理分析學的訓練，但是他並不重視佛洛伊德對於**性驅力**（sex drive）的論述，而強調社會文化對個人發展的影響。他主張每一個人一生的**心理社會發展**（psychosocial development）會經歷八個時期，而每一個時期都有關鍵性的課題，如果發展不順利就會產生心理社會危機；反之，若發展順利就成為轉機，個人可以繼續向前發展。表 2-2 為艾瑞克森心理社會發展階段論的重點。茲就每一個時期的要義，說明如下。

表 2-2　艾瑞克森的心理社會發展理論要義

階段	年齡	心理危機	心理轉機	發展順利	發展不順利
1	出生至1歲	對人不信任	對人信任	對人信任，有安全感	對人疑慮不安
2	2至3歲	懷疑羞愧	積極進取	能自我約束，自我管理	懷疑自己的能力
3	3至6歲	退縮內疚	群勉向上	能獨立自主，奮發向上	退縮、故步自封
4	6歲至青春期	自卑自貶	勤奮用功	具有成就感，具備生活基本能力	充滿挫折感，喪失生活基本能力
5	青年期	角色混淆	自我統整	具有健全的自我觀念及生活目標	自我迷失，生活失去目標
6	成年期	孤獨疏離	與人親密	人際關係良好，感情與事業順利	孤獨疏離，離群索居
7	中年期	頹廢停滯	貢獻人群	事業發達，造福人類	自暴自棄，成為社會的敗類
8	老年期	消極絕望	完美圓融	安享晚年，樂在其中	悔恨交加，百般無奈

一、第一期：信任對不信任（trust vs. mistrust）：出生至 1 歲

嬰兒出生以後，生理需求與心理的安全感大都來自母親，假如母親能夠滿足嬰兒的身心需求，嬰兒未來的發展就會對人產生信賴；反之，假如母親對嬰兒沒有愛心，不能夠接納或不能給予安全感，則嬰兒將對人產生不信任感，這種不信任感將延續到兒童期、青少年期，一直到成年期。

二、第二期：自主行動對懷疑（autonomy vs. doubt）：2 至 3 歲

嬰兒在出生 18 個月之後，大都能夠獨自步行，而且學會簡單的語言，到了 2 歲時就可以行動自如，或具有獨自完成事情的能力，不需要完全依賴他人。但是，

幼兒想要獨立自主行動時，如果經常受到父母的阻止或限制，就容易產生心理衝突。艾瑞克森認為，這個階段的兒童在心理上有自主行動的需求，如果父母允許小孩自由自在去探索外在的世界，讓他自己完成一些事情，同時經常在旁給予鼓勵、支持，便可以建立自主行動的信心；反之，假如父母對孩子的一舉一動常加以阻止、約束或懲罰，這樣小孩就容易對自己的能力產生懷疑，對自己的能力失去信心。

三、第三期：自動自發對罪惡感（initiative vs. guilt）：3 至 6 歲

學齡前兒童精力充沛、活潑好動，藉著語言與動作技能來探索外在的環境。假如父母、家人或保母鼓勵兒童，從事遊戲、跳、跑、丟擲、拉、推、騎單車等活動，就可以培養兒童自動自發的心理；反之，如果父母對上述活動給予禁止或責罵，將使兒童認為上述活動是不好的，因而產生畏懼、退縮、愧疚的心理。

四、第四期：勤奮對自卑（industry vs. inferiority）：6 至 12 歲

兒童到了 6 歲進入小學就讀，接觸的對象除了家人之外，同時也擴展到同學、教師。在求學過程中難免與他人競爭，如果兒童與人競爭的結果，得到成功的經驗多於失敗，就容易養成積極進取、勤奮向上的性格；反之，如果在求學的過程中，失敗的經驗多於成功，就容易產生自卑的心理，總是覺得自己不如別人，這樣對其未來的學習或人格發展，將產生不良的影響。

五、第五期：自我統整對角色混淆（identity vs. role confusion）：12 至 18 歲

一個人在 12 至 18 歲之間，正是接受中等學校教育的時候，這個時期的中學生身體快速發展，生理逐漸成熟，課業與考試的壓力日漸加重。交友對象由同性擴展至異性，對自己的未來充滿憧憬與不確定感，對傳統價值觀產生懷疑。這個階段是個人一生的關鍵期，也是處於風暴期，如果青少年發展良好，就能產生**自我認同**（ego identity）、自我接納與自我肯定；反之，如果缺乏性知識，因性衝動不知如何處理、課業無法應付，考試經常失敗、缺乏社交技巧，交不到好的異

性朋友、對自己的未來何去何從感到惶恐不安，這樣就容易對自己在社會上要扮演何種角色產生困惑，也就是會產生**角色混淆**（role confusion）。

六、第六期：親密對孤獨（intimacy vs. isolation）：成年前期

成年前期大約介於 18 至 40 歲，這個時期知道自己人生的方向，開始找尋親密的異性，由情人進而結婚，組織家庭、生兒育女。在成年前期的年輕人，從學校畢業後進入職場，工作上需要與他人競爭或合作，如果發展順利就可建立親密的人群關係，成為到處受歡迎的人，其婚姻與事業就容易成功；反之，如果發展不順利，缺乏親密的人群關係，就容易產生孤獨、寂寞與社會疏離感。

七、第七期：生產力對自我放縱（creativity vs. self-absorption）：成年中期

成年中期大約介於 40 至 65 歲，這個時期的主要任務是教養子女與全心投入工作，不斷自我充實成為社會的中堅，也是個人人生事業巔峰的時期。可是，如果人際關係不良、不再自我學習與成長、縱慾享樂，就容易因為只顧自己，而忽略了社會環境的變遷，因而產生自我頹廢。

八、第八期：完美對絕望（integrity vs. despair）：成年後期

心理社會發展最後一個階段是在退休以後，這個時期子女都已經長大成人，不必為教養子女與工作而忙碌奔波，開始過著清閒優遊自在的日子，享受一生奮鬥的果實，如果個人回顧自己的一生有輝煌成就，將產生死而無憾的感覺，假如能了解與接受自己的成功與失敗，對自己的人生負責，將可達到圓融的境界，進而坦然面對死亡的來臨；反之，如果到了晚年仍然一事無成，對自己的人生充滿懊悔、無奈、遺憾，將因今生不復來，年老力衰無法東山再起，而導致絕望。

貳、艾瑞克森心理社會發展理論對教育的啓示與批判

一、艾瑞克森心理社會發展理論在教育上的啟示

艾瑞克森的心理社會發展理論，強調個人一生發展中，人際關係的重要性。學前兒童與父母、家人的關係最密切；小學生的人際關係擴展至教師、同學；中學生的人際關係除了教師、同學之外，還擴展至異性；成人的人際關係更擴展至配偶、同事、其他社團，甚至全人類。個人人際關係發展，對自己一生的學業、婚姻、家庭生活、事業，都有重大影響。因此，學校教育除了重視智育之外，也應加強群育，讓每一個學生從小就建立良好的人際關係，使其將來學而有成、家庭幸福美滿、事業發達，進而造福社會人群。

二、艾瑞克森心理社會發展理論的批判

艾瑞克森將一個人的心理社會發展分成八個時期，但事實上，並非每一個人在同一個時期都經歷心理社會危機，而且對危機的感受程度也不盡然相同。艾瑞克森所陳述每一個心理社會的年齡範圍，是解決某一特定危機的最佳時段，但並不是唯一的時段，例如：一名就讀小學資優班的兒童，將自己的成績和同儕比較，總是屈居下風，於是產生自卑感，在轉換至普通班之後，自己的成績總是名列前茅，這名兒童因為有高的成就感，終於恢復自信心，勤奮向學。此外，艾瑞克森的理論認為，個人心理社會所產生的危機以及如何化解危機，都與個人生長環境有著密切的關係。

不過，艾瑞克森的心理社會發展理論，並沒有清楚說明影響個人心理社會發展的原因，一個人如何有效解決心理社會發展的危機？每一個階段的心理社會發展危機如何影響下一階段？他對這些問題並沒有做進一步的說明。

第五節　道德發展理論

我國的國民教育目標，旨在培養學生德、智、體、群、美等五育均衡發展之國民，其中德育為五育之首。道德乃為人處世的準繩，除了法律之外，道德是維繫社會秩序的力量，由此可見，道德教育的重要性。但是，在升學主義風氣盛行的環境之下，一般學校對道德教育並不太重視。

我國教育至今仍然比較偏重智育，學校道德教育效果不彰，學校培養出來的學生不容易有高尚的品格，因而衍生許多社會問題，甚至危害社會大眾。道德是否可由教育來培養？如何由道德認知進而表現出道德行為？這些問題實在值得吾人深思。以下先介紹皮亞傑的道德發展理論，再討論柯爾柏格（L. Kohlberg）與霍夫曼（Martin L. Hoffman）的道德發展理論，最後說明學校實施道德教育之道。

壹、皮亞傑的道德發展理論

在皮亞傑的認知發展理論中，也論及個人的道德觀，他認為兒童認知發展程度，會影響其是非善惡的判斷能力。簡言之，認知能力強的人比較能夠明辨是非善惡。皮亞傑認為道德也是分階段發展，先從以自我為中心的道德思維，逐漸發展到能夠以客觀立場進行的道德思維。

皮亞傑曾經研究兒童的道德發展，他花很長的時間觀察兒童玩彈珠遊戲，然後問他們玩彈珠的遊戲規則，結果發現 6 歲以前的兒童，以自己所想像的規則來玩遊戲，幼兒無法遵循團體的遊戲規則。換言之，幼兒不了解玩遊戲時遵守遊戲規則才是對的，不遵守規則是不對的，所以皮亞傑認為學前兒童尚無法進行道德推理。

皮亞傑同時發現，雖然有些 6 歲以前的兒童已經知道遊戲規則，但是他們不一定會去遵守，例如：他觀察一群兒童玩相同的遊戲，卻是使用不同規則，每個人各玩個人的遊戲。換句話說，這個階段的兒童玩遊戲仍然是以自我為中心。皮亞傑將道德發展分為以下兩個階段，說明如下。

一、他律性道德

他律性道德（external morality）是指，兒童認為規則是由權威人物（例如：老師、父母、警察、上帝等）所訂定的，這些規則是神聖不可侵犯的，一定要遵守不可以違反。大約介於 5 至 8 歲的兒童，已經進入他律性道德期，常由父母或其他成人告知，什麼事可以做或不可以做，認為違反規定就會受到懲罰，相信壞人一定會受到懲罰。皮亞傑認為兒童不是以行為者的動機，而是以行為的後果來判斷該行為是否道德，例如：一個人原來動機是良善的，可是行為後果是負面的，則兒童認為該人的行為是不好的。

二、自律性道德

自律性道德（autonomous morality），又稱為**合作的道德**（morality of cooperation）。兒童在成長過程中生活圈子日益擴大，時常與其他兒童互助合作，於是對遊戲規則與道德觀念逐漸產生改變。一直到 10 或 12 歲，兒童有了形式運思認知能力時，才明白為什麼要遵守遊戲規則，在這個年齡層的兒童，玩遊戲時已經能夠遵守遊戲規則，並且了解依照規則遊戲，不但可以公平競爭而且能夠消弭紛爭。同時，兒童了解規則是經過大家同意而訂定的，因此也可以經由大家的同意而將規則改變。

皮亞傑也發現，這個時期的兒童乃依照行為者的動機，而非行為的後果來作道德判斷，所以對違規者的懲罰不能只看行為後果，而是要看行為者的動機與當時的情境。兒童隨著認知結構的發展，以及與同儕的互動，由他律性道德階段進展到自律性道德階段。他認為，兒童自行解決與同儕之間的爭執，將可減少對成人權威的依賴，並且知道只要得到團體成員的同意，遊戲規則是可以改變的。

貳、柯爾柏格的道德發展理論

柯爾柏格（Lawrence Kohlberg, 1927-1987）將皮亞傑的道德發展理論加以修正，他研究學童對道德**兩難困境**（moral dilemmas）問題的反應，要受測者對每一個困境，從兩個選項中選擇一項。以下是道德兩難困境的例子：

> 在歐洲某地，有一位婦人罹患癌症即將死亡，她的主治醫師說：「某藥劑師以鐳元素製成一種特效藥，確定可以治好妳的惡疾。」於是這名婦人的丈夫荷因（Heing）前往購買這種特效藥，不料藥劑師把原價200元的藥物，提高十倍索價2,000元。荷因因為家境貧困，毫無積蓄，於是四處求告親友，但是只能勉強湊到1,000元。他告訴藥劑師說：「我太太病危，是否可以賣便宜一些，餘款留下字據以後再付清？」可是，藥劑師不為所動，荷因在焦急與絕望之餘，為了治好太太的疾病，於是第二天深夜，就闖入藥房偷走該藥給太太服用，及時挽回了太太一命。你認為荷因是否應該如此做？為什麼？（Kohlberg, 1969）。

柯爾柏格根據許多受測者對道德兩難困境的反應，提出人類的道德發展理論。該理論認為人類的道德推理或判斷，都經歷三個時期，每一個時期又可細分兩個階段，總共有六個階段，以下說明柯爾柏格道德推理階段的主要內容。

一、道德發展的歷程

（一）前習俗道德期（pre-conventional level of morality）

第一階段：避罰服從取向（punishment-obedience orientation）

前習俗道德期兒童的道德觀，以行為所產生的後果來判斷行為是對或錯，如果做一件事而被懲罰，不管理由是什麼，都認為是錯的。由此可知，兒童唯恐受到懲罰才服從，並非他確實知道應遵守社會規範。處於此一階段的兒童，在前述「荷因偷藥救妻」的故事中，會認為荷因的行為是不對的，因為他偷了藥劑所以應當受到懲罰。

第二階段：相對功利取向（instrumental-relativist orientation）

此階段兒童的道德觀，重視公平互惠與現實利害關係，也就是「別人幫忙我，我才幫忙他；別人對我好，我才對他好」。這種相對功利的道德取向，是重視現實與利害關係的。道德發展到達這個階段的人，對「荷因偷藥救妻」一事的看法，贊成偷藥者認為：荷因在太太的病治好之後會去付錢，如果不讓太太死亡，他就應該去偷藥；反對偷藥者認為：藥劑師沒有什麼不對，做生意本來就該賺錢。

（二）習俗道德期（conventional level of morality）

習俗道德期的人，以個人行為是否遵守社會規範，來作為道德判斷的標準。在學校遵守校規、在社會遵守法律的人，他們的道德發展已經到達這個時期。此一時期又可細分為以下兩個階段：

第三階段：尋求認可取向（good boy-good girl orientation）

道德發展到第三階段的人，以個人的行為是否獲得社會大眾認可來進行道德判斷，凡是獲得社會大眾認可的行為就是對的，否則就是錯的。道德發展到達此階段的人，對「荷因偷藥救妻」一事的看法，贊成偷藥者認為：偷藥雖然不好，但是荷因應該盡到他做丈夫的責任，如果他不敢冒險去偷藥，結果妻子過世了，別人反而會責罵他見妻子病危而不救；反對偷藥者認為：藥劑師索價太高沒良心，但荷因已盡力去做他能做的事，所以我們不可苛責他。

第四階段：遵守法律規範取向（law and order orientation）

遵守法律規範取向，是一種守法守紀的心理取向。道德發展到達這個階段的人，認為違反法律不遵守社會秩序的人是不對的。因此，對「荷因偷藥救妻」一事的看法，贊成者認為：藥劑師沒良心，所以荷因有責任去拯救妻子，不過，他應付藥費給藥劑師，同時因偷竊應接受法律制裁；反對者認為：荷因的做法是不對的，因為偷藥行為是犯法的，所以不論如何，荷因都必須遵守法律。

（三）後習俗道德期（post-conventional level of morality）

後習俗道德期的人，能夠本乎自己的良心與價值觀來判斷是非善惡，其行為超越習俗或法律規範，例如：法律沒有規定我們要捐款給貧窮人，但是道德發展到本階段的人，就會憑自己的道德良知，主動捐款幫助貧窮人。後習俗道德期又可分為以下兩個階段：

第五階段：社會契約取向（social contract orientation）

社會契約取向的道德觀，是以社會大眾所訂定的法規，作為道德判斷的標準。當社會習俗、法律或法規不合時宜的時候，在徵得社會大眾同意之後加以修訂，以符合社會大眾的權益。可是修訂之後的規定，等於個人與社會簽訂契約，凡遵守此種契約者就是有道德的人。道德發展到此階段的人，對「荷因偷藥救妻」一事的看法，贊成者認為：荷因的行為雖然不合法，可是在那種情況之下情有可原，也是道德的；反對者認為：荷因有義務要遵守法律，即使他是在走投無路的情況下，基於人道而做出違法行為，但是也不能說他是對的，否則社會秩序就會大亂。

第六階段：普遍倫理取向（universal ethical orientation）

普遍倫理取向的道德觀，是個人基於人性尊嚴、真理、正義和人權的價值觀，來做道德判斷，它是超越法律和社會契約的道德觀。柯爾柏格認為，很少人能達到這個階段。道德發展到這個階段的人，將認為生命無價、人命關天，所以荷因的行為是對的，藥劑師不應該有牟取暴利的心態，同時對荷因的偷竊行為應予以寬恕。

柯爾柏格認為，道德兩難困境可以用來提升兒童的道德推理階段，但是，一次只能提升一個階段。他主張兒童和道德推理較高階段的人互動，可以提升其道德推理能力。教師在教學上對兒童呈現道德兩難困境，就可以知道學生目前的道德水準，發展到達哪一個階段，然後教師對學生呈現更高一個階段的道德兩難困境，讓學生自己思考，藉以提升學生的道德發展。但是，由一個道德推理階段進入到更高的階段，需要相當長的時間才能夠完成。教師也可以在上課的時候，將正義與道德相關問題讓學生討論，以幫助學生提升道德推理的層次。同時，教師在設計課程時，宜將人權、倫理、社會責任等議題納進來，這樣對於促進學生道德發展也有所裨益。

根據柯爾柏格的研究發現，美國、墨西哥、臺灣和土耳其等地的人民，其道德推理階段的順序相同，同時相同年齡的人其道德推理階段相似，在世界其他各地所做的研究，也發現道德推理的發展順序相同（Snarey, 1985）。

二、柯爾柏格道德發展理論的批判

柯爾柏格對人類道德發展的研究，大都以男性為對象。有一些心理學者以女性作為研究對象，結果發現與柯爾柏格的理論不同，其原因可能為男性注重正義，女性比較重視對他人的關懷（Gibbs, Arnold, & Burkhart, 1984; Gilligan, 1982, 1985）。換言之，男性在作道德推理時，比較重視個人的權利，女性則比較注重個人對他人的責任。可是，後來許多學者的研究，並未發現男女兩性在道德成熟上有所差異（Smetana, Killen, & Turiel, 1991; Walker, 1989）。同時，也沒有證據顯示女性比男性更關懷他人或更樂於助人（Eagley & Crowley, 1986）。

柯爾柏格的理論偏重於道德推理，也就是對道德的認知，雖然許多人知道不可以做缺德的事，可是自己卻知行不能合一；簡言之，道德推理與道德行為之間，仍然有一道鴻溝存在。因此，如何藉著道德教育來拉近道德推理與道德行為之間的距離，使每一位學生擁有高尚的品德，這是學校教育的重要課題。

參、霍夫曼的道德發展行爲理論

霍夫曼（Hoffman, 1983）對皮亞傑與柯爾柏格的道德發展理論提出補充，他認為個人道德發展與認知或推理能力，兩者不見得有必然關係。他強調的道德發展理論與上述兩位學者的階段理論不同，他主張道德發展除了與認知能力有關，同時亦受到父母教養態度與個人動機的影響，例如：一個曾經遭遇過苦難的人，比較容易表現出幫助別人的道德行為。父母管教子女的態度，若重視助人行善的道德情操者，則有助於子女表現善良的行為。簡言之，道德發展不是到了某一個年齡，就自然產生道德觀念，而是受到個人生活經驗及家庭教育的影響。

霍夫曼認為，嬰幼兒容易對別人痛苦產生**同理心**（empathy），例如：聽到其他嬰幼兒哭泣，就找媽媽尋求安慰。2 至 6 歲的兒童已經發展出**角色取替**（role taking）的能力，能將別人的痛苦視為自己的痛苦，能設身處地感受他人心理的傷痛。兒童到了 9 歲時，已經發展出對社會情境更敏銳的感受力，例如：了解貧窮是個人痛苦的主要來源。霍夫曼深信，同理心可以促使個人去幫助需要被幫助的人；此外，霍夫曼認為一個人對別人的痛苦感同身受，能夠激勵個人依據自己的道德原則來行事。

肆、學校實施道德教育之道

雖然，我國的國民教育目標最重視道德教育，可是世風日下，人心不古，社會風氣不佳，犯罪與暴力事件層出不窮，例如：販售可能致癌的塑化劑或毒牛奶，這種人的道德何在？這些問題追根究底來說，就是道德教育出了問題。學校應當如何實施道德教育之道？筆者在此提出以下幾點，供讀者參考：

1. 設法增進學生道德認知的能力。
2. 教導學生多關心道德議題。
3. 在日常生活中，養成學生守秩序、重紀律的習慣。
4. 提供道德兩難困境問題供學生解決。
5. 教師提出道德問題供學生討論。
6. 學校對德育成績優良學生提出獎勵措施。
7. 學校定期舉行道德教育研習活動。
8. 將學校優秀教職員工的言行當作學生的表率。
9. 定期表揚品德優良的學生。

自我評量題目

1. 個人身心發展有哪些涵義與爭論？
2. 皮亞傑認知發展理論的要義為何？
3. 皮亞傑認知發展理論如何應用到教學上？
4. 你對皮亞傑認知發展理論有何評論？
5. 試說明維高斯基認知發展理論的要義。
6. 試說明艾瑞克森心理社會發展理論在教育上的啟示。
7. 試說明皮亞傑的道德發展理論。
8. 試說明柯爾柏格的道德發展理論。
9. 試說明霍夫曼的道德發展行為理論。
10. 語言發展理論的要義為何？
11. 心理社會發展理論的要義為何？
12. 道德發展有哪些理論？如何應用到教學上？
13. 解釋名詞：

(1)物體恆存性
(2)體積保留概念
(3)自我中心主義
(4)具體運思期
(5)可能發展區
(6)天賦理論
(7)社會認知理論
(8)他律性道德
(9)自律性道德
(10)角色取替
(11)鷹架作用
(12)基模

第三章　兒童與青少年期身心發展與教育

兒童是國家未來的主人翁，也是一個人一生發展的基石。兒童身心健康不但影響個人未來的發展，而且與國家的興衰有息息的相關。如果兒童身心不健康，長大之後可能變成身心障礙、性格偏差、違反法律，或成為社會的敗類。

青少年（adolescence）雖是個人一生中成長很快速的階段，但也是最不穩定的時期，一般人常以新新人類、風暴期、狂飆期、草莓族、e世代來形容現代青少年。兒童與青少年大都在求學階段，其身心健康情形與學業成就有密切的關係。因此教師在從事教育工作時，必須對兒童與青少年的身心發展有正確認識，才能訂定適當的教學目標，並採取適當的教學活動。

教師如果對認知、社會與道德等發展理論有正確的認識，就能夠了解學生的身心特徵及其發展情形，然後給予適性教育與輔導，進而收到良好的教育效果。因此，本章將分別對兒童與青少年期的學生，就其生理、社會與認知方面的特徵加以說明，同時針對各種身心發展理論，如何應用到學校教育上加以討論。讀者在研讀本章之後，將能達成以下學習目標：

1. 了解嬰兒期的身心發展特徵。
2. 了解學齡前兒童的身心發展特徵。
3. 了解學齡兒童的身心發展特徵。
4. 知道如何對兒童實施教育。
5. 了解中學生身心發展情形。
6. 知道如何對中學學生實施教育。

第一節　嬰兒期的身體發展與教育

壹、身高、體重與睡眠的變化

嬰兒（infant）是指出生至滿 2 週歲的幼兒。初生的嬰兒身高大約 50 公分，體重大約 3 公斤，頭部的長度大約占身長的四分之一，從初生至 6 個月時，身體各部分的比率沒有明顯變化，可是到了第 5 個月時，體重大約為出生時的一倍，到了 1 週歲時再增加一倍，大約滿 2 週歲，身高又增加一倍。由此可見，嬰兒期身體的增長相當快速。

初生嬰兒每天睡眠大約 15 至 20 小時，在這個時期睡覺與醒過來的時間不一定，因為中樞神經系統發展尚未成熟；大約到 5 個月以後，睡眠與清醒的時間才逐漸規律化。但是，也有一些學者的研究發現，父母的育兒方式也會影響嬰兒睡眠的規律性。

貳、父母與嬰兒健康

嬰兒出生以後，如果父母或家人吸菸，嬰兒自然就吸入二手菸，香菸中的尼古丁與嬰兒呼吸道感染疾病、中耳積液、肺功能衰退、氣喘等，都有相當密切的關係。如果母親酗酒、吸毒或感染疾病，將透過奶水進入嬰兒體內，進而影響嬰兒大腦功能的發展。

一般而言，嬰兒食用母乳，其身體對疾病的抵抗力較強，但是有許多母親因為工作的關係，無法親自餵嬰兒母乳，因此嬰兒只好改吃牛奶。此外，亦有一些災害（例如：大地震、洪水、戰爭、颱風、核能輻射）的地區或貧窮的家庭，造成嬰兒母親營養不良。但是相反的，現今有不少年輕母親為了保持身材苗條，刻意節食而造成營養不良，如此也將影響嬰兒的身體健康。

由此可知，如何提供嬰兒與母親足夠的營養，以及如何對嬰兒的父母實施健康教育，讓父母有幼兒保育的基本常識，是相當重要的課題。

參、嬰兒動作發展

一、反射動作

新生嬰兒的行為，大多數屬於**反射動作**（reflex movement），這種動作可以分為：**生存反射**（survival reflex）、**原始反射**（primitive reflex）與**體態反射**（postural reflex）。常見的生存反射有：呼吸、眨眼、轉頭、吸吮、吞嚥等反射。原始反射可以分為以下四類：

1. **墨洛反射**（Moro reflex）：嬰兒仰臥或瞬間失去平衡時，兩隻手會自然向外伸展開來。6 個月以後如果仍然有墨洛反射，這個嬰兒就可能有中樞神經系統異常的問題。
2. **游泳反射**（swimming reflex）：將 2 個月大的嬰兒放入水中，嬰兒會憋氣游水前進，這種能力大約在 5 個月大時就逐漸消失。
3. **手掌抓握反射**（palm grasping reflex）：嬰兒在初生至 2 個月時，任何物體碰觸到其手掌，就自然產生抓握的動作，這種能力大約在 4 個月時就消失，腳掌也有類似的反應。
4. **走步反射**（stepping reflex）：3 個月以前的嬰兒，如果由成人扶持引領向前走，嬰兒會跟著成人向前走。這時嬰兒的走步是屬於走步反射動作。

二、體態反射

體態反射的功能在於保持身體的平衡。常見的體態反射有以下幾類：

1. 正姿反射：嬰兒在出生 2 個月以後就有正姿反射。正姿反射是指身體如果傾斜的時候，嬰兒的頭部會朝反傾斜的方向偏移，其主要目的在維持頭部與身體的平衡。
2. 爬行反射：一般嬰兒大約 7 個月才會爬行，但是大約在 3 個月大的時候，如果讓嬰兒俯臥在床上，成人以一隻手指頭觸摸嬰兒的腳底心，嬰兒會產生爬行的動作，這種現象稱為爬行反射。

三、自主動作

嬰兒在發展過程中，其動作發展有一定的順序。由表 3-1 可知，嬰兒動作發展先由翻身，繼而坐立、爬行、站立，最後能獨自行走。

表 3-1 嬰兒自主動作發展常模

動作	50%的嬰兒	90%的嬰兒
翻身	2.8 個月	4.7 個月
坐立	5.5 個月	7.8 個月
扶手站立	5.8 個月	10.0 個月
爬行	7.0 個月	9.0 個月
獨自站立	11.5 個月	13.9 個月
獨自行走	12.1 個月	14.3 個月
上樓梯	17.0 個月	22.0 個月

資料來源：Rice（2001）

第二節　學齡前兒童的身心發展與教育

在 3 至 6 歲之間的幼兒，稱為**學齡前兒童**（preschool children）。學齡前兒童大都在家裡接受父母養育，有些兒童則已進入幼兒園，接受學齡前教育。幼兒園大班的兒童，其動作技能的發展逐漸成熟，而且能夠以語言表達自己的意思與需求。在認知方面，由於學齡前兒童的智力快速增長，所以能夠吸收與了解一些簡單的資訊，同時能夠學習語言。在社會生活方面，已開始學習遵守團體規範以及

和他人溝通。茲就學齡前兒童身體與動作發展，作簡要說明。

壹、學齡前兒童的動作發展

一、學齡前兒童動作與技能的發展

學齡前兒童身體發展的重點，在於細微動作以及全身的動作技能，例如：走路、跑步、爬樓梯、跳躍等。如果以年齡來區分，3 歲兒童就能夠沿著一直線跑步、塗鴉、堆積木、以一隻手拿東西；4 歲兒童能單腳跳躍、劃出簡單的圖形、以積木建構小房屋、用手抓住球；5 歲兒童能夠單腳站立、跳繩、扣鈕扣、學習騎單車、用剪刀將紙張剪成一直線。大約每大一歲的兒童，就能夠走快一點、跳高一點、球投擲遠一點。

這時期兒童的整體動作發展比精細動作好，整體動作是指身體四肢的活動，例如：跑、跳、站、推、擲等；精細動作是指手掌的活動，例如：寫字、綁鞋帶、扣鈕扣、掛東西、刷牙、排積木等。

學齡前兒童活潑好動，所以不耐久坐，他們時常一直活動到疲倦為止。針對以上身體發展特徵，父母在家庭設置的環境，必須遵循兒童動作技能發展的順序，同時配合兒童的興趣。學校應提供足夠的、舒適的、安全的遊戲活動場所，不宜讓他們長期從事細微的動作，例如：寫字、穿針等活動。

由於學齡前兒童相當好動，所以在其活動場所應特別注意安全措施，以免兒童發生意外，例如：各種家具儘量不要有尖角，地板、樓梯、牆壁要舖上軟墊，危險的物品（例如：洗廁所的鹽酸、刀片、針、藥品等）要放在兒童拿不到的地方，電器插座要有蓋子，以免兒童觸電。此外，不要讓兒童有接觸熱水的機會，以免兒童燙傷。

二、學齡前兒童的身體健康

學齡前兒童每天所攝取的食物，與其身體健康有密切關係。食物中的蛋白質、脂肪、碳水化合物、礦物質、水分等，都是身體健康成長的重要元素。學齡前兒

童如果各種維生素的攝取不均衡，就會造成營養不良。

今天在臺灣的社會裡，一般家庭經濟狀況尚佳，大多數兒童並非營養不良，而是營養過剩或營養失調，這種現象與兒童不良的飲食習慣有關。有的兒童偏食，有的喜歡吃甜食、油炸、喝飲料或吃太多澱粉類的食物，有一些兒童零食吃得太多，有的飲食沒有定時、定量，又不喜歡運動，因此造成過度肥胖或身體不健康，**兒童肥胖症**（childhood obesity）是造成成年以後身體衰弱多病的主要原因。

兒童不良的飲食習慣與其看電視時間的多寡有關，因為大多數兒童喜歡看電視，因而減少戶外活動的機會，無形中身體就累積多餘的熱量。有些兒童看電視一面吃零食，結果食物吃得太多。此外，許多兒童受到電視廣告的影響，這些廣告總是把食物描述得多麼美味可口，無形中誤導了兒童的飲食習慣。因此，幫助兒童減輕體重至少有兩個方法：(1)教導兒童改變飲食的習慣，多攝取蔬菜、水果，少吃油炸或甜的食物；(2)教導兒童少看電視，多運動。

學齡前兒童對疾病的抵抗力不如成人，如果沒有定期施打預防針，就容易感染各種疾病。尤其上幼兒園的兒童，一個人感冒就很容易傳染給其他兒童；此外，由於兒童天生活潑好動，手經常到處碰觸各種東西，容易感染各種病毒。因此，除了居家環境與學校環境的清潔之外，父母要帶小孩定期施打預防針，父母與教師要教導兒童常洗手、多漱口，這樣可以減少兒童感染各種疾病的機會。

貳、學齡前兒童的認知能力

根據皮亞傑的認知發展理論，學齡前兒童的認知能力已經進入**前運思期**（pre-operational stage），這個時期的兒童其思維通常不合邏輯，主要有以下三個原因：(1)直覺思考；(2)自我中心主義；(3)不可逆性。因此在解決問題時，只能使用自己所看見的東西來思考。幼兒園教師宜提供兒童日常生活所見的物品來當作教具，例如：洋娃娃、積木、蠟筆、皮球等，如此一來便可提高兒童的學習興趣。

一、直覺思考

直覺思考（intuitive thinking）是指，由五官所得到的訊息來思維。幼兒園小班的學齡前兒童，其認知能力大部分尚未發展出物體**恆存性概念**（conservation concept）。物體恆存性概念是指物體某方面的特徵（例如：體積、重量、數目、大小），在認知上不因其某方面特徵的改變而改變，又稱為**守恆**（conservation）概念，例如：將一團黏土撕成 6 小塊，黏土原來的重量和 6 小塊的總重量是一樣的。

因為幼兒以直覺來思考，所以這種思維常常是不合邏輯的，皮亞傑曾經作了一個實驗來證明（如圖 3-1 所示）。他在幼兒面前放置 A、B、C、D 等四個杯子，其中 A、B、C 三個杯子的形狀、大小完全一樣，D 杯子則比較瘦長。實驗時，首先在 A、B 兩個杯子注入等量的水，這時問幼兒說：「這兩個杯子的水是否一樣多？」結果幼兒都說：「一樣多！」接著：將 A 杯子的水倒入 C 杯子，B 杯子的水倒入 D 杯子，然後問幼兒說：「C 與 D 杯子哪一個水量比較多或一樣多？」結果發現幼兒大都回答：「D 杯子的水比較多。」這表示他們尚未發展出體積恆存性概念。

教師若要教導尚未發展出體積恆存性概念的兒童，可以示範給幼兒看。教師

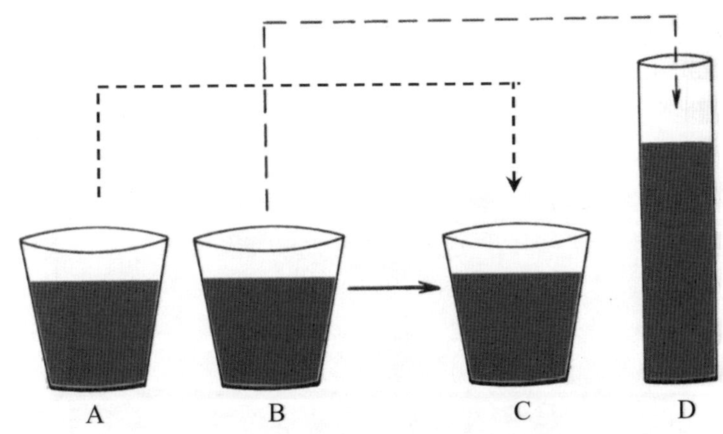

圖 3-1　體積恆存性概念的實驗

將一杯水倒入另一個不同形狀的空容器內，讓幼兒看見這兩個容器的水量還是一樣多。

此外，教師可以做數目恆存性概念的實驗，以了解兒童是否已經發展出數目恆存性的概念。實驗時，教師在兒童面前放置兩堆圍棋子，每一堆圍棋子各7顆，將其中一堆排成一直線，另外一堆排成圓形，然後問兒童：「哪一堆圍棋子的數目比較多或一樣多？」如果兒童說：「一樣多！」就表示兒童已經發展出數量恆存性概念。實驗結果發現，有一些兒童能正確答對，但是也有一些兒童答錯了。由此可知，學齡前兒童的物體恆存性概念的認知能力，尚未完全發展出來。

二、自我中心主義

皮亞傑認為前運思期的兒童只能主觀看世界，不會站在別人的立場來思考問題，也就是無法客觀分析問題，這個時期的兒童具有**自我中心主義**（egocentrism）的思維傾向。皮亞傑曾經做一個**三山實驗**（three-mountain experiment）（如圖 3-2 所示）來證明。

該實驗的設計是：在兒童面前放置三座模型山，實驗時先讓兒童坐一邊（如圖 3-2 右邊），然後，將一個洋娃娃放置在對面（如圖 3-2 左邊）。這個時候問兒童兩個問題：第一個問題是：「你看到三座山是什麼樣子？」第二個問題是：「洋娃娃看到這三座山是什麼樣子？」

圖 3-2　三山實驗情境

實驗結果發現，兒童對這兩個問題的答案，都只會從自己所坐位置的角度來回答，而不會從洋娃娃的角度來回答問題。皮亞傑以 4 至 12 歲兒童為實驗對象，結果發現 7 歲以下兒童所看到的三座山，都有以自我為中心的現象。

三、不可逆性

前運思期的兒童具有**不可逆性**（irreversibility）的思維現象，也就是思考問題的時候，只從一個方向去思考，不會反過來思考。**可逆性**（reversibility）的概念則相反，可逆性是指思考問題時，能從正面去思考，也能從反面去思考，例如：

已知　$5+15=20$

就可推知　$20-5=15$

已知　$3\times 15=45$

就可推知　$45\div 3=15$

已知　$15\div 3=5$

就可推知　$5\times 3=15$

前運思期兒童的思考，尚未具有可逆性的思考，大約要到上小學之後，才具有可逆性的思考能力。也就是說：小學生的認知能力比幼兒園兒童較佳。

參、語言能力的發展

幼兒大約在 2 歲的時候，就開始學習講話，到了 3 歲就能說出通順與完整的語句，這一個階段屬於皮亞傑認知發展理論的前運思期。學齡前的兒童能夠簡單思考，以語言表達自己的心思意念。到了上幼兒園之後，兒童大都已經具備簡單的語言能力，而且能夠了解一些簡單文字的意思，甚至能夠造出合乎文法的句子；在進入小學就讀之前，大多數兒童已經具有基本語言溝通的能力了。

在學前教育階段，家長或教師提供兒童各種讀物，鼓勵兒童閱讀字母、單字，有助於語文能力的發展。教導兒童使用電腦，也可以增進語言發展、閱讀、書寫

的能力，因為電腦有助於學齡前兒童分辨與認識字母，聽到字母、單字的讀音，甚至造句。有些電腦程式可以呈現故事動態的畫面，兒童從電腦聽了故事之後，可以提升其閱讀能力。此外，教師可以利用各種視聽媒體來教學，例如：以電視、幻燈片、收錄音機等來呈現教材，如此可提高兒童的注意力，進而促進其語文能力的發展。

學齡前兒童學習**雙語**（bilingual）有何利弊？如果要對兒童實施雙語教學，在什麼時候比較適當？這兩個問題是幼兒教育的重要課題。華裔與韓裔美國人的子女，在 3 至 7 歲之間學習美語，小孩長大之後說美語流利的程度，和美國人的子女一樣。換句話說，3 至 7 歲是學習雙語的關鍵年齡，而 10 歲以後比 6 歲以前開始學習美語的效果較差。有許多教育心理學者認為，個人學習語言的環境與學習動機，才是語言學習能否成功的關鍵因素。

有一些語言學家認為，學齡前兒童學習雙語並不會影響其母語的學習，母語說得愈流利的小孩，學習第二種語言的速度愈快（Cummins, 1994）。大多數兒童在初學走路的時候，可以同時學習第二種語言，在 2 至 3 歲之間的幼兒學習語言的速度並不快，因為幼兒並不能真正理解語言的意思。學習第二種語言的兒童，一開始容易將兩種語言的詞彙或文法混雜在一起，大約到了 5 歲以後，兒童就能夠講兩種簡單的語言（Berk, 2002）。如果到了青少年以後再學習第二種語言，則困難度比較高（Anderson & Graham, 1994）。學習第二種語言最好的時機，是在幼兒園至小學畢業這一個階段。

目前在臺灣有許多幼兒園，自稱是幼兒雙語教學的學校。雖然這一類學校的學費比較昂貴，可是仍然有不少家長將小孩送到雙語幼兒園，這種學前教育學校的雙語教學，以中文和美語為主。兒童除了在學校之外，在家裡很少有學習美語的環境，幼兒學習美語的成效究竟如何？難免令人質疑。因此，幼兒園的兒童是否需要學習第二種語言，目前教育學者的看法仍然相當分歧，莫衷一是。不過有一些雙語教學專家認為，雙語教學是否有效，教師的教學方式最重要。

學前兒童學習語言，最重要的是要有良好的學習環境，幼兒學習語言的對象，例如：幼兒園老師、媽媽或保母，都需要口齒清晰、發音正確、語言流利，同時

善於鼓勵兒童說話，如果兒童說得正確就給予讚美，這樣將有利於兒童語言的發展。

肆、社會發展

學齡前兒童從小在父母養育之下長大，小孩對照顧他的父母有特殊的情感，於是產生**依附關係**（attachment relationship），其社會人際關係由父母、家人逐漸擴展到幼兒園的老師、同學。在幼兒時期有安全依附的小孩，上幼兒園之後比較有自信心，願意與他人互動，同時比較有勇氣去面對問題。根據艾瑞克森（Erikson, 1963）的**心理社會理論**（psychosocial theory），學齡前兒童會主動去探索外在的環境，如果父母或教師對兒童的探索行為，時常加以鼓勵、讚美，就可以使兒童產生自信、自主、主動探索的能力；反之，如果父母、教師對兒童的探索行為常加以阻攔、責罵或懲罰，兒童就容易產生退縮、焦慮不安的心理。學齡前兒童的社會發展，簡要說明如下。

一、同儕關係

學齡前兒童與同儕之間互動頻繁，在與他人互動的過程中，就可以學習如何與人競爭、合作，以及與人溝通的技巧，了解自己與他人的想法不完全相同，同時發現人與人之間的關係，這樣就有助於兒童在思考問題時，不再以自我為中心。可是，如果學齡前兒童沒有機會上學，缺乏與同儕互動的機會，這樣對其以後人際關係的發展，將產生不良的影響。

二、利社會行為

利社會行為（pro-social behavior）是指，個人的行為表現有益於他人，例如：關心、照顧或幫助別人。幼兒比較常見的利社會行為，就是與他人分享自己的玩具。兒童利社會行為對其未來的社會人際關係、道德發展，都有很大的益處。根據柯寧（Konig, 1995）的研究，影響兒童利社會行為至少有以下幾個因素：

1. 父母、教師或成人以身作則，對他人表現善心與善行，成為兒童心目中的楷模，這樣就可以使兒童產生潛移默化的效果。

2. 教師、父母或成人對兒童表現利社會行為時，就給予讚美、鼓勵或獎勵，使其良好行為獲得增強。

3. 教師鼓勵兒童模仿他人的利社會行為。

伍、遊戲發展

世界各地的兒童在發展過程中，幾乎都有玩遊戲的經驗。在臺灣的兒童有許多遊戲方式，例如：拼七巧板、扮家家酒、摺紙、捉迷藏、捏泥巴等，兒童在家裡、學校、空地、公園、巷道、田野等地方，就可以一個人獨自遊玩，或與幾個朋友一起遊玩。遊戲對兒童認知、人際關係、創造力等方面的發展，都有很大的影響。學齡前兒童在遊戲中會與同儕互動，年齡愈大互動就愈頻繁。

西洋教育學家盧梭、裴思塔洛齊、福祿貝爾等人，反對以嚴格的管教方式來教育兒童，他們都強調兒童從遊戲中學習。但是，臺灣近年來兒童的功課壓力愈來愈大，許多父母都要孩子學習各種才藝或補習功課，兒童遊戲的時間愈來愈少，這樣對於兒童的身心發展將有不利的影響。以下就遊戲的功能與遊戲的方式，分別說明之。

一、遊戲的功能

1. 孩子從遊戲中學習到遵守規則。
2. 在遊戲中可以發揮自己的想像力。
3. 遊戲可以擺脫現實生活的限制。
4. 遊戲有助於人際之間的溝通。
5. 遊戲可以紓解或發洩內心的情緒。

二、遊戲的方式

根據帕騰（Parten, 1932）觀察日本保育學校的幼兒，在幼兒園中的同儕互動行為，結果歸納出四類遊戲方式：

1. **單獨遊戲**（solitary play）：大約 2 歲至 2 歲半的兒童，常常喜歡獨自玩個人的玩具，與別人沒有互動，不管別人做什麼事。
2. **平行遊戲**（parallel play）：大約 2 歲半至 3 歲半的兒童，常一起從事相同的遊戲活動，但彼此很少互動，也不影響他人。
3. **聯合遊戲**（associative play）：大約 3 歲半至 4 歲半的兒童常在一起遊玩，彼此分享玩具、交換物品，但是個人只玩自己的玩具，並沒有共同目標。
4. **合作遊戲**（cooperative play）：大約 4 歲半以後，兒童會扮演不同角色，一起遊玩並且合作達成彼此約定的目標，例如：每一位兒童負責以積木建築一座小教堂。

史密蘭斯基（Smilansky, 1968）將兒童遊戲分為以下四類：

1. **功能性遊戲**（functional play）：2 歲以前的幼兒，經常做重複性的動作，例如：跑、跳、玩弄玩具，來得到滿足。
2. **建構性遊戲**（constructive play）：大約從 2 歲起，幼兒開始會玩弄各種物品，例如：堆積木、玩泥沙、捏黏土、拼圖、以樂高（Lego）來完成某些作品，例如：組裝成機器人、動物、房屋、汽車等。隨著年齡的增加以及動作技能的成熟，兒童可以使用玩具來進行創作。
3. **戲劇性遊戲**（dramatic play）：大約在 3 至 7 歲之間，兒童就能參與小團體的遊戲活動，他們能針對一個主題來玩遊戲。
4. **規則性遊戲**（game with rules）：大約在 7 至 11 歲之間的小學生，就可以從事有規則性的遊戲，例如：下棋、球類比賽、玩捉迷藏、玩彈珠等。這種規則性的遊戲，對兒童以後認知與社會發展都有很大的幫助。

兒童隨著年齡的增加，聯合遊戲、合作遊戲、規則性遊戲愈來愈多，而單獨遊戲或平行遊戲則愈來愈少。根據霍斯和馬瑟森（Howes & Matheson, 1992）觀察幼兒的遊戲行為，結果發現兒童遊戲的行為，與其在同儕之間的社交能力有密切關聯。此外，兒童遊戲與其認知程度也有關聯，大體來說，外向以及認知層次較高的兒童，其社交能力比內向者較佳（Doyle, 1986）。

三、遊戲對兒童發展的影響

1. 遊戲有益情緒發展：有一些心理學家的研究發現，遊戲可以用來治療兒童的情緒創傷，因為兒童在遊戲的過程中，所得到的喜樂可以暫時除去內心的焦慮，同時可以藉著遊戲來紓解心理壓力。因此，遊戲對兒童情緒的發展有正面的影響。
2. 遊戲可以促進認知發展：皮亞傑認為，遊戲可以幫助兒童增進心智能力；根據維高斯基的研究，遊戲可以幫助兒童抽象思考能力的發展。遊戲也可以增進幼兒恆存（或稱保留）概念，兒童在遊戲中嘗試不同玩法，可以促進問題解決與創造的能力（Bruner, 1972; Dansky, 1980）。
3. 遊戲可以促進語言發展：兒童在遊戲時，需要利用語言與他人溝通、互動或是模仿他人的語言，從中了解會話的規則、理解語言的涵義。遊戲激勵兒童使用語言以及學習新語彙的機會，這樣可以增進兒童語言的發展。
4. 遊戲可以促進動作技能的發展：兒童從事遊戲活動，可以增進大肌肉活動、小肌肉活動、感覺統合、空間方位覺察活動、時間覺察活動、方向覺察活動、平衡感覺，以及手眼協調能力等方面的發展。

由上述可知，兒童從遊戲中學習語言，可以增進認知與社交能力，對於人格發展也有正面的幫助。因為兒童玩遊戲時需要思考，對於其創造力、推理能力的提升，也都有所助益。蘇俄認知心理學家維高斯基（Vygotsky, 1978）認為，兒童在快樂的遊戲活動中，可以增進其認知與思考能力。

父母與學齡前子女之間，如果有良好的親子關係，其子女在與同儕遊戲中較容易和諧，彼此玩得愉快盡興；反之，如果親子之間常存著緊張、衝突，其子女與同儕在遊戲中容易引起爭執，其人際關係自然不好。此外，父母或教師提供適合兒童年齡的玩具，教導子女遵守遊戲規則，這樣可以增進其人際關係，長大之後容易成為一個到處受歡迎的人。由此可知，父母或教師教導子女或學生從遊戲中學習，也是相當重要的。

陸、性別發展

兒童性別發展可以分為以下三方面：(1)性別認同（gender identity）與性別保留概念（gender conservation）；(2)性別角色刻板印象（stereotype）；(3)性別配合行為（gender typed behaviors），分別說明如下。

一、性別認同與性別保留概念

性別認同是指，兒童知道自己屬於哪一種性別，並且接受自己的性別，同時知道自己的性別永遠無法改變。大約 2 歲的幼兒就知道自己是男生或女生，可是對性別還沒有正確的概念。有些幼兒以為只要將一個人的外觀改變，其性別就跟著改變，這是因為幼兒是以一個人的外在特徵來判斷性別，例如：幼兒認為穿褲子的就是男生，穿裙子的就是女生；留短頭髮的就是男生，留長頭髮的就是女生。

二、性別角色刻板印象

性別角色刻板印象是指，兒童認為男女兩性一定有何種心理特徵，例如：有一個研究發現，小學四、五年級學生認為，男生是有攻擊性的、不遵守規矩的、想支配別人的、冷酷無情的；女生是溫柔的、有愛心的、情緒化的（Best et al., 1977）。隨著年齡的增加，兒童性別角色刻板印象，逐漸由一個人的外表轉變為內在心理特質。大約到了國中階段，其性別角色刻板印象就比小學生較不明顯，例如：小學二年級的學生認為女生當飛機駕駛員，或男生當護士是不可思議的事，可是國中二年級的學生大都能接受這種看法。

三、性別配合行為

性別配合行為是指，兒童逐漸習得與自己性別角色相配合的行為，同時選擇與自己相同性別的兒童一起遊玩，例如：男孩喜歡玩玩具手槍、挖土機、戰車；女孩喜歡玩洋娃娃。女孩與男孩一起遊玩時，發現男孩常有粗魯、凶暴的舉動，因此女孩討厭與男孩一起遊玩。

柒、學齡前兒童的教育

台灣近幾十年來，由於工商業蓬勃發達，生活競爭日益劇烈，於是職業婦女日漸增多，因此學齡前兒童的教育工作，大都由幼兒園或安親班來負責。根據伯曼（Behrman, 1996）的調查，美國學齡兒童的母親有四分之一是職業婦女，換句話說，大約有四分之一的幼兒無法由母親親自來教養。

在美國大部分上托兒所的幼兒，大多來自中產階級家庭，托兒所通常提供半天的課程，每一位幼兒保育人員大約照料十名幼兒，以下分別就學齡前兒童的教育作簡要說明。

一、幼兒保育

幼兒接受托兒所保育，保育工作的重點包括：簡單的活動、唱遊、聽故事、到附近公園或學校走動、讓兒童繪畫等，雖然幼兒保育工作不像幼兒園有正式的課程，但是對於幼兒的體能、認知以及社會發展，仍然有其正面的效果。

二、學前啟智教育

美國聯邦政府重視學前教育，曾經在 1960 年代起實施**啟智方案**（Head Start Program），該方案對家庭貧窮以及外國移民的兒童提供特別服務。啟智方案為家庭貧困兒童，提供免費或部分收費的學前教育課程或托育服務；參加此方案的幼兒，在上學期間可以獲得膳食及點心來補充營養。此外，參與此方案的學生家長，必須參加教育機構的親職教育訓練，而且由機構的社會工作人員定期作家庭訪視，提供父母有關兒童身心發展的知識與管教子女的方法。

啟智方案還對這些兒童提供特別的健康醫療服務，其主要目的在使家庭貧困的兒童，能夠與一般兒童教育機會均等，因此，家庭貧困兒童在接受正式教育之前，就能得到基本的知識與社會技能。啟智方案對兒童提供的思考訓練，對於提高兒童的學習成就，有很好的效果。

美國實施啟智方案將近 40 年，聯邦政府每年編列 60 億美元推動此方案，接受該方案服務的兒童超過一百萬人。這個方案的效果非常顯著，經過長期追蹤研

究發現，參與此方案的兒童，不但學業成績達到一般兒童的水準，而且到了青少年階段，其犯罪率低於未參加此方案的兒童。此外，參與此方案的兒童，以後有學習障礙傾向者比較少。

根據瑞梅和瑞梅（Ramey & Ramey, 1988）的研究，曾經參與啟智方案的兒童，在上小學之後的學業成績，高於沒有參與此方案的兒童。參與此方案的兒童，大約有三分之二能夠念到高中畢業，未參與者能讀到高中畢業者不到半數。由此可知，啟智方案有其實際的效果。

啟智方案除了對貧困家庭兒童的學業有正面幫助之外，該方案同時對於**心智遲緩**（mental retardation）兒童的母親，傳授其教養子女適當的方法，因而使兒童的人格、社會人際關係也同樣獲得成長（Reynolds, 1998）。

三、幼兒園教育

臺灣目前的幼兒教育，雖然尚未納入正式學校教育制度中，但是，大多數學齡前兒童都已經進入幼兒園接受教育。幼兒教育的主要目的，在協助兒童接受正式教育之前做好準備。有些幼兒園課程與小學一年級相似，例如：教小孩寫字、算數字、唱遊；但是不少教育學者認為，學前兒童身心尚未發展成熟，如果操之過急，難免產生揠苗助長的效果。

根據納斯和霍局斯（Nurss & Hodges, 1982）的研究，曾經上過幼兒園的兒童，通常在小學低年級的學業成就較佳，不過到了小學三、四年級時，這種現象就逐漸消失了。一般說來，曾經上幼兒園的兒童，其社會人際關係較佳，上小學之後比較容易適應學校生活。

幼兒園教師應針對每一位兒童的性向、智能與興趣來教育，以達到因材施教的效果。幼兒教育是一切教育的基石，如果政府能將幼兒教育納入正規教育學制，提高幼兒園的師資水準，充實幼兒園設備，加強幼兒園教育的評鑑工作，淘汰辦學績效不良的幼兒園，將可以使幼兒教育更健全發展。

幼兒教育學家蒙特梭利（Maria Montessori, 1870-1952）所設計的幼兒教育課程，對促進兒童心智能力的發展有很大的幫助，因此，今日世界各地有許多幼兒園仍然採用蒙特梭利教學法。

蒙特梭利教學法是由教師提供兒童增加活動及感覺的學習經驗，例如：蒙特梭利將一張牛皮紙剪成幾個中空的字型，讓兒童用手去觸摸，再請兒童將文字填入牛皮紙正確的位子，當兒童能正確操作時，教師就馬上告訴兒童這個字的涵義與發音，這樣反覆練習直到兒童認得每一個字為止。蒙特梭利以這種方法來教學，結果發現可以提高兒童的閱讀能力與寫作技巧。

蒙特梭利所設計的幼兒教育課程活動，有助於提升兒童在組織、排序、分類與辨別等認知能力；同時，該課程安排的戶外教學活動，有助於兒童情緒、人際關係與心智能力的發展。因此，國內外有許多幼兒園都標榜著蒙特梭利教育，以爭取更多學童來入學；但這種標新立異的教學方式，對於幼兒身心發展究竟有多大的效果，仍有待進一步研究。

第三節　學齡兒童的身心發展與教育

兒童進入小學開始接受正式的學校教育，以下分別就其身體與動作的發展、認知能力、自我觀念、心理社會發展，以及在教育上的應用，分別說明之。

壹、身體的發展

小學生身體成長的速度比幼兒園時期較為緩慢。雖然，國小一至三年級的男女生平均身高、體重約略相同，但是，男生比女生稍微高一點、重一點，而男女學生身體成長仍屬快速。一般健康的小學生都很好動，無法靜止坐得太久，所以小學上一堂課只有 40 分鐘；大約小學三年級的時候，男女學生骨骼發展超越肌肉發展的速度，因此會產生成長的疼痛。

到了小學四年級以後，女生的平均身高、體重會逐漸接近男生，甚至超過男生，因為這個階段的女生骨骼發育快速，運動量大。小學五年級的女生即將進入

青春期（puberty），其身體成長的速度已經達到頂峰，不過，男生的肌肉比女生發達，所以動作也比較敏捷。根據許多研究結果顯示，國民小學男生的動作協調能力比女生較佳。

在小學畢業之前，女生大約比男生提早一至一年半到達青春期。進入青春期的學生身體成長很快速，骨骼與肌肉發展的速度並不一致，會出現短暫動作技能不協調的現象。就身體發展的特徵來說，這個時候除了主要性徵（男生有射精能力，女生有月經）出現之外，也開始出現第二性徵，例如：長出陰毛、聲音產生變化、男生長出鬍鬚、女生乳房變大。在青春期來臨之前，教師就可以對高年級學生實施性教育。為了避免學生面對異性教師產生尷尬的心理，男學生的性教育最好由男教師來實施，女學生的性教育最好由女教師來實施。此外，性教育也可以由父母親來實施。

貳、動作技能的發展

一般而言，小學低年級學生大致已經具備跑、跳、投擲、平衡等基本運動能力，這時許多小朋友具有騎單車、游泳、體操、舞蹈、拉小提琴、玩扯鈴、彈琴、寫字、雕刻、繪圖、打躲避球、單腳站立、在平衡木上行走等能力。同時，小學低年級學生有良好的手、眼協調能力，他們可以畫出三角形、正方形、圓形、多邊形；小學四年級，手、眼的協調能力更佳，寫字、畫圖更細膩；到了高年級，小學生就有描繪立體圖形的能力。不過，教師仍然需要提供學生練習的場所與機會，使他們的動作更正確、更敏捷。

參、身體健康與疾病

一般而言，小學高年級學童對疾病的抵抗力比低年級學生較強，生病的次數也比較少；高年級學生身體四肢動作協調能力佳，這時可以學習體操、游泳、跳舞等技能。不過，一般小學生的抵抗力不如成人，容易感冒甚至罹患白喉、天花、百日咳、腮腺炎、麻疹等疾病，因此教師應提醒學生家長，定期帶小孩去施打預防針。同時，教導學生飲食均衡、睡眠充足、常洗手、多漱口、少去公共場所，如此便可減少感染疾病的機會。

近幾十年來，臺灣地區兒童視力不良的問題十分普遍，兒童自從入學之後，視力不良隨著年級升高而明顯增加。近視不僅是學童健康問題，同時也是學校教育問題，這個現象顯示學校有加強健康教育的必要性。

肆、認知能力的發展

小學生的認知能力已經發展到具體運思期，這個時期的兒童只能從具體事物來進行思考，其思考能力尚未達到成人的水準，例如：老師給小明 4 根不同長度的木棒，要他依照木棒的長短順序排列，小明能正確排好。可是，當老師要他以語言來說明類似的問題時，小明便無法正確回答，例如：「張三比李四高，李四比王五矮，這三個人誰最矮？」因為小明沒有看見這三人，所以無法正確回答。不過，小學生大致已經具備以下能力。

一、守恆概念

根據皮亞傑的實驗結果發現，在具體運思期的兒童，已經具有大小、重量、數目、體積、長度、面積、液體等保留概念，例如：把兩堆七顆白色圍棋子的其中一堆排成一直線，另外一堆排成不規則形狀，結果發現小學生都知道這兩堆圍棋子的數目一樣多，這表示小學生已經發展出數目保留概念了，又稱為數目守恆概念。又如：把兩塊重量相等的泥土，其中一塊用手捏成圓形薄片，另外一塊捏成圓錐形，小學生仍然知道這兩塊不同形狀的黏土重量是一樣的，這就是重量守恆概念。

這些不同性質的守恆概念，在發展上有先後順序，其中以數目守恆概念最早發展完成。數目守恆概念大約在 6 歲就出現，體積守恆概念大約 8 歲以後才出現。

二、數字運算

小學兒童能夠學習數字加、減、乘、除之四則運算。因為兒童不容易具有抽

象思考的能力，所以教師在教學時，宜利用各種教具或實體物來講解，例如：教小朋友數學加法時，老師問小朋友：「9 ＋ 8 ＝？」如果小朋友想不出來，老師可以說：「這裡有 9 顆蘋果，如果再加上 8 顆蘋果，總共有幾顆蘋果？」如果小朋友還是想不出來，老師可以在黑板左邊畫 9 顆蘋果，右邊畫 8 顆蘋果，然後告訴小朋友說：「如果將右邊一顆蘋果移到左邊，那麼左邊就變成 10 顆蘋果，右邊減少一顆蘋果，就變成 7 顆，所以總共有 17 顆蘋果。」這樣講解小朋友就比較容易理解。

又如：教小朋友三角形內角和等於幾度，如果教師告訴小朋友說：「三角形的外角等於兩個內角和，所以三角形的內角和等於 180 度。」這樣講解小朋友可能聽不懂。如果教師告訴小朋友說：「把三角形的三個角剪下來，然後就可以拼湊成一直線，因為一直線就是 180 度，所以三角形的內角和等於 180 度。」這樣小朋友就很容易了解了。

三、可逆性概念

小學生能夠憑自己所看見的物體來作逆向思考，例如：小學生知道 1 ＋ 2 ＝ 3，也知道 3 － 1 ＝ 2 或 3 － 2 ＝ 1。又如：知道一個正方形可以折成兩個直角三角形；同理，小朋友知道這兩個直角三角形可以組合成一個正方形，皮亞傑稱這種現象為可逆性概念。

四、具客觀思考能力

小學中高年級的學生，以自我為中心的思考逐漸變成客觀的思考，也就是能站在他人的立場來思考問題，例如：老師問小朋友說：「如果小明的東西遺失了，你會為他感到難過嗎？」通常小朋友會說：「會！」這就表示兒童已經具有客觀的思考能力了。

五、了解時間概念

小學生由日常生活作息，逐漸發展出時間概念。他們能夠了解時鐘的分針繞

一圈是 60 分鐘，時針走一格就是 1 小時；也能夠了解一個星期有 7 天，一個月有 4 或 5 個星期，一年有 12 個月。但是，對於時針、分針關係的運算，在思考上可能就有些困難，例如：在上午 3 時與 4 時之間，什麼時候時針與分針會重疊在一起？許多小朋友可能想不出來。

六、了解空間關係

小學生已經具有空間的概念，大約 10 歲的小學生，已經具備以三度空間來描繪立體圖形的能力。他們能畫出學校各棟建築物的地理位置，而且能夠正確繪畫從家裡到學校的交通路線圖。教師可以以學校為中心，教導學生了解學校附近的自然景觀或人文設施，使學生的空間方位概念能擴大範圍。

七、邏輯關係

小學中高年級學生逐漸能夠了解簡單的邏輯，例如：A ＞ B，B ＞ C，則 A ＞ C。但是對於三段論的**演繹推理**（deductive reasoning），就不一定能夠理解，例如：

大前提：所有的人都有兩隻腳
小前提：所有的雞都有兩隻腳
———————————————
結　論：所以所有的人都是雞

上述三段論的結論是錯誤的，如果問小學生錯在哪裡，他們可能無法理解，因為小學生的演繹推理能力，尚未達到成人的水準。

八、包含關係

小學生具有分類思考能力，而且在做**分類**（classification）思考時，能夠區分主要類別與次要類別之間的關係，也就是具有**類別包含**（class inclusion）的思考能力。簡言之，小學生能夠在內心中運思整體與部分的關係，例如：小學中年級學生大都知道全校學生包括男生和女生，全校學生比男生多，也比女生多。

伍、自我觀念的發展

根據艾瑞克森（Erikson, 1963）的**心理社會理論**（psychosocial theory），小學生的心理社會發展已經進入第四階段。這一階段學業成績優良的學生，容易獲得教師、同學或家人的讚美，在班級中人緣比較好，容易擔任班級學生幹部，成為一個能幹的、受歡迎的學生；反之，如果學業成績不良，比較容易產生自貶、自卑，或自暴自棄的心理，進而影響其人際關係與自我觀念。

小學生生活的主要範圍包含家庭與學校，在日常生活中經由老師、同學、家人對自己的看法，或是由自己與他人作比較的結果產生**自我觀念**（self-concept）。自我觀念包括：個人對自己身體、外貌、健康、家庭、人際關係、學業表現等方面的看法，例如：學業成績名列前茅的學生，容易認為自己是聰明的、能幹的、優秀的學生，自己可以當別人的模範，這種學生容易產生自信心；反之，學業成績欠佳的學生，容易產生自己是愚笨的、不能幹的、壞學生的自我觀念，這種自我觀念將持續到中學階段。

不正確的自我觀念，容易使人喪失自信心，缺乏奮鬥向上的毅力，對其個人身心健康、人際關係以及學業成就，都有不良的影響。因此，教師應設法發現每一位學生的優點，並且多加鼓勵，讓每一位兒童都有成功的機會，如此才可提升其自信心，進而產生正面的自我概念，例如：一位國小五年級的學生，身材不高，體型又相當肥胖，因此在跑步、跳高、跳遠等體育方面的成績，都不如班上同學，因為一直表現地不好，於是這位學生對體育缺乏信心，很不喜歡上體育課。其體育老師就針對這位學生身體的特徵，鼓勵這名學生練習游泳，結果因為他的身體體積大，浮力也比較大，因此在游泳方面展現了亮麗的成績，而使得這名學生對體育重拾了自信心。小學生自我觀念的發展與行為特徵，如表 3-2 所示。

表 3-2　小學生自我觀念的發展與行為特徵

年級	自我觀念	行為特徵
一年級	能分辨自我、父母和同儕之間的關係。	身體的活動量大，活潑的，以自我為中心。
二年級	比較不自我中心、較會關心別人、經常害羞的。	較多思考活動、比以前沉默、寡言。
三年級	容易挑剔自己，自我評價；常要求及批評他人。	外向的，比以前更不滿意外在的人、事、物。
四年級	比較自在、比較不怕承認錯誤。	熱衷自己感興趣的事情。
五年級	較少自我評價、滿意自己。	對自己有信心、對異性好奇、專心課業。
六年級	接近青少年期，出現心理的迷惑容易處於緊張狀態、比較容易懷疑自己。	身體活動範圍大、食量大增、對外在事物好奇、容易關心人我之間的關係。

陸、心理社會的發展

根據佛洛依德的性心理發展理論，小學生與異性的關係屬於**潛伏期**（latency period），也就是對異性的喜愛不敢明白顯露出來，所以他們通常只與同性交往，並透過在團體與同學互動中逐漸認識他人，由他人對自己的評價產生價值觀，因此，同儕關係將成為其未來人際關係的基礎。

小學生在社會化的過程中，受到父母家庭教育的影響很大。父母教養子女如果時常表達溫馨的情感，給予孩子情感上的支持與鼓勵，讓孩子感受到溫暖與關愛，小孩除了比較有自信心之外，同時也比較會表現出關懷別人的行為，其社會人際關係也比較好；反之，父母假如教養小孩經常採取嚴苛的態度，或是常以不理會你做威脅，這樣小孩上小學之後的人際關係會比較差，同時容易產生內向、冷漠、退縮的性格。

有些父母對孩子過分放縱、寬容，小孩上小學之後，容易產生不負責任、不

服從、做事沒有耐心。小學生通常會認知男女生行為的差異，女生比較會主動關心、照顧別人，男生比較粗獷、調皮、好勝心強。根據吉利根（Gilligan）的研究，小學生對自己性別角色的認識，與其玩具的性質有密切的關係（Gilligan, 1982）。

小學生與價值觀、興趣、嗜好相近者，彼此容易成為好朋友，朋友是一起學習的好夥伴，碰到問題時可以互相討論、協助與學習。在同儕中被大家接納的兒童，大都比較受人歡迎，這類學生外貌姣好具有吸引力，學業成績優良、外向，家庭社經地位比較高，具有領導能力、助人與他人合作等特質。如果在同儕中被人排斥或不受人歡迎，這種學生容易產生孤僻的人格特質，嚴重者會產生情緒困擾，因此，教師應加以關心，例如：安排一些外向的同學和他（她）作朋友，或安排內向的學生擔任班級幹部，鼓勵他們多參與各種社團活動。

根據哈茲克莉絲頓和霍夫（Hatzichriston & Hopf, 1996）的研究，在小學常被同學排斥的學生，容易中途輟學或被學校退學，後來很容易成為青少年犯罪者，長大以後容易產生精神疾病、犯罪、離婚、吸毒、失業等問題。因為被同學排斥的學生，容易產生攻擊、退縮的人格特質，因此在學校很難與人合群，遭遇到困難問題時，也無法得到同學的協助與支持。

柒、教師應協助小學兒童建立良好人際關係

教師應利用上課時間或其他場合，對學生說明人際關係對個人未來的重要性，讓兒童產生正確的觀念。每當兒童表現助人、關懷他人或與人合作的行為時，教師應立即加以讚美。教師可以安排人際關係良好的學生，作為同學學習的榜樣，經由同儕的示範有助於改善人際關係。

教師可以安排一些工作讓學生彼此互相合作，使學生在與同儕互動的過程中，學習與人競爭和互助合作的精神。此外，教師要教導學生與人合作、與他人分享的態度，例如：與人分享玩具、糖果，這樣可以幫助學生結交到新朋友，擴展人際關係，同時可以培養慷慨的性格。

近年來，由於使用電腦網際網路（internet）的人愈來愈多，教師可以教導學生在網路上與同學溝通交流。因為網路上與人溝通交流，不必面對面而且很快速，所以內向的學生使用 e-mail 與人意見交流，會感覺比較自在，如此一來也可以增進其人際關係。但是，教師必須提醒學生，不宜在網路上與陌生人溝通交流，以免遇到歹徒或發生無法預測的後果。

第四節　中學生的身心發展與教育

中學生自國中一年級開始，身體、智能快速發展，此階段屬於青少年期，12 至 18 歲是法定的**青少年**（adolescence），這個階段是人一生中最不穩定的過渡時期，俗諺說：「狂飆期」、「青春期」、「風暴期」就是指青少年期。以下就中學生的生理、認知、自我觀念、人際及情緒等方面的發展，分別加以說明。

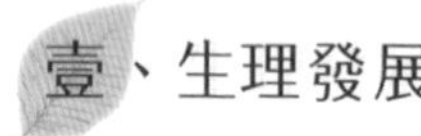

壹、生理發展

一、生長陡增

中學生在生理上有**生長陡增**（growth spurt）的現象，大約在國中階段，其身高、體重明顯加速成長，如果有均衡的營養、充足的睡眠以及適當的運動，將有助於身高的成長與體格的發育。運動方面以跳躍活動，例如：打籃球、跳繩、跑步，對於身高的成長最有幫助。在青春期以前，男生與女生的體力差不多，但是到了青春期以後，男生的骨骼、肌肉明顯比女生發達，男生的力氣普遍大於女生，這是因為男生的肺活量與心臟皆大於女生之故。

中學生身體成長以性成熟、身高、體重較為明顯，女生的性發育平均大約比男生提早二歲；女生大約在 11 歲，男生大約在 13 歲時，就已經進入**青春期**（puberty）。女生青春期的來臨，通常以第一次月經來臨的初經（或月經初潮）

（menarche）為標準。在西方國家，女生平均大約 12 歲半，就有月經初潮的生理現象。初潮來臨之前，如果父母或老師沒有提早實施性教育，學生難免心理惶恐不知所措；但是，也有少數學生因為自己即將變成大人而感到喜悅。初潮來臨之後，雖然性器官持續成長，但是身體成長的速度逐漸緩和下來，大約在初潮來臨之後一年，卵巢便有排卵的情形發生。男女生的身高，大約到高中畢業之前就呈現停頓狀態，男生青春期的來臨，可以從尿液中帶有精液來作為判斷標準。

高中畢業之後，身體仍然繼續成長。不過，身體各個部位成長的速度與時間並不一致，例如：腿部比其他部位成長的速度較快又較早。此外，男女生身體發展的速度有很大的個別差異，發育較早的稱為早熟，發育較晚的稱為晚熟，早熟與晚熟的中學生，大約相差五至六年。

二、發育速度

中學男女生發育的速度，大致可以分為男生早熟、男生晚熟、女生早熟、女生晚熟等四類。在這四個類型的學生中，以女生早熟、男生晚熟這兩類學生，在同儕中的社會適應比較差。因為早熟的女生在同學中發育最早，所以在國中一年級時，可能是全班學生中個子最高的一位；男生晚熟者在同儕中發育最慢，他可能到了高中仍然身材矮小，容易被同學欺負或被嘲笑「長不大」。早熟或晚熟的學生，知道自己的身體與眾不同，通常會靦腆害羞。

整體而言，中學生對於自己的身體發育都相當在意，男生喜歡與別人比力氣大小，女生則特別注重自己的外貌、身材、打扮、穿著，如果長得太高、太矮、太胖、太瘦、不漂亮，就容易產生自卑感；因此，有些女生以節食來保持身體苗條，但是如果過度節食，就可能產生**厭食症**（anorexia nervosa）。

三、性的特徵

男性青少年在青春期來臨時，荷爾蒙會大量分泌，生殖器官產生明顯的變化，出現睪丸能生產精子、夢遺現象的主要性特徵；男性青少年的次要性徵包括：嗓音變粗、鬍鬚、腋毛、陰毛以及體毛的出現。女性青少年在青春期來臨時開始有月經，這時已經有懷孕的能力；女性青少年的次要性徵包括：乳房隆起、臀部變大、嗓音變得柔細、身材婀娜多姿等。如果父母或老師沒有提早實施性教育，容易使其心裡惶恐不安。

由於中學生已經具有生育能力，因此必須克服性衝動、性幻想及性探索的行為，以免產生婚前性行為。有不少中學生為了得到性滿足，於是以手淫（masturbation）來排除性衝動。但有些男生手淫之後會產生罪惡感，或擔心會腎虧、陽萎或早洩，因此聽信媒體廣告購買成藥來服用。現代人性觀念愈來愈開放，所以不少中學生已經有過性經驗，如果沒有正確的性知識，就容易產生懷孕、墮胎、性病、中途輟學等問題，因此學校教師應及早對中學生實施性教育，以免產生困擾。

貳、認知發展

中學生的認知發展，已經由具體運思期進入**形式運思期**（formal operational stage），大約介於 12 至 15 歲之間的學生，智力明顯增加（Andrich & Styles, 1994）。根據皮亞傑的認知發展理論，認知發展進入形式運思期的中學生，就表示個人的思考能力，已經發展到達成人的水準（Flavell, Miller, & Miller, 1993），以後只能從生活與學習經驗增加知識，而不會增加思考能力。綜合皮亞傑以及許多心理學家的研究，認知發展到達形式運思期的學生，具有以下三種推理能力。

一、假設演繹推理

假設演繹推理是指，能對問題情境提出一系列假設，然後做**假設檢驗**（hypothetical testing），從而得到正確答案。皮亞傑曾經以鐘擺吊錘做實驗，要求受測者思考鐘擺長度、吊錘重量、推動鐘擺的力量，何者是影響鐘擺速度的主要因素。實驗結果發現，認知發展達到形式運思期的學生，就能按照假設演繹推理方式來尋求答案：先假設影響鐘擺速度的因素為鐘擺長度，然後，將另外兩個因素保持不變，而只變化鐘擺長度；也可以先假設吊錘重量，然後，將另外兩個因素保持不變，而只變化吊錘重量，如此有系統地進行實驗，就可以得到正確答案。

二、命題推理

命題推理（propositional reasoning）是指，不必按照事實資料，就能夠針對一個問題進行推理，例如：問中學生一個問題：「如果你當老師，怎樣處理偷竊的學生？」中學生能依照自己的想法說出一番道理。如果以同樣問題問小學生，小學生也許會回答說：「我不是老師，我不知道！」

三、組合推理

組合推理（combinatorial reasoning）是指，當個人面對問題時，能夠針對問題的條件提出各種假設，然後一方面將某些因素維持不變，另一方面組合其他因素，最後在系統驗證假設中獲得正確答案，例如：有一個學生智商很高，但是學業成績卻很普通，這時可以從學習動機、學習方法、學習環境、同儕關係、身體健康情形、教師教學方法、父母的期望、教師的期望、家庭社會經濟地位等方面，逐一來探討，最後就可以發現哪些因素是影響該生學業成績低落的原因。

一般國中學生已經具有**假設演繹推理**（hypothetical-deductive reasoning）的能力。根據皮亞傑的研究發現，大部分國中學生可以在腦海裡運思，他們可以學習代數、幾何、三角函數、下棋等，也能夠看得懂政治漫畫，同時也具有抽象思考能力，教師不必以實體物當作教具，學生就能夠在心中運思。不過，中學生抽象推理的能力有很大的個別差異，有一些學生仍需要教師藉助具體事物來教學，才能夠理解。形式運思期的中學生，具有以下幾個特徵：(1)能夠了解抽象概念；(2)能夠以抽象概念來推理；(3)對問題具有思考與辯論的能力；(4)能夠自行對問題設計可行的計畫；(5)具有批判、獨立思考的能力；(6)具有解決複雜問題的能力。

根據皮亞傑（Piaget, 1970）的研究發現，中學生對某學科精通的程度，與其形式運思能力有很大的關聯，通常數理學科成績優良的學生，比較能夠使用形式運思能力；反之，學業成績欠佳的學生，比較容易以具體事物來推理，而較少採用抽象思考。教師可以使用以下幾個教學方法，協助學生產生形式運思的能力：

1. 凡是涉及抽象概念或理論性的問題，鼓勵學生以形式運思來思考。

2. 安排具有邏輯推理能力的學生，擔任小老師教導其他同學。
3. 鼓勵學生對問題提出解決的方法。
4. 讓學生撰寫讀書心得報告，同時要求對報告主題提出正、反面的觀點。
5. 讓學生針對某一個問題進行辯論。

參、自我觀念的發展

一、青少年自我觀念的特徵

自我觀念（self-concept）是指個人對自己的看法，又稱為自我概念，也就是個人對自己在身體、社會人際關係、學習能力、家人關係等多方面的綜合看法。中學生如果學業成績不好，就容易對自己的能力產生不良的自我觀念。

中學生時常認為別人並不了解他，而且常有以下疑問：「人活著的目的是什麼？」、「人為什麼要信仰宗教？」、「我將來要做什麼？」、「我將來要選擇什麼職業？」、「我到底是怎樣的一個人？」中學生對自己的看法，難免受到別人對他看法的影響，他們對自己的看法總是偏重在以下幾個層面：(1)自己的長相、外貌；(2)父母或老師對自己的看法；(3)自己的能力如何；(4)現實環境對自己的限制；(5)自己以往成敗的經驗；(6)自己未來的發展；(7)自己的愛情魅力；(8)自己的學業表現。

二、青少年的認同類型

詹姆士瑪西雅（James Marcia）對青少年的晤談發現，有以下四種認同類型：

1. 早閉型認同：對自己將來要從事的職業，以父母的看法為依歸，並沒有經過自己審慎的思考與評估，很早就定型下來。
2. 迷失型認同：對自己將來要從事何種職業感到迷惘，毫無目標與理想，不知道要何去何從。
3. 未定型認同：對自己將來要從事何種職業尚在摸索階段，並未做最後決定。
4. 定向型認同：對自己將來要從事何種職業，已經有清楚的方向與決定。

如果青年人能夠釐清以上問題，就能夠達到**自我統合**（self-identity）的境界，否則就容易產生**自我統合危機**（self-identity crisis）。如果自我統合危機不能夠順利解決，將阻礙個人以後的生涯發展。

三、青少年自我中心的特徵

艾爾肯（Elkind）認為，青少年自我中心有下列四大特徵：

1. 想像觀眾（imaginary audience）：青少年過高的自我意識會以為自己是眾人注目的焦點，而成為大家欣賞的對象，故很重視自己的穿著、打扮、外貌。
2. 個人神話（personal fable）：青少年容易強調自己是個英雄，想像自己是超人，有時會不顧自身安危，在同儕的教唆下從事各種冒險活動，如飆車、吸菸、酗酒、無照駕駛、藥物濫用等，認為災禍不會降臨到自己身上。
3. 假裝愚蠢（pseudo stupidity）：青少年由於思考能力提升，能夠思考各種可能性，在生活環境中表現過度理智化，有時反而會顯得大智若愚，假裝愚蠢去操弄他人；事實上，青少年已非常精明，卻故意表現出一無所知。
4. 明顯的偽善（apparent hypocrisy）：青少年認為他們不需要去遵從絕大部分人都遵守的規定，希望能夠與眾不同，此心理歷程與個人神話有相似之處。有時青少年容易虛情假意，表現出表裡不一的樣子。

簡言之，青少年自我中心的核心價值是自尊（self-esteem），為了維持自尊或取得他人對自己重要性的肯定，常表現一些大人看起來既不成熟又膚淺的行為。

肆、人際關係的發展

青少年隨著生理與認知能力快速發展，他們與同儕相處的時間顯著增加，有朋友的青少年，其社交技能比較成熟，也比較有領導能力，並且有較佳的學業表現；反之，沒有朋友的青少年，其社交技能比較差，比較具有反社會與攻擊行為。青少年相當重視自己是否被同儕**認同**（identification）、支持與接納，所以在衣著、打扮或行為等方面，常與友伴相同，朋友對他們的影響力遠超過父母或老師，因為他們有強烈追求**同儕團體**（peer group）的歸屬感，於是青少年就會產生**次級文化**（subculture），例如：他們彼此有共同的密語，不是他們這個團體的人就聽不懂；他們也有相似的髮型、服飾、打扮（Baumeister & Leary, 1995）。假如父母或教師對他們的頭髮、服裝儀容、打扮加以批評或責備，他們可能會生氣、抗拒，甚至於發生衝突。

青少年的生活範圍日漸擴大，追求獨立自主的意念日益強烈，他們很在意別人是否接納他們的意見，同時很關心自己的形象，如果自己的外表與別人明顯不同，就容易產生焦慮。青少年在日常生活中容易與父母發生衝突或對立，父母應以開明、容忍、接納的態度與子女溝通，並且適時給予輔導，使青少年順利**社會化**（socialization），表現出符合社會期許的行為。青少年在社會化的過程中，需要了解自己，發現「**我是誰？**」（Who am I?），也就是說認識自己的能力、家庭背景、生長環境、自己未來的發展方向，青少年愈能自我了解、自我肯定，了解自我的角色以及別人對他的看法，對其人際關係的發展就愈順利。

青少年期的中學生，凡是穿著時髦、身材高大、學業成績優良、面貌姣好、家境富裕的人，很容易在同儕中受人欽羨。青少年喜歡認識或結交異性，開始與異性朋友約會，有時為了爭取異性朋友的歡心，常採取各種手段。學業成績較好的學生，會忙於學校課業；反之，學業成績不佳又不想升學的學生，可能提早與異性交往，甚至產生婚前性行為。另外，有些學業成績低落的學生，因為無法獲得教師、家長或同儕的接納，變成逃學、中途輟學（dropout）或逃家的學生，他們在社會上容易結交一些品德不良的朋友或參加幫派，將來可能淪為犯罪者。

根據艾瑞克森的**心理社會理論**（psychosocial theory），中學生的社會人際關係若發展良好，有健全的自我觀念與生活目標，就能夠產生自我統合；在團體中如果被別人接受，他們可以逐漸發展**角色認可**（role identity）。

如果社會人際關係不良、自我迷失，生活沒有目標，自己希望在社會中扮演的角色一直無法實現，就容易產生認知的困惑，艾瑞克森將這種現象稱為**角色混淆**（role confusion）。這類學生對自己的未來感到茫然，人生失去努力的目標與

方向，容易與同類青少年為伍，成為學校生活適應不良的學生。因此，教師應教導學生找尋並把握自己人生的方向，朝自己的目標努力去實踐，如此對中學生的自我統合將有很大的助益。

伍、情緒發展

中學生身心發展尚未完全成熟，他們常情感重於理性，年輕氣盛、情緒不穩定，容易表現衝動、暴起暴落或不可預期的行為，例如：飆車、打鬥、參加幫派，或者與異性發生性關係，造成懷孕等問題。誠如孔子所說：「血氣方剛，戒之在鬥。」中學生要面對升學、交友、就業等方面的問題，在人生的十字路口常感到徬徨不安。有些學生還要面對各種壓力，例如：父母離異、家庭貧窮、父母過高的期望；如果加上學業成績不良、在同儕中不受歡迎，又缺乏師長適當的輔導，就容易產生中途輟學、憂鬱的情緒或自暴自棄的心理，嚴重者可能導致霸凌、**憂鬱症**（depression）、**藥物上癮**（drug addiction）、精神疾病、**青少年犯罪**（juvenile delinquency）、性變態、酗酒、愛滋病（AIDS）或自殺行為。因此，教師應對這些學生做好情緒輔導，使其情緒有適當的宣洩管道，當學生遇到困擾問題時，能認清問題、面對問題、有挫折容忍力、能與人理性溝通、對自己的未來懷抱希望，如此才有助於學生建立良好的**情緒智力**（emotional intelligent, EQ）。

教師輔導中學生做好情緒管理的原則如下：

1. 讓學生認識自己與他人的情緒。
2. 教導學生適當的表達自己的情緒。
3. 教導學生做好情緒管理，學習如何處理焦慮、恐懼、憤怒、悲傷的情緒。
4. 教導學生認清自己的優缺點，學習發揮自己的長處，改正自己的缺點。
5. 教導學生接納自己、肯定自己。
6. 教導學生對自己的行為負責，實踐自己對他人的諾言。
7. 教導學生關懷、幫助以及尊重他人。
8. 協助學生建立良好的人際關係，學習與人合作，減少與人衝突，增進人際溝通協調的能力。

自我評量題目

1. 嬰兒期的身心發展特徵為何？
2. 學齡前兒童的身心發展特徵為何？
3. 學齡兒童的身心發展特徵為何？
4. 試說明兒童學習雙語的利弊。
5. 如何對學齡兒童實施性教育？
6. 中學生的身心發展有哪些特徵？
7. 如何對中學生實施教育？
8. 教師如何協助小學兒童建立良好人際關係？
9. 遊戲對兒童發展有何影響？
10. 教師如何培養學生正確的自我概念？
11. 小學生與中學生的認知能力有何不同？
12. 解釋名詞：

(1)自我中心主義
(2)三山實驗
(3)依附關係
(4)平行遊戲
(5)性別認同
(6)利社會行為
(7)性別角色刻板印象
(8)心智遲緩
(9)心理社會理論
(10)自我統合危機
(11)形式運思期
(12)生長陡增
(13)個人神話
(14)啟智方案

第四章　智力個別差異因素與學校教育

學生的個別差異，可以粗略分為**智力**（intelligence）因素與非智力因素。過去臺灣一般的中學教育，為了達到因材施教的目的，在國中實施能力分班教學，能力分班的標準以智力測驗的分數來區分。因此，在傳統學校教育上，一向注重學生智力的個別差異。歷年來，有許多研究報告指出，學生智力與其學習成就有密切關係，因此，本章將就智力個別差異因素加以分析。至於學生的非智力因素，例如：性別、性格、家庭背景、社會文化等因素，留待下一章再詳細說明。經由本章內容討論之後，讀者對智力個別差異與教育的關係，將能達成以下學習目標：

1. 認識智力的性質與相關概念。
2. 了解各種智力理論。
3. 知道影響智力的因素有哪些。
4. 知道如何對智力個別差異學生實施適性教育。

第一節　智力的性質與相關概念

壹、智力的性質

智力是指何種能力？當你在判斷一個人智力的時候，是以什麼做標準？智力是指一個人的數理能力、隨機應變、語文表達、推理能力，抑或是個人成就？過去，有很多心理學者對人類智力提出不同的理論，直至今日，智力一詞的涵義在心理學界，仍然眾說紛紜、莫衷一是。不過，我們可以將智力一詞，作**概念性定義**（conceptual definition）與**操作性定義**（operational definition）。概念性定義是指對智力的涵義作文字描述，不作具體解釋。智力的概念性定義較常見者，如下：

1. 智力是個體理智思考與有效適應環境的能力。
2. 智力是指個人隨機應變的能力。
3. 智力是指個人解決問題的能力。
4. 智力是指個人抽象思考的能力。
5. 智力是指個人學習的能力。
6. 智力受到遺傳與環境的影響。
7. 智力是認知的能力。
8. 智力是個人在同化、調適與持續適應環境的能力。

智力的操作性定義如下：智力是以智力測驗所測得的分數（例如：智力商數）來衡量，智力測驗得分高者，就是高智力；反之，智力測驗得分低者，就是低智力。就智力的概念性定義與操作性定義來說，這兩者不但不互相衝突，而且是相輔相成的。因為智力測驗的編製必須有其理論基礎，來認定智力的內涵包括哪些能力，然後根據其理念來編製測驗題目；也就是要先對智力作概念性定義，而智力的計分與解釋則需要有明確的標準，也就是要有操作性定義。如果智力測驗學

者認為智力包含：數學推理、空間關係、語文應用等三個主要成分，那麼他所設計的智力測驗題目，就由這三個方面來構成。

綜合過去心理學者的理論，吾人可將智力定義為：智力係以個體生理為基礎，在其適應生活環境時，以個人知識、經驗來思考解決問題的一種綜合性**心理能力**（mental ability）。

貳、智力的相關概念

在心理學上與智力相關的名詞，有學習**成就**（achievement）、**潛能**（potentiality）與**性向**（aptitude）。學習成就是指經由學習之後實際表現的能力，例如：有一名國中三年級的學生，期末考試數學得 85 分，這個分數就代表該生數學的學習成就。至於潛能，就是一般人所說的天分或稟賦，心理學者常稱之為性向。所謂性向是指，個人將來有機會學習某事物時所可能的行為表現，例如：甲生的高中三年學業成績名列前茅，則我們可以預估其將來有能力進入大學，所以他在高中學習的潛力就可以視為性向。由此可知，成就代表個人已經發展出來的能力，而潛能或性向是指個人尚未發展出來的能力。

一個人的性向又可以分為普通性向與特殊性向，前者是指**普通能力**（general ability）或一般能力，例如：語文、數學、社會、歷史、地理等學科的能力。普通性向是指，一個人在一般學習領域內，如果有機會學習或訓練，將來可能發展達到的水準，亦即，個人將來從事多種學習活動的一般潛在能力，因此普通性向又稱為一般性向。**特殊能力**（special ability）是指，個人將來從事某一特殊學習活動的特殊潛在能力，一般人所說的專才就是特殊性向，例如：音樂、美術、勞作、機械操作、體育等潛在能力。

一個人智力的高低，需要以標準化智力測驗來測量。如果教師只以學生數學或自然學科成績來判斷其智力，這樣是比較不可靠的。

參、有關智商的迷思

一般人對智商常存有以下幾個迷思，說明如下。

一、一個人的智商是永久固定不變的

事實上，智力商數只是一個人在某一個智力測驗上所測得的智力分數，每一個智力測驗所測量出的智力最高分數並不一樣。有的智力測驗最高分數 140，有的最高分數 180；因此，一個人在同一段時間接受不同智力測驗，所測得的智商就不一樣。換句話說，我們不可以只由一個人的智商來判斷其智力，應了解這個人接受了何種智力測驗。

一個人的智力在年齡愈小的時候，所測得的智商愈不穩定。通常在幼兒園階段所測得的智商最不穩定，小學時期所測得的智商穩定性稍微高一點，國中以後所測得的智商就有很高的穩定性。不過，根據布魯默（Bloom, 1964）的研究發現，一個人在 5 歲與 17 歲智商的相關係數為 .80，由此可見，智商雖然不是永久固定不變的，可是小時候就聰明的人，長大之後的智力也會比較高，所謂：「小時了了，大未必佳」，這句話套用在智力上就未必完全正確。

二、一個智力高的人各方面都比他人強

事實上，大部分的智力測驗只測量數學推理、空間關係、抽象概念、語文能力，很少智力測驗能夠測量人際關係、創造力、領導能力、情緒、音樂、體育、美術等方面。換言之，智力高的人未必樣樣都比他人優秀。

三、智力測驗的結果是公正的、公平的

事實上，許多智力測驗都有受文化因素的影響。簡單來說，智力測驗對那些與測驗常模相似背景的人比較有利，對於弱勢族群的人來說則比較不公平，例如：在美國，白人智力測驗的平均分數高於黑人，但是，因為編製智力測驗的學者專家大多都是白人，所以他們所編製的智力測驗題目內容，大都與白人社會的生活經驗有密切關係，如此當然對黑人子弟的智力測驗結果不公平。因此，為了公平

起見，心理學家常採用**文化公平測驗**（culture-fair test），這種測驗是以圖形、非文字為主，例如：英國心理學者瑞文氏（Ravens）所編製的非文字推理測驗，即是為減少文化不公平因素的測驗。

四、智力與學業、事業成就的關係

一個智力高的人其學業成績大都比智力低的人較佳，智力高的人其學歷、社會經濟地位以及事業成就，也大都比較高（Barrett & Depinett, 1991; McClelland, 1993）。在美國有許多社會菁英人士被列入「美國名人錄」（Who's Who in America），他們大部分都有很高的智力；不過，有一部分高智力者卻走向觸犯法律的路途，即所謂智慧型犯罪者。

第二節　智力理論

近幾十年來，有不少心理學者對智力提出系統解釋。但是到目前為止，各種智力理論的學者專家，對智力一詞的組成成分或內涵，仍然沒有一致的見解。以下僅就比較重要者，依理論的基本取向，作簡要說明。

壹、雙因素理論

英國心理學者史彼爾曼（Charles Spearman, 1863-1945），他在 1904 年將受測者在智力測驗所得到的分數做**因素分析**（factor analysis），結果發現人類的智力可以分為兩個因素，稱為**雙因素理論**（two-factor theory）。該理論主張每一個人所具有共同的智能因素，稱為**普通因素**（general factor，簡稱 G 因素）；另一個為每一個人各自獨立擁有的特殊能力，稱為**特殊因素**（specific factor，簡稱 S 因素）。每一個人都有普通智力因素，該因素與一般學科成績的關係比較密切；而特殊因素則不只一個，包括：記憶、抽象推理、數字運算、動作協調能力等，該因素則與技能學科的成績有較高的相關。

依照史彼爾曼的解釋，有些人在普通因素方面的智力比較高，有些人在特殊因素方面的智力比較高，於是造成人類智力的個別差異，例如：有的學生在一般學科的成就很高，但在特殊才藝學科方面的智力則平平，可是有的學生卻相反。

貳、多因素理論

美國心理學者桑代克（Thorndike, 1916）主張，智力是由多種因素所組成。他在 1927 年提出智力**多因素理論**（multiple-factor theory），認為智力是由很多因素所組成的，每一個因素代表一種能力，各個因素之間的相關很低，一個人的心智活動性質相近的因素，就組成一個類別的智力。

桑代克將智力分為：**社會性智力**（social intelligence）、具體性智力，以及**抽象性智力**（abstract intelligence）。其中社會性智力就是人際關係的能力，也是善於管理他人、調解人事糾紛的能力；具體性智力是指，個人處理事物、學習、應用各種工具與機械操作等有關能力；抽象性智力則是指運用符號、圖形、數字的能力，例如：語文、數學、圖形及符號運作等有關的能力。

參、群因素理論

佘斯統（Louis Leon Thurstone, 1887-1955）認為，智力是由一群主要智力因素所組成的，他在 1938 年提出**群因素理論**（group factor theory）。佘斯統分析許多受測者在 50 個智力測驗上的得分，提出人類智力包含以下七種基本心智能力：

1. 語文理解（verbal comprehension），包括理解語文涵義、語文推理、句子重組、語文類比等能力。
2. 語詞流暢（word fluency），包括語詞通暢、拼字、押韻的能力。
3. 數字運算（number），包括正確與迅速計算數字的能力。
4. 空間關係（space），包括辨識固定或不固定方位與判斷空間關係的能力。
5. 聯想記憶（associative memory），包括機械式記憶兩件事的關係，或空間位置、時間序列記憶的能力。

6. 知覺速度（perceptual speed），包括迅速辨別事物異同的能力。

7. 一般推理（general reasoning），包括歸納推理的能力。

佘斯統伉儷共同設計的基本心理能力測驗，可以測量上述七種智能，測驗結果可以利用**側面圖**（profile），來顯現受測者在這七種智能的高低情形。

肆、智力結構理論

智力結構理論（structure of intellect theory）是由吉爾福特（Guilford, 1959）所提出，他將智力分為**思考運作**（operation）、**思考內容**（content）以及**思考結果**（product）等三個層面。這三個層面可以使用立方體結構模型（如圖 4-1 所示）來表示。他在 1967 年主張智力涵蓋 120 種不同的能力，到了 1988 年更將智力細

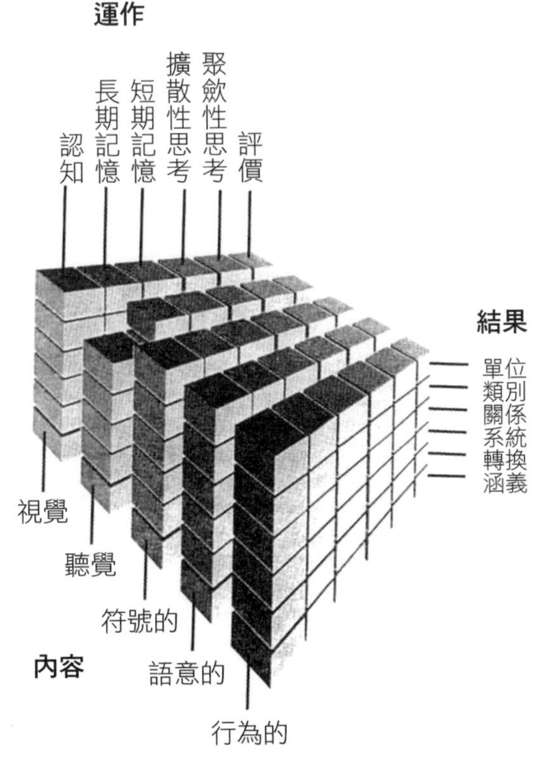

圖 4-1　吉爾福特智力結構模型

分為 180 種不同的能力，這些能力是由上述三種層面組合而成的。這三個層面的成分如下。

一、思考運作層面

思考運作層面包括以下六個因素：(1)**評價**（evaluation），是指處理各種訊息時，對訊息重要性的判斷與選擇；(2)**聚斂性思考**（convergent thinking），是指對問題尋求固定答案；(3)**擴散性思考**（divergent thinking），是指對問題從不同角度來思考；(4)**短期記憶**（short-term memory, STM），是指對思考的訊息立即加以記憶；(5)**長期記憶**（long-term memory, LTM）；(6)認知。

二、思考內容層面

按照吉爾福特於 1959 年的看法，思考內容層面包括：(1)**形狀的**（figure）；(2)**符號的**（symbolic）；(3)**語意的**（semantic）；(4)**行為的**（behavioral）等四個因素。但他在 1977 年與 1982 年的解釋，「形狀的」可以擴大為「視覺」與「聽覺」兩類，因此思考的內容就成為五個因素。

三、思考結果層面

思考結果層面包括：(1)**單位**（unit）；(2)**類別**（classes）；(3)**關係**（relation）；(4)**系統**（systems）；(5)**轉換**（transformation）；(6)**涵義**（implication）等六個因素。

上述合計 6×5×6 ＝ 180 種不同的能力；但如果按照吉爾福特新近的主張，人類的智力結構中則包括 150（5×5×6 ＝ 150）種不同的能力。不過，到目前為止，很少人能根據這個理論，設計出具有 150 種不同能力的智力測驗題目，因此這個智力理論尚未普遍受到重視。

伍、智力階層理論

卡泰爾（Cattell, 1963）和洪恩（Horn, 1994）根據因素分析的結果，將智力分為**流體智力**（fluid intelligence）和**晶體智力**（crystallized intelligence），前者包含推理能力、記憶容量，以及處理訊息的速度，這種能力與大腦功能有關；後者包含應用既有知識與技能，來解決各種問題的能力。卡泰爾認為，流體智力來自遺傳因素，晶體智力則受教育與生活經驗的影響。近年來，有些學者根據階層理論修訂史比智力測驗，測驗內容包含晶體能力、流體分析能力和短期記憶，再由這些能力細分成 14 種分測驗（如圖 4-2 所示），藉以測量特殊的心理能力（Thorndike, Hagen, & Sattler, 1986）。

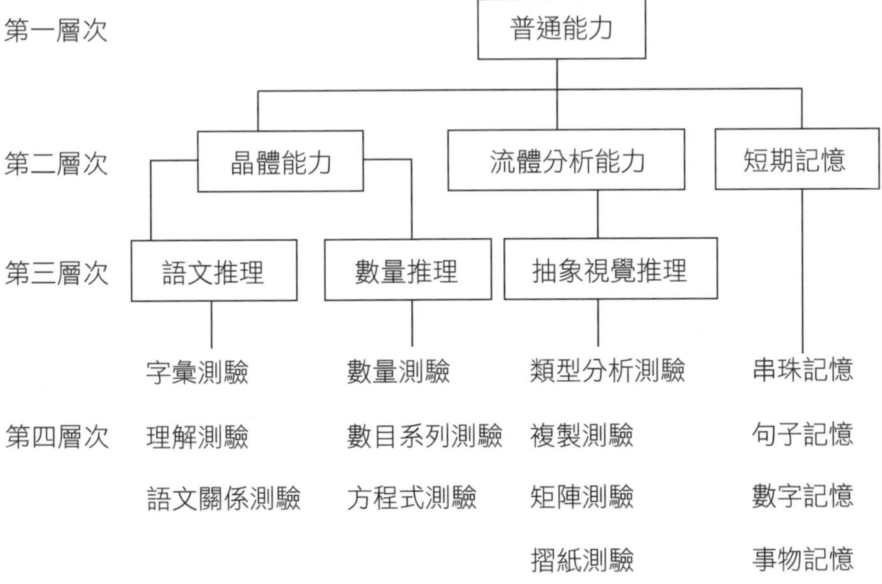

圖 4-2　史比智力測驗的主要內容

由該圖可知：第一層次為普通能力，第二層次分為晶體能力、流體分析能力、短期記憶，第三層次則包括語文推理、數量推理、抽象視覺推理。在第四層次中，語文推理包括：字彙測驗、理解測驗、語文關係測驗；數量推理可分為數量測驗、數目系列測驗、方程式測驗；抽象視覺推理可分為類型分析測驗、複製測驗、矩陣測驗、摺紙測驗。在第二層次的短期記憶中，分為串珠記憶、句子記憶、數字記憶，以及事物記憶。

陸、多元智能理論

葛納（Gardner, 1983）主張人類的智力是多元的，他認為傳統智力測驗的觀念過分狹隘，因而提出比較宏觀的看法，將人際關係與特殊才能（例如：音樂、舞蹈）納入智力測驗中。他在《心靈架構》（*Frames of Mind*）一書中，將人的智力分為七種智能，可是在 1998 年以後，他又增加自然觀察與存在的兩個智能。茲將這九種智能分別說明如下：

1. 語文的（linguistic）：運用語言、文字以及口語表達的能力。
2. 邏輯－數學的（logical-mathematical）：運用邏輯推理和數字的能力。
3. 空間的（spatial）：運用空間關係及藝術造型的能力。
4. 身體－動覺的（bodily-kinesthetic）：能靈巧運用身體及雙手表演的能力。
5. 音樂的（musical）：能創作與欣賞音樂的能力。
6. 人際的（interpersonal）：能善解人意並達成圓融人際關係的能力。
7. 內省的（intrapersonal）：能正確認識自己、省察自己以及管理自己的能力。
8. 自然觀察的（naturalistic）：能了解人與大自然萬物之間關係的能力。
9. 存在的（existential）：能了解生命與死亡的意義，並且在有生之年對人類社會貢獻自己的能力。

上述九種智能高的人，可以成為各行各業的專家，如表 4-1 所示。

表 4-1　葛納提出多元智能高者適合從事的職業

智力種類	職　業
語文的	演說家、詩人、辯論家、文學家
邏輯－數學的	數學家、科學家、工程師
空間的	棋藝家、室內設計師、航海家、藝術家
身體－動覺的	舞蹈家、戲劇家、運動家
音樂的	作曲家、音樂家、指揮家
人際的	政治家、團體領導者、社會工作者
內省的	哲學家、諮商心理師、神學家
自然觀察的	生物學家、考古學家、園藝家
存在的	宗教家、哲學家

柒、智力三元論

史登柏格（Sternberg, 2000）對智力測驗提出新的見解，他認為人類智力的高低，不只是傳統測驗所測量的能力而已，同時也應該包含實際解決問題的能力。史登柏格提倡**智力三元論**（triarchic theory of intelligence），他主張人類智力包含以下三個層面，其基本要義如下。

一、肆應型智力

肆應型智力（contextual intelligence）又稱為情境智能，是指個人透過適應環境、選擇環境、改變環境以及創造環境，進而使自己成功的能力，例如：一個月薪二萬元的人，去買一間房屋，每個月需繳交房貸一萬元，這就是一個不明智的人。肆應型智力受文化的影響，不同文化所強調的智力因素不一，有的重視語文思考，有的重視數學推理，因此測量智力的方法也不盡相同，例如：一個智力很高、很會讀書、考試成績常得第一名的學生，如果讓他生活在一個原始部落，那

個社會只需耕作、打獵，不必讀書，在這種情境之下，該生的智力可能就會變得很低。由此可知，智力的高低需要視生活的情境而定。

二、經驗型智力

經驗型智力（experiential intelligence）是指，個人根據過去的生活經驗，所產生處理新問題或隨機應變的能力，以及學習新事務的能力。經驗型智力高的人，對於新奇的、複雜的事物能很快學會如何處理，例如：一個人拿到新的玩具、機械、電子產品，很快就學會自己操作，這種人的經驗型智力比較高。

三、組合型智力

組合型智力（componential intelligence）又稱為分項智能，是接近個人在傳統智力與成就測驗上所表現的心智能力。組合型智力是由**表現**（performance）、**知識獲得**（knowledge acquisition）、**監控**（meta）等三個分項智能所組成。

表現智能是指，利用原來的知識去執行一件事情，或解決一個問題的能力，例如：利用原有的知識去撰寫一封求職信函；知識獲得智能是指，學習新知識、技能的能力，例如：學習使用新的電腦程式、學習開車的能力；監控智能是指，自我監督管理的能力，例如：研究生要撰寫一篇學位論文，以便如期畢業，則該生需先寫好研究計畫，監控自己確實如期執行研究，該能力又包括處理以下問題：如何選定論文題目？如何蒐集與探討文獻？採用何種研究方法？如何分析資料？如何提出結論與建議？智能較高的研究生遇到困難時比較能夠自問：「這樣做好嗎？是否有問題？有沒有其他方案？」反之，智能較低的研究生，遇到困難問題時，則可能顯得束手無策。

上述三種能力需要運用知識、經驗來思考、分析與判斷，以便順利解決問題。史登柏格認為傳統智力測驗的題目，太偏重從前所學習的知識，不重視獲取知識的技巧，因此無法測量個人解決問題的能力。他主張根據上述三種層面來設計智力測驗，比較符合實際。雖然這是一個比較新的智力理論，不過，他並沒有提供測驗的資料，來驗證該理論的適切性。

捌、非因素分析理論

有關智力的理論，除了前述以因素分析所產生的智力理論之外，尚可以根據發展與認知理論的學者，對於智力與認知發展、思考、解決問題所提出的觀點。茲分別說明如下。

一、發展理論

兒童認知發展心理學家皮亞傑認為，智力是指個人對其生存環境的適應能力。一個人從小在適應環境的過程中，產生**調適**（accommodation）與**同化**（assimilation）兩種心理歷程。調適是指個人為了達到目的，依據個人的經驗來調整認知的一種心理歷程；同化是指個人面對新問題時，會吸納原有的**基模**（或稱圖式）（schema）。個體在調適與同化的過程中，其認知結構持續改變、更新，因此，皮亞傑認為智力就是個體認知變化的過程。換言之，智力是個體與環境交互作用所產生的認知能力。

皮亞傑將個人的智力發展分為以下四個階段：

第一個階段：**感覺動作期**（sensory-motor stage），這個時期是指 2 歲以下的嬰幼兒，學習簡單的知覺反應動作，例如：嬰幼兒看見新奇的玩具感覺很好玩，於是就產生用手觸摸玩具的動作。這個時期的嬰幼兒其思考能力很幼稚，不知道用手去觸摸的東西是否具有危險性。

第二個階段：**前運思期**（pre-operational stage），這個時期是指 2 至 7 歲的幼兒，開始學習語言，其思考以自我為中心，例如：你將一個小玩偶送給該階段的幼兒，如果再向他拿回來，幼兒可能會哭起來，因為他認為這個小玩偶是他的，幼兒不會去思考若把玩偶還給人家，別人可能會讚美他，甚至於送給他更多玩具。

第三個階段：**具體運思期**（concrete operational stage），這個時期是指 7 至 11 歲的兒童，能夠以數字、文字、圖形來思考。這個時期智力高的學童，就具有各種物體保留概念與可逆性概念（例如：$2+3=5$；$5-2=3$）；反之，智力低的學童則無法產生上述概念。

第四個階段：**形式運思期**（formal operational stage），這個時期是指 11 歲以後的青少年，能夠作邏輯推理、假設檢驗，以及解決複雜問題。這個時期智力低的人，容易產生錯誤的推理，不容易操作複雜的實驗，也不容易解決複雜的問題。

二、認知理論

達斯（Das）等人於 1975 年主張，一個人的智力可以由其認知的過程來分析。在個人認知的過程中，處理訊息的方式可以分為兩種類型：**同時處理**（simultaneous processing）與**序列處理**（sequential processing）。同時處理是指，個人在面對困難問題時，可以同時考慮多種因素，進而解決問題；序列處理是指，個人在面對困難問題情境時，依照問題的來龍去脈作順序性安排，進而解決問題。

第三節　智力的影響因素

人類智力高低的個別差異現象，在心理學界尚無明確的定論，大致可以分為以下幾個因素。

壹、遺傳

有關遺傳對智力的影響，心理學家為了比較遺傳基因相似或不相似的人，觀察其智商的差異情形，大都採取**孿生子研究**（twin study）。這種研究方法通常以**同卵孿生子**（identical twins）、**異卵孿生子**（fraternal twins）、親兄弟姊妹、堂兄弟姊妹作為研究對象。同卵孿生子就是同卵雙生的雙胞胎，他們的血緣很相近；異卵孿生子就是異卵雙生的雙胞胎，他們的血緣介於同卵孿生子與親兄弟姊妹之間，例如：觀察孿生子出生以後生活環境相同或不同者，在智力測驗的結果是否有所差異。假設有很多對同卵孿生子，從小在不同家庭養育長大，經過許多年之後，對這些同卵雙生雙胞胎實施智力測驗，如果發現他們的智商很相似，就可證

明智力受遺傳的影響很大，因為他們在不同的生長環境中成長，其智力並未受環境影響，彼此仍很接近。

根據包查得等人（Bouchard, Lykken, McGue, Segal, & Tellegen, 1990）的研究發現，不同血緣關係者，其智力的相關，如表 4-2 所示。

表 4-2　不同血緣關係者智力的相關情形

血緣關係	生活環境	相關係數
同卵孿生子	出生後共同生活者	.86
	出生後分離生活者	.72
異卵孿生子	出生後共同生活者	.60
同胞關係	出生後共同生活者	.47
	出生後分離生活者	.24
親子關係	出生後與父母共同生活者	.40
領養親子關係	出生後與養父母共同生活者	.31
堂（表）兄弟姊妹	出生後分離生活者	.15

資料來源：Bouchard 等人（1990）

由表 4-2 可知，遺傳基因最相似的同卵孿生子，從小在同一個家庭長大者，其智商很相似，兩者的相關係數高達 .86；同卵孿生子從小在不同家庭長大者，其相關係數達 .72。異卵孿生子從小在同一個家庭長大者，其相關係數 .60。由此可見，同卵孿生子出生後共同生活者或分離生活者，其智力的相關係數，都高於異卵孿生子從小在同一個家庭長大者。簡言之，遺傳是決定個人智力高低的重要因素。

從小在同一個家庭長大的親兄弟姊妹，其智商的相關係數為 .47，出生後分離生活者，其相智商關係數 .24。有親子關係，出生後與父母共同生活者，其智商的相關係數為 .40。領養親子關係，出生後與養父母共同生活者，智商的相關係數為

.31。堂（表）兄弟姊妹，智商的相關係數為 .15。由此可知，孿生子與不同血緣關係者、出生後共同生活者，其智力的相關都高於出生後分離生活者。換言之，即使遺傳對智力的影響大於環境，智力與遺傳基因有很密切的關係，但是環境也有一定的影響力。

另外，根據包查得等人（Bouchard et al., 1990）的研究發現，人類智商有 70% 的變異數來自於遺傳；仁森（Jensen, 1980）的研究發現：智力 80%來自遺傳，20%來自環境，這兩個研究結果，皆可說明遺傳對智力有很大的影響。俗諺說：「龍生龍，鳳生鳳，老鼠生的兒子會打洞。」這句話亦說明了遺傳的重要性。

貳、家庭環境

家庭**社會經濟地位**（social economic status, SES）與父母教育程度，可以預測子女智力、學業成績的高低（Macionis, 2003）。家庭社經地位與父母教育程度都偏低的兒童，對子女智力的影響如下：

1. 母親懷孕時，健康情形普遍不良，小孩出生體重較低。
2. 兒童在貧窮家庭中成長，容易缺乏足夠的營養。
3. 家庭缺乏圖書、報紙、益智玩具、雜誌、電腦、視聽媒體等設備。
4. 父母為了工作沒有時間陪小孩讀書，或教導課業上的問題。
5. 父母對子女的管教大都採取嚴厲的方式。
6. 父母感情不和睦，家庭充滿緊張氣氛。
7. 父母對子女的學業不關心，或對其未來發展期望很低。

基於上述說明，有助於提升子女智力的家庭環境，至少有以下幾個重要的條件：

1. 母親懷孕時身體應健康。
2. 父母應提供子女足夠的營養，以維持其身體健康。
3. 家裡應提供足夠的圖書、報紙、益智玩具、雜誌、電腦、視聽媒體等設備。
4. 父母應多找時間陪小孩讀書，或教導課業上的問題。

5. 父母對子女的管教採取民主的方式。
6. 父母感情融洽，家庭和樂融融。
7. 父母關心子女的學業，或對其未來發展有適當的期望。

參、健康情形

一個人的身體健康與智力有密切關係，以下是幾個比較常見的健康問題：

1. 母親懷孕期間感染梅毒、德國麻疹、腮腺炎、鉛中毒，或酗酒、極端營養不良、照射過量的輻射線、孕婦年齡過大等。
2. 孕婦生產過程不順利，胎兒停留在產道的時間過長，導致腦部缺氧。
3. 幼兒罹患苯酮尿症。
4. 幼兒發高燒。
5. 幼兒大腦受傷。

第四節　智力測驗的種類與測驗分數的解釋

因為歷來心理學家對智力測驗的定義相當分歧，所以不容易對智力的定義產生共識。不過，大多數心理學家皆認同**智力測驗**（intelligence test）是用來測量一個人先天稟賦與後天學習能力的工具。

事實上，透過智力測驗所測量出來的分數，並不容易了解個人實際的能力，例如：兩個學生智商各 120，可是這兩位學生的各項能力不一定相同，也許第一位學生數學能力較強，第二位學生語文能力比較出色。因此，心理學家逐漸將智力測驗進一步區分為：**普通能力測驗**（general ability test）、**學業性向測驗**（scholastic aptitude test）、**學術性向測驗**（academic aptitude test）等，如此一來，測驗結果比較能顯現出個人的能力。

壹、智力測驗的種類

一、個別智力測驗

智力測驗的種類，依實施測驗的對象可以分為個別智力測驗、團體智力測驗、特殊智力測驗（以特殊兒童或成人為對象）。個別智力測驗是由一個主試者對一名受測者所實施的能力測驗，例如：比西智力測驗（Binet-Simon Test）或魏氏智力測驗（Wechsler Intelligent Test）就是個別智力測驗。這類智力測驗也可以同時測量受測者各種不同的能力，以了解受測者智力的高低或優劣；也可以對受測者接受測驗時的情緒、態度以及行為，仔細加以觀察。因此，個別智力測驗的用途偏重在診斷與**安置**（placement）方面。

二、團體智力測驗

團體智力測驗是在同一時間，對許多名受測者共同實施的智力測驗，例如：臺灣以前國中能力分班或預備軍官考試所實施的智力測驗，就是團體智力測驗。這種測驗比較節省時間，測驗結果之計分客觀，不過，主試者不容易仔細觀察每一位受測者作答的行為。但是，該種測驗之結果可以作為教育決策的參考。

三、特殊智力測驗

特殊智力測驗是在測量某一特殊兒童、青少年或成人智力的高低，例如：對聽覺障礙、視覺障礙、智能障礙、肢體障礙、資優學生等對象，所實施之智力測驗。

貳、智力測驗分數的解釋

由智力測驗所測得的分數，稱為**原始分數**（raw score），這個原始分數不具有實質的意義，必須將它轉換成**常模**（norm）才能夠客觀解釋，例如：有一名小學生期中考試數學得 80 分，乍看之下這個分數還不錯，可是實際上 80 分卻是全班最後一名。所以只看原始分數，並不能了解這個分數在團體中的高低情形。

在智力測驗中比較常用的常模有：智力年齡、智力商數、**百分位數**（percentile）、**百分等級**（percentile rank）等，茲簡述如下。

一、智力年齡

全世界第一套標準化智力測驗——比西智力量表，由法國人比奈（Binet）與其助理西蒙（Simon）在 1905 年編製完成。該測驗屬於個別智力測驗，每一個年齡組就是一個分測驗，測驗結果採用**心理年齡**（mental age）或智力年齡來表示，並且採用**年齡常模**（age norm）來呈現，例如：有一個 9 歲兒童答對 9 歲組所有的題目，則其基本心理年齡為 9 歲；假如他又答對 10 歲組一半的題目，在這個組別的心理年齡為 6 個月，他在 11 歲組的題目都答錯了，在這個組別的心理年齡為 0 個月。因此，其智力年齡為 9 歲 6 個月。

比西智力量表是以心理年齡來表示受測者智力的高低，因此其測驗題目係依照受測者的年齡而組成不同年齡組的題目，例如：在比西智力測驗標準化的過程中，絕大多數的 9 歲兒童能答對的題目，就編製為 9 歲組的題目。換句話說，不同年齡組的測驗題目不一樣，年齡愈大者測驗題目就愈難，亦即，測驗出的智力年齡愈小者，愈愚笨；反之，智力年齡愈大者，愈聰明。

二、智力商數

由於一般人並不容易了解智力年齡，於是心理學者乃將智力測驗所得到的**心理年齡**（mental age），除以**生理年齡**（chronological age），所得到的比值乘上 100（以消除小數），這樣就可以得到受測者的**智力商數**（intelligence quotient, IQ）。這種智商又稱為**比率智商**（ratio intelligence quotient）。其公式如下：

$$\text{智商}=\frac{\text{心理年齡（MA）}}{\text{生理年齡（CA）}}\times 100$$

比率智商的觀念，係由德國心理學家史頓（W. Stern）於 1912 年所提出的，後來由美國心理學者特曼（L. M. Terman），在 1916 年應用在其所編製的史比智力量表（Stanford-Binet Intelligence Scale）上。以該公式所求得的智商如果等於

100，就表示受測者之智力屬於中等，如果高過 100，就表示其智力高於同年齡者，如果低於 100，則表示其智力發展遲緩。

上述比率智商只能顯示一個人智力發展的快慢，而無法比較受測者的智商在同年齡組所占的相對位置，例如：IQ ＝ 120，無法直接看出在同年齡組中贏過百分之多少的人，於是魏斯勒（David Wechsler, 1896-1981）採用**離差智商**（deviation IQ）的觀念，假設各年齡組智力成常態分配，其平均數為 100，標準差為 15，這樣就可求得受測者智力的**標準分數**（standard score），由常態分配統計資料，就可得知每名受測者的智力高低，例如：一個國中一年級學生，在魏氏智力測驗得 115，則該分數高過平均數 1 個標準差〔即（115 － 100）÷ 15 ＝ 1〕，所以其標準分數等於 1，查統計書籍附錄表，就可知該生的智力在 100 個人中贏過 84.13%的人。

三、百分等級與百分位數

百分等級（percentile rank）是指，測驗所得的分數在團體中所占的等第，其計算方法請參見心理與教育統計學專書。**百分位數**（percentile）是指，受測者在測驗上的得分，例如：王大明在數目推理測驗的原始分數 27 分，經過對照轉換之後，其百分等級為 75，也就是說該原始分數，在 100 個人中贏過 75 個人。因為百分等級容易計算而且很容易了解，所以近年來心理學家在編製智力測驗時，採用百分等級常模表者比較多。

參、智商的分布

一、史比智力量表

美國史丹佛大學（Stanford University）心理學家特曼，在 1916 年修訂比西量表（Binet-Simon Scale）成為史比智力量表，該量表以 3 至 13 歲兒童作為測驗對象，同時採用比率智商來解釋測驗結果。該量表在 1937 年作第二次修訂，測驗對象涵蓋幼兒至成人，其平均數為 100，標準差為 16，測驗結果智商分布情形，如表 4-3 所示。

表 4-3　史比智力量表的智商分布情形

智商	百分比（%）	解釋
140 以上	1.3	非常優異
120～139	11.3	優異
110～119	18.1	中上
90～109	46.5	中等
80～89	14.5	中下
70～79	5.6	臨界
69 以下	2.7	智力不足

資料來源：Terman 和 Merrill（1973）

二、魏氏兒童智力量表

魏斯勒在 1939 年編製了一套成人智力量表，1949 年編製魏氏兒童智力量表，到了 1974 年修訂魏氏兒童智力量表，其智力量表平均數為 100，標準差為 15。兒童智商分布，如表 4-4 所示。

表 4-4　魏氏兒童智力量表之智商分布情形

智商	百分比（%）	解釋
140 以上	2.3	非常優異
120～139	7.4	優異
110～119	16.5	中上
90～109	49.4	中等
80～89	16.2	中下
70～79	6.1	臨界
69 以下	2.2	智力不足

資料來源：Wechsler（1974）

第五節　智力測驗在教育上的應用

比奈（A. Binet）在 1905 年編製全世界最早的智力測驗，該測驗在檢視學生的智力是否與低學業成就有關，由智力測驗結果來鑑別學生智力的高低，以便學校因材施教，並且協助低智力學生接受特殊教育。從此以後，許多學校便以智力測驗的結果，來作為學生能力分班的依據，這種教育措施將是本節討論的重點。

壹、選擇智力測驗需要考量的因素

大體來說，智力測驗的施測方式，以個別施測較為可靠。但是，一般學校學生人數眾多，因此大多數學校只好採取團體智力測驗，這樣的施測結果難免有所偏差。此外，智力測驗的版本很多種，每一個智力測驗的信度、效度、常模皆不相同，有些測驗出版年代已經很久遠、有些測驗的內容偏重語文或數理，所以學校教師在選擇智力測驗時，應注意上述因素，最好選擇年代較新、信度與效度較高、測驗內容比較多元的智力測驗，這樣的測量結果才會比較可靠。

貳、以智力測驗作爲能力分班的省思

臺灣自 1968 年實施九年國民義務教育以來，許多國中為了提高升學率，以智力測驗作為學生能力分班的依據。在實施多年的能力分班教學之後，教育當局規定國小必須實施常態編班教學。為何政策有這麼大的轉變？究其原因至少有兩點：第一，被編到後段班（非升學班）的學生，容易被貼上標籤或產生自卑感，這些學生不受學校重視，每天與不喜歡讀書的學生在一起，難免產生自暴自棄或違反校規的行為；至於前段班（升學班）的學生，彼此競爭劇烈，同學之間不願互相分享、教導，容易產生自私自利的心理，他們又缺乏運動休閒的時間，因此對身心健康有不良的影響；第二，國中新生接受智力測驗時，身心尚未發育完成，因

此測驗結果的可靠性頗令人質疑。

參、一般智力測驗不能測量學生各方面的能力

大多數智力測驗的內容，偏重在語文、數學方面，有一些學生具有音樂、美術、科學、體育、勞作、機械操作等方面的特殊能力，這些是一般智力測驗所無法測量出來的。此外，即使兩個學生的智力一樣高，他們的各項能力也不見得相同。

肆、不宜依據智力測驗分數來判斷學習能力

有一些學生雖然智力測驗分數很高，但學業成就並不一定很好，例如：有一名國中學生的智力是全班最高的，可是其學業成績卻是全班第十名，這名學生屬於高智商低成就。因此教師不能只看學生學業成績的高低，而應仔細了解每一位學生智力與學業成績的關係，如果屬於高智商低成就，就需要給予個別輔導。

伍、改善學習環境來增進學生智力

人類的智力主要受先天遺傳與後天環境的影響，先天遺傳不容易改變，但後天環境可以經由家庭、學校與社會教育來改善。在學校教育方面，多提供各種文化刺激（例如：充實圖書、雜誌、益智玩具、儀器、視聽媒體設備等）；教師採取啟發教學法、善用發問技巧鼓勵學生思考、多實施戶外教育，這些措施及方法將有助於提升學生的智力。

自我評量題目

1.智力的性質與相關概念為何？

2.有哪些著名的智力理論？

3.影響智力的因素有哪些？

4.如何對智力個別差異學生實施教育？

5.試說明史登柏格的智力三元論。

6.試說明葛納的多元智力理論。

7.試說明智力非因素分析理論。

8.試說明吉爾福特的智力結構理論。

9.解釋名詞：

(1)離差智商

(2)常模

(3)晶體智力

(4)比率智商

(5)特殊性向

(6)流體智力

(7)多元智能理論

(8)智力三元論

(9)智力結構理論

(10)群因素理論

第五章　非智能因素個別差異與學校教育

目前臺灣的國民中小學採常態編班教學，因此每一個班級學生能力分布相當懸殊，**個別差異**（individual difference）的現象普遍存在。學生除了智能差異之外，在種族、文化、家庭社會經濟地位、性別、性格等方面，也不盡相同。這些個別差異對教育計畫、課程設計以及教師教學技巧，都產生很大的影響。教師想要在教學上達成因材施教的目標，就需要了解影響學校教育效果的非智能因素。讀者研讀本章之後，應能達成以下目標：

1. 認識種族文化差異在學校教育上的涵義。
2. 認識家庭社會經濟地位差異與學校教育的關係。
3. 了解性別與學校教育的關係。
4. 了解自我觀念個別差異與學校教育的關係。
5. 了解學生性格差異，進而應用到教學上。

第一節　種族文化差異與學校教育

壹、種族文化背景對學生學業成就的影響

一所學校是由許多學生所組成，這些學生有可能來自不同的族群，各個族群有其自己的語言、風俗民情、態度、價值觀、宗教信仰與文化，因此學生所隸屬族群的社會文化，對其個人的思想以及學習行為都產生深遠的影響。大多數學校教師來自於中產階級的家庭，學校組織文化通常以中產階級為主流的價值觀，因此，來自中低階級家庭的學生，就比較容易處於不利的地位；學校教育應顧及所有學生的種族文化背景，讓所有學生享受同樣的受教權利，同時使他們有公平競爭的機會。

各族群文化背景、生長環境的差異，對學生的學業成就也有顯著的影響。一般來說，**少數族群**（minority group）之子女，其學業成就比較差，例如：美國黑人、原住民以及拉丁裔美國人，因為經濟能力比白人較差，他們大都居住在公寓集合式住宅，子女無法就讀學費昂貴的私立學校或教會學校，而只能進入學費比較便宜、學校設備與教學品質較差的公立學校就讀，因此，其子女的學業成績普遍低於白人子弟；在臺灣的弱勢族群學生也有類似情形。如何幫助文化不利學生，使其潛在能力充分發揮出來，這是政府教育當局需要重視的課題。

貳、弱勢族群學生學業成就低落的原因

為何弱勢族群其子弟的學業成就比較差？是否其子女智商比較低？事實上，其主要原因乃在於這些學生家庭社會經濟地位比較低，例如：美國原住民一般家庭收入較少，住家交通不便、家裡設備簡陋。此外，有些當地原住民生活習慣不良、長期失業，缺乏謀生的專業技能，收入微薄、衛生環境差，因此許多家庭無

法提供子女上補習班、請家庭教師或學習各種才藝的機會，這樣對子女教育就產生不良的影響。

由於弱勢族群家庭生活比較困苦，父母為了家庭生計無暇關心子女教育，或無力提供子女教育經費，許多父母期望子女提早投入工作行列，在這種情形之下，其子女較少有接受高等教育的機會，因此不容易獲得專門職業技能。此外，教師對弱勢族群子女的期望比較低，這也是造成其學業成績低落的原因之一；再加上弱勢族群學生常無法融入其他族群，在團體中容易產生疏離感，因此，弱勢族群學生比較容易成為逃學、中途輟學、求學動機薄弱、學業成績低落的學生。

在美國有許多亞洲裔美國人，父母都很重視子女的學業表現，希望他們的子女將來能出人頭地，同時為孩子教導與複習功課，因此他們子女的學業成績比較容易有傑出的表現。不少亞洲裔美國人其子女學業成就，甚至於凌駕於美國白人子弟之上（Lee, 1996; Okagoki & Frensch, 1998）。

參、對不同族群學生教育之道

在一個班級中如果有不同族群的學生，教師如何實施教育？筆者提出以下幾點作法：

1. 教師要公平對待各族群學生。
2. 教材不宜只宣揚自己族群的文化。
3. 教師不可對弱勢族群學生存有偏見或歧視心理。
4. 教師應教導學生尊重與欣賞其他族群學生的文化。
5. 教導學生重視自己族群珍貴的文化遺產。
6. 學校或教師不可依學生族群來分組教學。
7. 教師應讓不同族群學生彼此了解，鼓勵共同合作學習，為團體爭取榮譽。
8. 教師應鼓勵不同族群學生彼此學習對方的優點。
9. 教師不可對不同族群學生貼上標籤。
10. 教師應多給予弱勢族群學生關懷與輔導。

11. 教師的教學方法應配合各族群學生的需要。

肆、多元文化教育

多元文化教育（multi-culture education）就狹義而言，是指在學校教育中，同時重視各族群文化的教育，課程內容融合各族群文化，例如：音樂課程採納閩南歌曲、客家民謠、原住民音樂作品；就廣義而言，是指對各族群學生，都應給予均等的教育機會，例如：學校對不同種族、性別、宗教、智能、身心狀況的學生，都應同等重視。此外，對文化不利學生應多給予關懷與輔導。班克斯（Banks, 2002）認為，多元文化教育應包含以下幾個層面：

1. 課程內容統整：課程內容涵蓋不同文化的精華，或將不同文化代表性之作品，融入各學科課程中，使學生明瞭各種文化的特色。
2. 培養客觀態度：教師指導學生站在其他族群的立場來思考問題，培養學生具有客觀、理性剖析問題的能力，進而接納與尊重其他族群的學生。
3. 減少偏見：教師應消除學生對其他族群學生之**刻板印象**（stereotype），培養學生不要以有色的眼光來看待其他族群學生，而能以開闊的胸襟，接納、包容與尊重他人。
4. 公平對待：教師在教學過程中公平對待各族群學生，提供相同的學習機會，讓所有學生只要努力就有傑出表現的機會。
5. 激勵學生：學校行政人員與教師應以學生為重，一切教學措施宜考慮各族群學生的需要，協助每一位學生學業進步、身心健全發展，進而使各族群學生都能發揮自己的潛在能力。

第二節　家庭差異與學校教育

壹、家庭結構的改變

在我國傳統的農業社會中，一個家庭由祖父母、父母、子女以及伯叔等近親，住在同一個住宅區成為大家庭，在大家庭中，有許多事情大家可以互相幫忙、互通有無。可是隨著時代的變遷，許多年輕人結婚以後，為了工作搬遷到都市居住，形成**核心家庭**（nuclear family），這種小家庭只有父母與子女。核心家庭的父母比較沒有時間照顧小孩，小孩除了父母以外，在家中就沒有其他人可以照料。

近年來的離婚率不斷升高，而有些孩子的父親或母親死亡、生重病、犯罪長期坐牢，形成所謂**破碎家庭**（broken home），在此類家庭中，最常見的是**單親家庭**（single parent families），單親家庭的父親或母親需要去工作以維持家庭生計，又需要照顧小孩，在這種情況之下小孩就成為最大的犧牲者。另外，有些小孩的父親或母親是外國人，或者有些人只同居而不結婚，於是非婚生子女的人數也愈來愈多。這些問題使得小孩無法在一個健康的家庭中成長，對其未來的性格發展、學業成就都有不良的影響。

貳、離婚對子女的影響

父母在離婚之前，通常有經歷長期感情不和睦、爭吵的階段，家庭難免造成緊張氣氛，於是小孩夾在父親與母親之間，容易產生緊張、焦慮、不安的心理。父母離婚後，雖然可以減少爭吵、不愉快的氣氛，但是，父母離婚之後小孩無論與父母哪一方居住，都會缺少另一方的愛；與父親住者，易缺乏母愛，與母親住者，易缺乏父愛。父母離婚對小孩性格容易產生負面的影響，有關這方面的研究報告很多，不少教育心理學家發現，父母離婚的學生在學校容易產生適應上的困難。小學中低年級的學生容易憤怒或攻擊他人，小學高年級的學生容易表現出無助、冷漠、排斥他人的心理，國中生則容易表現衝動、悲傷，或擔心自己的未來。這些父母離異的學生，需要學校教師多給予關心與輔導。

參、家庭社會經濟地位

家庭社會經濟地位又稱為社經地位或社會階級。社會學者常依據父母的教育程度、職位高低、收入多寡、居住環境和社會聲望等因素，來衡量個人的家庭社會經濟地位。上述因素以教育程度、收入最容易數量化，所以家庭社會經濟地位常以這兩個因素作為指標。

家庭社會經濟地位之高低，通常可以分為高、中上、中等、中下、低等五個等級。高社經地位之家庭係指，父母受過大學或研究所教育，有高的職位、收入豐厚、居住豪宅、社會地位崇高；中上等級與中等階級之家庭社經地位係指，父母接受過高等教育，具有專業而且有固定的收入，居住環境尚佳；至於中下與低等階級之社經地位家庭，其父母教育程度偏低、收入微薄，這種家庭以無業、低收入戶者居多，這個階層的人有些人長期失業，需依靠政府的救濟金才能過生活。

肆、不同家庭社會經濟地位父母養育子女的方式

低家庭社會經濟地位學生之父母，因為家境清寒、生活困苦，常需為了家計而忙碌、奔波，他們比較沒有時間來管教、陪伴子女。因為缺乏充裕的金錢來供應子女教育，其子女學習各種才藝或補習的機會自然不多，甚至有些低家庭社會經濟地位的學生，需要靠打工貼補家用，導致無法專心或沒有時間讀書，使其學業表現普遍較差。不過，也有一些低家庭社會經濟地位的父母，期望子女將來能夠出人頭地，於是對子女寄以厚望，竭盡所能、節衣縮食提供子女教育之所需，因而其子女後來也有脫穎而出或有卓越的成就。

一般說來，社經地位屬於中下階層的家庭，父母教育程度比較低，同時缺乏教導子女的知識，又缺少經費供子女上幼兒園，所以其子女在進入小學之前，在

語言、理解、人際關係等方面的能力普遍比較差，即使子女進入小學、中學就讀，由於家境清寒而且缺乏良好的學習條件，因此將來考上明星大學的機會自然較低。

中上階級家庭的父母，比較常帶小孩上圖書館，在家裡有閱讀習慣，成為子女的榜樣，同時有能力提供子女各種圖書、雜誌，供子女閱讀，或提供各種益智玩具、視聽資訊媒體、學習電腦、各種教學媒體（例如：音樂 CD、VCD、DVD 等）。此外，讓子女學習各種才藝、聘請家庭教師，帶子女參觀科學館、工藝館、動物園、博物館，參加音樂會、參觀畫展、出國旅遊，或讓子女參加各種研習營，他們的子女無形中獲得許多學習與成長的機會，將來考上明星大學的機會自然比較高。

低社經地位家庭的兒童，在寒暑假期間就很少有機會參加各種學習活動；相較之下，中、高社經地位家庭的兒童，在漫長的假期中有機會得以繼續參與課外學習活動。因此，家庭環境不只對兒童在學期間的學習有所影響，而且對其課外學習也有很大的幫助。綜而言之，高社經地位家庭比較能夠提供子女有利的學習環境，所以其子女的學業成就比較好。

伍、學生居住社區與學校教育

中低社經地位家庭的學生，大多居住在貧窮落後的地區，他們就讀學校的師資、設備普遍比都市明星學校較差，加上交通不便、社會資源缺乏、學校或家庭的設備不完善、醫療衛生機構不足，在這種生活環境之下求學，學生的學業成就自然比較差。雖然部分學生在不良的環境下尚能有傑出的表現，不過大多數學生要有很好的學業成就，實在相當不容易。

學校教育當局在協助低收入家庭學生，使他們獲得良好的學業成績上，扮演相當重要的角色，例如：在小學生入學之前，就提供他們接受密集訓練的機會，讓學生獲得學習的基本技能。這種訓練課程可以延續到小學中年級，該種課外輔導課程可以請退休教師或具有高學歷的學生家長擔任義工，對家境貧困兒童實施課外教學。此外，學校降低班級學生人數，教師利用課外時間對這類學生加強學業輔導，這樣也可以收到很好的教學效果。

教師應避免對中下階級家庭的學生形成不良的刻板印象，以為這些學生天資比較差，對他們不抱有任何期望，甚至完全放棄他們。如果這樣就很容易使這些學生的表現，比原本應有的表現更差，這種現象是因為教師對學生期望低，所造成的**自我應驗預言**（self-fulfilling prophecy）。

陸、家庭社會經濟地位與學業成就的關係

家庭社會經濟地位高的學生，其學業成績大都較佳，求學的時間也比較久（McLoyd, 1998）；反之，家庭社會經濟地位低的學生，接受特殊教育的機會比較大（Sherman, 1994）。家庭社會經濟地位低的學生，其學業成績低落的原因如下。

一、身心健康狀況較差

因為家庭貧窮的父母沒有辦法提供子女足夠的食物，衛生環境與醫療設施也比較差，這種家庭的子女甚至有些是早產兒。父母的教育程度低，若再加上不良的生活習慣，在孩子出生前父母酗酒、吸食毒品、營養不良，小孩出生後居住在狹小的空間或含有鉛的環境，在這種種情況之下，都會導致小孩的學業成績低落。另外，如果父母有身心或健康方面的問題，導致父母與孩子之間的衝突，更容易造成子女緊張、焦慮，也會使小孩的學業成績不良。

二、教師對低社經水準學生的期望較低

低社會經濟地位家庭的父母大都教育程度比較低，家庭生活也較為困苦，無法提供小孩各種學習活動的機會。他們的子女到學校穿著不雅觀、時常講髒話、較少參與學校各種活動，教師容易誤以為他們愚笨、劣根性，對他們不抱太大的希望，容易造成學生缺乏自尊心與自信心，認為自己的條件不如人，再怎麼努力也沒用，因而產生錯誤的自我觀念以及**習得無助感**（learned helplessness）的心理。

三、受同儕影響

來自低社會經濟地位家庭的兒童，在學習階段通常會結交相同家庭背景的學生，這些學生的學業成績大都比較低，為了得到友伴的認可，容易排斥家境良好的學生，對於傳統文化也易產生排斥的心理。換句話說，他們認為學業成績優良並不重要，而這種價值觀使得他們不努力用功，學業成績自然較差。

四、父母的參與

家庭社會經濟地位影響父母與兒童互動的方式，進而影響子女的學業成就（Hess & McDevitt, 1984）。高社會經濟地位的家庭，父母比較有時間、有能力參與子女的課外活動、帶孩子外出旅遊、講故事給子女聽、指導課業，以及與子女溝通互動，這樣會使子女對學校課業產生興趣。此外，高社會經濟地位的家庭，父母比較會對子女提問各種問題，讓子女有思考與解決問題的機會，對子女的語言發展、閱讀能力與思考能力都有很大的幫助。

五、態度與價值觀

社會經濟地位高低不同的家庭，父母的態度與價值觀也有所差異；父母的態度與價值觀直接影響小孩的態度與價值觀。大部分高社會經濟地位家庭的父母，強調獨立自主、負責任以及自我管理；反之，低社會經濟地位家庭的父母，則要求子女遵守規矩與服從（Macionis, 2003）。

價值觀就是認為什麼是比較重要的。大部分高社會經濟地位家庭的父母，比較強調讀書的重要性，家裡擁有許多份報紙、雜誌、圖書，父母自己閱讀並且與子女分享心得，因此子女容易養成喜歡讀書的習慣，其學業成績自然比較好。但是，許多低社會經濟地位家庭的父母，也許認為賺錢比較重要，讀書並不是很重要，於是使得子女也變得不重視求學。此外，低社會經濟地位的家庭，家裡很少訂閱報紙、雜誌、圖書，父母忙於工作、沒有時間閱讀書籍，或與子女分享讀書心得。

一般而言，大部分高社會經濟地位家庭的父母，對子女的期望比較高，能夠提供兒女學習各種才藝的機會，鼓勵兒女中學畢業之後，進入著名大學取得高的學位，父母常主動幫助子女申請學校。然而，低社會經濟地位家庭的父母，由於經濟困難，無法提供兒女高昂的學費，因此較少主動為孩子蒐集有關升學的資訊，對子女的期望比較低，無形中便影響了子女的學習態度。

第三節　性別差異與學校教育

一般人的性別是永久不會改變的，先天生下來就註定是男性或女性，這種生理上的個別差異是與生俱來的。但是，每一個人如何扮演好自己的**性別角色**（gender role），表現出合乎自己性別的行為，這就需要經由教育來達成。簡言之，每一個人要表現符合自己性別角色的行為，男性要表現符合男性的行為；女性要表現符合女性的行為。不過，不同社會文化對男女兩性所扮演角色的看法並不一致，這種現象在母系社會與父系社會，就可以明顯看出來。

一般人所認為的男女兩性應表現何種行為才是適當，這種刻板化觀念只考慮生理特徵。事實上，一個人是否表現出合乎自己性別角色行為，與其心理有密切關係。以下就男女生學習成就、性別角色刻板印象、性別平等教育等議題，分別加以說明。

壹、男女生學習成就的差異性

有一個研究發現，男生的數學測驗平均分數高於女生，這種差異可能是由生物因素所造成的，但是尚無法得到證實（Friedman, 1995）。男生數學成績普遍優於女生，其原因與一般人認為女生不適合從事數學工作有關，這種期望使得女學生不熱衷於數學課程。近二十餘年來，有一項研究發現，女生修習較多數學課程

之後，其數學成就測驗分數與男生的差距愈來愈小（Murphy, 1994; National Center for Education Statistics, 1997）。

有不少研究發現，男生在機械推理、空間關係以及一般知識的測驗分數，普遍優於女生，但是，女生在語文、注意力等方面的測驗分數，則普遍優於男生。不過有學者發現，在算術、抽象推理、藝能、記憶等方面，男女兩性之間並無顯著差異（Halpern & LaMay, 2000）。

雖然數學成績優異的學生，男生普遍多於女生，但是在數學推理分數很低的學生中，男生則多於女生（Mills, Ablard, & Stumpf, 1993）；換言之，男生在數學方面的變異性大於女生。至於男女生的智力是否有差異，到目前為止尚無法獲得科學上的證實（Hedges & Friedman, 1993）。

在國小和國中階段，女學生的學業平均成績大都優於男生。雖然女學生在數理方面的成績普遍不如男學生，但是由於男生的生活活動範圍比女生較大，同時男生比女生活潑、好玩、不易專心，所以其學業成績普遍不如女生，這種差異並非完全由性別因素所造成的。

貳、性別角色刻板印象

性別角色刻板印象在學校教育中屢見不鮮。茲將教師對學生的性別角色期望、學校行政職務、教科書、學習機會等方面，有關性別角色刻板印象的研究報告，簡述如下。

一、教師對學生的性別角色期望

大多數中小學教師對學生性別角色的期望，教師期望男學生要主動、積極進取、活潑、外向、喜歡數學和科學，期望女學生要溫柔、體貼、有愛心、愛整潔、喜歡數學與藝術等。教師在教學過程中，常無意中表示男生的數學能力和解決問題能力比女生強，以上現象可能與教師的刻板印象有關。

楊清芳（1996）的研究發現，一般教師認為女學生語文學科較好，但是男學

生的數理學科較佳。教師持有這種教學信念，在教學情境中容易使學生產生自我應驗預言；簡言之，學生的表現會朝著教師的期望去發展。

二、學校行政職務

雖然在國內外一般國民小學中，女教師人數普遍多於男教師，可是女性擔任校長的比率卻低於男性。根據葛羅士曼和葛羅士曼（Grossman & Grossman, 1990）的研究發現，1990 年在美國，男性擔任小學校長和督學的人數，占所有校長人數的 83%。根據教育部 2003 年的網站資料，國小女性校長只占所有小學校長的 19.57%而已，對應小學女性教師所占的比率 68.1%，這兩者的落差很大。上述現象容易使人產生男性具有領導能力，女性只有屈居於順從男性角色的刻板印象。

三、教科書

中小學教科書的內容常以男性為主角，這樣容易使學生產生性別角色刻板化印象，例如：男性英勇、男性為社會的中堅；同時，女性人物出現在中小學教科書中的頻率低於男性。有時課文的內容，容易使人對女性產生愛心、柔順、照顧或服務者的觀念，對於女性的貢獻則很少加以宣揚，無形中對學生傳播男尊女卑的性別意識型態（李元貞，1997）。

四、學習機會

教師上課時，常指定男生出來當示範者。教師常讓男生先操作各種實驗器材，女生只能從旁觀摩，女學生比男學生較沒有機會做實驗。此外，安置實驗器材、解剖小動物，也大多由男生來操作，女生只能在旁邊觀察、處理善後，並且記錄實驗結果。一般教師常期望男生當社團的幹部，而期望女生參加書法、美勞、吟詩等靜態活動。

一般學校的空間規劃也常有性別偏見的現象，例如：在女學生人數多於男學生的學校，男女生廁所的數量卻一樣多。學校對於運動設施與空間安排，大多以男生作為考量，對於女學生的特殊需求比較忽略（畢恆達，1998）。

參、傳統文化影響兩性的學習成就

一個人從小到大都脫離不了傳統文化的影響。在中國傳統社會文化中，普遍存在有重男輕女的觀念，例如：在臺灣光復之前的農業社會，許多家庭只有男孩才有機會上學，女孩則沒有接受教育的機會。因為很多家長認為，女生長大之後總是要嫁人，花了錢讀書對家庭沒有什麼幫助。即使女孩有機會上學，放學回家之後也要幫忙家務事，協助父母照料弟弟妹妹，在家裡也沒有時間念書。反之，父母都希望兒子將來繼承家業、光宗耀祖，雖然家境清寒、經濟困難，仍然想盡辦法要讓兒子多讀一點書。在這種傳統社會文化之下，女孩長大之後自然不容易成為各行各業的菁英。

近幾十年來，一般人重男輕女的觀念逐漸淡薄，男女生都有上學的機會，但是為何女生的語文成績普遍優於男生？而男學生在數理、機械推理、空間關係的表現則優於女生？就社會文化的觀點來說，女生生活的活動範圍比較小，女生從小與母親相處的時間比較久，在不知不覺中與母親語言溝通的機會比母子之間較多，因而增進女孩的口語表達能力。一般家庭希望男孩將來長大成為科學家、工程師，無形中增強了男生數理、機械推理、空間關係的能力。

肆、性別平等教育

一個人自從出生開始，父母即會對小孩有不同的性別期待，例如：男孩的玩具有玩具槍、小金剛、挖土機、戰車等；女孩的玩具有洋娃娃、Kitty 貓、芭比娃娃等。男生的衣服以藍色系為主，女生則以紅色系為主。小孩慢慢長大，就逐漸知道自己應表現何種行為，才能夠符合自己的性別角色，例如：男生要勇敢，女生要溫柔。因此，在一般人的心目中，對男女兩性乃形成刻板印象。

一個人在社會化的過程中，為了符合社會規範與他人的期許，自然表現出合乎自己性別角色的行為。但是在學校教育中，教師也容易對不同性別學生採取不同教導的方式，例如：教師對男生不守秩序的行為通常立即給予懲罰，但是對於女生不守規矩的行為則先給予警告。根據陶倫斯（Torrance, 1986）的研究，男學生表現創造性行為時，獲得教師鼓勵的機會為女學生的三倍；教師與自己相同性別的學生互動較多。在一般中小學教科書中，大部分主角人物為男性，這就是一種性別偏見（gender bias）。學校教育應重視性別平等，基本作法如下。

一、去除性別刻板印象

教師在教學過程中，應避免對學生有根深蒂固的性別刻板印象，例如：不宜指定只有男生才能當班長，女生只能當副班長。教師應要求男女生彼此分工合作，同時應避免說：「男生不要哭」或「女生不可生氣」之類的話。此外，教師應鼓勵女學生從事科學活動或機械操作，鼓勵男學生可以做一些如縫衣服等細膩的作業。有些教師對女學生答錯的問題會說：「好啦！你已經努力過了。」可是對男學生答錯問題時會說：「再加油！」這種不正確的性別對待應儘量避免。

二、男女生一起學習

男女學生在一起從事學習活動，彼此互動增多，不再劃清界線、壁壘分明，讓學生在學期間有機會認識與了解異性，同時教師應教導學生如何尊重異性。目前在臺灣，仍有少數國中、高中實施男女分校，嚴格來說這是違反人性也違背教育心理學的原理。因為男女生分校，學生對同年齡的異性很少有機會接觸，難免產生好奇心，這樣對其以後與異性交往，甚至婚後適應，都可能產生不良的影響。

三、教導學生了解與尊重異性

教師教導學生了解與尊重異性，至少有以下幾個要領：

1. 讓學生了解男女生青春期的生理特徵。
2. 引導學生檢視自己是否有性別刻板印象。
3. 協助學生扮演好自己的性別角色。
4. 教導學生兩性相處的技巧。
5. 引導學生學習關懷與尊重異性。
6. 鼓勵學生與異性合作學習。

7. 建立性別平等的學習環境。

8. 引導學生了解性別平等的精神和意義。

9. 教導學生認識性別平等相關法令。

四、教師與男女學生平等互動

教師對男學生的期望通常比女學生較大，教師與男學生互動的頻率亦高於女學生（Sadker, Sadker, Fox, & Salata, 1994）。有一些教師對面貌清秀、五官端正、活潑外向的男學生，比較會對他提問課業問題，而對內向、羞澀的女學生則較少互動。另外，教師較少期望女學生參與班上教學活動，較常安排男生擔任分組報告小組長；教師對男學生完成作業的讚許多於女生。莎達克和沙達克（Sadker & Sadker, 1994）的研究發現，教師對男學生在課堂活動中，給予糾正、獎勵的次數多於女學生。有教育學者研究發現，教師常問男學生一些高深層次的問題；反之，教師常問女學生一些瑣碎、簡單的問題，這一類教師顯然剝奪女學生提升思考層次的機會。簡言之，教師應讓全班學生都有平等參與教學活動的機會。

五、使用無性別偏見的教材

教師在選擇或設計教材時，應將性別平等教育相關知識融入課程中。中小學教科書審訂委員會，應將多元文化教育與性別平等教育的理念，列入中小學教科書審查和評鑑的規準，使學生使用無性別偏見的教材。

六、教師應具有性別平等教育的素養

國民中小學教師應具備兩性心理、生理方面的基本知識，同時對於性侵害防治、校園空間安全、多元文化教育、性別平等相關法案、兩性權益、兩性成長與發展等方面的問題，要有正確的認識。

第四節　自我觀念個別差異與學校教育

壹、自我觀念的涵義

自我觀念（self-concept）有時又稱為自我概念，是指一個人對自己的看法，也就是對自己做正面或負面的評價，包括自己的身體狀況、身體特徵（例如：美醜、強弱）、能力、興趣、態度、性格，以及與人、事、物的關係，還有行為表現等方面的看法。

個人對自我的評價如果是正面的、積極的，個人就容易**自我接納**（self-acceptance）、**自我肯定**（self-assertive），這種人對自己有自信心與**自尊心**（self-esteem），即使自己不完美，仍然能夠坦然接受，不怨天尤人；反之，一個人對自我的評價如果是負面的，消極的，則個人就容易產生自我否定、自暴自棄、**自卑**（inferiority）的心理。

個人的自我觀念通常是由自己的生活經驗，以及他人對自己的看法逐漸形成的。父母、家人是影響個人自我觀念最早的對象，一個人就學後，教師對自我觀念的影響逐漸擴大。教師對學生如果常給予負面的評價，例如：罵學生是傻瓜、大笨牛、白痴，久而久之，學生會以為自己真的能力很差、很笨，即使努力用功讀書也沒有效果，這樣就容易產生自慚形穢、自歎弗如的心理；反之，教師如果常肯定學生的表現，常對學生鼓勵、支持，常講一些祝福、讚美或鼓勵的話語，這樣學生就比較容易產生自信的心理與健全的自我觀念。由此可知，教師對學生自我觀念的培養，扮演相當重要的角色。

貳、評量學生自我觀念的方法

近年來，臺灣教育與心理學者評量學生的自我觀念，常常採自我概念量表，

例如：林幸台、張小鳳、陳美光（2000）所審訂的田納西自我概念量表，它屬於一種問卷式的**自陳量表**（self-report inventory），內容包括許多描述個人性格的題目，測驗時可以讓受測者對該量表中每一個問題，選擇適合個人情形的選項。由田納西自我概念量表可以測量學生以下的自我概念：

1. 生理自我概念。
2. 道德倫理自我概念。
3. 心理自我概念。
4. 家庭自我概念。
5. 社會自我概念。
6. 學業或工作自我概念。

參、學生自我觀念與學校教育

學生的自我觀念是指，學生在求學過程中對自己的身心狀況、學業表現、社會人際關係與未來發展等方面的知覺。如果學生有良好的學業成就經驗，而且經常得到教師的嘉許、讚美、肯定，就容易產生正面的、積極的自我觀念；反之，如果學業成就低落，而且時常受到教師的批評、指責、否定，就容易產生負面的、消極的自我觀念。由此可知，學校教育應先改進教學方法及態度，協助學生獲得成就感，而非先設法改變學生的自我觀念，因為自我觀念即使改變了，學業成績也不見得跟著改善，否則容易產生本末倒置的現象。

教師在培養學生正面的自我觀念時，應讓學生滿足以下的心理需求：(1)覺得自己是一個很重要的人，認為自己有存在的意義與價值；學生在學校常被教師或同學接納，就容易產生自己重要的感受；(2)覺得自己是一個有能力的人，個人覺得自己有能力順利達成自己預期的目標，教師在教學上應針對學生個別差異，使每一位學生都有成功的機會，這樣可以培養學生的能力感；(3)覺得自己是一個能夠接受挑戰的人，個人認為自己可以克服難關；學校教師在教學中，應讓學生有磨練的機會，由易而難、由簡而繁，逐漸使學生有自信心去接受任何挑戰。

肆、教師培養學生自我觀念之道

學生對自己的評價，覺知自己是怎麼樣的一個人，稱為**現實自我**（actual self）；學生認為自己理想上應該是怎樣的一個人，稱為**理想自我**（ideal self）。在現實自我與理想自我之間的差距愈小，則個人愈可能接納自己；反之，現實自我與理想自我之間的落差愈大，則個人愈不可能接納自己。因此，教師輔導學生認識現實自我，充分了解自己的優缺點，協助學生針對自己的缺點去改進，將自己的優點加以發揮，同時調整理想自我，使之接近現實自我，不好高鶩遠，如此即可培養學生正確的自我觀念。

第五節　性格差異與學校教育

性格（character）又稱為個性或**人格**（personality）。性格是指個人獨特的個性，也就是個人在日常生活中待人處世所表現的行為方式。俗話說：「人心各有其面」，又說：「一樣米養百種人」、「知人知面不知心」。以上這些說法都強調每一個人的性格不同。一所學校有許多學生，這些學生的性格不可能完全一樣，因為人的性格受到遺傳、家庭教育、學校教育，以及生活環境、社會文化、宗教信仰……等因素的影響，所以要了解每一個人的性格，實在很不容易。以下就性格的類別、影響性格的因素、了解個人性格的方法，以及教師輔導性格偏差學生的要領，分別加以說明。

壹、性格的類別

性格是一個抽象的名詞，人的性格可以分為幾類？至目前為止仍然沒有定論。容格（Carl Gustav Jung, 1875-1961）最早將人的性格分為**內向或內傾**（introversion）與**外向或外傾**（extroversion）兩類。內向者是指在性格上沉穩、內斂、含

蓄；外向者在性格上表現活潑、好表現、好動。薛爾龍（Sheldon, 1942）依照人類身體的體型，將人格分為**內胚型**（endomorphy）、**中胚型**（mesomorphy）、**外胚型**（ectomorphy）等三種。他認為內胚型的人體型肥胖，這種人善交際、樂觀；中胚型的人身體壯碩，這種人具有幹勁、有自信心；外胚型的人身體瘦長，具有內向、沉思的人格特質。有些人根據人的血型將人格分為四類，也有些人根據個人出生所屬的星座，將人格分為十二類，但是這些分類都缺乏科學的依據。歷年來，國內外有許多心理學者對人的性格進行研究，其中比較著名的如下所述。

一、吳武典等人的研究

吳武典、林幸台、王振德、郭靜姿（1999）將美國臨床心理學家傑克森（D. N. Jackson）設計的基本人格量表（Basic Personality Inventory, BPI）加以修訂，成為中文版基本人格量表。該量表將人格分為十個層面，每一個層面採**兩極向度**（bipolar dimension），這十個層面分別如下：

負向人格特質		正向人格特質
1.慮病	——	健康
2.抑鬱	——	開朗
3.人際問題	——	人際和諧
4.迫害感	——	信任感
5.焦慮	——	自在
6.虛幻感	——	現實感
7.衝動	——	穩健
8.內向	——	外向
9.自貶	——	自卑
10.異常	——	正常

二、賴保禎的編製

賴保禎參考吉爾福特（J. P. Guilford）的人格特質理論，設計了賴氏人格測驗，於 1991 年出版。該測驗以因素分析法編製人格特質，共有 12 項，每一項人格特質有 10 題，加上測量誠實性的效度量尺 10 題，合計總題數 130 題。每一題的作答方式採李克特式五點量表，測驗時間大約 40 分鐘。該測驗適用於中學與大學生，測驗結果可以協助諮商輔導人員，了解受測者的人格特質與適應情形。

2003 年，新修訂的賴氏人格測驗共有 15 個分量表，如表 5-1 所示。受測者的測驗結果可以分為五類：平均型（A 型）、暴力型（B 型）、鎮靜型（C 型）、指導型（D 型）、怪癖型（E 型）。新修訂的賴氏人格測驗之內容與前一版本之差異如下（賴保禎、賴美玲，2003）：

1. 建立新的常模：樣本取樣方式仍與前一版本一樣，分臺灣北、中、南、東部，抽取國中、高中及高職、大學、學院及專科等在校學生為樣本，分別建立國中生、高中及高職、大專生等三種常模。
2. 修改原量表的各分量表部分題目：在前一版本各分量表中，各增加 3 至 5 題做預測，再做項目分析，選擇鑑別力較高的題目，重組 10 題構成一個分量表，代表一項人格特質，再由 3 至 5 項人格特質構成一個人格因素。

表 5-1　賴氏人格測驗的 15 個分量表

一、內外向	三、心理健康狀況
1.活動性	9.緊張性
2.領導性	10.焦慮性
3.社交性	11.憂鬱性
4.思考性	四、社會適應狀況
5.安逸性	12.客觀性
二、情緒穩定性	13.合作性
6.變異性	14.攻擊性
7.自卑感	15.虛偽性
8.神經質	

3. 增加緊張量表、焦慮量表以及憂鬱量表，做為心理健康因素的指標，進而提供輔導人員早期發現問題，並做為心理諮商或心理治療之參考。
4. 增加測驗題目與人格因素：前一版本的測驗題數為 130 題，新修訂的版本為 150 題。
5. 除了原來版本的測謊題保留之外，增加二組測謊題目。

三、歐魄特的分類

歐魄特（Gordon Willard Allport, 1897-1967）將人格分為**主要特質**（cardinal trait）、**中心特質**（central trait）、**次要特質**（secondary trait）等三類。主要特質是最能代表個人性格的特質，例如：一提到孫中山先生，大家都知道他經過了十次革命之後才成功，這表示他具有堅強毅力的人格特質；中心特質是指人格的幾個核心特質，例如：張三具有處世圓融、熱心公益、仗義執言等性格；次要特質是指，個人只有在某些情境之下才會表現的人格特質，例如：李四勤奮好學，學業成績名列前茅，可是他尚具有喜歡音樂、旅遊、當社團領導人等性格，這些都屬於次要特質。

四、艾森克的分類

艾森克（Hans Jürgen Eysenck, 1916-1997）以**因素分析**（factor analysis）來研究人格，他將人格依神經質的、內向的、外向的、穩定的等層面，構成四個象限，每一個象限有八個人格特質，如圖 5-1 所示。

五、卡泰爾的人格因素論

卡泰爾（Raymond Bernard Cattell, 1905-1998）曾經以觀察法和問卷調查法，蒐集數千名受測者有關人格特質的資料，復以因素分析法分離出幾個人格組群，稱為**表面特質**（surface trait）。這些人格特質頗具有穩定性，與歐魄特（G. W. Allport）的**中心特質**（central trait）相似，例如：許多教師由長期觀察所得結果，描述該校校長的表面特質，由這些表面特質可以預測校長的行為。卡泰爾發現另一

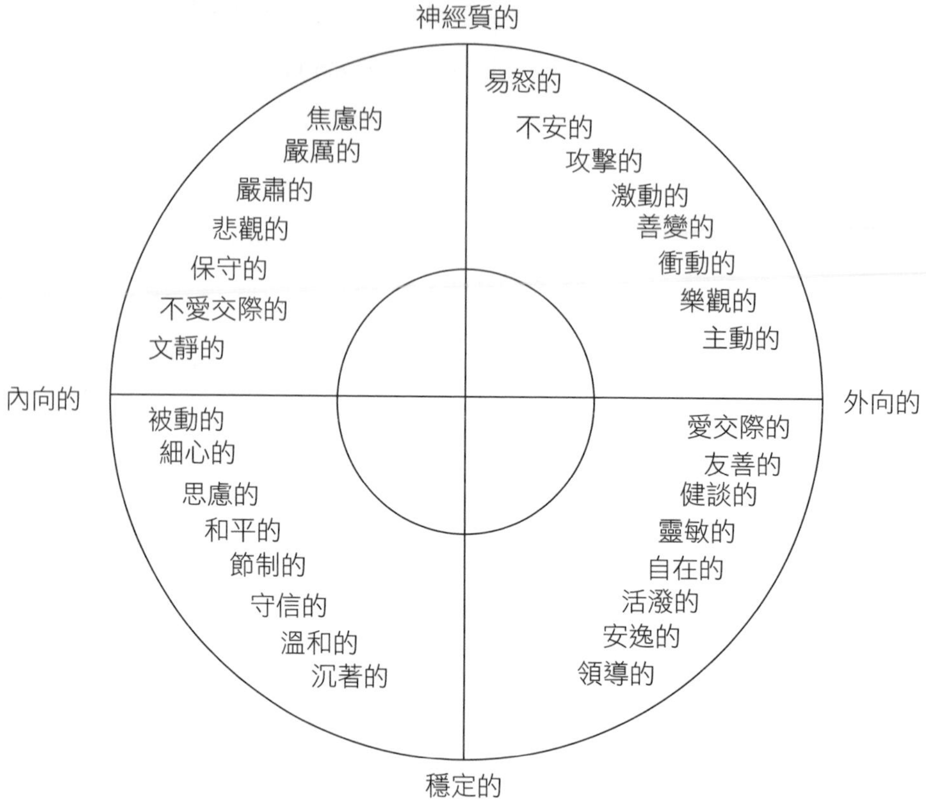

神經質的

焦慮的
嚴厲的
嚴肅的
悲觀的
保守的
不愛交際的
文靜的

易怒的
不安的
攻擊的
激動的
善變的
衝動的
樂觀的
主動的

內向的

外向的

被動的
細心的
思慮的
和平的
節制的
守信的
溫和的
沉著的

愛交際的
友善的
健談的
靈敏的
自在的
活潑的
安逸的
領導的

穩定的

圖 5-1 艾森克人格特質的分類

類人格特質為**潛源特質**（source trait），這種特質為人格結構的核心，他發現一般人擁有 23 種潛源特質。

六、五大因素人格理論

高登柏格（Goldberg, 1993）提出五大人格特質理論（Big Five Trait Theory of Personality），克斯塔（P. T. Costa）根據該理論設計新五大人格特質修訂量表（Neo-Personality Inventory, Revised edition, NEO PI-R），來測量人格特質隨著年齡改變的情形（Costa & McCrae, 1992; Goldberg, 1993），該量表計有 240 題，作答方式採李克特式五點量表，測驗時間大約 50 分鐘。表 5-2 是該量表的結構。

表 5-2　五大人格因素

一、友善性（agreeableness） 1.利他（altruism） 2.順從（compliance） 3.謙遜（modesty） 4.體貼（tendermindedness） 5.信任（trust） 6.直率（straightforwardness） 二、神經質（neuroticism） 1.焦慮（anxiety） 2.敵意（hostility） 3.憂鬱（depression） 4.衝動（impulsiveness） 5.害羞（self-consciousness） 6.抗壓性（vulnerability） 三、開放性（openness） 1.感性（feelings） 2.幻想（fantasy） 3.思考（ideas） 4.行動（actions） 5.價值（values） 6.美學（aesthetics）	四、自律性（conscientiousness） 1.秩序（order） 2.盡責（dutifulness） 3.能力（competence） 4.深思熟慮（deliberation） 5.努力成就（achievement striving） 6.自我修養（self-discipline） 五、外向性（extroversion） 1.合群（gregariousness） 2.活動（activity） 3.冒險（excitement seeking） 4.溫暖（warmth） 5.正向情緒（positive emotion） 6.自我肯定（assertiveness）

克斯塔（P. T. Costa）和麥克克雷（R. R. McCrae）在 1988 年，設計出五大人格特質簡式量表（Neo-Five Factor Inventory, NEO-FFI），該量表是以五大人格特質理論為基礎而設計的，合計有 60 題，每一個人格特質有 12 題，測驗時間大約 15 分鐘。五大人格特質簡式量表因為測驗時間短，可以很快分析出求職者的人格特質，所以目前在歐美先進國家工商企業界使用相當普遍。例題如表 5-3 所示。

表 5-3　五大人格特質簡式量表的例題

1.我對任何事情都很樂觀。
2.我喜歡有很多朋友。
3.我對每一個人謙恭有禮。
4.我常常覺得不如人。
5.我喜歡保持整齊清潔。
6.我做事都很積極。
7.我做任何事情容易衝動。
8.我一向喜歡幫助別人。
9.我覺得自己的表現很不錯。
10.我很容易為小事而煩惱。

貳、了解學生性格的方法

教師可以採用以下方法來了解學生性格，說明如下。

一、實施心理測驗

心理測驗（psychological testing）可以作為蒐集學生智力、性向、人格、態度、興趣，以及學業成就的工具。其中，性格或人格方面的測驗，可以測量學生的人格特質、情緒、身心適應、社會適應、自我概念、行為困擾、態度、價值、興趣等心理特質，並且可以作為診斷學生學習困難、心理適應、潛在能力，以及預測未來發展的工具。

性格測驗大都採用**自陳量表**（self-report inventory），這種量表有許多描述性格的問題可供受測者選答，假如教師要了解學生性格，可以先採用自陳量表來測量。自陳量表實施測驗雖然很方便，但是受測者比較不容易誠實回答，故如果要了解學生更深層的性格，則可以請心理測驗專業人員，來實施**投射技術**（projective technique），因為投射技術的實施過程、計分、解釋需要有專業訓練。受測者在投射技術作答時比其他測驗較不容易作假，但是計分與解釋則比較複雜，所以在一般學校中，教師與輔導老師很少採用它。

二、晤談

教師與學生面對面或電話**晤談**（interview），可以蒐集學生的嗜好、興趣、人生觀、人際關係、家庭生活、學校生活、社會生活，以及身心狀況等方面的資訊。晤談法可以蒐集到比較深入的資料，不過，晤談對象不宜僅限於個案，凡是與學生有關係的人，例如：同學、師長、親戚、朋友、父母、家人、鄰居等，都可以作為訪談的對象，以便蒐集更多的資料。

晤談的問題內容可以分為三類：(1)**結構性晤談**（structured interview），這種晤談的問題應於事先設計好，晤談時只針對問題順序逐一晤談；(2)**無結構性晤談**（unstructured interview），這種晤談的問題並沒有事先設計好，而是從接受晤談者的回答情形來決定下一個晤談的問題；(3)**半結構性晤談**（semi-structured interview），這種晤談的問題有一些是事先設計好的問題，有一些是臨場從受訪者的回答情形來決定要問什麼問題。

三、觀察

教師在教學過程中隨時都可以觀察學生行為，但人不可貌相，亦不可以貌取人。不論透過在教室內或教室外所觀察的結果，都可以蒐集學生的情緒、人際關係、衣著、性格，以及身體動作等方面的資料。但是，教師欲採用觀察法，最好有計畫、有系統，並且需長期觀察，同時不要讓學生知道老師在觀察他，觀察到的行為或事實皆應詳加以記錄。此外，教師宜保持客觀的態度，有時可以請其他任課教師或同班同學、班級幹部來幫忙觀察記錄，這樣比較能夠蒐集到更多、更周全的資訊。教師可以觀察學生是否有以下的肢體語言：

1. 偏好坐在椅子前端的人，情緒比較緊張或焦慮；坐姿背部靠椅背穩如泰山者，情緒較為穩定。
2. 常以鞋子敲打地面者，表示容易緊張。
3. 坐著時雙手常抱在胸前者，比較內向、膽怯。
4. 站立時常將一隻手放入褲袋者，顯示神情緊張不安。

5. 講話速度快、動作快的學生，個性通常比較急躁。
6. 講話聲音大，雙眼注視群眾的人，比較具有自信心。
7. 講話聲音微弱，眼睛時常盯著天花板或地面者，具有膽怯的情緒；視線移動快的人比較有機警或心情急躁。
8. 身上佩戴很多金飾、珠寶的學生，可能有炫燿自己的心態。
9. 臉部表情嚴肅毫無笑容，可能罹患心理或精神疾病。

四、文件分析

教師應蒐集學生的各種靜態資料，舉凡學業成績、自傳、日記、週記、操行、健康檢查、圖書借閱、上課出缺席、社團活動參與、參加校內外比賽等有關資料，以便建立學生個人檔案資料，這些檔案資料是提供教師診斷與輔導學生行為的重要訊息。

五、家庭訪問

教師利用家庭訪問的方式，可以蒐集學生與家人關係、家庭生活環境、父母管教態度、父母感情、家庭氣氛，以及居住社區環境等資訊。家庭是個人從小成長的重要地方，偏差行為的學生大都來自問題父母或破碎家庭，透過家庭訪問往往可以獲得有關學生的重要訊息。

參、教師輔導性格偏差學生的要領

教師輔導性格偏差學生如果採取責罵、懲罰的方法，通常效果不佳，甚至容易產生反效果。筆者在此提出幾個輔導性格偏差學生的要領，供讀者參考。

一、先與學生建立友善關係

教師輔導性格偏差學生之前，應先與學生建立友善的、和諧的、溫暖的關係，教師應與學生亦師亦友，常與學生打成一片，不可以權威的姿態來管教學生。這樣學生才願意與教師坦誠溝通，將內心的話誠實的說出來。

二、改變學生的認知

有一些性格偏差的學生，他們的問題是來自於認知上的偏差，例如：有一個學生認為：「讀書苦，苦不盡！」這種不正確的認知，使得他不用功讀書，所以成績很差。教師教導這個學生改變想法：「讀書樂，樂無窮！」這種正確的認知使得他用功讀書，所以成績變得很好。

改變學生認知可以使用**認知失調理論**（cognitive dissonance theory）的方法，例如：有一位國中學生，平時就有吸菸的習慣，因為他認為祖父吸菸都可以活到75歲，所以吸菸對身體健康應該沒有什麼傷害。教師告訴這位學生：「根據日本一位醫學博士的研究發現，不吸菸的人平均壽命比吸菸者多十年。」這樣就可能改變其錯誤的認知，如果其認知能夠改變，吸菸行為就容易戒除。

三、系統減敏感法

一位有抽菸習慣的國中學生，老師為了改變他抽菸的習慣，於是採用**系統減敏感法**（systematic desensitization）。老師教導這位同學第一個星期每天少抽一根菸，第二星期每天少抽兩根菸，第三星期每天少抽三根菸，以此類推，經過幾個月之後，這位同學就成功戒除抽菸的壞習慣了。

四、代幣制

張老師是一所國小二年級的級任老師，他任教的班級有許多學生經常在上課時不遵守班級的規範，影響全班上課，於是老師採用**代幣制**（token economy）來做好班級秩序管理。張老師對全班同學說：「每一天上課遵守規矩的學生，可以得到一張蘋果貼紙，蘋果貼紙累積20張，就可以兌換一份神秘小禮物。」全班小朋友為了得到這份神秘小禮物，於是上課時都變得很遵守規矩。代幣制在矯治強迫性行為或在受刑人教化工作上，都有很顯著的效果。

五、自我肯定訓練

有一位小學生極端內向、退縮，人際關係也很差。老師為了改變他的性格，讓他變得外向、人際關係良好，於是採用**自我肯定**（self-assertive）訓練。開學後第一個星期，老師教他向同學借東西，如果做到了就給予獎勵；第二個星期教他主動對同學打招呼，如果表現很好，就給予獎勵；第三個星期教他主動幫助同學，如果做得很好，就給予獎勵；一個月之後教導他在小組中講話，如果講得很好，就給予讚美。這樣經過了一個學期之後，這個小學生變得外向，人際關係也很好。

六、行為塑造

小明是一位國中二年級學生，他的智商在中等以上，照理講數學成績可以達到 80 分，可是，上個學期數學學期成績只有 50 分。老師為了幫助小明數學成績進步，於是採用行為塑造法。首先將他的數學成績目標訂在 60 分，只要小明達到 60 分，老師就給予獎勵；接著將他的數學成績目標訂在 70 分，只要小明達到 70 分，老師就給予獎勵；接著將他的數學成績目標訂在 80 分，只要小明達到 80 分，老師就給予獎勵。這樣經過了三個月之後，小明的數學成績都能達到 80 分以上。由此可知，**行為塑造**（behavior shaping）就是採用漸進的方法，將個人現在的行為與預期目標之間劃分成幾個等級，當個人達成每一個等級的目標時，就給予獎勵。久而久之，個人就能達到預期的目標。

七、隔離法

有一位國中學生上籃球課時，常不遵守規則，例如：在球場故意推人、打人或絆倒他人，當體育老師發現他不遵守規則時就先給予警告，如果再不聽勸導就不准他打籃球，也就是暫時**隔離**（time out）。這樣經過幾次隔離以後，該生在上籃球課時就能遵守規則了。

八、相互抑制法

有一位國中二年級學生，他時常在教室內亂丟紙屑或製造髒亂，導師為了改變他的壞習慣，於是叫他負責全班教室的整潔。如果他在教室亂丟紙屑或製造髒亂，只會增加自己的麻煩，後來他亂丟紙屑或製造髒亂的壞習慣就消失了。這就是利用**相互抑制**（reciprocal inhibition）的原理所得到的效果。

九、調整環境

有一位國中學生雖然智力很高，但因為喜歡上網咖不喜歡讀書，所以學業成績很差。老師不管怎麼勸導、輔導，都沒有明顯的效果。後來，老師與學生家長溝通，為了改變這個學生的行為，請父母把家從都市搬到鄉下，因為在鄉下沒有網咖，結果這位學生上網咖的行為就改正過來。

自我評量題目

1. 試說明種族文化差異在學校教育上的涵義。
2. 家庭社會經濟地位差異與學校教育的關係為何？
3. 自我觀念個別差異與學校教育的關係為何？
4. 如何了解學生性格差異進而應用到教學上？
5. 種族文化背景對學生學業成就有何影響？
6. 教師如何實施性別平等教育？
7. 傳統文化對兩性的學習成就有何影響？
8. 教師了解學生性格有哪些方法？
9. 教師如何培養學生自我觀念？
10. 試述教師輔導性格偏差學生的要領。
11. 解釋名詞：

(1)自我肯定訓練
(2)代幣制
(3)性別平等教育
(4)習得無助感
(5)自我應驗預言
(6)多元文化教育
(7)自陳量表
(8)五大因素人格理論
(9)基本人格量表
(10)自我概念
(11)結構性晤談
(12)半結構性晤談

第六章　學習理論與教學

每一個人從小到大幾乎每天都在**學習**（learning），尤其現代的社會生活競爭愈來愈劇烈，唯有不斷學習才能隨時吸收新知識，這樣才能適應時代的需求，不致於被社會所淘汰，因此，活到老學到老以及終生學習的理念，廣為一般人所接受。不過，個人要如何學習才能產生效果？歷來，有一些心理學者以實驗方法探討學習歷程，並且提出各種學習理論。讀者在閱讀本章之後，將能達成以下學習目標：

1. 學習的涵義如何？
2. 古典制約學習理論的要義如何？
3. 古典制約學習理論如何應用到教學上？
4. 操作制約學習理論的要義如何？
5. 操作制約學習理論如何應用到教學上？
6. 社會學習論的要義如何？
7. 社會學習論對教育有何啟示？

第一節　學習的涵義

一個人的學習活動大部分都在學校教育中進行，學校教育是教師教導學生學習活動的歷程。學校教育一向注重教師傳授知識給學生，可是幾乎沒有一個老師的教學，是能使全班學生在每一次考試都得到滿分。雖然影響學生學業成就的因素很多，可是教師要使教學產生效果，需要對學習一詞的涵義有正確的認識。

許多心理學家將「學習」定義為：個體經由練習或經驗，使其行為或知識產生比較持久性改變的歷程。換句話說，凡不是經過練習的過程就能產生行為改變者，不能稱為學習。此外，個人如果因為身心發展成熟、服用藥物或其他因素，使得知識或行為產生改變，也不是學習。在上述學習的定義中，尚有幾個概念必須加以說明：

1. 經驗：個人在日常生活中所經歷的一切，或由五官所得到的訊息，以及思考、記憶、推理等，都會使人從中產生學習行為。
2. 練習：人類的許多行為都需要經過練習的過程，尤其是各種複雜的行為，更需要不斷反覆練習才能夠產生，例如：彈鋼琴、開汽車、學電腦等。凡是不經由練習，而是與生俱來就會的行為，稱為本能（instincts），而非學習。
3. 行為：人類的行為可以分為內在與外在兩方面。外在的行為可以被他人和自己觀察，例如：打球、寫字、唱歌等；可是內在行為就無法直接觀察，舉凡思考、推理、記憶、判斷等，均屬於內在行為。
4. 持久性：人類經由學習所產生的行為，通常能夠維持很久，也就是說，經由學習所產生的行為不會立刻消失，否則人類將必須對同一件事不斷地去學習，例如：騎自行車、游泳、開車等行為，在學會了之後，通常可以在很久不從事該行為之後，仍然擁有從事這些活動的技能。

第二節　古典制約的學習理論

壹、巴夫洛夫的古典制約理論

蘇聯生理學家巴夫洛夫（Ivan Petrovich Pavlov, 1849-1936）對於動物消化腺有深入的研究，他在 1904 年以狗作為實驗對象，探討狗在飲食消化歷程中分泌唾液的情形。有幾次，他在實驗室發現小狗到了要餵食的時間，就會自動分泌唾液，甚至只要看見主人或聽到主人的腳步聲，就會自動流出唾液，於是他將這隻狗帶到實驗室做進一步研究。首先，他將這隻狗的身體和四肢用繩子綁住，在狗的正前方掛著一面鏡子，讓這隻狗可以從鏡子看到地板上放食物的器皿，然後在狗的下顎開刀插入一條細管。實驗時先對狗發出鈴聲，接著立即在狗的面前出現食物，這樣經過幾十次鈴聲與食物配對出現之後，他只對狗單獨出現鈴聲，而不出現食物，這隻狗也會自動流出唾液。

在這個實驗中，聲音原來屬於中性刺激，不會使狗分泌唾液，可是在與食物多次配對出現之後，聲音就和食物一樣，可以使狗分泌唾液。巴夫洛夫稱鈴聲為**制約刺激**（conditioned stimulus, CS），食物為**非制約刺激**（unconditioned stimulus, UCS），狗對鈴聲分泌唾液，稱為**制約反應**（conditioned response, CR），對食物產生唾液，稱為**非制約反應**（unconditioned response, UCR）。由上述可知，制約刺激原來屬於中性刺激，也就是不會引起行為反應的刺激，但是只要與非制約刺激多次相隨出現，制約刺激就能夠引起個體的行為反應。這個學習歷程稱為**古典制約作用**（classical conditioning），可以用表 6-1 來表示。

表 6-1 古典制約的學習歷程

制約前	制約中		制約後
CS →沒有反應	相隨出現	CS →CR	CS →CR
UCS →UCR		UCS →UCR	

貳、古典制約學習的基本現象

根據巴夫洛夫的實驗以及多位心理學者的研究發現，在古典制約的學習歷程中，有以下幾個產生制約反應的行為法則。

一、獲得

制約刺激與非制約刺激出現的時間，是影響制約反應形成的重要因素。根據巴夫洛夫的實驗結果，在制約刺激出現之後大約 0.5 秒，立刻出現非制約刺激，這樣將制約刺激與非制約刺激配對多次之後，所產生的制約反應效果最大。這種現象稱為制約的**獲得**（acquisition）。

二、消弱

當制約刺激能夠單獨引起制約反應之後，如果制約刺激與非制約刺激不再伴隨出現，只由制約刺激單獨出現時，則個體對制約刺激所產生的制約反應，其強度將隨著制約刺激出現次數的增加而逐漸減弱，最後甚至完全消失，這種現象稱為**消弱**（extinction）。

三、自發性恢復

當個體對制約刺激產生的反應逐漸消弱甚至完全消失，在休息一段時間之後如果單獨出現制約刺激，結果發現個體對原來的制約刺激又產生制約反應，這種現象稱為**自發性恢復**（spontaneous recovery）。但是，自發性恢復所產生的制約反應比以前較弱，如果長期不再對個體出現非制約刺激，則由自發性恢復所形成的制約反應，將完全消失。

四、刺激類化

當制約刺激能夠使個體產生制約反應之後，凡是與制約刺激性質相類似的其他刺激，也能夠引起制約反應，此稱為**刺激類化**（stimulus generalization）。刺激類化使個體不只對刺激產生特定的行為反應，這種學習現象也可以使個體產生觸類旁通的效果。

五、刺激辨別

當制約刺激能夠產生制約反應之後，個體學習到只對原來的制約刺激產生行為反應，而不對與制約刺激性質不同的任何刺激做反應，這種現象稱為**刺激辨別**（stimulus discrimination）。刺激辨別的學習原理，可以使個體辨別刺激的異同，以便對某一個刺激做出正確的行為反應。

六、高層次制約

當制約刺激可以單獨引起制約反應，這時制約刺激可以當作非制約刺激，使它與另一個制約刺激配對出現，即可建立另一個古典制約學習，此現象稱為**二層次制約**（second-order conditioning）。依此類推，在產生二層次制約之後，又可以將制約刺激當作非制約刺激，再與另一個制約刺激相隨出現，進而形成更高一個層次的制約學習，此現象稱為**高層次制約**（high-order conditioning），例如：張三有幾次開車違規的紀錄，被交通警察（CS）開罰單（UCS），因而產生焦慮（UCR）。後來，他看見交通警察就會產生焦慮（CR）。由於交通警察（由 CS→UCS）與警車（另一個CS）幾乎同時出現，因此他以後一見到警車就會產生焦慮。

參、古典制約學習在教育上的應用

在我們日常生活中，有許多行為是由古典制約學習而來。古典制約學習是利用原有刺激與反應的關係，使新的刺激與原有刺激相隨出現，進而建立新的刺激與反應之連結關係。依據這個原理，學生在學習過程中，教師以學生的原有知識使其學習新知識相當重要。古典制約學習在教育上的應用相當廣泛，茲按上述古典制約學習的基本現象，分別舉例說明如下。

一、獲得

1. 某位老師問學生課業問題，每當學生答對時，老師立刻說：「很棒！」（UCS），於是學生產生愉快心理（UCR）。久而久之，這名學生對該學科（CS）產生喜歡（CR）的心理。
2. 某生參加考試（UCS），因為許多題不會作答而產生焦慮（UCR），考試結束鐘聲響起（CS）時，有一些題目尚未作完因而心理焦慮（CR）。假如經常如此，則該生以後只要聽到學校的鐘聲，心理就產生焦慮不安。

二、消弱

某一名學生上課時喜歡講話，影響師生上課秩序和教室氣氛，每當這名學生講話時，老師總是立刻說：「不要講話！」結果引來其他同學的注意，於是這名學生不聽老師勸告，反而更喜歡不停地講話。後來這位老師改變策略，每當這名學生上課講話時，老師跟同學都不理他，這位同學講話不能夠立刻引起同學們注意，於是該生吵鬧的行為就逐漸消失了。

三、自發性恢復

某學生平時上課就喜歡講話，因為講話可以得到同學與老師的注意，故老師勸止無效；後來經過老師與同學們不理會他之後，他上課講話的行為就消弱下來。可是在幾個星期之後，他在上課時又未經教師允許而講起話來了。

四、刺激類化

某生乒乓球打得很好，後來喜歡類似的球類運動，例如：打羽毛球。某一位高中學生數學成績不及格，因而對數學產生恐懼心理，後來他考上大學之後，對於與數學相類似的學科，例如：統計學、微積分，也都產生恐懼的心理。

五、刺激辨別

當學生在學習記憶英文單字時，例如：apple→蘋果，在學會了之後，這位學生就可以辨別 apple 是蘋果，而不是西瓜。

六、高層次制約

有一位國中生對數學科（CS1）產生恐懼（CR1），可能轉變為一看見數學老師（CS2），就產生恐懼（CR2）的心理。

事實上，學生在學校的學習過程中，隨時都有古典制約作用發生，學生變得喜歡或討厭學校、教師、學科等，常屬於刺激與反應之間的古典制約作用，例如：某生來到一所新學校求學，新的教師和教室相當於制約刺激，這些刺激假如和老師親切的態度、舒適的課桌椅（非制約刺激）不斷相伴隨出現，久而久之，這個學生就喜歡到這所新學校上課；反之，另一名學生考上一所新的學校，如果開學之後遇到很多位嚴肅冷酷的老師和不舒適的學習環境，久而久之就對到這所學校上課，產生不愉快的心理。

由此可見，學生的學習態度及各種情緒反應，係來自古典制約作用。

肆、華特森的極端環境論

行為主義的創始人華特森（John Broadus Watson, 1878-1958），在 20 世紀初期採用巴夫洛夫的古典制約學習原理，並且採取美國早期心理學家桑代克（Thorndike）的連結主義理念，極力倡導行為主義的學習理論。他在 1913 年創立科學心理學的理論體系，主張人類的行為在基本成分上與高等動物並無不同，都可以在客觀的情境之下，採用自然科學法則觀察、測量以及控制個體的外在行為。換言之，研究人類行為可以採用自然科學方法加以探究。華特森反對傳統心理分析學者所主張的內省法，內省法是讓個體陳述自己的心思意念，以作為心理學者研究個體內在心理的歷程。他認為內省法不符合科學的原理，因此研究結果並不具有科學的價值。

華特森主張教育是萬能的，他堅信人類一生的成就是由學習經驗所產生的。人生是公平與平等的，強調在生活環境中，社會文化及學習條件可以決定個人潛能所能夠發揮的極限。他曾說：「只要給我12個身體健康的小孩，不管他們的祖先遺傳、嗜好、興趣、品行和種族等因素各如何，我有辦法以各種教育方法使他們將來長大之後，成為科學家、醫師、律師、建築師、法官、藝術家、運動選手、企業家，或變成娼妓、乞丐、小偷、精神病患等。」可是，他的理論缺乏實證資料，對人類行為或人性的了解，難免過分偏激。

一、華特森理論的基本要義

華特森曾於1913年發表〈行為主義者對心理學的看法〉（Psychology as the Behaviorist Views It）之論文，他所提倡的行為主義至少有以下幾個基本觀念：

1. 心理學是研究人類或動物行為的科學，必須以科學方法去探究，對於那些隱而不見的內在行為，無法加以觀察、記錄、測量和預測，所以不具有研究價值。巴夫洛夫從事狗的古典制約實驗，因為正式採用科學方法和原理，因此研究結果相當有科學的價值。
2. 巴夫洛夫由實驗所發現的古典制約作用，不但可以了解動物行為，而且可以推論和解釋人類的行為。
3. 人類行為的學習是在生活環境中，經由古典制約作用使刺激與反應產生連結的結果。
4. 以古典制約作用方法，可以使用刺激對個體塑造出特殊的行為反應。同理，也可以利用古典制約作用的原理原則，來消弱或消除個體原有的行為。

華特森所主張的行為主義，在美國心理學界風行將近半個世紀，對教育心理學具有相當深遠的影響。

二、華特森的行為主義在教學上的應用與限制

華特森是一位極端行為主義者，他的觀念應用到教育情境上，如果徹底實行的話，有可能使個人的潛能發展至極限，例如：某些國家的乒乓球國手，在教練指導之下，每天苦練乒乓球至少十餘小時，經過集訓多年之後，參加奧林匹克世界運動大會就有可能得到金牌。有些中小學學生學習功文式數學，每天勤做數學練習題，這種機械式的學習方式與華特森行為主義的理念頗為相似。

學校教師如果採取華特森極端環境論的主張教導學生，則與人本主義的教學理念相左，這種教育方式不考慮學習者的人性和尊嚴，雖然有可能造就出各行各業的頂尖人才，但是，也有可能因為只求達成目標不擇手段，在過度練習和強迫式的教育方式之下，使學習者產生失敗或挫折。尤其是在今日多元文化的社會中，個人若擁有兩個以上的專長，比較能夠適應快速變遷的社會。大學生修習通識課程，就是要使每一位學生具備各方面的基礎學識，如果採用極端行為主義的教育方式，就很難培養出具有通識能力的學生。

第三節　操作制約的學習理論

壹、桑代克的實驗發現

在華特森之前，美國心理學家桑代克以貓作為實驗對象，研究貓學習解決問題的過程。他將一隻飢餓的貓放入**迷籠**（puzzle box）（如圖 6-1 所示），這隻貓可以從門縫中看到籠子外面的食物，但是，籠門關閉使貓無法出來取得食物。桑代克做這個實驗的目的，在於觀察這隻貓如何學會踩踏板或拉動繩索打開籠門，以便出來吃到食物。實驗一開始，發現這隻貓表現出亂抓和急躁不安的行為，經過一陣子的混亂動作之後，貓無意中踩到踏板拉動繩索，得以順利開啟籠門，出來取得食物。

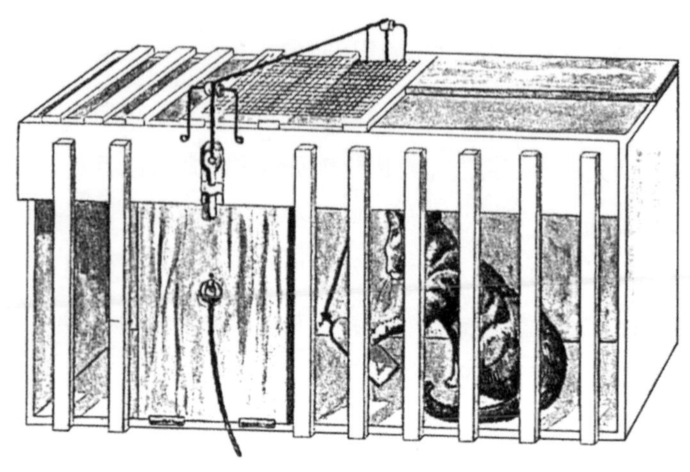

圖 6-1 迷籠實驗

桑代克經過許多次實驗之後發現，這隻貓起初在迷籠中焦躁不安、亂抓籠門，可是混亂的動作會逐漸減少，踩踏板拉繩索的次數會逐漸增加，被關在迷籠的時間漸漸縮短，最後這隻貓只要一被關進迷籠內，就會主動去踩踏板，順利出來取得食物。桑代克根據貓操作迷籠機關的行為，提出**連結主義**（connectionism）。他認為食物對貓具有獎勵的作用，使得刺激（籠門關閉）與反應（打開籠門）之間，順利產生連結。桑代克根據這些實驗發現，進而建立其系統的學習理論。

貳、桑代克的學習連結論基本要義

一、嘗試與錯誤學習

個體在某個問題情境中，為了解決其所面臨的困難問題，於是表現出多種嘗試性行為。在不斷嘗試與錯誤的過程中，許多混亂的動作都無濟於事，一直到出現正確行為解決了困難問題之後，才學會了做正確的反應。因此，錯誤的行為逐漸減少最後甚至完全消失，這種學習歷程稱為**嘗試與錯誤學習**（trial-and-error learning）。

二、準備律

個體在學習之前，其身心若已做好準備，就容易解決問題；反之，個體在學習之前，其身心狀態尚未做好準備，就不容易解決問題，這種現象稱為**準備律**（law of readiness），例如：個體心智能力不足、注意力不集中、肢體殘障，或者沒有興趣去獲得獎賞物，則不容易對刺激產生正確反應。

三、練習律

個體在解決困難問題時，隨著練習次數的增加，累積了行為反應效果的經驗，練習次數愈多，就愈有解決問題的可能。換句話說，刺激與反應之間愈有產生連結的機會，這種現象稱為**練習律**（law of exercise）。

四、效果律

個體在嘗試與錯誤的學習過程中，後來能夠對刺激做出正確的反應，是因為對刺激表現正確反應之後，就能夠得到期望的結果，例如：桑代克做實驗的這隻貓，踩到踏板或拉動繩索，就可以得到籠子外面的食物。換句話說，個體對刺激反應的效果，使得刺激與反應之間能夠連結起來，這種現象稱為**效果律**（law of effect）。

五、學習遷移

個體在某種情境中，學習到刺激與反應可以產生連結，將有助於在其他情境中，學習到對類似刺激與新的反應產生連結，這種現象稱之為**學習遷移**（transfer of learning）。簡言之，學習遷移是指，個體將某一個情境中學到的知識、技能，應用到其他類似情境中。桑代克認為，學習遷移只有在前後兩次學習材料具有共同的元素時，才有可能發生，這種論點又稱為**共同元素理論**（identical elements theory）。簡言之，前後兩次學習材料的元素不同時，就不容易產生學習遷移。

桑代克以動物作為實驗對象，從而建構有系統的學習理論，可以說是一位研究動物心理學的先驅學者。雖然他深信，由動物的學習行為可以直接應用在改進學校的教學，可是學生在學校學習獲得知識的過程，遠比動物的學習行為複雜得許多。換句話說，要將桑代克的學習連結理論應用到實際的教育情境，仍然有相當大的差距。不過，桑代克首先將教育心理學以科學方法進行研究，取代傳統的哲學教育心理學，因此他被許多教育界的學者尊崇為「教育心理學之父」。

參、桑代克的學習連結論對教學的啓示

桑代克將他的學習連結理論廣泛應用到教育上，對於學生的學習效果具有以下幾項啟示作用。

一、學生在嘗試錯誤中如有正確的行為反應，教師應給予獎勵

學生在學習過程中，教師應多提供學生嘗試解決問題的機會，學生在不斷嘗試與錯誤中，只要表現正確的行為時，就應儘快給予獎勵，使學生的正確行為能夠和刺激產生連結，如此學生以後對相同的刺激就能立即做正確的反應。假如貓踩踏板拉動繩索，走出籠外卻不能得到食物，那麼下一次再將這隻貓放回籠內，貓還會努力去踩動踏板嗎？

二、提供可以解決的問題供學生學習

學生在學習過程中，對於艱深的問題或無法解決的問題，除了不容易產生學習興趣之外，學習效果也比較不顯著。因此，教師宜提供難易適中的問題讓學生學習，使學生在解答問題之後可以獲得成就感。試想桑代克實驗中的貓，假使牠再用力也拉不動繩索，無法順利出來得到食物，那麼這隻貓的學習就無法成功。

三、了解學生身心發展的情形

學生在學習任何學科時，假如其生理與心理方面的發展已經成熟，具有獨立解決問題的能力，就能夠進行學習。因此，教師可以利用各種心理與教育測驗，或採用其他方法來了解學生的能力達到何種程度，以作為教學設計的參考依據，

這樣就比較容易產生良好的學習效果。試想桑代克實驗中的那隻貓，如果沒有足夠的力氣去踩動踏板，牠又怎麼可能走出來取得食物？

四、引發學生的學習動機

學生在學習時，教師宜利用各種方法吸引學生注意，例如：利用各種視聽媒體或資訊設備來教學、講課時幽默風趣、在教室內走動、講話聲調有高有低、有時做出各種手勢，或使用各種教具來教學。學生容易被外在刺激吸引而產生注意力，學習效果就容易顯現出來。試想桑代克實驗中的那隻貓，如果牠見不到也嗅不到籠外的食物，又怎麼願意去踩踏板呢？

五、促進學生學習，產生類化作用

學生的學習行為，只是學習對某一刺激產生特定的反應。學生畢業後步入社會，在工作上所面臨的各種問題，不一定剛好是學校老師所教導過的，如果只以學校教師所傳授的知識來處理問題，這樣學生將很難適應社會生活與工作的需求。因此，當個人面對問題時，若能舉一反三，就容易解決各種問題。試想桑代克實驗室中的貓，如果只有在某一個顏色或形狀的籠子裡，才去踩踏板，那麼以後如果被放置在其他顏色或形狀的籠子內，可能就無法順利解決相同的問題，如此一來，學習效果難免就大打折扣了。

肆、史金納操作制約學習理論

一、史金納行為主義簡介

行為主義學者史金納（B. F. Skinner）對人類行為有深入的研究，同時對學習心理學的研究有卓越的貢獻。史金納認為個體所表現出的行為，與該行為是否得到獎勵或懲罰有關，凡是可以得到獎勵的行為，以後出現該行為的機率就隨之增加；反之，凡是行為受到懲罰，則以後其出現該行為的機率就自然減少。

史金納在其《桃源二村》（*Walden Two*, 1948）的小說中描述，假如一個人從小在非常優美的環境中成長，那裡的人沒有犯罪、自私、狡詐、怨恨、攻擊、暴力、嫉妒、隱瞞、不正義等行為，每一個人都是充滿愛心、仁慈、公義、誠實、慈悲、和平、謙虛、助人、善良的，若每一個人從小都能夠生長在這樣的世外桃源，就可以達到烏托邦（utopia）世界大同的境界。由此可知，史金納是一位極端環境論者，主張人類行為完全受到外在環境所左右，雖然在他的小說中描繪出一個理想國的圖像，可是至今他的理想仍然無法實現，因為要提供給每一個人那麼完美的環境，實在很不容易。但是他所主張的行為主義，對心理學與教育心理學仍然有很大的貢獻。

二、史金納的實驗與老鼠操作制約學習歷程

史金納設計了一個實驗箱，用來研究白老鼠和鴿子的學習行為，該箱子被稱為**史金納箱**（Skinner box）。在實驗箱子內牆上裝設擴音器、燈泡、活動踏板，地板有多條可以導電的鐵管，箱子外側上方有放置食物的漏斗，由一根管子直通到箱內。

在實驗之前，先停止對一隻白老鼠餵食，經過一天後再放入實驗箱內。起初，這隻肚子飢餓的白老鼠會不停地在箱內走動覓食，史金納在距離實驗箱幾公尺的地方觀察白老鼠的行為，一但發現白老鼠停止活動，他就壓下按鈕直接啟動擴音器發出鈴聲；經過幾次之後，白老鼠對這個聲音來源感到好奇，於是頭部朝向擴音器，這時史金納再按下按鈕，擴音器再度發出鈴聲，於是白老鼠乃趨前爬上牆面去尋找鈴聲的來源，這時白老鼠前腳踩到活動踏板，當白老鼠前腳踩到地板時，就發現食物槽內有一粒食物丸，因為白老鼠肚子餓就吃了這粒食物丸，這時白老鼠飢餓卻尚未吃飽，又繼續在箱內四處走動尋找食物。

史金納又重複上述方法，白老鼠再踩到踏板，又發現一粒食物丸，經過吃了幾粒食物丸之後，這隻白老鼠恍然大悟，原來要得到食物丸必須去踩活動踏板，每踩一下，漏斗就會掉下一粒食物丸，於是白老鼠成功學會了不斷去踩踏板，操作制約學習於是完成。

三、操作制約學習的基本現象

（一）消弱與自發性恢復

在操作制約學習後，如個體作了正確反應後不給予**增強物**（reinforcer），則該操作行為將逐漸消弱下來，最後完全消失。因此，操作制約學習和古典制約學習一樣，都有消弱現象。可是，在停止給予增強物一段時間之後，個體再度出現習得的反應，這種現象稱為自發性恢復。自發性恢復的反應如果一直得不到增強物，則操作行為將再度消弱下來。

（二）類化與辨別

由操作制約學習的制約反應，也會產生刺激類化和刺激辨別的現象。以史金納箱內的白老鼠，學習踩踏板得到食物的實驗為例，假如白老鼠聽到 50 分貝聲音去踩踏板就能得到食物，以後聽到 55 分貝聲音也會表現踩踏板的行為，因為 55 分貝與 50 分貝的聲音相當類似，所以可以產生刺激類化現象。又如燈泡發亮時，白老鼠聽到 50 分貝的聲音去踩踏板可以得到食物；當燈泡不亮時，即使聽到 50 分貝的聲音去踩踏板，也無法得到食物；這樣經過多次之後，白老鼠學會只有在燈泡亮起時才去踩踏板，這種現象稱為刺激辨別。

（三）高層制約學習

操作制約與古典制約學習，都同樣有高層制約的現象。當白老鼠在史金納箱內學會了聽到擴音器的聲音，就去踩踏板取得食物，聲音原來屬於制約刺激，也可以當做非制約刺激，使它與燈光相隨出現多次，後來白老鼠見到燈光也會去踩踏板以獲得食物，這種現象稱為高層制約學習。

（四）行為塑造

假如希望個體學習比較複雜的行為，可以將該行為分解成幾個步驟，依序對各個行為反應施予制約學習訓練。當個體精熟第一個步驟的行為之後，再學習第二個反應，依序進行直到學會複雜的行為反應，此種學習方式稱為**行為塑造**（behavior shaping）。人類學習複雜的技能，採用行為塑造法常有很好的效果，動物行為訓練也是如此，例如：體育老師訓練學生跳高，目標設定在 150 公分，現在某位學生只能跳過 110 公分，訓練時可先將目標設定在 120 公分，通過之後再將目標設定在 130 公分，當學生能跳過 130 公分之後，再將目標提高到 140 公分，以此次序訓練，最後這一位學生就可以跳過 150 公分的高度。

四、操作制約學習的增強原則與方式

（一）正增強作用

史金納由白老鼠操作制約學習的歷程中發現，白老鼠在操作踏板之後，立即得到食物，由於食物對白老鼠的操作行為具有獎勵作用，因此，白老鼠會再度表現操作踏板的行為。食物對白老鼠具有獎勵作用，稱為**正增強物**（positive reinforcer）。動物的正增強物通常是食物，可是，人類的正增強物除了食物之外，尚有金錢、讚美、獎品、權利等。由於正增強物的出現，使個體原來的行為表現得到增強，這種現象稱為**正增強作用**（positive reinforcement），例如：某生因為得到老師的讚美，於是奮發圖強努力求學，終於得到很好的成績；在此，讚美對該生具有增強用功求學的作用。

（二）負增強作用

當個體表現某一行為之後，立即對其終止厭惡刺激，則該行為可得到增強，此厭惡刺激又稱為**負增強物**（negative reinforcer）。負增強物的種類很多，例如：電擊、懲罰、責罵、罰款、勞動服務等。由於負增強物的消失，使個體原來的行為表現得到增強，這種現象稱為**負增強作用**（negative reinforcement）。

負增強的學習歷程，可以分為**逃離學習**（escape learning）與**迴避學習**（avoidance learning）。逃離學習是指，個體做出某行為之後，可以減少或終止其所厭惡的刺激，則個體學習會以該行為來逃避痛苦，例如：遇到不懂得的生字就立刻查字典，這樣可以減少考試成績不好的情形；迴避學習是指，個體做出某行為以預防厭惡刺激的發生，例如：期末考試只剩下兩週，趕快好好用功就可以避免學期成績不及格。

（三）增強物出現的時間

當個體表現出某一行為之後，距離獲得增強物的時間，與其行為獲得增強的程度有密切關係，如果個體在表現出良好行為就立即給予增強，則以後再表現出該行為的機率就自然增加，例如：某生考試得到優異成績，但是要等一年之後才能領取獎學金，如此一來，這筆獎學金對這名學生的求學行為，就不容易產生增強作用。

（四）原始增強作用與次級增強作用

在操作制約學習歷程中，可以滿足個體生理需求的增強物，例如：食物、水等，都可以作為人類的**原始增強物**（primary reinforcer），藉原始增強物來增強個體的行為反應，稱為**原始增強作用**（primary reinforcement）；在操作制約學習歷程中，只能間接滿足個體需求的增強物，稱為**次級增強物**（secondary reinforcer），例如：獎品、獎金、讚美等，藉著次級增強物來增強個體的行為反應，稱為**次級增強作用**（secondary reinforcement）。

（五）增強作用的安排方式

以增強物來增強個體行為的安排方式，可以分為**連續增強**（continuous reinforcement）和**部分增強**（partial reinforcement），後者又稱為**間歇性增強**（intermittent reinforcement）。連續增強是指，個體每一次表現正確的行為時就給予增強物，進而增強其正確行為，例如：學生每答對一個問題就得到一件獎品。當個體表現正確行為時，不一定每次都給予增強物，這種增強方式稱為部分增強。部分增強的方式，又可以分為以下四類。

1. 固定時距

當個體對某一個刺激做出行為反應，必須在經過固定時間之後，才能夠獲得增強物，這種增強方式稱為**固定時距**（fixed-interval schedule）。固定時距的強化方式容易使個體表現出固定化的行為，通常在獲得正增強物之後，行為反應由強逐漸減弱，一直等到下一次獲得正增強物，其行為反應才由弱變強，例如：大學通常一個學期只有期中與期末考試，大部分學生只在考試前才用功讀書，或撰寫讀書心得報告，如果教師改變策略，在學期中增加幾次小考，而且小考的時間不固定，這樣就可以提高學生平時努力學習的效果。

2. 固定比率

當個體固定做出幾次反應之後，就可以得到增強物，這種增強作用稱為**固定比率**（fixed-ratio schedule），例如：老師先要求學生答對 5 個數學問題，就可以到外面玩耍；然後再要求學生答對 8 個數學問題，才可以到外面玩耍；再要求學生答對 12 個數學問題，就可以到外面玩耍。逐步減少增強的比率，最後學生在不必獎勵增強的情況之下，也能自動自發完成作業。

3. 不固定時距

當個體對某個刺激做反應，在不固定時間內獲得增強物，這種增強作用稱為**不固定時距**（varied-interval schedule），例如：老師要求學生在教室內做作業，當老師走到學生旁邊時，發現學生作業寫得很好，就立即給予讚美，因為學生不知道老師何時會走過來，所以會認真地趕快把作業做好。

4. 不固定比率

個體不一定要做出幾次的反應，即可以得到增強物，這種增強稱為**不固定比率**（varied-ratio schedule），例如：購買刮刮樂、樂透彩或玩吃角子老虎等，都不一定會在哪一次中獎。又如：老師如果經常隨機檢查學生的作業，可以幫助學生養成認真學習的習慣。

以上四種強化方式所產生的學習效果，根據一些心理學者的研究，個體對不固定比率方式表現的行為反應次數最多，固定比率次之，不固定時距再次之，固定時距最少。

五、操作制約學習理論在教學上的應用

操作制約學習的原理在教學上的應用相當廣泛，以下提出幾點供讀者參考。

（一）善用增強作用

當學生表現符合教師期望的行為時，教師就應儘快給予增強，教師應讓學生知道老師希望他們表現何種行為，以及當他們的行為表現達到老師的要求時，就會得到獎勵。增強物的選擇與使用宜注意以下幾項原則：

1. 增強物必須是個別學生所喜歡的：每一個學生的心理需求不同，同樣一件增強物，對甲學生而言可以產生增強作用，但對乙學生來說則不一定具有增強作用。因此，教師宜事先了解每一位學生心中所期望的增強物是什麼，可以透過觀察、晤談，或請學生家人、親友、同學提供訊息。
2. 當學生的行為表現符合教師的期望時，教師應立即給予正增強物：學生表現良好行為與教師提供正增強物的時間間隔愈短，則增強的效果愈好，例如：小明期末考試數學考 100 分，老師立即送給他所喜歡的獎品；小明因為數學考試成績得到激勵，以後小明在數學考試中就經常拿高分了。
3. 以學生喜歡表現的行為來增強其不常出現的行為，這種增強方式稱為**伯麥克原理**（Premack principle），例如：小學下課時間讓小朋友跑、跳、玩耍，這樣有助於上課表現安靜的行為。
4. 學生表現出教師所期待的行為時，始可獲得增強物。換言之，增強物不可在學生表現良好行為之前就先給予。
5. 教師在教導學生養成新行為的初期，最好先採取連續增強，等到該行為表現相當穩定之後，再改成部分增強，這樣可以使得該行為繼續維持下去。
6. 教師按學生成就標準給予增強，剛開始時標準較低，使學生有成功機會，

然後逐漸提高標準，學生的行為達到既定標準時，才給予增強。

（二）增強物的種類及應用

1. 物質性：這種增強物如玩具、食物、文具、日常用品等，物質性增強物對家境清寒學生頗具有增強作用。不過，要教師自己經常花錢去購買獎品，在校園中不容易普遍實施。
2. 權利性：當學生表現出教師所期望的行為時，可以讓學生得到某種特殊的權利，例如：操作視聽器材、當小老師、選擇座位等。
3. 社會性：這種增強物包括：教師給予學生讚美、注意、認可、微笑、鼓掌、點頭、說「謝謝！」或輕微拍肩膀等。但有一些學生表現不良行為時，受到老師或同學的注意，反而會增強其不良行為，例如：有一些學生被老師口頭責備、告誡、批評，反而使其更加表現不良行為。一般而言，社會性增強不必花錢又相當具有增強效果，對學生人際關係的增進有很大的幫助。
4. 代幣制：教師在教學過程中，有時可利用代幣制增強物來增強學生的行為。所謂代幣制增強物是指，一些物品不能直接使用，但可以在事後交換自己所期望的物品或權利，例如：學生表現良好行為時，教師就給予假錢幣，等到假錢幣累積到一定數量之後，學生可以拿這些假錢幣來兌換點心、文具、日常用品。代幣制增強物適用於特殊班以及偏差行為的學生，尤其對不良青少年的矯治與輔導，特別具有明顯的效果。
5. 自選性：教師告知學生，當自己學業成績進步、完成作業，或表現良好行為時，就可以選擇自己喜歡的東西做為獎賞，例如：選擇課外讀物、食物、飲料等，來慰勞自己。
6. 活動性：教師對行為表現良好的學生給予活動性增強物，例如：可以從事某種學生喜歡的運動、當司儀、到圖書館看書等。

（三）懲罰

當學生表現不良的行為時，教師可以採取懲罰（punishment）措施，來減弱或消除其不良行為。有些教師常以打、罵等方式來懲罰表現不良行為的學生，不過，比較理想的方式是暫時取消強化物、權利或隔離（time out）做為懲罰的方式，例如：學生上課講話卻屢勸不聽，教師可以請該生坐到教室角落，以示懲罰。又如：上游泳課不守規矩的學生，教師可以讓該生坐在游泳池畔觀看其他同學游泳，一直等到該生表現良好行為時，才允許他游泳。

雖然有些教師喜歡使用懲罰來改變學生的不良行為，但是，懲罰只能夠使個體不良的行為暫時收斂。假如教師對學生過於嚴厲懲罰，容易使學生產生退縮、焦慮、自卑等心理，甚至說謊、攻擊他人、破壞公物、報復教師、恐懼上學。因此，大多數教育心理學者主張，教師應多對學生鼓勵少用懲罰，亦千萬不可使用體罰。不過，當教師對學生屢勸不聽時，就可以適度懲罰學生。可是，懲罰學生宜遵守以下幾個原則：

1. 不遵守班規或不聽從教師的學生，宜先給予警告，如再犯者就施予懲罰。
2. 懲罰對事不對人，不可作人身攻擊。
3. 懲罰時，教師態度宜嚴肅。
4. 懲罰宜避免在公眾場合進行，以免傷害學生自尊心。
5. 學生犯錯之後如果要懲罰，不可以拖延太久。
6. 避免以剝奪學生基本生理需求，作為懲罰手段。
7. 懲罰不可超過學生身心所能負荷的程度。
8. 當多名學生或少數學生犯錯時，不可懲罰全班同學。
9. 懲罰標準對任何學生應公正、公平。
10. 不可叫犯錯的學生彼此互相懲罰。
11. 教師懲罰態度應先後保持一致。
12. 學生表現受歡迎行為時，則終止處罰。
13. 懲罰之後應讓學生了解自己受懲罰的原因。
14. 教師懲罰學生時，不可情緒化或有投射心理。

（四）編序教學

編序教學（programmed instruction）是指，教師依照教學單元的難易度，編寫成適於學生自己學習的教材。這種教材的編寫方法，係依照史金納操作制約學習理論之連續漸進法原理，先將整個教學單元細分成幾個小單元，再按各小單元的邏輯順序依次排列，每一個小單元至少有一個問題，每個問題都有標準答案，第一題答對是學習第二題的基礎，第二題答對是學習第三題的基礎，以此類推。

編序教學是一種個別化的教學方式，編序的教材可以採用測驗卷或使用**教學機**（teaching machine），在學生回答一個問題之後，教學機立即出現正確的答案，讓學生自己來核對，從中得到回饋。每一位學生都可以按照自己的程度來學習，如此即可以免除班級學生因學習速度不同而產生的困擾。

史金納於 1954 年所提出的編序教學法，其成效如何？根據許多教育心理學者的研究發現，接受編序教學的學生成績，僅略高於接受傳統教學的學生，其主要原因有以下四項：

1. 教材內容不易編排。
2. 人類的學習行為不只是刺激與反應的關係，尚受到個人經驗、記憶，以及人格特質的影響。
3. 編序教學注重學生獨立學習，對於能力低、個性依賴的學生，教學效果較差。
4. 編序教材的編製相當費時費力，因此到目前為止，國內採用編序教學的教師並不多見。

（五）電腦輔助教學

電腦輔助教學（computer-assisted instruction, CAI），是讓學生使用電腦和教學程式，學習一些學科，如數學、英文等。教學程式可分為以下四類：

1. 練習程式：這種程式可以幫助學生練習以前所學習到的知識和技能。學生答對的題目立即得到回饋。通常以英文字彙、數學計算較為常見。
2. 家教式的程式：這種程式可幫助學生習得新的概念，當學生答錯時，就提供正確的答案，使學生得到正確的觀念。

3. 問題解決程式：這種程式旨在協助學生利用舊有的知識，來解決新問題。

4. 對話程式：這種程式通常模擬師生在教學情境中的對話，例如：學生由電腦螢幕上閱讀教材與回答一些問題，在按鍵作答之後，電腦就對學生作答反應做出評量，若學生答對了，電腦會出現更難一點的題目；假如學生答錯了，電腦就出現簡單一點的題目。因此，電腦輔助教學可配合個別學生需要，這種教學程式適用於數學、地理、語文、歷史、社會等學科。

電腦輔助教學頗適用於中小學生，尤其是對學業成績偏低的學生，它具有輔助教師教學的功能。根據庫利克（Kulik）等人於 1983 年的研究發現，中小學學生接受電腦輔助教學之後，其學業成績顯著的高於未使用者，同時可以使學生節省不少學習時間。由此可見，電腦輔助教學頗具有推廣的必要。

第四節　社會學習理論及其在教學上的應用

因為史金納的操作制約學習理論不容易解釋人類的複雜行為，在 1969 年，班度拉（Albert Bandura, 1925-）提出**社會學習理論**（social learning theory），該理論主張社會學習包括：**觀察學習**（observational learning）、**模仿**（modeling）以及**替代學習**（vicarious learning）。雖然觀察學習採用行為理論的原理，但是強調個人在學習過程中，其內在思維的重要性。以下就社會學習理論及其在教育上的應用，簡要說明之。

壹、觀察學習

觀察學習是指，個體從旁觀察別人的行為，自己不必實際參與活動，就可以產生學習。國內各師範大學在進行教育實習課程時，常以觀摩教學、教學演示，以及示範教學等方式來進行，上述的教學方式都是利用觀察學習的原理，在觀察學習過程中，學生不必經過練習或增強，就可以產生學習。班度拉分析觀察學習包括以下四個階段（Bandura, 1986）。

一、注意階段（attentive phase）

個體在觀察學習的第一階段，是注意楷模（model）所表現的行為，例如：教師在上課時對學生呈現一些有趣的刺激，藉以引起學生的注意。

二、保持階段（retention phase）

個體在觀察楷模的行為之後，如果有機會練習或複誦，就能將楷模的行為記下來，例如：教師教導學生如何書寫國字，老師在黑板上書寫一個字，然後學生以老師所寫的文字作為範本加以練習，這樣學生就能記得如何正確書寫這個字了。

三、再生階段（reproduction phase）

個體仿照楷模的行為，然後以自己的行動表現出來，例如：學生模仿老師所寫的字，在經過幾次練習之後，就能書寫出與老師所寫相似的字體。

四、動機階段（motivational phase）

個體願意將由觀察所學到的行為表現出來。教師對模仿成功的學生，利用讚美、鼓勵等方式，使學生產生學習動機。

貳、模仿

模仿是指個體在觀察學習時，仿照楷模的行為，例如：青少年觀看電視上的明星人物，就表現出與明星相同的行為，這是對他人行為的模仿所產生的學習。個人模仿的對象，可能是某一個人、某團體或虛構的人物（例如：卡通人物）等。另外，兒童最喜歡模仿在生活上對他最有影響力的人，例如：父母、教師，因此被模仿者應以身作則，樹立良好的榜樣供學童模仿。另外，兒童也喜歡模仿與他相同性別的人，在學校裡男學生模仿男老師，女學生模仿女老師；在家裡兒子認同父親，學習父親的行為，女兒認同母親，學習母親的行為，這種模仿有助於將來扮演好自己的性別角色。此外，一般兒童喜歡模仿家庭社會經濟地位較高兒童的行為。

青少年喜歡模仿電視或電影明星的動作、髮型、衣著、言行，學校可以安排一些傑出校友來學校演講、座談，使這些傑出校友成為學生模仿的對象，進而達到見賢思齊的效果。

參、替代學習

在社會學習理論中，另一個概念就是**替代學習**（vicarious learning）。替代學習是指，個體從觀察別人行為的結果就可以產生學習。這種學習只憑觀察所見，不必親身經歷、不必經過練習，同時也不必得到獎勵或受到懲罰，就可產生學習效果，例如：兒童看見同學踢毽子，自己就學會踢毽子；所謂「見賢思齊，見不賢而內自省」，這種學習就是替代學習。學校可以安排模範生，當作在校學生學習的楷模，這樣可以產生替代學習的效果。

肆、自我調整的學習

自我調整（self-regulation）是指，個人觀察自己的行為，如果達成自己預期的目標就給自己讚美、獎勵；反之，如果沒有達到目標就調整策略，例如：改變學習方法、學習習慣、學習環境、增強學習動機、增加學習時間等。教師可以要求學生對自己的學習行為做記錄，察看自己的學習是進步或退步，教導學生欣賞自己的進步，同時對退步行為加以監控，這樣就能夠使自己的學習隨時保持在最佳的狀態，學習就容易成功（Schunk, 1999）。

教師教導學生如何有效學習時，可以採用**後設認知技巧**（meta cognition skills），使學生對問題不但知其然而且知其所以然，例如：教師要求學生知道如何調整自己的學習方法，使成績大幅度進步。

伍、梅群保的自我調整學習模式

教師教導學生調整與監控自己的學習行為，這種自我調整學習策略稱為認知改變策略。梅群保（Meichenbaum, 1977）曾經教導學生採用這種學習策略，學生可以自我對話與自我教導，來改變自己的學習行為，例如：「我用功嗎？」、「我是否浪費時間？」、「我專心學習嗎？」、「我應該如何學習效果最好？」自我調整的學習模式，也可以幫助學生管理自己的行為，例如：上課時不遵守班級秩序的學生對自己說：「我不遵守班規會影響教師和同學上課，所以我要守規矩。」結果發現確實有效果（Harris, Graham, & Pressley, 2001）。

教師可以提供自我監控檢核表格，讓學生監控自己的學習行為，例如：老師指定學生撰寫一篇有關馬斯洛（A. Maslow）的研究報告。該檢核表格如下：

完成作業自我檢核表
（　）我已經找到馬斯洛的生平資料。
（　）我已經閱讀完有關資料。
（　）我已經寫完報告大綱。
（　）我已經想好報告的初稿。
（　）我已經檢查過報告初稿的字彙、語詞、文法。
（　）我已經完成整個研究報告。

第五節　行為學習理論在教育上的應用

行為學習理論在教育上如果運用得當，通常能夠產生明顯效果，以下就行為學習理論在教育上運用的原則與實例，分別說明之。

壹、學生表現良好行爲之後儘快給予增強

小明上課常常遲到，有一天他準時進入教室上課，老師立即稱讚他說：「小明好棒哦！你今天準時來上課。」從此之後，小明上課就不再遲到了。

貳、學生行爲沒有改善就不予增強

小華上課時總是喜歡講話來引起師生的注意，老師叫他不要講話，他反而愈喜歡講話。老師為了改變小華上課喜歡講話的行為，於是上課時不再叫他不講話，同時要其他同學不理會小華。小華講話的行為沒有得到增強，從此之後，小華的講話行為也就逐漸改善過來。

參、愼選增強物

小強就讀小學二年級，家境富裕可是學業成績卻不好。小強某一次平時考試比上一次成績進步 5 分，老師立即送給他一支鉛筆，可是下一次的平時考成績卻進步不多，因為他並不喜歡鉛筆，於是老師改成口頭讚美，結果第三次平時考成績就有了明顯進步，這是因為一支鉛筆對小強來講並不構成增強作用。可是，小強同班同學雯雯家境清寒，第二次平時考試比第一次成績進步 5 分，李老師就立即贈送一支鉛筆給她，雯雯第三次平時考成績就有明顯進步。由此可知，一支鉛筆對家境富裕學生不構成增強作用，可是對於清寒學生就可以產生增強作用。

肆、先有學習行爲，再給予增強

文彥放學回家經常先看完電視才寫家庭作業，因此，常常作業沒有寫或沒有寫完就來上學。老師就告訴文彥的媽媽，叫她規定文彥放學回家先把作業寫完才可以看電視，從此以後，文彥就能完成老師所規定的家庭作業了。

伍、增強物可以同時運用

小英選修長笛，可是平常很少練習，吹奏長笛的技巧一直沒有進步。老師教導小英家人改變小英的學習行為，每當小英練習長笛時，全家人就立即讚美她；若經過一段時間之後，小英吹長笛的技巧稍有進步，就帶她去欣賞管樂器音樂會。回家之後，小英的爸爸甚至對她說：「如果吹得更好，就買新的長笛給妳，以替

換姊姊留下來的舊長笛。」結果，小英對吹長笛產生很大的興趣，自己也會把握時間來練習。

陸、相同增強物不宜長期使用

文賢本來數學成績很差，老師只要發現他數學成績進步，就送給他一支鉛筆，這樣經過三個月之後，文賢的數學卻不再進步了，因為鉛筆對他已不再產生獎勵效果。

柒、增強物不可以讓學生先知道

文田與武德兩位學生經常打架，老師告訴他們如果誰打人就會受到懲罰，於是這兩名學生就想辦法惹對方先生氣，以便對方被老師懲罰。老師為了使文田與武德和睦相處，就想出一個辦法，對這兩名學生說：「這個星期只要你們兩人不再吵架，老師就送你們每人一個神祕小禮物，如果再吵架不但不送你們神祕禮物，兩人都要接受懲罰。」結果文田與武德因期待老師的神祕小禮物，整個星期都沒有吵架。

捌、不可增強不良的行爲

淑美經常忘了帶家庭作業到學校，於是常常打電話叫媽媽立刻送過來。因為媽媽常常幫忙送作業，因此增強她忘記帶家庭作業到學校的行為，使她忘記帶作業到學校此一行為成為習慣。

玖、提供線索

某所小學六年級甲班學生，每當上完音樂課之後都要到大操場上體育課，但在經過教室走廊時卻大聲喧嘩。於是老師在上音樂課之前就告訴學生，下課後通過教室走廊要遵守秩序，不可以亂喊亂叫，但是都沒有什麼效果。後來，老師只要在走廊看見不守規矩的學生，就叫他們回到原來教室再經走廊到操場，而那些守規矩的學生可以先到操場玩球，這招果然奏效。

泰榮是幼兒園大班的學生，他每次上廁所之後總是忘記去洗手，老師為了改掉他的壞習慣，每當看到泰榮進入廁所之前就提醒他：「泰榮，你記得上完廁所出來之前要做什麼？」他回答說：「要洗手！」以後老師看到泰榮要上廁所就說：「不要忘記喔！」這樣幾個星期之後，老師不必提醒泰榮，他就養成上完廁所要洗手的習慣。

拾、提供楷模

文信是一位國小三年級的學生，平時不喜歡吃蔬菜，學校營養午餐的蔬菜都全部剩了下來，而只吃魚、肉、豆類、蛋等食物。老師發現這位學生有偏食習慣，就對文信說：「你最喜歡的卡通『大力水手』，因為他從小就喜歡吃蔬菜，所以身體變得非常健壯，你想像大力水手一樣嗎？」文信說：「想！」老師說：「如果你每天吃蔬菜，你就會像大力水手一樣喔！」從此以後，文信就改變了偏食的習慣了。

拾壹、教導學生辨別

凱利是小學一年級的學生，她有時會用蠟筆在教室牆壁上塗鴉，於是老師拿一個舊的洋娃娃在凱利面前亂圖亂畫，然後對凱利說：「在教室牆壁上塗鴉，教室牆壁就好像這個洋娃娃變得很醜。」之後，老師給凱利幾張圖畫紙，叫凱利用蠟筆在圖畫紙上畫一顆樹，當她完成之後，老師就說：「這張圖畫很美麗！」於是將這張圖畫掛在教室牆壁上，凱利非常高興，老師對凱利說：「以後要畫畫，必須在圖畫紙上作畫，不可以畫在牆壁上。」從此以後，凱利就能夠辨別不可以在教室牆壁上塗鴉了。

拾貳、以不固定時距來管理學生的行爲

張老師擔任國小四年級級任教師，每當上自習課時，張老師都會固定離開教室 20 分鐘才回到教室；因為學生知道老師什麼時候會回來，所以當張老師一離開教室沒多久，學生就開始大聲喧嘩。於是張老師改變管理策略，每當上自習課時，他離開教室都不固定時間回到教室，有時離開教室 10 分鐘就回來，有時 1 分鐘，有時 5 分鐘就回來，有時 13 分鐘才回到教室。因為學生不知道什麼時候老師會回到教室，所以以後上自習課時都變得很安靜。

拾參、行爲塑造

小華是國小一年級學生，她罹患了**上學恐懼症**（school phobia），每天要去學校上課時，就說身體很不舒服。媽媽帶小華去看醫師，卻找不出生理上的問題，經過臨床心理師診斷，發現是**精神官能症**（psychoneurosis）。

老師採取行為塑造來改變小華的恐懼症。第一天早上起床之後，叫小華洗臉、吃早餐，之後準備好書包，由媽媽陪她去上學，在離開家門大約 100 公尺就帶她回家，然後媽媽就讚美她，同時送給她玩具。第二天早上起床之後，叫小華洗臉、吃早餐，之後準備好書包，由媽媽陪她去上學，在離開家門大約 300 公尺就帶她回家，然後媽媽就讚美她，同時送給她新玩具。第三天早上起床之後，叫小華洗臉、吃早餐之後，準備好書包，由媽媽陪她去上學，到了校門口就帶她回家，然後媽媽就讚美她，同時送給她新玩具。第四天早上起床之後，叫小華洗臉、吃早餐之後，準備好書包，由媽媽陪她去上學，跟老師見面之後就帶她回家，然後媽媽就讚美她，同時送給她新玩具。這樣經過十天之後，小華恐懼上學的心理就完全消失了。

自我評量題目

1. 學習的涵義為何？
2. 古典制約學習理論的要義為何？
3. 古典制約學習理論如何應用到教學上？
4. 操作制約學習理論的要義為何？
5. 操作制約學習理論如何應用到教學上？
6. 社會學習論的要義為何？
7. 社會學習論對教育有何啟示？
8. 電腦輔助教學如何應用到教學上？
9. 教師懲罰學生宜遵守哪些原則？
10. 何謂伯麥克原理？如何應用到教學上？
11. 解釋名詞：

(1)古典制約
(2)消弱
(3)刺激類化
(4)高層次制約
(5)效果律
(6)次級增強
(7)行為塑造
(8)代幣制
(9)負增強作用
(10)替代學習
(11)電腦輔助教學
(12)伯麥克原理
(13)逃離學習
(14)迴避學習
(15)後設認知

第七章　人本主義心理學的學習理論

在 20 世紀中葉，行為主義心理學與精神分析心理學，在美國心理學與教育學界有很大的影響力。行為主義學者根據動物實驗所得的行為法則，來解釋人類行為，主張人類的一切行為都是由生活環境學習而來。

精神分析心理學者佛洛伊德，以一些精神不正常的人為研究對象，主張人類的行為受到**生的本能**（life instinct）及**死的本能**（death instinct）的控制。前者係指人類有追求生存、延續後代等有關的性慾衝動；後者係指攻擊、暴力、自殺、殺人等消極的情緒性衝動。上述這兩種本能屬於原始性衝動，個人表現此本能時，大都不為個人所察覺的**潛在意識**（unconscious）。

人本心理學反對行為主義與精神分析學派的理念，強調人性本善，只要後天環境適當，個人就可以順利成長。因為人的身心是不可分割的，每一個人都有其需求、意願、動機、性格，因此，心理學家研究一個人，必須以整個人作為對象，探討當事人對自己的看法以及個人對現實生活經驗的感受。人本心理學的理念應用在教育上日漸受到重視。讀者閱讀本章之後，能達成以下目標：

1. 認識人本主義的緣起及其要義。
2. 認識人本取向的教學法。
3. 了解人本論教育特徵。
4. 了解人本取向教育如何應用在教育上。
5. 知道如何將人本主義應用在教學上。
6. 了解人本取向在教育上的限制。

第一節　人本主義心理學的歷史背景及其要義

人本主義心理學是教育與社會改革運動下的產物，同時也是一種哲學思想，這種改革運動與哲學思想有其時代的歷史背景。以下就人本主義心理學的興起，簡要說明之。

壹、存在主義心理學的影響

自從工業革命以後，人類利用機器來代替勞力，雖然工作省時、省力，生產量大增，但是每一個人在社會中生活，就好比工廠的一個小螺絲釘，其重要性實在是微不足道；於是許多人覺得生命的價值降低，在生活中迷失了自己的方向，感受不到存在的真實意義。

尤其是歐洲人在經歷過兩次世界大戰，人民長期飽受戰爭的威脅，生命隨時可能不保，一般人生活貧困，無法過著自由自在的生活；於是有一些哲學家，諸如：沙特（Sate）、齊克果（Kierkegaard）、尼采（Nietzsche）等人，在 19 世紀中葉大力提倡**存在主義**（existentialism），強調一個人追求自主的思維方式，才能發現人生的價值與意義。因此，生命的價值、愛、死亡的意義，都成為他們探究的問題。

到了 19 世紀末，關於西洋人的宗教信仰，有一些哲學家認為宗教儀式過於形式化，教徒無法從宗教信仰中得到生命的真諦，宗教活動流於社交化，不重視個人靈修與靈命的增長。在這種情境之下乃助長存在主義的興起，找回個人存在意義的思想日益受到重視。

存在主義強調，每個人都有選擇自己行為的自由意志，但是個人必須對自己所選擇的結果負責。換言之，個人要超越現實環境的影響，做一個自由自在的人，但是也要做一個有擔當的人。此外，存在主義主張個人應超越現實環境，不受環境的主宰與控制，人不該只是順從環境的影響，才能夠活出真實的自我。

第二次世界大戰結束之後，世界各先進國家在政治上採取民主開放，重視人權已成為普世價值，講求公平正義、言論自由，每一個人都有參與政治的權利，於是許多國家由威權政治走向民主政治，每一個人都受到法律的保障。

美國參加兩次世界大戰都贏得最後勝利，因此自滿於科技的成就，乃企圖將科學技術的經驗推廣到教育上；同時，正逢當時心理學者史金納（B. F. Skinner）大力提倡行為主義，以為人類行為可以由外在力量來控制。可是在 1960 年代以後，美國由於種族衝突不斷、人權運動興起，加上美國長期介入越南戰爭，造成社會大眾不安，於是有識之士認為，科學技術並不能夠解決社會問題，咸認為在教育政策上輕忽人文的作法是錯誤的，因此，許多教育學家主張想挽救美國，就必須重視以人為本的教育。在這種時空背景之下，產生了人本教育的理念。

貳、現象心理學的啟示

現象心理學認為，每一個人憑感覺器官對外在世界所認知的**現象**（phenomenon），是存在於個人內心，而不是存在於客觀的物理世界，例如：我們看見土地公廟的神像，有的人認為是神明所以去祭拜，有的人則認為土地公廟的神像只是一個木頭雕刻的藝術品而已，所以就不會去祭拜。

基於上述理念，現象心理學家認為，想要了解個人的心理現象，不可只憑外在環境就足以研究個人行為，要研究一個人的心理現象，需要從個人主觀的經驗以及個人的價值觀來探究。現象心理學對於人本主義心理學的誕生，頗具有啟迪作用。

參、人本主義的基本要義

人本主義又稱為**人文主義**（humanism），它是指一種重視以人為中心的思想，強調人性尊嚴與人文價值，重視人倫關係以及人生責任的理念，其終極目標在追求人性的圓融、人格的高尚以及人生的幸福美滿。這種哲學思想起源於存在主義，其中以美國心理學家羅吉斯（Carl Rogers）和馬斯洛（Abraham Maslow）

二人的理論最著名，他們都是人本心理學的主要代表人物，以下就人本主義的基本要義做簡要說明。

一、人人應受到尊重

每一個人都有自己的生活經驗，這些主觀的意識經驗只有自己最清楚，外人實在很難完全了解，個人的意識經驗是影響個人人格的主要因素。人本主義學者認為，每一個人的想法都應受到尊重，每一個人在法律上都是平等的，每一個人都是有價值的個體。

二、個人是不可分割的個體

人本主義學者認為，人的身、心、靈三者相輔相成，是一個整體不可分割的。要了解一個人，不可只就其某些特徵或某些行為片段串連起來，凡是與個人有關的人、事、物與生活經驗，都可能影響個人，因此，不可只從某一個角度來研究人。

三、個人必須對自己的行為負責

人本主義學者認為，每一個人與生俱來的先天遺傳稟賦、過去的生活經驗，或生長的環境因素，都難免限制個人的發展。可是，個人仍然保有自由抉擇與獨立自主的權利，每一個人必須對自己的抉擇負責。

四、把握現在

人本主義學者認為，人生活在世上的每一天，就應當活出自己生命的意義與價值。惟有充分珍惜光陰，把握此時此地的機會，不沉湎於過去或幻想未來，確切去實踐理想的人，才能夠把自己的潛能充分發揮出來。

五、生命的意義在於自我實現

每一個人與生俱來就有自我實現的動機，自我實現者願意不斷接受挑戰，能夠從失敗中得到教訓，具有鍥而不捨的精神與不屈不撓的堅定毅力，同時擁有高度的挫折容忍力，願意主動接受環境的考驗。在這種過程中，儘管難免有痛苦、失敗、挫折、沮喪，但是能夠執著於自己的理想與抱負，在自己的潛能充分展現之後，就能夠達到**自我實現**（self-actualization）的境界。自我實現者有無比的喜悅並產生**高峰經驗**（peak experience），綻放出生命的光輝及生命的價值。

第二節　人本主義心理學的理論

在 20 世紀中葉，美國有兩個學派對心理學與教育學影響最大：其一是淵源於歐洲而後傳入美國的精神分析心理學，該學派為佛洛伊德所倡導；其二是在 1913 年以後由史金納、華特森所提倡的行為主義心理學。前者主張人類行為由潛在意識所掌控，後者主張人類行為完全由外在環境所控制。人本主義心理學則認為，上述兩大學派的思想理念各有所偏頗，於是在當時的時空背景之下，興起第三股研究心理學的風潮。

在 1950 至 1960 年間，羅吉斯和馬斯洛極力倡導人本運動，人本主義心理學成為當時心理學的第三勢力。他們兩個人對於人性所持有的基本觀點，大多源自存在主義，肯定個人生活在世的價值和意義，尊重個人的獨特性。

人本主義心理學者不贊成精神分析論的觀點，他們將其所觀察、記錄精神病患者的異常行為，推論到一般正常人；同時，人本主義心理學者也反對性的壓抑和潛意識主宰人類行為之論點，而且不同意行為主義者將研究老鼠、猩猩、山羊等一般動物行為的發現，隨意拿來解釋人類複雜的行為，因為人類有情緒、感情、價值觀、希望、怨恨與憤怒等行為，而動物的行為比人類單純。人本主義心理學者主張，研究人類行為應以正常人為對象，以人的需要為出發點去研究人性。換句話說，以人為本位，重視人文精神，堅持人類都有積極向上發展的潛能，個人如果在真誠、無條件接納及被關懷的環境中成長，就能夠朝自我實現的方向去發展。以下分別就羅吉斯與馬斯洛的人本論，作簡要的說明。

壹、羅吉斯的人本論

羅吉斯主張，個人在長期的生活經驗中，從別人對自己的看法逐漸形成自我觀念。自我觀念是個人對自己的看法，它不但是個人人格的核心，同時也是個人自我實現的原動力。他認為每個人都有**理想自我**（ideal self），凡理想自我與**知覺自我**（perceived self）之間差距愈小的人，其個人的人格愈健全，這種人比較能夠自我接納，真正了解自己，生活得自由自在，能夠充分發揮自己的潛在能力。可是，許多人在其個人人生的經驗中，從來得不到他人的關懷、接納、真誠以及**同理心**（empathy），不但很難形成正確的自我觀念，而且容易表現出悲觀、厭世、反社會行為、不信任他人，或產生自責、自怨自艾、自卑或自暴自棄的行為。在這種情況之下，個人的潛在能力不容易順利發展出來。

羅吉斯（Rogers, 1980）認為，人要朝正面的方向去發展，需具備以下條件：

1. 認為自己與眾不同。
2. 能夠自尊、自愛。
3. 具有自信與自主性。
4. 能朝向自己的理想去邁進。
5. 思想靈活不堅持己見。
6. 能有合理的目標。
7. 處世圓融成熟。
8. 勇於改正不良適應行為。
9. 能接納他人。
10. 有開闊的胸襟。

貳、馬斯洛的人本論

人本心理學之父馬斯洛（Maslow, 1970）認為，人類有生理的、安全的、愛與隸屬的、自尊的和自我實現等五種基本需求，如圖 7-1 所示。這五個需求宛如金字塔，由下拾級而上，每當較低層次的需求獲得滿足之後，就產生較高一個層

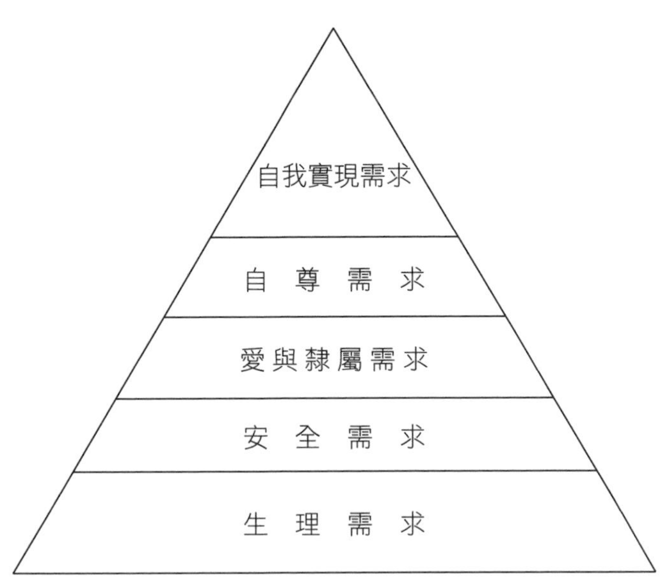

圖 7-1　需求層次理論

資料來源：取自 Maslow（1970）

次的需求。換言之，這些需求有一定的層級和優先順序，因此，它的動機理論又稱為**需求階層理論**（need-hierarchy theory）。

在這五個需求層次之中，以生理的需求為最基本，也是屬於最低的層級，它包括：飢餓時要吃食物、口渴時要喝水、追求性慾的滿足，以及逃避痛苦等生理的需要。安全的需求是指個人追求安全感，不虞匱乏，例如：需要有退休金、醫療保險、失業救濟金等。愛和隸屬的需求是指個人愛人和為人所愛，而且隸屬於團體，被人接納或受人歡迎。自尊的需求是指自我尊重，以及他人對自己的尊重，前者包括個人知道自己能夠達成人生的各種任務和挑戰，認為自己是有價值的；後者包括自己的所做所為是得到別人的讚賞或重視的。自我實現的需求是指個人自我充分發展，潛能充分發揮，當個人能夠自我實現時，就可以產生心靈上的完美感和滿足感。

馬斯洛認為，自我實現者之人格非常健全，而且個人不斷學習與成長。他列舉世界近代史上38位名人，包括：林肯、羅斯福、史懷哲、愛因斯坦、貝多芬等人，並歸納出這些自我實現者的人格特徵，如下：

1. 了解並且認清現實，與環境保持和諧的關係。
2. 生活簡樸自然。
3. 勇於解決各種困難問題。
4. 能享受私生活的樂趣。
5. 獨立自主不假手他人。
6. 對新奇的事物感到興趣。
7. 生命中曾經有高峰經驗。
8. 熱愛人類，尊重生命。
9. 有一些深交知己的朋友。
10. 具有民主的風範。
11. 擅於分辨是非善惡。
12. 具有哲學素養和幽默感。
13. 性格中庸處世圓融。

第三節　人本理論的教育理念

壹、人本教育的特徵

人本取向的教育以學生為中心，比傳統教育更能使學生得到情感的滿足與自我成長，探索人生的意義與價值，培養與人溝通、互助合作的能力，人本取向教育的特徵如下。

一、強調學習的感受，而非知識的獲得

學生從學習過程中所獲得的知識，假如是在競爭與不愉快的氣氛中得到的，

很容易使學生以後不會自動自發去探索新知識。因此，教師在教學的歷程中，應給學生有更大的自主性，重視學生的心理感受與獨立思考的能力，使學生產生學習的興趣，以後即使在教師沒有要求或考試的情境之下，學生也會主動樂於去學習。

二、強調發展健全的自我概念，而非重視學業成績

人本取向的教育，特別重視學生是一個獨特的個體，讓每一位學生在學習活動中都能得到成就感。因此，以學生所關心的事物來設計教學內容，教材內容生動活潑、淺顯易懂，評量方式多元化，教師樂於關懷學生及尊重學生，久而久之，學生會感受到自己是一個有能力、有價值的人，其自我觀念自然會朝健全的方向發展。

三、擁有與人溝通能力，而非只關心自己

人本取向的教育相當重視人際的互動，與他人彼此分享學習心得，創造共榮共利的學習成果。在人類逐漸邁向地球村的今日世界，人與人的溝通是一項很重要的能力，因為溝通能力也是**情緒智力**（emotional intelligence, EQ）高低的一個指標。在人本取向教育中，特別重視師生之間及同儕之間的良好關係，這樣有益於學生增進人際之間的關係。

四、強調修己善群，建立正確的人生觀與價值觀

人本取向教育非常重視學生在團體中，是否充分表達自己的想法和感覺、探索人我之間的關係，進而發展出正確的人生觀及價值觀。為了達成這些目標，有時教師可以讓學生玩**角色扮演**（role playing）的遊戲，讓學生從遊戲中體驗到別人的感受。此外，人本主義強調，教師的教學態度比教學方法更重要，也就是教師應真誠、關懷、傾聽學生心聲、接納學生，以同理心對待學生，讓學生能夠在學習過程中，體會到教師的關愛和溫暖。這樣可以使學生發展出關懷他人、尊重他人的態度，進而發展出正確的人生觀以及價值觀，達到全人教育的最終目的。

五、重視自主自律

在民主自由的社會裡，每一個人的言行自由，雖然可以藉著法律來維持社會秩序，但是人有人性的弱點，例如：人有自私、占有、侵犯、追求名利的慾望，有許多行為不能只看是否合乎法律，而需要靠自己來自我管理。因此，人本取向教育，強調學校教育應培養學生自尊、自重、自律、自愛，真誠對待、關懷與接納他人，這樣才能形成祥和共生的社會。

貳、教師教學的特質

人本取向教育的教師，在教學方面通常具有以下特質：

1. 真誠、信任，以及尊重每一位學生。
2. 接納、同理心、無條件積極尊重每一位學生。
3. 協助學生自我成長與學習。
4. 提供完善的教學資源，使學生適性發展。
5. 啟迪學生向學的動機，鼓勵學生探索問題。
6. 在學生學習過程中，師生共同參與。
7. 教師以身作則，成為學生的表率。
8. 關懷學生，將每一個學生視為自己的子弟。

第四節　人本取向教學法

人本主義重視個人的獨特性和個別差異，反對沒有人情味的教學法，強調學校應使學生感受到親切和友善的學習環境。人本取向教學法的特徵，簡述如下。

壹、開放教育

開放教育（open education），又稱為**開放教室**（open classroom）。1960年代在英國風行，這種教育突破傳統教育方式，完全以學生為中心的教學法，以尼爾在1921年所創設的「**夏山學校**」（Summerhill School）最著名。開放教育就課程而言，是不對相同年齡的學生教導相同的課程，而是依個別學生的能力、性向和人格特質，採取最適合學生個別需要的教學。教學進度也是考慮個別學生的實際情況，在教學歷程中以學生為本位而且尊重每一位學生，因此大都採取小班制教學，師生互動頻繁，讓每一名學生在充滿歡樂的氣氛中學習；每一個學生不但沒有競爭壓力，不受批評、指責，而且可以感受到教師充分的關心和關懷，學校成為一個無拘束的學習環境。在這種情境之下去學習，學生很容易發展出健全的自我觀念，建立自信心，培養出獨立自主的思考能力，以及與人合作和終生學習的精神，對於學生個人潛能的展現有極大的幫助。

一、夏山學校的特色

1. 學生入學年齡不受限制，大多介於5至15歲之間。
2. 採混合年齡編班，小班5至7歲，中班8至10歲，大班11至15歲。
3. 上課不點名，學校不舉行考試，沒有及格或不及格的問題。
4. 學生一律住校，星期一至星期五學習活動完全自由，星期六舉行生活討論會，凡是經過公開表決的規定，全校師生都要遵守。

二、夏山學校的教育目標

1. 學校讓兒童自由快樂學習，一切設施都為兒童準備，學校教育以兒童為中心。
2. 對學生的行為不加懲罰、約束或管訓，讓兒童身心健康、活潑，快樂學習。
3. 學生不必穿制服來上學，住學校宿舍沒有內務檢查。
4. 夏山學校是一所自治、民主的學校，讓學生管理自己。一切有關團體生活的規範，都在週末經由學生自治會來處理。

5. 學校不強制學生上課，學校環境相當優美，學生上午上課、下午自由活動。

三、開放教育在教學活動設計上的特徵

（一）由學生主導自己的學習

1. 教學以學生學習為主，學習過程由學生來主導，不重視教師的教導。
2. 學生可以自己選擇教材、上課地點或教學評量方式。
3. 教師只是扮演諮詢者的角色，學生有問題時才來請教老師，教師不主導整個教學活動。

（二）不採用固定的教科書

1. 教材與學生生活有關，激發學生學習興趣。
2. 鼓勵學生自動自發去探索自己喜歡的領域知識。

（三）採個別化教學

1. 針對個別學生的能力、興趣、性格，來安排教學內容。
2. 依照個別學生的能力自行決定教學進度。
3. 每一個學生可以依照自己的需求來進行學習。

（四）教室採開放空間

1. 教室無固定的課桌椅，學生可以依照自己的能力、興趣與需求，自由組成一個小組共同合作學習。
2. 教室空間可以彈性調整，可以小班或大班上課，完全看實際的需要而定。

（五）採混合編班教學

1. 不實施能力分班教學，也不按年級編班教學。學生可以依照其能力跳級或選擇班級上課。
2. 有時採大班教學，讓不同能力、不同年級、不同性別的學生，依照個別的

需求在一起學習。

（六）教師協同教學

每一間教室由兩位以上教師，針對學生不同的需求以及教師的專長來合作教學，這種**協同教學**（team teaching）方式，可以讓學生在學習上得到最大的幫助。

（七）成績採多元評量

1. 成績評量採口頭報告、撰寫研究心得報告、作品自我評量等方式。
2. 學習效果的評量，不作為評定學生成績高低之用，其主要目的在診斷學生學習的情形與困難，教師能針對學生的學習困難來加以輔導。

四、夏山學校的辦學績效

1. 學生在自由自在的環境中學習，發展出個人的興趣，其潛在能力得以發展出來。
2. 男女生在無拘無束的校園環境中互相認識，相處和諧愉快。
3. 學生個性活潑率真、有自信心。
4. 學生長大成人、結婚生子之後，比較有良好的親子關係。

貳、配合學生的學習風格

每一個學生的生活習慣不同，學習的方式也不一致。有的學生喜歡在安靜的環境與柔和的燈光下讀書，有的學生讀書時喜歡聽音樂，有的學生早上上課精神不好，下午上課注意力反而容易集中。由此可見，每個學生都有自己獨特的**學習風格**（learning style）。

一般學校都需要學生配合學校的各種制度與規範，無法顧及每位學生個人的學習風格。人本主義者則主張學校應先了解每個學生的學習風格，以問卷調查或面談來蒐集學生所喜歡的學習方式。根據雷（Reay, 1994）的研究，學生的學習風格可以分為以下四類：

1. 主動者：這種學生願意自動自發去學習，做事主動積極、有衝勁，喜歡參與各種活動，不怕接受挑戰。對於這一類學生的教學，教師宜採取動態的或團體式的教學方式。
2. 思考者：喜歡思考的學生，通常思維周延縝密，做事謹慎小心，凡事三思而後行，喜歡反省、自我檢討，犯錯的機會比較少。教師對這類學生宜指定閱讀讀物，或引導學生自己訂定學習的進度。
3. 理論者：理論類型的學生喜歡邏輯、推理，講求理性、客觀，凡事追根究底，喜歡獨立思考與探求真理。教師在教導這類學生的時候，宜採用電腦化教學或使用啟發式、探究式教學法。
4. 實用者：這類學生偏愛實際並注重學以致用，喜歡採用新穎方法來解決各種問題。教師對於這一類學生的教學，可以採取個別指導、示範教學，以及給予實習或實驗的機會。

一所注重學生學習風格的學校，應提供各式各樣的教學方式讓學生選擇，例如：上課時間、上課方式、考試的時間與方式，以及電腦輔助教學、同儕互相教導與討論，也可以分組討論，學生可以坐在舒適的地毯上學習，也可以在小房間或有會議桌的教室上課。這種人本主義取向的學校，不但重視學生之個別差異和學生的高度參與，而且強調創造力及解決問題的能力。

根據唐等人（Dunn, Beaudrey, & Klavas, 1989）的研究發現，在美國採用學生學習風格的 10 所學校，其學生在各學科上大都有非常優異的表現，不少學生甚至贏得全國性比賽的獎項，而且有許多原來不及格的學科都能有很好的成績，大部分的學生都喜歡上學。

參、合作學習

合作學習（cooperative learning）是指，讓學生一起學習，只要達成目標，所有學生都可以得到老師獎勵的一種教學方式。教師在合作學習中，只扮演諮詢者與活動協調者角色，而非命令者。教師需配合學生自選教材，同時也要引導學生利用自己的經驗或舊有的知識，主動建構與探索新知識。

合作學習通常由教師將學生分組，每一個小組大約四至六人，同時指派一些作業，學生為了解決作業的問題，他們要各自扮演不同的角色並分擔不同的任務，彼此相互溝通、協調、討論、通力合作，才能夠共同順利完成作業。當某一個小組合力完成作業時，教師就給予讚美，同時鼓勵他們去參與其他未完成作業的小組，一起來探討問題。合作學習的方式、教學原則及其優缺點，分別說明如下。

一、合作學習的方式

（一）小組成員分享彼此的成就

教師可將全班學生分成幾個小組，每一個小組約有四個人，各組都有不同能力、性別、種族的學生，教師以講解、討論或利用媒體教學，事後提供小組一些作業，各小組學生可以單獨做作業，也可以互相幫忙，這是一種**學生小組成就區分法**（Student Team-Achievement Divisions, STAD）的教學方式。但是教學評量時，學生之間或小組之間不可以互相討論，只針對個別學生進行教學評量，評分之後教師計算出各組的得分，除了得分最高的小組給予獎勵之外，各組成員進步最多者也給予獎勵。在這種學習風格之下，學生對上課感到興趣，同時以後比較能夠與人互助合作。

（二）小組遊戲競賽

在**小組遊戲競賽**（Teams-Games-Tournaments, TGT）的學習方式中，小組之組成以及教學方法，與上述小組成員分享彼此成就相同。不過，在學生學習之後，教師不對個別學生實施學習成果評量，而是讓學生參與競賽。在競賽之前，教師將各組學生分配坐到不同座位，每一張桌子各有三名能力相當的學生，教師給每一名學生幾張數字卡片，然後請每一名學生，同時對每一張數字卡片上的問題進行解答，凡是答對的卡片可以留下來，答錯者則由教師收回去。然後，依每個參賽學生手上所持有的卡片來計分，以決定競賽的總成績，最後教師對成績優秀的小組提供獎勵。

（三）團體研究

團體研究（group investigation）的合作學習方式，是由學生自行選定一些值得探討的研究主題，再將主題分成幾個子題，然後對這些子題有興趣的學生組成一個小組，一個小組大約二至六人，每一個小組要擬訂一份研究計畫，並且分配每一個人應分擔的責任。然後，每一小組的學生可以個別去蒐集資料，自行探討如何解決這些子題，也可以和其他小組成員一起研究。在經過一段時間之後，每一個小組的學生聚集在一起，分享個人的研究心得。最後，教師將全班學生集合起來，共同分享各組的研究成果。

（四）拼圖法

阿隆森（Aronson, 1995）等人提出**拼圖法**（jigsaw method），這種方法是先將學生分組，每一組六人，教師將所要探討的問題分成幾部分，每一個小組負責研讀一部分教材，再將各小組研讀相同部分的人集合起來，互相討論交換心得，然後回到原來的小組教導自己小組的成員。

另外一種拼圖法是將學生分成四至五人為一個小組，由教師給每一位學生相同的閱讀材料，接著指派每一名學生針對不同的題目詳加探究，並且鼓勵分配到相同題目的學生一起討論，然後再回到自己原來的小組去做口頭報告。教師對每一組學生合作的程度，以及每一位學生在小組內的報告實施評量，凡是評量成績優良的個人或小組，或成績進步的個人或小組，都可以得到教師的獎勵。

（五）一起學習

教師將學生分組，每一組四至五人，各組學生一起進行教師所規定的作業，每一組最後只繳交一份完整的作業給老師，教師根據各組共同的學習成果給予獎勵或讚美。**一起學習**（learning together）是由強森和強森（Johnson & Johnson, 1994）所主張的一種合作學習模式。

（六）閱讀與寫作合作學習法

史蒂芬絲和斯拉文（Stevens & Slavin, 1995a）提出閱讀與寫作合作學習法，這種學習法首先將小學高年級學生分組，每一組各四個人。教師要求各組學生互相朗讀課文給對方聽，然後對課文的故事寫出自己的心得，同時將關鍵詞彙加以解釋。上作文課時，教師要學生寫一篇文章，然後請各組學生批改其他同學的文章，最後教師將各組優良的作品編輯成一本書。根據前述兩位學者的研究發現，閱讀與寫作合作學習法，對於學生語文閱讀或寫作能力，都有很大的幫助。

二、人本主義取向的教學原則

人本主義取向的教育，假設學生都有主動積極、向上奮發之潛在能力，只要教師透過適當的教導，學生就能朝自我實現的方向去發展。因此，教學的目的就是要培養學生自動自發的學習精神，人本主義取向教育的基本原則如下。

（一）自我導向學習

學生主動去選擇自己感到有意義、有興趣的題材，或自己想要學習的東西，教師再從旁給予指導，這樣可以使學生產生高昂的學習動機與濃厚的學習興趣。誠如夏山學校創辦人尼爾（Neill）所說：「一所學校採用哪一種教學法並不重要，對那些真正想學習的學生來說，不論何種教學法，他都能學會。」因此，教師要拋棄傳統灌輸式的教學，不必直接將知識灌輸給學生，以免抑制學生探索問題的興趣。

（二）期望與明瞭如何去學習

教師讓學生想要去學習以及知道學習的方法，比學習什麼內容更重要。學生有自動自發的學習動機，這樣才有學習的動力與恆心、毅力；學生知道學習的方法，才能了解自己該如何去獲得知識。如果學生只是被動的吸收教師所傳授的知識，這樣學生的知識只能侷限在一定的範圍；反之，學生學會知道如何去吸收知識，如此一來就有知識的活水泉源，取之不盡，用之不竭。

（三）自我比較

學生學習的結果只跟自己作比較，這樣就可以知道自己的成績是進步或退步，不必以名次或成績來跟他人比較，這樣學生才不易產生挫敗感的心理。在傳統的學校教育中，學生的成績要不斷地跟別人作比較，智能比較低的學生，再怎麼努力也比不過智能較高的學生，因此就容易產生自卑感。

（四）重視情意學習

許多人本主義學者主張，知識與情意學習都是很重要的。傳統的學校教育大多偏重知識的傳授，而忽略情意的培養，這樣很容易使學生即使擁有豐富的知識，卻成為一個無情無義的人。人本主義取向的教育不但重視學生知識的獲得，同時也重視學生對他人的關懷與感受，注重學生情緒與社群的發展，同學之間能彼此分享感受，同時能犧牲小我、完成大我，這樣得以培養學生的自尊、自信以及尊重他人。因此，人本主義學者認為，知識與情意教學，這兩者不可偏頗。

（五）自由自在的學習環境

在傳統的學校教育中，學生要接受一次又一次的考試，有成績評比的壓力，對於智能較差的學生來說，他們長期處於壓力與威脅的學習環境，其學習表現常成為他人嘲笑的對象。反之，在人本教育的學校中，每一個學生能在無拘無束的學習環境中安心學習，不必擔心要與別人比較，有時學習效果反而更好。

三、合作學習的優缺點

（一）合作學習的優點

根據強森（Johnson & Johnson, 1987）等人的研究，參與合作學習的學生，不論在任何年級或學科，都比接受傳統教學法的學生有較好的學習成績。因為學生在小組中與別人合作的經驗，有助於增進自己的人際關係及思維的能力，同時發展出解決問題的良好策略。此外，史蒂芬絲和斯拉文（Stevens & Slavin, 1995b）

對於一些採取合作學習的小學，進行長達兩年的研究，結果發現：即使殘障學生或原先學業成績落後的學生，在數理學科的計算與應用、語言表達、閱讀理解等方面，都有顯著的進步；參與合作學習的資優生，其學業成績普遍優於未參與合作學習的資優生。也就是說，合作學習產生顯著的正面效果。分析其原因，乃合作學習增加了個別學生的責任，而且在學習歷程中經由學生之間彼此的互動，不但可以促進語言表達能力，同時可以增進思考以及解決問題的能力。

（二）合作學習的缺點

雖然合作學習有上述優點，可是在教學上也有以下幾項限制：

第一，能力差的學生在小組互動中，可能會因為表現不好而感到尷尬，或因為自己能力差影響團體成績而感到羞愧，進而喪失自信心或產生不正確的自我觀念。因此，在採取合作學習時，教師最好針對個人成績進步的多寡作為評量的標準，這樣可以使其負面的影響降到最低。

第二，教師採用合作學習使學生感受到與傳統教學法不同，這種新鮮感會提高學生的注意力及學習動機，因此學業成績有良好的表現。但假如全部課程長期都使用合作教學，學生的學習表現可能就無法一直保持優良。

第三，在傳統教學法中，有些學生偏好與人競爭的傳統教學法，合作學習反而會使他們不容易有傑出的表現。

第四，有些課程不適合採取合作學習，必須學生各自獨立來學習，例如：學習彈琴、書法、體育、美術、勞作等學科，比較不適合採用合作學習。

由此可知，合作學習固然可以使學生學習與人分工合作，可是如何使學生學會與人競爭和獨立學習，有時也是相當重要的。

第五節　人本主義在教學上的應用及其限制

壹、人本主義在教學上的應用

一、適性教育與因材施教

人本主義學者羅吉斯、馬斯洛（Maslow, 1970）提出「學生中心教學法」，這種教學法是指，教師營造一種融洽的氣氛來從事教學，讓學生管理自己的學習和生活。學生可以參與課程設計，教師在教學歷程中教導學生學習的方法重於知識的傳授，對學生的校園生活不嚴格管教，學生學習成果採多元化評量，也不以考試成績作為學習成就的唯一標準；此外，教師努力協助學生持續追求自己的目標。這種教學法強調讓學生有成功的學習經驗，教師針對學生的能力進行適性教育與因材施教，一切皆以學生為中心來教學，這樣有助於激發學生的潛在能力，使其不斷自我學習成長，進而達到自我實現的境界。

二、培養學生自治精神

人本主義教學強調學生自我管理，培養學生自治、自重、自愛的精神，學校不單獨開設道德學科，將道德教育的理念在日常生活中實踐出來，使學生在自由自在的學校教育環境中，受到環境的薰陶並養成高尚的品格。傳統的學校教育都把道德當作知識來傳授，比較不重視道德的實踐，而人本主義取向的教學可以彌補此一缺點。

三、教師需要人本主義的素養

由於人本取向的教學法，一切以個別學生為中心，因此教師需要針對每一個學生設計合適的教材，教師也需要接受特別的訓練，同時擁有特殊的人格特質，才能夠成為一位成功的人本教師。人本取向的教學，難免使人覺得學校有縱容學生的傾向。事實上，人本主義應用在教學上是一種哲學觀或教學態度，而不只是一種教學技術而已。總而言之，教師秉持人本主義的精神來教學，對學生的身心發展有其正面的意義與價值。

四、不過分重視智育成績

臺灣學校教育長期以來注重升學，在升學主義掛帥的環境下，學生被訓練成讀書的機器，教師很難發現學生先天的稟賦，如果採用人本主義的理念與作法，教師發掘出每一個學生的優點加以培育，學生將來就可以成為國家社會有用的人才，而學生偏差行為自然減少，長大之後犯罪的機會相對降低，對社會治安與國家發展都有正面的功效。

五、培養學生待人之道

由於人本主義重視每一個人存在的價值，因此人與人之間應彼此互相尊重，任何人際之間的問題，都應透過溝通、協調、妥協，彼此尊重與互相忍讓，來達成和諧的關係。學校應培養學生具有圓融的人際關係，學習寬恕關懷的待人之道，能有成人之美的胸襟、民主的風範，嚴於律己寬以待人，這樣才能成為一個現代社會的好公民。

貳、人本主義在教學上的限制

由上述可知，人本主義的教學最具有人性化，可稱得上最重視全人的教育。可是，人本主義的理念應用在教學上，仍有以下限制。

一、學生將來不容易適應現實社會

今日世界講究競爭與效率，各行各業為了達成組織的績效，常不擇手段，更遑論顧及人性尊嚴。如果學生長期接受人本主義的教育，在學校受到教師百般呵護與尊重，畢業之後步入社會從事各樣工作時，不太可能得到他人相同的關懷，在這種現實社會環境中，恐難以適應與學校教育風格不同的情境。

二、重視情意教學，忽視知識的追求

人本主義的教學取向，注重自由探索而比較不強調知識的教導，學生在畢業之前所獲得的知識，可能無法與一般正規學校的學生相比。在知識爆炸的今日世界中，由人本主義所培育出來的莘莘學子，在學校習慣於自由自在以及備受尊重的生活，容易缺乏競爭奮鬥的精神與憂患意識，將來面對升學與就業考試，可能比傳統學校畢業的學生較居於劣勢。

三、對性格乖戾學生，可能徒勞無功

由於人本主義教育一切以學生為中心，學生有絕對的自由，每一位學生都受到別人特別的尊重，這種人性化的教育方式，對一般學生品格的陶冶有其一定程度的效果。可是，對於有偏差行為的學生，可能因為教師給學生有充分的自由，反而使其偏差行為更加嚴重。

四、要求學生主動學習，常因人的墮性而落空

人本主義教育注重學生主動學習，自己去探索新的知識，其學習的動機和興趣完全靠自己，但是一般人缺乏自我管理能力，人人都有趨樂避苦的心理，因此要學生主動學習，往往不切實際。

五、增加學校行政人員與教師負荷

人本主義教育一切以學生為重，學校的各種措施都要以學生為考量，學校的各種設備也要符合學生的需求，如果學生的要求不合理時，學校行政人員也要接受；在這種情形之下，有時學校行政人員窮於應付，無形中就增加學校行政人員與教師工作的負荷。

自我評量題目

1. 人本主義的緣起及其要義為何？
2. 人本取向的教學法為何？
3. 人本論的教育特徵為何？
4. 人本取向教育如何應用在教育上？
5. 試說明羅吉斯的人本論。
6. 人本取向教學法有幾個特徵？
7. 人本取向教育有何特徵？
8. 試說明合作學習的方式。
9. 學生的學習風格可以分為幾類？
10. 人本主義在教學上有何限制？
11. 解釋名詞：

(1)人文主義
(2)存在主義
(3)同理心
(4)理想自我
(5)知覺自我
(6)情緒智力（EQ）
(7)開放教育
(8)學習風格
(9)一起學習
(10)合作學習

第八章　學習動機與學習行為

動機（motivation）是引起個體朝向某一目標活動的心理歷程。學生在學習過程中如果缺乏學習動機，即使有很高的聰明智慧，也不容易成功；反之，學生雖然只是庸才，可是有堅強的求學毅力，以及鍥而不捨的求知精神，也有成功的一天。由此可知，動機與學生的學習成就有密切關係。

教師在教學過程中，常會遭遇到不同學習動機的學生，例如：有的學生來上課只是為了應付老師點名，根本不認真聽講；有些學生平時不念書，考試成績只求及格就好；有些學生讀書只是為了得到獎品、獎金或老師的讚美，如果老師不給予獎勵，就缺乏求學的動機與興趣。因此，教師要增進教學效果，讓學生能自動自發求學，就需要對學生的學習動機有深入的了解。

由於動機是看不見的，我們只能由個體的行為表現來推估其動機。不過，有相同行為的人，其動機不一定相同；反之，有相同動機的人，其行為表現也不一定相同，由此可見，動機與行為之間的複雜性。經由本章的討論，能夠使讀者對以下問題有清楚的認識：

1. 了解動機的性質與相關概念。
2. 了解行為主義對動機有何解釋。
3. 認識人本主義對動機有何解釋。
4. 明白認知學派對動機有何解釋。
5. 知道教師如何激發學生的學習動機。

第一節　動機的性質與相關概念

壹、動機的涵義

動機是引發個體從事某種活動，以及促使該活動朝向某一目標進行的心理歷程，也是使一個人繼續表現某種行為的原動力。由於動機是隱而不見，且無法直接觀察，同時也是介於刺激與反應之間的心理歷程，只能根據個體的行為表現，來判斷產生該行為的內在心理原因，因此如果單靠外在行為來判斷個人的動機，有時不一定正確。因為影響個人行為的原因非常複雜，所以動機是一種**假設性的概念**（hypothetical concept），同時，也是介於刺激與反應之間的**中介變項**（intervening variables）。

動機有強弱之分，同時也有方向之別。個體要有強烈的動機與正確的行為，才能夠順利達成目標，例如：有一位學生數學想拿高分，動機強烈可是行為不正確，他以作弊來得到高分，如果被發現則該科以零分計算，還要被學校記大過；反之，一位想拿高分的學生，他除了認真學習之外，也不斷溫習功課，不懂的地方請教老師或同學，最後終於可以如願以償。由此可知，動機好像汽車的引擎和方向盤，汽車要有強勁的動力才能在馬路上奔馳，但是汽車也要有方向盤，這樣駕駛員才能將車子朝正確的方向順利開到目的地。

心理學家不只使用動機來解釋個人行為的原因，同時更關心以下三個問題：(1)個體採取某種行為的原因是什麼；(2)個體的行為為什麼朝向某一特定的目標；(3)個體堅持達到目標的原因是什麼（Woolfolk, 1990）。因此，一般心理學家將動機視為激發個體表現某種行為的力量。

當個體生理或心理狀態不平衡時，就會產生**需求**（need）或**驅力**（drive），然後朝向某個目標活動以尋求需要的滿足，一直到需求獲得滿足、緊張獲得紓解、身心恢復平衡狀態，這時活動才停止下來。由此可知，需求使個體朝向特定目標活動的力量就是動機。

貳、動機的性質

由於動機是內在的，所以只能從個人外在的行為來推測，但是，影響個人產生某種行為的因素很多，例如：**本能**（instincts）、**誘因**（incentives）、習慣、好奇、人格特質、價值觀、興趣、生理需求、潛在意識等。因為個人的行為通常受到自己的思維及外在環境的影響，所以有些心理學者嘗試從人格特質與環境因素來解釋行為。

個人人格特質是具有持久性的特徵，例如：有些人堅信「善有善報，惡有惡報，不是不報，時候未到」，所以他去參加慈濟、當義工、行善事、積功德。至於環境因素雖然是外在的，但是也會影響個人的行為，例如：天氣炎熱很多人想避暑，可是避暑的方法各有不同，有的人喜歡喝汽水、有的人想吃冰淇淋、有的人去游泳、有的人則選擇登山。由此可見，動機與行為之間存在著錯綜複雜的關係，動機的性質如下。

一、動機可以由增強物來增強

動機有強弱之分，如果要使個體表現某種行為的頻率增加，使用增強物大都可以產生正面的效果，例如：政府要激勵人們去買樂透彩券，大幅度提高彩券的頭彩獎金就能夠收到效果；同理，學校要鼓勵學生用功讀書，如果將考試成績第一名的獎學金提高到一百萬元，這樣也可以達到預期的目的。所謂「重賞之下，必有勇夫」，就是這個道理。

二、動機是有目標導向的

一個人的行為通常是有目標的，我們如果看到某一個人經常表現相同的行為，則可以使我們了解這個人行為的目標導向，進而判斷其動機所在，例如：老師經常看到小明上圖書館找尋資料，老師就可以判斷小明可能有追求知識的動機。

三、動機強弱與行為持續的時間有關

一般而言，個人從事某活動的時間愈長，則其動機愈強；反之，個體從事某活動的時間愈短，則其動機愈弱。阿金森（Atkinson, 1958）認為，個體從事某活動的時間與其動機強度成正比，例如：陳同學每天花三個小時學英語，張同學每天花一個小時學英語，則我們可以預測，陳同學學英語的動機比張同學較強。可是，有些臨床心理學家認為，如果個人長期花很長時間去解決很困難的問題，就可能是一種**習得無助感**（learned helplessness）或**強迫性行為**（compulsive behaveior），這樣即使有很堅強的動機，對於解決問題不但無益，反而徒勞無功。

四、焦慮影響動機

焦慮（anxiety）是指，由緊張、恐懼、不安、憂慮、煩躁、焦急等心理感受交織而成的情緒狀態。當個人焦慮時，常伴隨有生理的現象，例如：注意力不集中、心跳加速、流汗、頻尿、失眠、身心疲勞、頭昏目眩、噁心等現象。一個學生在學校如果有許多不愉快的經驗，就容易產生焦慮。學生焦慮最常見的行為表現就是曠課、逃學，結果因為沒上課導致成績不好，又產生焦慮，焦慮產生之後，又以曠課、逃學來解除焦慮，於是產生惡性循環。因此，長期焦慮的學生，其學習動機就不容易提升。

五、動機因人而異

由於動機受到個人認知、人格特質、價值觀、宗教信仰、生活環境等因素的影響，所以對不同的人提供相同的誘因，其所產生的動機不一定相同，例如：某一所學校提供大額獎學金，作為激發學生用功求學的誘因，有的學生認為自己能力有限，再怎麼努力也無法獲得這筆高額的獎學金，於是放棄爭取該獎學金的動機；但是，也有不少學生認為只要肯努力打拚，就能得到獎學金，於是產生努力用功讀書的動機。

參、動機的相關概念

一、需求與驅力

大多數心理學家認為，動機包含**需求**（或需要）（need）與**驅力**（drive）兩種成分。需求是指個體的生理或心理在匱乏的狀態之下，所產生的各種需要，因此需求可以分為生理需求與心理需求，例如：一個人肚子餓了就想吃東西，疲勞時就想休息，這是生理的需求。一個人有喜事時，希望親朋好友分享他的喜悅；有些人想得到他人的尊重、獲得他人的肯定、支持或同情等，這些都是心理需求。一般而言，心理需求比生理需求複雜。

需求又可以分為**基本需求**（primary need）與**次級需求**（secondary need），前者是指生存必要的條件，例如：食物、飲水、衣著等；後者雖然不是個人生存必要的條件，但是對個人生活適應有正面的幫助，例如：每一個人都需要友誼、愛情、休閒、娛樂、他人的讚許等。次級需求大都由生活經驗得來的，目前在臺灣地區，一般學生的需求以次級需求居多。

當個體的生理或心理失去平衡時，自然產生生理或心理的需求，為了滿足需求，個體乃產生一股驅力，促使個人產生活動，等到需求獲得滿足時，才恢復身**心平衡**（homeostasis）。驅力大都指生理性或原始性的動機。不過，個人的活動方式受到動機的影響，而動機有個別差異，因此有相同需求的人，其行為表現也不見得相同。

二、興趣與態度

（一）興趣

興趣（interest）一詞，在心理學上有以下兩個涵義：

第一，興趣是指個人對某些人、事、物喜好或偏好的心理傾向，也就是一種**心向作用**（mental set），例如：有的人偏好美術，也就是說他對美術有興趣；有的人偏好數學，也就是說他對數學有興趣。

第二，興趣與動機的性質相似，兩者都可以視為引發個體行為的內在動力，例如：有一名學生對讀書不感興趣，我們也可以說這個學生缺乏讀書的動機；但是，我們也可以反過來說，這個學生缺乏讀書的動機，因此學業成績不好，進而對讀書不感興趣。

（二）態度

態度（attitude）是指，個人對人、事、物所擁有一致性與持久性的心理傾向，這種傾向可以由個體外在行為來推測。心理學者大都認為，態度包括認知、情意、行為等三個成分。這三個成分隨著個人的性別、年齡、教育程度、宗教信仰、種族、性格、政黨，而有所不同。一般而言，男性比較注重理性，女性比較注重感性；年齡較大的人重認知，年輕人重情感。一個人的態度直接影響其動機，因此在學校教育上，教師培養學生養成正確的學習態度，也是相當重要的。

肆、動機的分類

人類的行為相當複雜，每一個人的動機又受到許多因素的影響，因此要將動機做明確的分類，實在相當困難。歷年來，心理學者對動機的分類，並沒有一致的標準。心理分析學者佛洛依德認為，人類的行為大都受到潛意識的影響，因此許多人對自己所表現出的某種行為之動機為何常不自知，例如：吸菸、喝酒、嚼口香糖的人，其原因可能來自幼年時期吸吮母奶，沒有獲得滿足所造成的；但是當事人不見得能察覺到這種潛意識動機的存在。

有些心理學家以二分法將動機加以分類，大致分為：(1)原始性動機（primary motivation）與衍生性動機（secondary motivation）；(2)生理性動機（physiological motives）與心理性動機（psychological motivation）；(3)生物性動機（biological motivation）與社會性動機（social motivation）；(4)原始性動機與習得性動機（learned motivation）；(5)內在動機（intrinsic motivation）與外在動機（extrinsic motivation）等五類。

除了上述之外，有些心理學者主張動機可以細分為更多的類別，例如：莫瑞（Henry Alexander Murray, 1893-1988）認為，人類的動機至少可以分為 28 種，包括許多心理與社會性的需求，諸如：親和、追求權力、社交、追求知識、求職、遊戲、旅遊、休閒等。心理與社會性動機，大部分是經由學習而獲得的。

伍、學習動機

學習動機（motivation to learn）是指，引起學生學習活動，維持該活動並且引導該活動朝向學習目標的內在歷程。動機強的學生有追求成功的意志力，對困難的作業會專心注意、思考如何解決，對問題的探索比較有持久性。如果失敗了，則比較歸因於自己努力不夠。

影響學生的學習動機，至少有三個因素：(1)恐懼失敗，例如：一位國中二年級學生，他為了一直保持全班第一名，所以學習動機很強烈；(2)對成功的期望，例如：一位高中學生希望將來當醫師賺大錢，所以學習動機很強烈；(3)對努力用功是否能成功的看法，例如：一位國中學生的數學成績不好，他認為即使努力用功數學還是考不好，所以他學習數學的動機就很低。

第二節　行為主義的學習動機理論

按行為主義的看法，在制約作用的過程中，藉著強化物使刺激與反應產生連結。個體表現正確行為時給予強化物，該行為受到強化以後，再產生此行為的機率就增加。因此，行為主義學派的動機理論，是以外在誘因來誘導個體行為，而不重視個體內在的心理歷程。簡言之，行為主義學者主張，以獎勵或懲罰來管控學習者的行為，獎勵的方法包括：讚美、獎學金、獎品、玩具、給高分、給予權利等；懲罰的方法包括：責備、罰勞動服務、罰寫作業、罰站、剝奪權利、給低分等。

壹、桑代克的動機理論

行為主義學派的心理學者普遍認為，人類行為的學習過程就是刺激與反應之間的連結。桑代克（E. L. Thorndike）以**效果律**（law of effect）來解釋人類的動機，他認為個體對某刺激的行為反應，如果能夠得到滿意的結果，則該刺激與反應之間就會產生連結，例如：小明答對了一個數學問題，老師就給予獎品，以後小明就能正確解答這個數學問題。反之，如果個體對某刺激的反應，產生不愉快的後果，則個體對該刺激與反應之間，就不容易產生連結，例如：小華每作對了一個數學習題就受到懲罰，以後小華為了避免被懲罰，於是不會正確解答那一個數學習題。簡言之，個體為了得到增強物或避免懲罰，就產生動機。

貳、賀爾的驅力減降理論

驅力減降理論（drive-reduction theory）由賀爾（Clark Leonard Hull, 1884-1952）提出。他認為個體有保持生理平衡的機制，假如生理不平衡時，個體便會產生一種不愉快的緊張狀態，也就是驅力，這種驅力會引發個體採取某些行為，來降低或解除不舒服的緊張狀態。易言之，驅力是促使個體產生動機的一股力量。

參、史金納的動機理論

史金納（B. F. Skinner）以操作制約的原理，來解釋人類行為的學習過程。他以老鼠進行操作制約學習的實驗，結果發現行為如果得到立即**增強**（reinforce），則個體會重複表現此行為；反之，如果個體表現某行為之後，不但沒有立即得到增強，反而還受到懲罰，則此行為將逐漸**消弱**（extinction），甚至完全消失。因此，行為是否得到增強是產生動機的重要因素，例如：小英第一次月考成績全班第一名，結果得到老師的讚美與學校的獎學金，則小英會產生用功求學的動機；反之，如果小英第一次月考成績全班第一名，卻沒有得到老師或父母的稱讚，或是等三個月之後才能領到獎品，這樣就不容易引發小英用功求學的動機。

肆、行爲主義學習動機理論的限制

學校教育雖然可以採用行為主義心理學的原理，以獎勵或懲罰的措施來提高學生的學習動機，但是獎勵或懲罰係來自外在，只能使個人維持短暫的動機，要使教育產生實質的效果，不能忽視內在學習動機的激發。因此，行為主義學習動機理論，至少有以下的缺失。

一、外在誘因不容易培養學生主動追求知識的熱忱

行為主義學者利用增強原理來激發學生學習，這種作法是希望藉由外在的誘因來產生動機；但當外在誘因不存在時，學生的學習動機就自然減弱或完全消失，例如：有一個圖書館為了鼓勵兒童來看書，於是規定小朋友只要看完一本書，就可以領到十元，因此小朋友來圖書館看書非常踴躍；可是，有一天圖書館人員宣布，以後來圖書館看書不再給錢，則小朋友來圖書館看書的人數就減少了。如此一來，很容易誘導學生讀書只是為了得到金錢獎勵，無法培養學生自動自發求知的讀書動機。

一位成功的學生必須有自動自發的求知慾望，即使沒有外在的獎勵或懲罰，自己仍然有堅強與持久追求知識的動機，這樣才能夠實現自己的理想與目標。換言之，外在誘因難以長期培養學生的求知熱忱。

二、只有少數學生能得到獎勵

學校通常只對品學兼優的學生給予獎勵，可是這一類學生畢竟是少數，大多數學生雖然努力用功念書也無法得到獎勵，久而久之，就喪失念書的樂趣轉而尋求其他刺激。至於得到獎勵的學生，常常為了追求高分，很少從事其他活動，於是覺得求學生活非常枯燥乏味，後來可能成為一位興趣窄化，缺少多元智能的讀書匠。

三、多數學生為逃避懲罰而產生身心失衡

大多數學生並非資優生，即使教師給予獎勵或懲罰也拿不到高分，同時也不

容易獲得教師或父母的讚美；這些學生為了逃避懲罰，在考試時有可能表現出作弊行為，甚至長期焦慮不安，產生自暴自棄或身心疾病等各種偏差行為。此外，這類學生在長期避免被老師懲罰的壓力之下讀書，他的求學生活很容易失去樂趣。目前我國各級學校，大多數學生讀書只是為了逃避懲罰或避免成績不及格，這些學生的學習動機通常不高，學業成績也就容易不如預期。

四、學生讀書只為了應付考試

教師如果採用行為主義動機理論的原理來教導學生，學生很容易產生功利主義的思想，這樣也容易導致讀書只為了應付考試，只為了得到獎勵或避免受到懲罰，平時不考試就不讀書，教師不考的部分就不去管它，或沒有獎賞就不必用功，因此在求學過程中是被動的、消極的，在缺乏強烈學習動機之下，這種學生不容易成功。

第三節　人本主義的學習動機理論

壹、人本主義的基本理念

馬斯洛（A. H. Maslow）與羅吉斯（C. R. Rogers）提倡人本主義理論，該理論強調人有自由抉擇、自我決定未來的能力。人有善良的本性，個人如果能得到他人的關懷與尊重，就可以產生正面的自我觀念，進而使其朝向自我實現的方向去發展。

貳、馬斯洛的需求層次理論

一、人類的心理需求有層次之別

馬斯洛被尊稱為人本心理學之父。他認為人類的動機係由許多性質不同的需求所組成的，在各個需求之間又有順序與高低層次之分，因此，該理論又稱為**需求層次理論**（need-hierarchy theory）。馬斯洛認為人類的動機，可以分為以下七個需求層面：

1. 生理需求（physiological needs）。
2. 安全需求（safety needs）。
3. 愛與隸屬需求（love and belonging needs）。
4. 自尊需求（self-esteem needs）。
5. 知的需求（needs to know and understand）。
6. 美的需求（aesthetic needs）。
7. 自我實現需求（self-actualization needs）。

依照馬斯洛（Maslow, 1970）的解釋，在前述七個心理需求中，前四者為**匱乏需求**（deficiency needs），後三者為**成長需求**（growth needs）。當低層次的需求得到滿足，個體就產生高一個層次需求的動機。心理需求由下拾級而上，不可跳級。也就是說，一個心理需求不能獲得滿足，就不會產生下一個需求動機。

馬斯洛將生理需求置於最底層，亦即指生理需求是最基本的，例如：肚子餓了就想吃東西、口渴了就想喝水、疲勞時就想睡覺、天氣寒冷時就想穿衣服。第二層是安全需求，係指個人需求受到保護，免於遭受威脅而能獲得安全感，例如：對大多數學生來說，學校是一個可以安心學習的地方；又如：有不少學生由於父母離異或生活在家庭暴力的陰影之下，心理沒有安全感。第三層是愛與隸屬需求，就是有獲得他人接納、友誼、關愛的需要；馬斯洛認為，愛與隸屬需求如果沒有得到滿足，容易導致學校生活適應困難，嚴重者甚至會產生精神異常。

第四層是自尊需求，就是自我尊重、尊重他人與受人尊重，從自我尊重產生自信，從受到別人尊重產生自我肯定；如果這個層次沒有得到滿足，容易產生自己無能或被人拒絕的心理。第五層是知的需求，就是有追求知識、真理、探索、試驗、詢問、閱讀的需要；如果這個層次沒有得到滿足，容易自覺無知、低能。第六層是美的需求，就是追求美感美化人生，對美好事物的欣賞、品嘗的需求，諸如：追求美食、住豪宅、穿著高級名牌的服飾、藝術欣賞等；如果這個層次沒有得到滿足，容易自覺粗魯、粗俗。人類需求的最高層次是自我實現需求，這個層次如果能得到滿足，個人會覺得生活有意義、覺得自己對人類有貢獻。

馬斯洛將自我實現需求置於最高層次，他認為只有在其他六個層次的需求都能夠得到滿足之後，個人在精神上達到真、善、美的人生理想境界，如此個人才能夠自我實現。自我實現的人具有良好的人群關係，有民主素養、處世圓融、充分發揮自我的潛能，具有創造力、能開創自己的事業、貢獻人類社會，而且身心健康。不過，馬斯洛認為，凡人很難達到自我實現的境界，依據他的估計，不到1%的人能夠自我實現。

參、羅吉斯的自我理論

羅吉斯的**自我理論**（self theory），其基本要義如下。

一、自我觀念

自我觀念是指，個人對自己的認識與看法。個人的自我觀念係從生活中，由別人對自己的評價逐漸形成的。假如個人的行為常得到他人的讚許、肯定、嘉勉，就容易產生正面的自我觀念，這種人對自己有自信，能自我接納、自尊與自愛，對他人也具有愛心，能接納、關懷、愛護、尊重他人；反之，個人在生活經驗中，假如時常受到他人的批評、否定、指責、刁難，就容易產生負面的自我觀念，這種人對自己缺乏自信，不能夠接納自己，甚至產生自暴自棄的心理，容易報復、責罵或攻擊他人。

二、正向關懷

正向關懷（positive regard）是指，個人主動去關心與協助別人，就像父母對子女無條件的愛與付出。個人如果從小在愛中成長，受到別人無條件的關愛，就能養成健全的自我觀念，將來就能夠主動去關懷他人，毫無保留的奉獻自己與成全別人。

三、自我一致性

自我一致性（self congruence）是指，個人能夠自我和諧，沒有自我衝突的心理現象。按羅吉斯的說法，自我不一致有兩種情況：其一是當**真實自我**（real self）與**理想自我**（ideal self）之間不一致時，而真實自我是指當事人覺知自己的情況，理想自我是指自己在理想中想成為何種人，例如：一個學業成績很差的學生一心想當醫師，這種學生就很容易產生自我不一致；其二是在他人積極關注之下，做出與自己認知不同的行為時，也會產生自我不一致的情形，例如：陳同學在總統大選時自己想投給 1 號，可是在父母的勸說之下投給 2 號，這樣就容易產生不一致的心理衝突。

羅吉斯認為，父母或教師應儘量提供子女或學生無條件的積極關懷，使其在愛的情境中成長，久而久之，個體能自己做理性的判斷與決定，逐漸形成和諧的自我觀念，進而奠定自我實現的基石。

肆、人本主義學習動機理論對教育的啓示

一、利用需求層次來改進教學

由馬斯洛的需求層次理論可知，生理需求是一切需求的基礎。如果學生處於飢寒交迫的情境之下，吃不飽、穿不暖，哪還有心情去求學？所以學校應對家庭貧困的學生，提供免費營養午餐，以滿足其最基本的需求。當學生的生理需求得到滿足之後，就有追求安全感的需求，因此學校應提供安全舒適的學習環境，讓學生能夠安心學習。當學生的安全需求得到滿足之後，就有追求愛與隸屬需求，因此，教師應對學生有教育的大愛，教導學生彼此相愛，與別人建立良好的人際關係，鼓勵學生一起讀書、一起遊戲，養成分工合作互助的精神，同時讓同學有同舟共濟，為團體爭取榮譽的心理。

當學生的愛與隸屬需求得到滿足之後，就產生自尊需求，因此，教師應教導學生學習自尊、自重、自愛，同時教導學生應尊重老師和尊重他人。當學生的自

尊需求得到滿足之後，自然就產生追求知識、追求美感的需求，最後就有可能達到自我實現的境界。

二、激發學生的內在動機

一個學生是否能成功，其**內在動機**（intrinsic motivation）相當重要。有強烈內在學習動機的學生，就能自動自發、奮鬥不懈，終於邁向成功。如果只有**外在動機**（extrinsic motivation），這種學生到了考試才讀書，或者要有獎品、獎學金、小禮物，才肯用功讀書，這種學生就不容易成功。

依據羅吉斯的自我理論，教師如果能夠以愛心去接納每一位學生，學生就能對自己充滿信心，進而能夠自尊與自愛。如果教師具有無條件關愛學生的態度，學生就能夠產生正面的自我觀念，發揮自我的潛能；反之，假如教師對學生沒有愛心，任意批評、刁難、責罵或體罰，學生就容易產生不良的自我觀念，甚至產生自卑、自暴自棄的心理，嚴重者甚至可能攻擊自己、攻擊別人、違反校規，將來步入社會，更容易成為行為偏差或違法亂紀的人。

三、自我發現學習

教師不僅要幫助學生了解自己的現況，同時要幫助學生認清自己未來可以成為怎樣的一個人。**自我發現學習**（self-discovery learning）是指，教師教導學生了解自己、接納自己，以及自我決定。教師不只是利用獎勵或懲罰來教育學生，更重要的是要鼓勵學生了解學習的意義，讓學生發現自己的目標，教師鼓勵學生說出自己的理想目標並給予適當指導，然後協助學生找出達成目標的方法，最後使學生達成自己的願望。

第四節　認知學派的動機理論

壹、成就動機理論

成就動機（achievement motivation）理論是指，個人在追求成就時的內在驅力。成就動機高的人，做事積極進取、不畏艱難、勇於接受挑戰、自願全力以赴，不達目標絕不中止；反之，成就動機低的人，做事消極、遇困難就退縮、滿足現狀與人無爭，無法達成遠大的目標。

同一個人可能對某件事十分努力，欲追求高的成就，但對另一件事可能就不熱衷，甚至半途而廢，這種現象與成就動機有密切關係。歷年來，有一些心理學者對成就動機提出不同的見解，但是大致可以將成就動機理論的要義，歸納成以下幾點。

一、追求成功與避免失敗

個人在追求成功的過程中，一方面希望成功，但是另一方面卻恐懼失敗，假如希望成功的驅力大於恐懼失敗，則個人就能產生成就動機。可是，如果**恐懼失敗**（fear of failure）的驅力，大於**恐懼成功**（fear of success），則個人就不容易產生成就動機（Atkinson, 1964）。

成就動機高的人比較勇於接受挑戰，因此喜歡選擇困難的工作；反之，成就動機低的人為了避免失敗的痛苦，不敢接受各種挑戰，因此只喜歡選擇輕鬆的工作。如果個人低估了自己的能力或高估了工作難度，其成就將受到限制；反之，如果個人高估了自己的能力，低估了工作的難度，也容易遭遇到挫敗。因此，教師應教導學生正確評估自己的能力以及工作的難易度，從而培養適當的成就動機，使個人的潛力能充分發揮出來。

二、成就動機與個人評估成功的機率有關

個人在工作上面對不同難度的問題時，大都會評估努力之後成功的機率有多大。通常個人認為成功機率超過 50%以上時，其成就動機就明顯上升，因為努力打拚就有成功的機會；反之，如果認為成功的機率低於 50%時，其成就動機就隨之下降，因為即使個人再怎麼努力奮鬥，成功的機會也不大。

三、成就動機與個人的價值觀有關

價值觀是指，個人對人、事、物的信念或看法，大致可以分為科學、藝術、宗教、政治、經濟，以及社會服務等方面。一個熱衷於宗教的人，可能對政治不太感興趣；一位追求藝術美感的人，可能不重視科學。每一個人在上述六個領域的價值觀各有強、弱之分。

大抵而言，一個人對某一領域的價值觀愈強，則其在該領域的成就動機也愈強，例如：一位想極力爭取高權位的人，就可能想盡辦法排除異己、支配別人；又如：一位認為學歷無用的學生，其追求高學歷的動機自然不強。

四、成就動機有性別差異

在中國傳統社會中，強調「男主內、女主外」，所以一般人重視男性在事業上的成就；反之，認為「女人無才便是德」，在這種傳統思想之下，並不鼓勵女性要有非凡的成就。根據霍娜（Horner, 1972）的研究，大部分女性對某位著名大學醫學系第一名的女生表示並不欣賞她，因為她們認為這名女生失去女性溫柔的特質；同時，也認為這名女生變成女強人之後，很少男生敢去追求她，這樣會影響她的婚姻。因此，大部分女性受測者亦顯現出都有害怕成功的心理。但是，隨著時代的變遷，今日的社會已經不同於往昔，一般人對於女生優異的學業表現大都能接受。不過，我國的一般女性似乎不喜歡被冠上「女強人」的名號。

五、成就動機與習得無助感有關

習得無助感是指，個人在學習過程中有許多次失敗的經驗，因此產生一種錯

誤的觀念，就是認為自己再怎麼努力也沒有成功的機會，因此，這種學生就放棄奮發向上的學習動機，學業成就自然低落，因為他們容易將失敗歸因於自己的能力不行。成就動機薄弱的學生會懷疑自己的能力，並且有強烈的羞愧感。

六、提升學生成就動機之道

1. 讓學生了解高成就動機將來會有什麼收穫，使學生對自己的未來充滿信心。
2. 教師應指導學生如何達到學習目標，提供具體可行的意見。
3. 學校安排傑出的校友返校演講或座談，使校友成為學生學習的標竿。
4. 教師對學習表現優良的學生給予表揚、獎勵。
5. 教師應教導學生在明白自己達成目標之後，會得到別人的讚賞與尊重。
6. 如果學生在求學過程中有挫敗的經驗，教師應教導學生先設定容易達成的小目標，如果小目標達成時，教師就給予獎勵。同時，教導學生一達成小目標就獎勵自己。
7. 教師應幫助學生發現自己的長處，改正自己的缺點，讓學生知道只要自己努力就能達成目標。
8. 教師應教導學生，不要只抱著「考試及格就好」的心態。
9. 教師應讓學生有成功的經驗，以免產生習得無助感。

貳、歸因理論

一、海德的歸因論

歸因（attribution）是指，個人對自己或他人行為發生的原因所做的推論或解釋。社會心理學家海德（Heider, 1958）首先提出歸因理論，他將歸因分為**內在歸因**（internal attribution）與**外在歸因**（external attribution）兩類。內在歸因是指，將個人的行為歸因於自己的能力、努力或特質；外在歸因是指，將個人的行為歸因於情境或環境因素。

海德認為，一般人對自己行為表現原因的解釋，傾向於外在歸因，而解釋他

人行為表現時，則傾向採內在歸因，例如：當班上有一位同學的學業成績很差，他因為有超過三分之二以上的學科不及格而被退學，你可能會解釋說：這是他不用功所造成的，而不會認為是因為考試題目太難或考試運氣不好；可是，如果是你自己考試成績不及格，就會認為是考試題目太難，而不會認為是因為自己努力不夠。

二、魏納的歸因理論

（一）理論背景

魏納（B. Weiner）的歸因理論，只針對自己行為結果的成敗作解釋，有些心理學者稱魏納的理論為**自我歸因理論**（self-attribution theory）。該理論乃受到羅特（Rotter, 1966）的影響。羅特認為一個人只要相信自己努力，就可以達成預期目標，此稱為**內在控制信念**（internal locus of control），或簡稱內控，內控的人相信命運掌握在自己手中，例如：考試失敗了，歸因於自己努力不夠，只要自己努力就可通過下一次的考試。反之，如果相信自己盡最大努力也無法達成目標，即稱為**外在控制信念**（external locus of control），或簡稱外控，例如：考試失敗了，歸因於運氣不好或老師給分不公平，則可能就不再努力用功，下一次考試就容易再度失敗。通常內在控制信念學生的學業成績，比外在控制信念學生較佳。

（二）基本假設

魏納（Weiner, 1979）認為，人們有尋求了解事情發生原因的動機，例如：數學考試成績不及格的學生，也許會自我反省：「為什麼我的數學考不及格？」找到原因之後再改進，就有成功的機會。因此，了解自己問題真相的動機，容易使自己去克服困難問題。

根據魏納（Weiner, 1994）的研究，影響學業成敗有以下八個原因：(1)能力；(2)努力；(3)學習動機；(4)作業難度；(5)他人（例如：教師、父母或同學）的幫助；(6)心情；(7)健康；(8)運氣，其中以能力與努力對學業成就的影響最大。魏納將上述八個原因歸納成下列三個向度，如表 8-1 所示。

1. 原因來源：個人自認為影響其成敗因素，係來自本身的條件或外在環境，假如來自本身條件，則為內在歸因，假如認為是環境因素，則為外在歸因。
2. 穩定性：係指影響其成敗的原因，在性質上是否穩定。有些歸因，例如：努力、心情是不穩定的，另外有一些歸因，例如：能力和作業難度兩者是比較穩定的。
3. 控制性：係指個人自認為影響成敗的原因，是否是自己所能掌控的，例如：努力可以自己的意願來控制，但是能力與運氣都是個人難以控制。

表 8-1　歸因的三個向度

歸因別	歸因向度					
	原因來源		穩定性		控制性	
	內在	外在	穩定	不穩定	可控制	不可控制
能　力	√		√			
努　力	√			√	√	
作業難度			√			√
運　氣				√		√
情　緒	√			√		√
他人幫助				√		√

資料來源：Bell-Gredler（1986: 284）

（三）魏納的歸因理論在教育上的意義

魏納的歸因理論認為，一個人對自己成敗的歸因，將影響自己對未來成敗的期望，以及產生各種情緒反應，進而決定學習成就。因此，該理論在教育上具有重要意義，以下分別說明之。

1. **教師的回饋方式影響學生歸因**

教師在教學歷程中給學生的回饋，將影響學生對自己學習行為的歸因，例如：學生考試失敗時，教師對學生說：「你的智力不高，難怪成績不好！」這樣學生會認為自己能力不行，即使努力用功也沒用，因此放棄力爭上游的求學精神；反之，當學生考試失敗時，教師對學生說：「你用功不夠，難怪成績不好！」這樣學生會認為考試失敗是自己不用功所造成的，只要努力就有成功的機會。

如果學生考試成績優良，教師對他說：「你這次考運真好！」學生會認為考運好是不穩定的，所以還是要努力用功才行。教師對考試成績優良的學生，不可以說：「你的能力很好！」這樣學生容易認為自己很聰明，不必用功也可以考得好成績。

貝爾葛莉奪（Bell-Gredler, 1986）以魏納的歸因理論作為基礎，進一步分析教師的回饋對學生歸因的影響，結果如圖 8-2 所示。

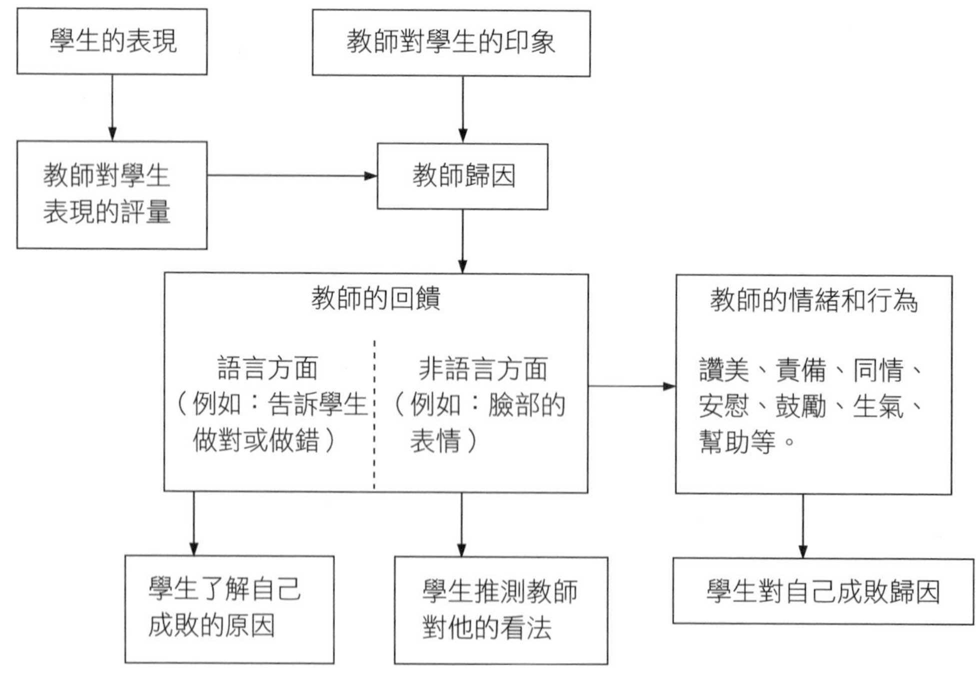

圖 8-2　教師回饋對學生歸因的影響

2. 教導學生做適當歸因

學生對自己學業成敗的歸因，將影響其後續的學習行為。學生在學習表現優良的情境之下，不論歸因於自己能力好或努力用功的結果，都有助於未來的學習行為。而學生在學業失敗的情境之下，如果歸因於自己努力不夠，只要自己以後努力用功就會成功，這樣學生對自己未來也會有成功的信心與希望。

因為一般學生對自己的學習表現，不一定能做適當的歸因，所以教師應教導學業失敗的學生做適當的歸因，使學生知覺到學業失敗，並非自己能力差而是努力不夠，如此學生才會更努力用功求學，以求最後獲得成功。

3. 教師對學生適當的情緒反應

教師對於學生學業成敗的情緒反應，容易成為學生成敗歸因的線索，例如：教師責罵考試失敗的學生，容易使學生認為成績不好就是自己的能力不行；反之，假如教師對考試失敗的學生給予鼓勵、支持，並且對學生有適當的期望，則學生容易因為老師對他的期許而努力用功，這樣就有獲得成功的機會。

參、期望與價值理論

柯敏頓（Covington, 1992）提出**自我價值理論**（self-worth theory），該理論的基本要義如下：

1. 自我價值感是個人追求成功的內在動機。
2. 成功歸因於自己能力好，能產生自我價值感。
3. 不容易成功時，找藉口來維持自己的價值感。

期望與價值理論（theory of expectancy and value）主張，個人的期望與價值感是影響動機的重要因素。期望是指個人欲達成某一個目標的盼望，也就是希望自己達成某目標的一種預期；價值是指個人對一件事情重要性的看法，例如：「如果我努力，就可以成功嗎？」或是「如果成功，對我重要嗎？」。動機的強弱是期望與價值的乘積，個人對於某一件事情如果期望愈高，而且認為成功對自己很重要，則動機就愈強；反之，個人對於某一件事如果期望很低，而且認為成功對自己不重要，則動機就很弱，例如：我假如有機會參加演講比賽（高的期望），如果能夠得獎對我很重要（高的價值），則我參加演講比賽的動機就很強；反之，假如我不想參加演講比賽（低的期望），即使能夠得獎對我來講也不重要（低的價值），則我參加演講比賽的動機就很弱。

第五節　激發學生學習動機

學習動機是學習的原動力，有強烈的學習動機，就容易產生高度挫折容忍力與克服困難的毅力。學生在求學的過程中，如果意志力堅定，不達成功絕不放棄，就容易突破困難邁向成功；反之，如果缺乏學習動機，即使有過人的聰明才智，遇到困難問題時就產生退縮、悲觀、意志消沉的心理，如此也難逃失敗的結果。因此，如何激發學生的學習動機，是教師教學成功的重要因素。在此，筆者根據前述有關動機的理論，提出教師激發學生學習動機的方法。

壹、提高學生學習動機之道

一、以外在誘因來刺激學習動機

大多數學生平時不會自動自發念書，因為缺乏一股內在求知的動力，也就是缺少足夠的**內在誘因**（intrinsic incentive），所以平時不認真求學，只有到了考試之前，才勉強看書來應付考試，這種求學方式所產生的學習效果當然不好。因此，許多中小學教師以**外在誘因**（extrinsic incentive）來誘導學生努力用功，外在誘因包括：讚美、獎品、獎學金、玩具等。學生獲得教師的獎賞後，大都可以提升其內在動機。不過，外在誘因需具有吸引力才能提升學習動機，例如：有一位大學生考試成績全班第一名，只有領到500元獎學金，這樣就不容易提升其學習動機。

一般來說，以外在誘因來激發學生的學習動機，雖然有一定的效果，但是，教師要不斷提供外在誘因也有其實際的困難，而且當外在誘因不存在時，學生內在求知的動機可能減弱或逐漸消失。一個學生唯有靠自己不斷努力、自我激勵，維持強烈的求學動機，成功的機會才會增加。因此，教師應一方面對學生提供外在誘因，另一方面教導學生產生自動自發的學習動機，這才是學生學習是否成功的關鍵因素。

二、提供學生外在誘因的原則

（一）提供外在誘因需要顧及個別差異

教師對每一位學生所提供的誘因，需要考慮學生的個別差異，有時學生答對一個問題，教師所提供的外在誘因，對甲生來說是可以產生激勵學習動機的效果，但是對乙生來講，則效果不大，例如：教師提供一支原子筆獎勵考 100 分的學生，這支原子筆對甲生來說，也許可以達到獎勵的教果，但對乙生來說就未必如此。因此，教師應先了解每一位學生最希望得到什麼獎勵，然後在學生達到教師所預期的行為時，才給予獎勵。

（二）外在誘因的提供方式要靈活

一個學生在學習某種教材的初期，如果成績不如預期的理想，教師觀察其學習行為，只要有進步就給予獎勵，這種方式稱為**連續增強**（continuous reinforcement），等到學生學習行為達到相當穩定的水準之後，就改採**部分增強**（partial reinforcement），這樣效果比較好，例如：某生數學成績向來不佳，後來只要他的數學考試成績進步，教師就給予獎勵，但是，當這名學生的數學考試成績都達到 80 分之後，有時進步給予獎勵，有時進步不給予獎勵，慢慢地使學生養成一種觀念，就是成績進步是應該的，得到教師的獎勵並不是那麼重要。所以即使教師不給予獎勵，自己仍然要努力用功。

貳、教師如何激發學生的學習動機？

教師呈現給學生的教材，必須是學生感到好奇、新鮮、有趣的教材，如此才可以提高其學習動機。筆者在此提出一些激發學生內在動機的方法，以供參考。

一、在教學中激發學習興趣

讓學生知道老師所教的內容，對他們的未來有很大的益處，例如：教學生認識植物之後，學生如果去登山郊遊，就能夠分辨哪些植物具有毒性，以免誤觸有毒植物而受到傷害。此外，教師上課所舉的例子，如果與學生的國家之歷史文化有關，也能引發學生的學習興趣，例如：教師問學生：「臺灣雖然是世界上土地面積很小，但為什麼能夠創造出經濟的奇蹟？」這樣可以使學生產生想去探討臺灣經濟奇蹟的動機。此外，讓學生自己選擇課外讀物，就某一個主題去蒐集資料，這樣也可以使學生產生學習興趣。

二、維持好奇心

教師如果提出令學生感到困惑的問題，將這個問題在學生面前示範解答方法，這樣可以使學生維持高度的好奇心，例如：老師將一張紙幣放入一個玻璃的燒杯中，再倒入水和酒精，接著點火燃燒，卻不會損毀這張紙幣。這時，學生會很好奇為什麼紙幣不會被火燒毀？老師再請學生親自動手做實驗，結果也是一樣，這時老師要學生去探討其中的道理，於是學生就會對這個問題產生高度的好奇心（Slavin, 2003）。

三、利用各種教學媒體

教師如果一直以講述法上課，久而久之，學生便會感到上課是很枯燥、單調、乏味；反之，如果將教材拍成教學影片、製作幻燈片、投影片，變換教學方法，學生觀看這類教材之後，就比較容易產生濃厚的學習興趣。教師有時可以讓學生聽演講、觀看教學影片，或使用電腦來教學，例如：使用**簡報圖形軟體**（powerpoint），也能夠提高學生的學習動機。

四、角色扮演或模仿

讓學生從遊戲中學習，寓教於樂對中小學的學生也相當有效果。有一種激發學習動機的方法就是：在教學活動中使用**角色扮演**（role playing）或模仿，例如：每一位學生扮演一個城市的市長候選人，大家都上台發表政見；又如：讓學生模仿一個學校的校長，並且請大家都提出自己當校長的治校理念。

五、分組競賽

教師將學生分成幾個小組，讓學生針對老師所問的問題來作答，最後比較各組答對的人數，答對人數較多的小組就可以得到獎勵，利用這種分組競賽的方法，也能提高學生的學習動機。一般而言，過度劇烈的競爭容易引起學生對立的情緒，但適度的競爭卻能夠提高學習動機。

六、鼓勵學生朝向設定的目標邁進

一個學生對自己所設定的目標，比較願意努力去實踐，如果目標是由父母或教師所設定的，則不容易堅持，而容易導致半途而廢，例如：老師要求每位學生每天記憶 5 個英文單字，一個月就能記住 150 個單字，一年後就能記住 1,800 個單字。可是有些學生智力比較低，平均每天只能記得 3 個英文單字，因此無法達成老師所指定的目標，其學習動機就會逐漸消弱。但是，如果教師鼓勵學生自己設定目標，智力較低的學生，設定自己每天記住 3 個單字，達成就給予獎勵，這樣學生就容易達到自己設定的學習目標，其學習動機自然增強。

七、使每一個學生都有成功的機會

學生如果學習成功，自然會產生信心，學習動機也會跟著提高。因為學生個別差異很大，所以教師可以針對不同能力的學生，設計不同的學習評量。對程度比較好的學生，給予比較困難的測驗題目，對程度較差的學生，教學評量的題目相對比較簡單。讓每一個學生都有成功的經驗，如此也可以提升學生的學習動機。

八、提供立即回饋

立即回饋是指，學生學習之後的評量結果，教師應儘快給予回饋，讓學生知道自己的作答是正確或錯誤，以便作為改進的參考。如果學生考試成績進步很多，要等到一個月之後才能夠得到教師的獎勵，則獎勵的效果將大打折扣；如果學生表現錯誤的行為，教師不立即給予回饋，則該名學生可能會一直犯錯而不自知。

參、善用獎勵來提高學生的學習動機

一、善用讚美

一般學生都喜歡被老師讚美，不喜歡被懲罰。教師在學生表現良好行為時，就給予讚美，可以使其良好行為獲得增強，因此，學生將來再表現良好行為的機率，則自然增加。大抵而言，教師對年齡愈小的兒童，採取讚美或褒獎愈有效果。不過，讚美需要適當運用，必須是當學生按照教師的指示去做，而且表現良好時才給予讚美，一般的行為表現則不一定都要讚美。簡言之，教師需要善用讚美的方式，才能產生最大的激勵效果。

二、教導學生自我獎勵

教師不可能隨時對每一位學生提供獎勵，教導學生自我獎勵也可以激發學習動機，進而提高學習成就。自我獎勵的方式有很多種，例如：考試成績進步 10 分就可以喝一杯咖啡，成績進步 20 分就可以去看一場電影。教師可以教導學生每隔一段時間，就檢視自己的學習成果，如果有明顯進步就給自己獎勵。

三、獎勵全班成績最好的與進步最多的學生

全班學生學科成績最好的應給予獎勵，但是有一些學生天生資質比較差，他們再怎麼努力，成績也比不過其他同學。如果學生很努力用功，比自己以前的考試成績進步很多了，這時教師就應給予獎勵。

自我評量題目

1.動機的性質與相關概念為何？

2.行為主義對動機有何解釋？

3.人本主義對動機有何解釋？

4.認知學派對動機有何解釋？

5.教師如何激發學生學習動機？

6.影響學生學習動機的因素有哪些？

7.行為主義學習動機理論有何限制？

8.試說明魏納（B. Weiner）的歸因理論。

9.教師如何激發學生的內在動機？

10.試說明提升學生成就動機之道。

11.解釋名詞：

(1)次級需求

(2)習得無助感

(3)驅力減降理論

(4)需求層次理論

(5)自我理論

(6)正向關懷

(7)自我一致性

(8)自我發現學習

(9)成就動機

(10)外在歸因

(11)內在控制信念

(12)自我價值理論

第九章　記憶、遺忘與學習遷移

學生在學習過程中，隨時需要記住教材內容，才能產生學習效果。如果在學習之後很快就忘記所學的東西，則無法以舊有的知識和經驗，來學習新的事物，這樣就很難收到學習效果。此外，學生由學校教師所傳授的知識，如果不能夠舉一反三、觸類旁通，就不容易將所學到的知識，用來解決日常生活的問題。教師如何增進學生的記憶力，減少遺忘現象的發生，進而產生學習遷移，將是本章討論的焦點。讀者在閱讀本章之後，將能夠達成以下目標：

1. 了解記憶的性質。
2. 知道記憶有哪些類型。
3. 知道增進記憶力的方法。
4. 了解遺忘的現象。
5. 了解減少學生遺忘的教學原則。
6. 認識學習遷移的現象。
7. 知道教師促進學生產生學習正遷移的要領。

第一節　記憶

學習是一種內在的心理歷程，在學習過程中需要依賴記憶，但是個人所記憶的內容，不一定能長久記住不忘。一般來說，學習的量要比記得的量來得多，因此，由學習之後所能測量的，只是能記住的部分。現代的認知心理學者對於記憶的研究，大多以訊息處理為取向，來探討人們如何記憶。以下就記憶的歷程、記憶的類型以及增進記憶的教學原則，分別說明之。

壹、記憶的歷程

每一個人在日常生活中，經由各種感覺器官隨時隨地吸收外在的各種**訊息**（information），大部分訊息在腦海裡短暫停留稍縱即逝，這種記憶稱為**感官記憶**（sensory memory）。有一些資訊大約只能記住 30 秒就自然忘記，這種記憶稱為**短期記憶**（short-term memory, STM），可是有些資訊卻能記住很久不容易忘記，這種記憶稱為**長期記憶**（long-term memory, LTM）。就訊息處理的觀點來說，人類記憶的歷程可以分為以下三個階段（如圖 9-1 所示）。

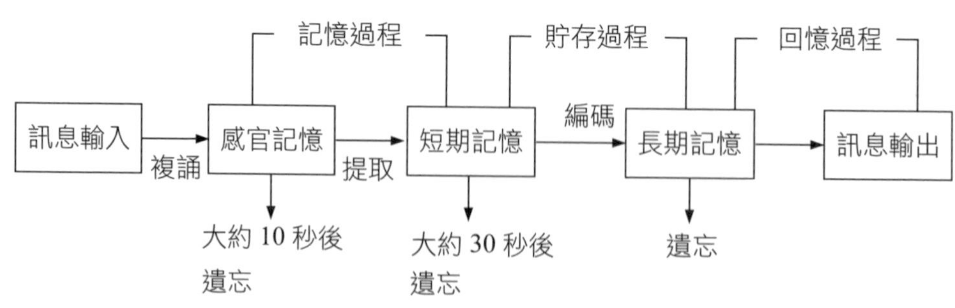

圖 9-1　記憶至回憶的歷程

一、編碼

編碼（encoding）是指，將外在的刺激（例如：聲音、文字、顏色、符號、形狀、味道等），轉換成抽象形式的**心理表徵**（mental representation）的歷程，這是記憶歷程中的第一個步驟，經由編碼之後方能貯存在記憶中，以備將來回憶時取用。這個過程就比如圖書館購買許多新的圖書，必須先將這些圖書加以編碼，然後再放上書架典藏，如果沒有編碼就任意擺在書架上，借書者就不容易從書庫中找到所要借的圖書了。

二、貯存

貯存（storage）是指，將訊息編碼之後保留在記憶中的心理歷程，以便提供需要時提取使用。有些貯存的訊息會成為長期記憶，但是有些訊息可能消逝無蹤，這種現象就好像圖書館的書放置在書架上，有時都沒有人借走，可是有些圖書隨時有人借走，要借書的人就不一定能借到書。

三、檢索

檢索（retrieval）是指，將貯存在記憶中的訊息找出來。提取訊息的心理歷程通常先將訊息**解碼**（decoding），這種過程就好像要借書的人，如果直接到圖書館的書架上去找，不容易找到所要借的書，可是，如果利用圖書館自動化系統，使用電腦去檢索，就能知道要借的書是否已被他人借走，以及如果被人借走了，什麼時候到期還書，這樣就很容易借到書了。

貳、記憶的類型

由圖 9-1 可知，人類的記憶依照記憶的先後順序，可以分為感官記憶、短期記憶與長期記憶等三類，茲分別說明如下。

一、感官記憶

（一）感官記憶的性質

感官記憶又稱為**感官收錄**（sensory registers）。這種記憶是指，從身體各種感覺器官（俗稱五官）所獲得的訊息，只能短暫記得的印象。感官記憶稍不加以留意，就很快忘記，例如：我們坐在一輛快速行駛的車子，看著窗外的景物一一閃過腦際，稍後依稀記得所看見的景物，這種極短暫的記憶現象，稱為**感官記憶**（sensory memory）。

人類由五官所收錄的各種訊息，在腦海裡的保留時間並不一致，由聽覺器官所收錄的訊息，大約可以保留 10 秒，這種記憶稱為**餘音記憶**（echoic memory）；由視覺器官所收錄的訊息，大約只能保留 0.25 秒，這種記憶稱為**影像記憶**（iconic memory）（Cowan, 1988）；至於由觸覺或嗅覺器官所收錄的訊息，就很少有這方面的實驗報告資料。

（二）感官記憶的編碼

個人由各種感覺器官所收錄的訊息是具有選擇性的，只注意新奇的、熟悉的，以及與自己有密切關係的資訊，然後將這些訊息加以編碼。在進行編碼之前，通常根據個人以往的經驗，對所接觸刺激之形狀、大小、顏色等，進行初步辨識，然後才可以編碼。

（三）感官記憶的貯存

感官記憶的訊息，貯存在腦海裡的時間非常短暫，如果不即時進入短期記憶系統，就會很快流失。由於感覺器官隨時接收外在的各種訊息，所以只能記住少數的資訊。簡言之，感官記憶的容量有限，所以大多在來不及進入短期記憶系統之前就忘記了。

二、短期記憶

（一）短期記憶的性質

短期記憶（short-term memory, STM）是指，感官記憶的訊息不需要經過**複誦**（rehearsal）或默念，就能記得這些訊息大約 30 秒，例如：自己設定的提款機新密碼，在領完錢之後過了沒有多久就記不住該密碼，這就是短期記憶的現象。

短期記憶不只是暫時記住一些訊息而已，它同時也具有心理運作的功能，所以短期記憶有時又稱為**運作記憶**（working memory），例如：我們到一家大型百貨公司購物，車子停在地下室 B5 到 B9 其中的一層；但是如果我們離開現場沒有複誦，短期記憶的資訊可能會很快消逝，因此購物結束之後，就很難找到自己停車的位子。如果有經過複誦，就可能進入長期記憶系統。因此，短期記憶是介於感官記憶與長期記憶之間的中繼站。

（二）短期記憶的編碼

短期記憶的訊息經過編碼之後，就有助於貯存在記憶中，例如：在學習語文教材時，通常將語文材料的字形、語音及語義，分別編為形碼、音碼及意碼，經過編碼之後的訊息，就可以暫時貯存在短期記憶中。短期記憶階段的編碼，並不只限於語文方面的訊息，其他各方面的訊息也是一樣。

（三）短期記憶的容量

短期記憶貯存在腦海的時間，通常不超過 30 秒。一般人每一次經過短期記憶貯存的容量很有限，大約只能記住 5 至 9 個訊息，也就是 7 加減 2，其平均數為 7。根據美國心理學家米勒（Miller, 1956）的研究，人類在學習語文材料時，如果只練習一次就要回憶，大約只能記得 7 個項目，例如：請你看「14789453736942074」這串數字，看過一次之後就立即回憶，一般人大約只能記得前面 5 個到 9 個數字。因此，米勒稱之為「神奇數字 7，加減 2」。由此可知，所謂有人能夠「一目十行」、「過目不忘」的說法，其實並不可信。

三、長期記憶

（一）長期記憶的性質

長期記憶（long-term memory, LTM）是指，能夠長久記住某些事務的一種記憶。長期記憶的資料，可以使人去思考、推理、解決問題，甚至去創造發明，因此在日常生活中的記憶大都屬於長期記憶。惟，長期記憶的資訊如果長久不加以使用，也有可能產生記憶模糊或遺忘的現象，例如：一個人從小學畢業 25 年之後，能夠從畢業同學錄的相片中，正確叫出同班同學的姓名者，大約占 82%（Bahrick, Bahrick, & Whittlinger, 1975）。

（二）長期記憶的貯存

根據認知心理學的理論，長期記憶所貯存的訊息，可以分成兩類：其一為**程序性記憶**（procedural memory），是指吾人對有先後順序訊息的記憶，這種記憶主要包括認知與技能兩部分，個人經由觀察學習與實際操作練習，而學得程序性記憶。程序性記憶貯存在記憶裡比較不容易忘記，以後如果有需要可以隨時檢索出來應用，例如：小時候學會游泳，以後即使不再練習，20 年後仍然不會忘記；騎車、開車、演奏樂器、打字、烹飪等，也是一樣。

另一種為**陳述性記憶**（declarative memory），是指個人所記憶的事實，在需要的時候可以陳述出來，舉凡對理論、學說、定理、定律、公式、人名、地名，以及專有名詞等事實資料的記憶，均屬之。陳述性記憶之訊息，可以分為**語意記憶**（semantic memory）和**事件記憶**（episodic memory）兩種。前者如文字、語文、原則、概念等知識的記憶，後者是指與個人生活經驗有關事實的記憶，例如：個人自傳、回憶錄、學經歷等均屬之。

（三）長期記憶的檢索

長期記憶所貯存的資訊很龐大，時間又很漫長，因此一般人在回憶時，有時無法立刻從長期記憶的資訊中檢索出來，於是便會產生**舌尖現象**（tip-of-tongue phenomenon, TOT），例如：話到嘴邊居然想不起來。也有時候會產生**記憶扭曲**（memory distortion）的現象，例如：一個刑事案件發生之後，法官傳喚目擊者當證人，目擊者憑記憶所做的陳述，往往與案發當時的事實不一定完全相符合，甚至會產生「有中生無」或「無中生有」，導致法官誤判的情形。

個人在記憶時，如果有**專心複誦**（elaborative rehearsal）、**鎂光燈記憶**（flashbulb memory）、**序列位置效應**（serial position effect）、**雷斯多夫效應**（Restorff effect）等經驗，就很容易從腦海中將記憶的訊息想出來。專心複誦就是將所要記憶的訊息，多次用心反覆背誦以加深印象。鎂光燈記憶是指，個人從大眾傳播媒體看到令人驚心動魄的消息，產生長久不可抹滅的印象，例如：美國 911 遭受恐怖攻擊，帝國大廈陷入濃煙火海，然後傾倒的畫面，大家仍然記憶猶新。序列位置效應是指，個人在記憶許多連續項目時，這些項目在序列中的位置，會影響記憶的效果，通常在序列中前面的項目比較容易記住，這種現象稱為**初始效應**（primacy effect）；在序列後面的項目也比較容易記住，這種現象稱為**新近效應**（recency effect）；但在序列中間的項目則比較容易忘記。雷斯多夫效應是指，個人將重要資訊再加強記憶，這樣就可以記得更牢靠。

參、教師增進學生記憶的教學原則

學生每一學科的學習成績，都與記憶有密切相關。以下提出一些增進記憶力的方法，供教師教學與學生學習之參考。

一、過度學習

過度學習（over learning）是指，學習之後還要繼續加強練習或複習，一直達到滾瓜爛熟的地步。過度學習的次數，至少要達到原來學習次數的一半，例如：原來學習八次就記住全部教材，需要再加強練習或複習四次以上，這樣就比較能夠牢牢記住全部教材內容。

二、善用練習方式

學生所學習過的教材，不斷加強練習就容易記得。教材的練習有兩種方式：第一種為**集中練習**（mass practice），當所要記憶的材料簡短時，從頭到尾不斷反覆練習；第二種為**分散練習**（distributed practice），當學生要記憶的教材冗長或艱深時，可以教導學生分段落記憶，每一個段落牢記之後，再記憶下一個段落。此外，讓學生自己動手實做，從做中學習，例如：學生看完老師畫一個正方體之後，讓學生自己動手畫，這樣就比較不會忘記。

三、提供舒適的學習環境

在學生學習的環境中，如果溫度過高或過低、噪音太大、光線不足或太強、空氣不流通、溼度太大或有異味、雜物太多或空間太小等，都不利於記憶；反之，如果學習環境優雅舒適、安靜、空間寬敞、溫度與濕度適中、空氣流通、光線充足，這樣就有助於記憶。因此，學校應提供良好、舒適的學習環境，有助於學生集中注意力，進而增進記憶的效果。

四、組織教材供學生有系統的學習

教師將教材加以整理，成為有組織、有系統、有完整結構的教材，這樣就有助於學生記憶，例如：將教材的重點整理出來，也就是提供**前導組體**（advance organizer），這樣有助於學生記住教材的重要訊息。

五、教導學生讀書要眼到、耳到、口到、心到及手到

一般學生如果上課時只聽老師講解，大約只能記住 30 至 40%的教材內容；如果聽講之後再用心看教材，大約能記住 50 至 60%的教材內容；如果能在聽講之後用心閱讀教材，又能將教材多複誦幾遍，則大約能記住 70 至 80%的教材內容。讀書除了眼到、耳到、口到、心到之外，如果將教材親自動手整理，則大約能記得 88%以上的教材內容，如果再將自己知道的去教導別人，則能記住更多，所謂「眼過千遍，不如手過一遍」，就是這個道理。

六、讓學生多複習

教師在教學之後，時常對學生複習教材，同時也要求學生課前先預習，上課注意聽講，課後必須加強複習，這樣可以提升教材的記憶力。如果學生在學習之後過了很長時間再複習，效果就不大，例如：有一位學生到老師家裡去學習彈鋼琴，回家之後經過一星期才複習，這樣就會很容易忘記老師所教導的彈奏技巧。

七、提供學生記憶的策略

教師為了提高學生的記憶力，可以提供學生一些幫助記憶的策略，也就是記憶術（mnemonic），並鼓勵學生多加使用，以下是一些比較常用的記憶策略。

（一）關鍵字法

關鍵字法（key-word method）是指，利用**心像**（image）聯想的方式來幫助記憶，這種記憶法特別適用於外國語文單字的記憶，例如：

title————（抬頭）————標題
fat ————（肥的）————胖
wood————（屋的）————木頭
theater————（戲台）————戲院
stove ————（煮豆腐）————爐子
ladder————（累的）————梯子

上述括弧內的文字就是關鍵字，由英文單字的語音與關鍵字的連結，就形成關鍵字的心像，進而記住該英文字的中文意思。

（二）軌跡法

軌跡法（method of loci）是指，將所要記憶的材料想像成某一系列熟悉位置的事物，例如：有一位學生放學回家的路上需要購買：原子筆、萬金油、蘋果、玫瑰花、蛋糕、寵物飼料、電器開關、摩托車機油、郵票等物品，他就將自己住家到學校有固定順序的商店，逐一聯想在一起。該生從住家到學校要經過文具店、西藥房、水果店、花店、糕餅行、寵物店、水電行、加油站、郵局等，於是他將所要購買的物品，依照商店的順序逐一聯想在一起，他終於在回家之前，把全部所要購買的東西都買回來了。又如：登山客如在山上沿途的每一個轉彎處，在樹上綁上白布條，這樣下山時沿著白布條就不會迷路了。

（三）諧音法

諧音法是指，利用相似的語音來幫助記憶的方法，例如：要記住電話號碼：23721688，前四個數字為電信局的局碼，後四個數字為號碼，上述電話號碼，只要記得局碼與1688即可，而1688與「一路發發」的語音相似。又如英文的leader與「立德」的語音相似；9595與「救我救我」的語音雷同。

（四）關聯法

關聯法是指，將所要記憶的材料找出它們之間的關聯，例如：你要去一家超級市場購買剪刀、雜誌、膠水、光碟、可口可樂、原子筆、攝影機底片等物品，這時你可以想像成：剪刀、膠水、光碟、可口可樂、原子筆放在雜誌上，準備照相。

（五）字鉤法

字鉤法（peg-word method）是指，將所要記憶的字找出一個標記，例如：要記住以前中國大陸東北九個省份，你可以將每一個省份以一個字來代表，這樣就可以將黑龍江（黑）、松江（松）、合江（喝）、遼寧（了）、興安（心）、吉林（極）、安東（安）、嫩江（寧）、遼北（了）等，記成一句話：「黑松喝了，心極安寧了」。

（六）檢核表法

檢核表法（checklist method）是指，將所要記憶的材料，全部列在一張清單上，將已經處理過的項目作個記號（例如：打×），然後將沒有做記號的項目加強記憶，這樣就可以記得所有的項目了，例如：某學生要記住下列的英文單字，只要將已經記得的單字作個記號，然後針對還沒記得的單字再加強記憶，這樣就可以全部記得了。中英文單字之檢核表如下：

1. apple——蘋果　　10. knot——結
2. bullet——子彈　　11. luxury——奢侈
3. comet——彗星　　12. map——地圖
4. deer——鹿　　13. nurse——護士
5. esteem——尊重　　14. onion——洋蔥
6. flute——長笛　　15. quality——品質
7. hamper——妨礙　　16. rent——出租
8. isolate——孤立　　17. slender——瘦長的
9. jewel——寶石　　18. toil——辛勞

（七）了解教材的涵義

學習者充分了解所要記憶教材的涵義，就能久記不忘，例如：教師教小學生或外國人學習底下十個中文單字時，教師可以向學生說明每一個單字的涵義，這樣學生才能對這些單字久記不忘：

1.售　2.保　3.天　4.出　5.苦
6.美　7.富　8.家　9.租　10.校

教師可以告訴學生「售」字，是由「隹」與「口」二字所組成的，也就是講好話，賣東西要講好話，東西才容易賣出去；「保」字有呆人作保證人的意思；「天」是由「一」與「大」這兩個字所組成的，也就是說，天這個字有第一大的意思；「出」是由兩個山疊在一起，一個山已經很高了，如果再疊上去一個山就更高了，所以出這個字就有凸出去之意；「苦」是指放置很久的草，吃起來味道很苦；「美」是由「羊」與「大」這兩個字所組成，有大隻綿羊很美麗的意思；

「富」是指一個家庭有十畝田；「家」這個字由「宀」與「豕」所組成，表示古代人家都有養豬；「租」是指古人以稻米來兌換租金；「校」由「木」與「交」二字組成，指學校是有許多樹木的地方。

（八）故事法

將所要記憶的教材編成一個故事，讓教材融入故事中，藉著故事的前後連貫性讓人留下深刻印象，對記憶頗有幫助，例如：要小朋友記住底下幾個重要的字詞，可以編一個故事如下：

字詞：農夫、貧困、期望、節儉、積蓄、興趣、願望、鬱悶

故事：很久很久以前，有一位老**農夫**，家境非常**貧困**，他生了一個兒子，老農夫**期望**兒子好好用功讀書，將來當醫師賺大錢，於是在兒子念中學的時候，天天送兒子去補習，老農夫**節儉**過日子，將全部**積蓄**提供兒子念醫學院，可是兒子對當醫師沒有**興趣**，為了達成父親的**願望**，天天面對病人，心情非常**鬱悶**，當了三年醫師，就因憂鬱症而自殺身亡。

（九）歸類法

將一些繁瑣的事物，依照某一定的法則歸類，則有助於記憶，例如：要記憶下列21種資料，可以將這些資料分成水果、電器、工具、飲料、文具、地名、交通工具等類。其中水果包括：柚子、蘋果、奇異果；電器包括：電視、電風扇、電鍋；工具包括：鐵鎚、千斤頂、螺絲起子；飲料包括：可口可樂、葡萄汁、蘋果西打；文具包括：橡皮擦、直尺、圓規；地名包括：關西、東勢、龍潭；交通工具包括：汽車、輪船、摩托車。

1.柚子
2.電視
3.橡皮擦
4.電風扇
5.東勢
6.汽車
7.奇異果
8.龍潭
9.圓規

10.鐵鎚	14.直尺	18.摩托車
11.蘋果	15.葡萄汁	19.蘋果西打
12.關西	16.千斤頂	20.電鍋
13.可口可樂	17.輪船	21.螺絲起子

（十）分層系統法

將所要記憶的材料分成幾個層次，再將每一個層次細分為幾類，這樣有助於事後的回憶，減少記憶訊息的混淆，例如：要記住以下寵物，可以歸類如下：

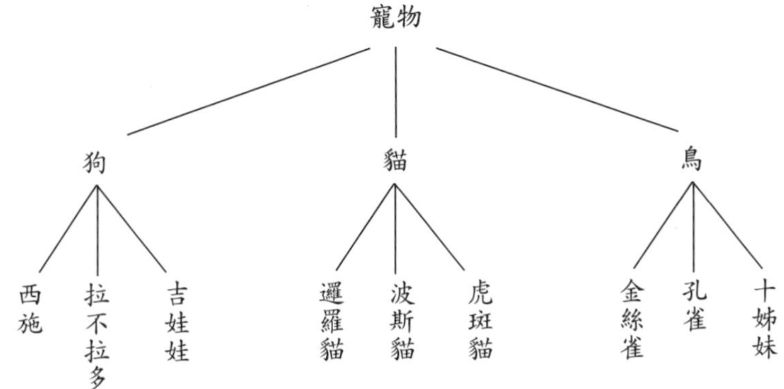

（十一）押韻法

將要記憶的材料編成韻文（如詩、歌、詞、賦等），例如：要記住動物如何過冬，可以編成下列兒歌：

冬天到，冬天到，北風呼呼吹，

葉兒滿天飄，鳥兒蟲兒都跑掉，花兒草兒都睡覺。

（十二）叢集法

如果要記住一長串的資料，可以將資料細分成幾個叢集（chunk），這樣對於記憶頗有幫助。茲舉三個例子：(1)049257894361；(2)149162536496481100；(3)

010011011101010110。第一個例子，為了幫助記憶，可以將其分成 049-257-894-361 等四組；第二個例子，可以將其分解成 1、4、9、16、25、36、49、64、81、100，這一串數字只要記住由 1 到 10，再將每一個數字平方之後排列出來就可以了；第三個例子的數字雖然只有 0 與 1，但是有 18 位數，已經超過人類記憶的容量，但如果將這串數字採用邏輯記憶法，就容易記得，例如：在記憶之前先依照數字的邏輯順序，假設：000 ＝ A，001 ＝ B，010 ＝ C，011 ＝ D，100 ＝ E，101 ＝ F，110 ＝ G，111 ＝ H，則只要記得「CDDFCG」，然後再將這些英文字母解碼（decoding），逐一轉換成其所代表的數字，這樣就可以全部記住了。

（十三）對一系列資料中間部位加強記憶

在一長串資料中，前面與後面的資料比較容易記得，中間部位的資料因為受到前、後資料的干擾，所以比較容易忘記，因此中間部位的資料必須加強記憶，以免遺忘，例如：請你記住以下 20 個學校：開南、致遠、立德、醒吾、修平、美和、致理、亞東、吳鳳、南亞、光武、僑光、佛光、中州、德明、環球、明道、黎明、稻江、南榮。前後 5 個學校比較容易記得，中間 10 個學校容易忘記，所以位於中間的這 10 個學校應多複習幾次，以免忘記。

（十四）PQ4R 法

PQ4R 法是由羅賓森（Robinson, 1961）所提出的 SQ3R 法發展而來，這種讀書方法對於學生記憶閱讀內容很有幫助（Anderson, 1995）。PQ4R 法包括六個步驟，分述如下：

1. **預覽**（preview）：將一本書每一章、節的標題、摘要、大綱，先瀏覽一遍，以便對該書各章、節有個概略的印象。
2. **質疑**（question）：對所閱讀的內容產生疑問或仔細思考，如果無法解除疑惑，就先做個記號，以便請教老師或同學。
3. **閱讀**（read）：針對每一章每一節的內容仔細閱讀，並且試圖解答原先質疑的問題。

4. 反思（reflect）：對所閱讀的內容反覆思考，深入了解其中的涵義，發現其中的道理。
5. 背誦（recite）：將每一節的內容仔細背誦，等到非常精熟時，再背誦下一個單元。
6. 複習（review）：當整章或整課背誦完了之後就必須加強複習，不是等到考試前再溫習。在複習時，不妨自我反問有關學習材料的相關問題。

（十五）情境記憶法

情境記憶法（contextual facilitation method）是指，利用以前學習時的情境，來幫助回憶的記憶法，例如：你自小學畢業 20 年，想要記得就讀小學發生的往事，只要你再回到當年的校園與上課的教室，到處去走走，陳年往事就可能一一浮現在腦海中。

（十六）簡化教材內容

當學習材料內容很多又複雜時，要全部記住就會相當困難，如果能將教材化繁為簡，例如：繪製成有組織、有系統的圖表，對於記憶有很大的幫助，例如：要記住教育心理學的研究方法及其優缺點，可以繪製如表 9-1 所示。

表 9-1　教育心理學研究法之比較

方　法	優　點	缺　點
調查法	1. 可以獲得大樣本的資料。 2. 資料可以做量化分析。	1. 受測者不一定誠實回答。 2. 無法發現因果關係。
實驗法	1. 可以發現因果關係。 2. 研究結果可以驗證。 3. 研究具科學性。	1. 無關干擾變項不容易控制。 2. 實驗結果不容易推論到實驗室之外的行為。
觀察法	1. 可以發現受測者在自然情境之下的行為。 2. 可以研究複雜的行為。	1. 觀察者個人的偏見不容易排除。 2. 無法發現因果關係。

表 9-1 教育心理學研究法之比較（續）

方　法	優　點	缺　點
個案研究法	1. 可以深入了解個案問題原因。 2. 可以提供解決個案問題的方案。	1. 研究結果不易推論至其他個案。 2. 研究過程容易受研究者主觀因素的影響。
相關法	1. 可以發現變項之間的關係。 2. 各變項之間的關係可以量化。	1. 不能發現變項之間的關係。 2. 影響變項之間的因素很多。

第二節　遺忘

遺忘（forgetting）是指，記憶保留減少的部分。一個人在學習之後，記憶保留的量愈少，則遺忘的量愈多；反之，記憶保留的量愈多，則遺忘的量愈少。由此可知，記憶與遺忘兩者互為消長。

壹、遺忘的原因

遺忘其發生的原因為何？對於人類記憶遺忘的現象，歷來有不同的理論觀點來解釋，茲分述如下。

一、記憶痕跡消逝理論

完形心理學者提出記憶痕跡消逝理論，他們認為學習過的事物，經由感覺器官接收之後，在大腦神經系統的運作之下而留下痕跡，這就是感覺**記憶痕跡**（memory trace）。但是隨著時間的流逝，如果個人沒有再使用腦海中所記憶的資訊，則其記憶痕跡就會逐漸模糊，因而造成遺忘。

現代有一些認知心理學家，也支持記憶痕跡消逝理論。不過，他們主張個人由感覺器官接受外在刺激的訊息，經編碼之後存入長期記憶中，如果長期不使用編碼的訊息，就會逐漸產生遺忘。

以記憶痕跡消逝理論來解釋遺忘現象，有時未必符合事實，例如：有一些學習材料，在短暫的時間之內就忘記，可是有些學習所產生的記憶，在歷經數十年之後，仍然記憶猶新。人們常有一種經驗，就是努力要嘗試著回憶往事不成功，但稍後卻能輕易想起來，這種現象稱為**回復記憶**（reminscence）；而對某些訊息，隨著時間的流逝，記憶不減少反而增加的經驗，這種現象稱為**超常記憶**（hypermensia）。上述兩個現象都無法以記憶痕跡消逝理論，來作合理的解釋。

二、資訊干擾論

有一些行為主義學者認為，遺忘是因為個人原來所記憶的資訊，受到其他資訊的干擾，因而抑制了記憶功能的正常運作。抑制可以分為**順攝抑制**（proactive inhibition）與**倒攝抑制**（retroactive inhibition）兩種，茲簡要說明如下。

（一）順攝抑制

順攝抑制是指，先前學習所得到的訊息，對後來學習的記憶產生干擾。順攝抑制可以採用以下實驗設計來說明：

組　別	實　驗	處　理	測　驗
實驗組	學習 A 材料　→	學習 B 材料　→	回憶 B 材料
控制組	休息　→	學習 B 材料　→	回憶 B 材料

實驗組先學習 A 材料再學習 B 材料，隔一段時間再回憶 B 材料。控制組先休息，然後與實驗組同時學習 B 材料，隔一段時間再回憶 B 材料，結果實驗組回憶 B 材料之分數低於控制組。這是由於實驗組在學習 A 材料之後的記憶，對學習 B 材料所造成的干擾，而控制組在學習 B 材料之前休息，沒有受到其他訊息的干擾。因為實驗組干擾的材料 A 在 B 之前，所以稱為順攝抑制。通常 A 與 B 兩種學習材料的內容愈相似，則兩者之間的干擾程度就愈大，因此遺忘現象也就愈多，

例如：23724694 與 24732694 這兩組電話號碼，因為很相似所以就容易搞混了。

（二）倒攝抑制

倒攝抑制是指，後來學習所得到的訊息，對先前學習的記憶產生干擾。倒攝抑制可以採用下列實驗設計來說明：

組　別	實　驗	處　理	測　驗
實驗組	學習 A 材料	學習 B 材料	回憶 A 材料
控制組	學習 A 材料	休息	回憶 A 材料

實驗組先學習 A 材料再學習 B 材料，隔一段時間再回憶 A 材料；控制組先學習 A 材料，然後休息間隔一段時間再回憶 A 材料。結果發現，回憶 A 材料的分數，實驗組明顯低於控制組。這是由於實驗組學習B材料，對學習A材料造成干擾所致，而控制組在學習A材料之後就休息，所以沒有受到其他訊息的干擾。由於實驗組干擾的材料 B 在 A 之後，所以稱為倒攝抑制。通常 A 材料與 B 材料的相似性愈大，兩者間的干擾程度也愈大，因此遺忘現象也就愈多。

三、記憶檢索失敗

個人貯存在長期或短期記憶的資訊，在回憶時從貯存的資訊中去檢索，如果檢索不當就記不得，也就是產生遺忘。這種情形就好像圖書館典藏的書籍數百萬冊，每一本書都經過圖書館專業人員編碼，而且放在固定位置的書架上，可是借書者不會利用電腦來檢索，直接到書庫中找書，所以就不容易找到所要借的書。

記憶檢索失敗的另一種原因，就是原先記憶時編碼不當所造成的，例如：圖書館編目人員，如果將一本書編碼錯誤或放錯位置，以後要借書的人就很難在書庫中找到這一本書。

另外，檢索時的情境如果與編碼時的情境不同，也容易產生遺忘，例如：某人自小學畢業後 50 年都沒有回去過母校，他想要回憶童年在小學求學的情景，往往無法記憶地很清楚；可是，一旦他回到母校重溫舊夢，這時小學生活的情景就可能一一浮現在腦海中。由上述可知，想不起來是因為檢索失敗，並非記憶消失。

四、動機性遺忘

個人動機的強弱也是影響檢索成敗的重要因素，例如：不願意去記住教材，自然產生較多的遺忘。精神分析學派創始人佛洛依德，曾提出**動機性遺忘**（motivated forgetting）理論，他認為一般人將不愉快的、痛苦的經驗壓抑成為潛意識，以致於平時想不起來這些不愉快的經驗，例如：某大學生曾經被數學教授當過，所以他以後不喜歡上這位教師的課，因而常常曠課；他忘記去上課並非其記憶力差，而是其動機所使然。

五、機體性因素

人腦的顳葉、海馬、杏仁核與視丘等部位，如果嚴重受傷或有病變，經過治療無法復原，就可能導致記憶力衰退或產生**健忘症**（amensia）。另外，人腦若長腦瘤、患有癲癇症、嚴重營養不良、藥物中毒、腦部缺氧、酒精中毒、鉛中毒、大腦外傷或毒癮發作等，都有可能使大腦功能失常，因而導致遺忘。此外，罹患失智症或**阿茲海默症**（Alzheimer's disease，簡稱 AD），是一種持續性神經功能障礙，所以會逐漸喪失記憶力。這種遺忘現象是由有機體因素所造成的，稱為**器質性健忘症**（organic amensia）。

貳、減少遺忘的教學原則

學生在學習過程中，隨時隨地吸收各種知識，但是遺忘現象是不可避免的。如果學生能記住所學的材料，就能產生良好的學習效果；反之，如果學習之後忘記大部分材料，則學習效果不佳，底下提出一些減少遺忘的教學原則。

一、安排多次複習機會

學生在學習之後，如果長期不使用所習得的資訊，就自然產生遺忘。因此為了避免或減少遺忘的發生，教師應安排學生有複習功課的機會，例如：教師在每一節下課之前，將該節課程的重要內容作扼要說明，以便幫助學生複習；同時，在每一章節教材內容上完之後，再將該章節作有系統的複習；此外，在月考、期中考或期末考之前，再幫助學生複習考試範圍的教材或先做個測驗，對學生答錯的地方再叮嚀。這樣有多次複習的機會，對於學生減少遺忘將有很大的幫助。

二、減少記憶資訊的干擾

按照行為主義者的說法，遺忘之所以產生，是因為訊息的順攝抑制或倒攝抑制所造成的。因此，為了減少或避免遺忘的產生，教師應教導學生減少記憶資訊的干擾，例如：學生在考試之前、記憶教材內容之後，不要再去做別的事（如看電視、看報紙、聊天、上網等）就直接去休息，這樣考試的成績會比較好。此外，教師教學時不宜教導性質相類似的教材，以免學生增加干擾的程度。

三、提供適當的檢索指引

依照記憶檢索失敗的說法，檢索不當就容易產生遺忘。因此，教師在教學的情境中，一方面應對學生提供明確的檢索指引，以避免學生因檢索方法不正確而產生遺忘；另一方面教師應提供學生適當的檢索情境，儘量與編碼時的情境相同，以減少遺忘的產生。

四、激發學生學習動機

由於動機是影響記憶的重要因素之一，因此，教師在教學的情境中，應設法激發學生學習的意願或動機，讓學生知道學習不是為了應付考試，讀書不是為了父母，而是與自己未來的前途有密切的關係。當學生明白努力用功學習的重要性，就會認真讀書、注意聽講、課前預習、課後複習、考試前再加強複習，這樣就可以減少遺忘的發生。

五、加強學生身體保健工作

如前所述，腦部受傷或產生病變、酒精中毒、鉛中毒、吸食毒品等，都會傷害記憶力。因此，教師應對學生加強宣導衛生保健工作，提醒學生騎機車一定要戴安全帽，而且速度不可太快（時速最好在50公里以下）；不可以喝酒過量、遠離含鉛或輻射量過高的環境、不可以吸食毒品，以避免腦部受傷或因疾病而傷害其記憶力。

學生在學校所學習的知識，如果不能舉一反三、觸類旁通，將來離開學校步入社會之後，就不容易將所學應用在實際的生活情境中，如此將不易適應快速變遷的社會。以下將就學習遷移的現象、學習遷移的理論，以及增進學習遷移的教學原則，分別加以說明。

第三節　學習遷移

壹、學習遷移的現象

學習遷移（transfer of learning）是指，一種學習對另外一種學習的影響。由於一種學習對另外一種學習的遷移效果，有正負之別、遷移方向之分，以及遷移內容的不同，所以學習遷移可以分為以下幾類。

一、由學習遷移的效果來區分

（一）正遷移

凡是一種學習有益於另一種學習，這種學習現象稱為**正遷移**（positive transfer）。簡單來說，某一種學習可以使得另一種學習更節省時間、練習次數較少，學習效果更好。一般來說，兩種學習的性質、內容、歷程以及學習原理愈相似，就愈能產生正遷移，例如：學會打羽毛球，有助於打排球的學習。又如：學會騎機車，則有助於學習開汽車；而學生學會了數學加、減、乘、除四則運算，則有益於代數的學習。

（二）負遷移

凡是一種學習不利於另一種學習，這種學習現象稱為**負遷移**（negative transfer）。負遷移是指，一種學習使得另一種學習的時間更長、學習的次數較多，學習效果愈不好。一般而言，兩種學習的性質、內容、歷程以及學習原理愈不同，則愈容易產生負遷移，例如：在臺灣學習汽車駕駛，到了日本、澳洲開車子就產生不良效果，因為臺灣的車子是靠右邊行駛，日本、澳洲的汽車都是靠左邊行駛。又如：學習彈鋼琴之前先學習彈風琴，有可能會阻礙鋼琴彈奏技巧，因為這兩種樂器的彈奏指法不同。

二、由學習遷移的方向來區分

（一）垂直遷移

垂直遷移（vertical transfer）是指，兩種學習之間的難易度不同，彼此產生相互影響。就垂直遷移的方向，又可以分為由上而下的垂直遷移，以及由下而上的垂直遷移。由上而下的垂直遷移是指，較高層次或比較複雜的學習，對較低層次或比較簡單的學習有所幫助，例如：先學會開汽車對於學習騎機車有幫助。由下而上的垂直遷移是指，較低層次的學習對較高層次或比較複雜的學習有所助益，也就是由易而難，由簡單到複雜，由具體到抽象的學習，例如：學生學習初等統計學，對於學習高等統計學有所助益。

（二）水平遷移

水平遷移（lateral transfer）是指，兩種學習之間難易度相同，彼此產生相互影響，例如：讓學生學習將電風扇零件組合成電風扇，則有助於學生將電腦零件組裝成一部電腦。

三、由學習遷移的內容來區分

（一）一般遷移

一般遷移（general transfer）是指，由一個學習所產生的原理原則，遷移到另一個學習。在一般學校教育情境中的學習，大都屬於一般遷移。

（二）特殊遷移

特殊遷移（specific transfer）是指，由一個動作學習所產生的原理原則，遷移到另一個學習。一般動作技能的學習，大都屬於特殊遷移。

貳、學習遷移的理論

學習遷移的現象到底是如何產生的？為何一種學習能夠影響另外一種學習？歷來，學習心理學者有不同的看法與解釋，以下分別介紹幾個較具代表性的理論。

一、共同元素理論

共同元素理論（identical elements theory）係由桑代克（Thorndike）所提倡。他認為，如果兩種學習之間有共同的元素，一個學習就有益於另一個學習。當兩種學習之間共同元素愈多時，則愈能產生學習遷移；反之，兩種學習之間共同的元素愈少，就愈不容易產生學習遷移。由此可知，如果兩種學習之間沒有相同元素存在，就不可能產生學習遷移；反之，如果兩種學習之間的元素完全相同時，則其學習遷移的效果最大。

桑代克認為，兩種學習的內容、方法、習慣、態度、情緒等共同元素愈多，則學習遷移愈大，例如：學會單一變因的科學實驗，就有助於學習雙變因的科學實驗，這是方法的遷移；學生學會在教室遵守班規，則有助於在學校遵守校規，這是習慣的遷移。

二、形式訓練學說

歷來，對於學習遷移現象最早且最有系統解釋的，就是形式訓練學說。有些心理學家認為，人類的大腦可以細分成許多個區域，每一個區域都有其獨特的功能，又稱為**官能**（faculty），例如：記憶、推理思考就是不同的官能。形式訓練學說主張，某些官能經過訓練之後，就能夠遷移到各種學習活動。在 18 世紀中葉，官能心理學說提出之後，有少數教育學者就根據這個學說，提出**形式訓練**（formal discipline）的教育理念，例如：主張學校教導學生數學、語文學科，就能夠提升學生的邏輯思考能力。

三、轉換理論

轉換理論（theory of transposition）是由一些完形心理學家所提倡的。該理論主張某種學習有助於另一種學習，實際上就是由一個學習轉換到另一個學習，而兩個學習之間沒有共同元素時，也有可能產生遷移。兩個學習之間愈有相類似的特徵，就愈有可能產生轉換，例如：我們常說：「人生如戲」、「戲如人生」，這就是兩者之間有相類似特徵所產生的轉換。

四、類化理論

類化理論（theory of generalization）是指，由一個學習的結果，對另一個相類似學習情境的學習有所助益，該理論係由喬德（C. H. Jude）所提倡的，例如：小朋友學習造一個句子：「小偉每天游泳，所以身體很健康。」以後就能造出一個新句子：「大華每天運動，所以身體很健康。」

五、三層面遷移模式學說

奧思古（Osgood, 1949）提出三層面遷移模式學說。**三層面**（three dimensions）是指：(1)先後兩種學習材料之刺激相同，反應也相同，其產生正遷移的效果最大；(2)先後兩種學習材料之刺激相同，但反應不同，其產生正遷移的效果次之；(3)先後兩種學習材料之刺激不同，反應也不同，其產生正遷移的效果最小。

六、認知結構理論

近年來，認知心理學已逐漸成為心理學的顯學。認知心理學家主張學習遷移產生的效果，乃在於學習者原有的認知結構，與所要學習內容的認知結構是否相同。如果兩者相同或相似，就有助於產生正遷移，如果兩種不同或不相似，就容易產生負遷移。

參、增進學習遷移的教學原則

在學校教育中，如何讓學生產生正遷移、減少負遷移，這是相當重要的課題，以下提供幾個增進學習遷移的教學原則，供讀者參考。

一、教材組織應循序漸進

從學習遷移的理論來說，兩種學習的教材內容愈相似，愈能夠產生正遷移。為了使學生在學習過程中容易產生正遷移，教師在選擇或組織教材時，應兼顧教材前後銜接的原則。教材由易而難、由具體而抽象、由簡而繁，有系統的排序，如此循序漸進，將有助於學生產生正遷移。

二、鼓勵學生學以致用

學生在學校所學習的知識，如果不能夠應用到實際生活情境中，則將成為「惰性知識」。學生是否能夠學以致用，教師的教學技巧相當重要。因此，教師在教學的時候，應多舉一些實際的例子，幫助學生將所學習的理論應用到生活情境上，使理論與實際兩者相結合。

三、擅用發問技巧激勵學生思考

在傳統式的教學方式中，教師將課本的知識直接傳授給學生，這種填鴨式的教育，不容易使學生產生思考，因此容易妨礙正遷移的產生。教師在教學時，如果能時常對學生問一些問題，尤其是問一些需運用舊知識來解決新的問題，逐漸培養學生主動學習的動機，如此將有助於正遷移的產生。

四、採用精熟教學法

學生在學習各學科教材時，如果只是一知半解，知其然而不知其所以然，則很難學以致用。教師在教學上，如果採用莫禮森（H. C. Morrison）所提倡的**精熟學習**（mastery learning）的理念，或採用布魯默（B. S. Bloom）所主張的精熟教學法，使學生學習達到精熟的水準，這樣就可以使學生產生正向學習遷移的效果。

五、培養學生良好的學習習慣

教師在教學過程中，要培養學生能夠集中注意力，有敏銳的思考能力、堅強的意志力、有廣泛的學習興趣，以及細微的觀察能力，對問題有深入分析的習慣，教導學生以原有的知識來解決新問題，這樣有助於促進學生的學習遷移。

自我評量題目

1. 記憶的性質為何？
2. 記憶有哪些類型？
3. 比較常用的記憶策略有哪些？
4. 遺忘的現象為何？
5. 減少學生遺忘的教學原則有哪些？
6. 何謂學習遷移？
7. 教師如何促進學生產生學習的正遷移？
8. 試說明教師增進學生記憶的教學原則。
9. 試說明資訊干擾理論對記憶的影響。
10. 何謂軌跡記憶法？試舉例說明之。
11. 解釋名詞：

(1)倒攝抑制	(7)雷斯多夫效應
(2)過度學習	(8)陳述性記憶
(3)前導組體	(9)垂直遷移
(4)新近效應	(10)水平遷移
(5)短期記憶	(11)正遷移
(6)情境記憶法	(12)負遷移

第十章　思考活動與教學

學校教育的主要目的，在於培養學生具有獨立的思考能力。歷年來，我國中小學之學校教育偏重智育，大多數學生容易養成記憶教材或機械式解題的能力。在這種傳統教育方式之下，不但不利於培養學生的創造力或解決問題的能力，而且很難使學生適應快速變遷的社會，以及生存競爭劇烈的環境；這是因為學生在學校所學到的知識，將來步入社會之後無法終生受用。唯有學生具有獨立思考能力，以後遇到任何問題才容易順利解決。

本章將分析思考的內涵，說明推理、作決定、解決問題的策略，並且探討培養學生創造力的教學原則，俾使學生養成獨立思考及解決問題的習慣，進而充分發揮個人的潛能，為個人、社會、國家帶來最大的福祉。讀者閱讀本章之後，將能達成以下學習目標：

1. 認識思考的涵義。
2. 了解思考有哪些類型。
3. 認識推理的涵義。
4. 了解如何作決定。
5. 知道如何解決問題。
6. 認識創造思考的涵義。
7. 知道教師如何培養學生思考能力。

第一節　思考的性質與類型

壹、思考的性質

思考（thinking）是指，個人在面對問題時，以過去的經驗和心智能力，進行認知、歸納、推理、辨別、綜合、判斷與作決策的心理歷程。雖然人類的思考有時是無特定目的或方向的，但是大多數人面對問題時的思考，通常會集中注意力在問題上面，所以這時的思考是有目的、意義與方向的。

思考不但是一種心智活動的歷程，同時也是人類學習過程的基本要素。中國古聖先賢所謂「明辨、審問、慎思、篤行」，以及「學而不思則罔，思而不學則殆」，都是強調在學習過程中，思考的重要性。歷年來，心理學家對思考有兩種看法：其一，思考是心智活動的歷程；其次，思考是一種心智能力。茲分別說明如下。

一、思考是心智活動的歷程

美國著名的教育家、心理學家與哲學家杜威（Dewey）認為，思考是一種心智活動的歷程，也是個人適應環境的工具。當個人面對疑難問題或困惑的情境時，無法以既有的習慣、經驗或知識來解決問題。這時需要請教他人或自己蒐集資料，分析探索問題的真相，試圖解決困惑，一直到疑難問題獲得解決為止，思考的心理活動才停止下來。

杜威在其著作《我們如何思考》（*How We Think*）一書中，提出思考的步驟如下：

1. 遭遇到疑難或困惑問題。
2. 尋找問題的關鍵所在。
3. 蒐集問題的相關資料，並提出解決問題的假設。

4. 從各種可能的解答中逐一檢驗，找出最適當的解決方法。

5. 依照所選定的解答方法，採取行動解決問題，遇有不當之處隨時做修正。

哲學家羅素（Russell, 1712-1778）認為，思考是**概念形成**（concept formation）的過程。當個人遇到問題之後，便開始思索解決問題的方法，一直到問題得到解答為止。兒童認知發展心理學家皮亞傑主張，思考是連續變化的動態過程。他認為在個人認知發展的過程中，隨時需要以自我為中心的思考，逐漸轉變成客觀的思考。

二、思考是一種心智能力

歷年來，有一些心理學家主張，思考是一種心智能力，茲簡述如下：

1. 桑代克（Thorndike, 1921）認為，心智能力包含社會性、具體性以及抽象性智力。個人在處理人際關係、處理事物，以及運用語文、數學、圖形、符號等能力時，都有賴於思考來完成。
2. 佘斯統（Thurstone, 1938）主張，人類有語文理解、語文流暢、數字運算、空間關係、聯想記憶、知覺速度，以及一般推理等七種心智能力，這些能力都與思考有密切關係。
3. 吉爾福特（Guilford, 1985）主張，人類至少有 120 種不同的心智能力，這些心智能力包含思考運作、思考內容與思考結果等三個層面。其中思考運作又分為：評價、**聚斂性思考**（convergent thinking）、**擴散性思考**（divergent thinking）、短期記憶、長期記憶、認知等六個因素，這些因素都有思考的成分。
4. 卡泰爾（Cattell, 1963）與洪恩（Horn, 1994），以因素分析法將智力分為**流體智力**（fluid intelligence）與**晶體智力**（crystallized intelligence）。前者係來自於先天遺傳的心智能力，包含推理與訊息處理能力；後者為依據過去生活經驗或現有知識與技能，來解決各種問題的能力，上述這兩種能力都需要藉助於思考。

貳、思考的類型

人類的思考受到個人身心成熟、經驗、性別、年齡、教育程度、宗教信仰、文化背景與意識型態等因素的影響，因此相當複雜，茲將思考分為以下幾個類型。

一、垂直思考與水平思考

垂直思考（vertical thinking）是指，個人在面對一個問題時，朝著固定的方向去思考，這是一種鑽牛角尖的思考方式，例如：某高中生參加高等考試連續八次都落榜，仍不放棄再參加高等考試，這種思考方式比較不容易解決問題。

水平思考（horizontal thinking）是指，當個人面對一個問題無法解決時，再嘗試其他方法，如果尚不能解決再嘗試其他方法。由於水平思考比較靈活，所以比較能夠順利解決問題，例如：在台灣都考不上研究所，可以申請進入外國大學的研究所。

二、正面思考與負面思考

正面思考（positive thinking）是指，個人朝積極、樂觀、正面的方向去思考，例如：感謝攻擊我的人，使我以後謹言慎行。

負面思考（negative thinking）是指，個人朝消極、悲觀、負面的方向去思考，例如：認為自己參加大學指定考試失敗，只有死路一條。

三、聯想思考與導向思考

聯想思考（associative thinking）是指，沒有固定方向、漫無目標的思考，例如：作白日夢、幻想、妄想皆屬之。

導向思考（directive thinking）是指，有固定方向與特定目標的思考方式，例如：擬定工作計畫、解答數學計算題，都屬於導向思考。

四、聚斂性思考與擴散性思考

聚斂性思考（convergent thinking）是指，個人面對有標準答案的問題時，以自己的知識或經驗為基礎，依邏輯法則來思考解決之道；中小學課業上的問題，大多要以聚斂性思考來解決。

擴散性思考（divergent thinking）是指，個人面對沒有標準答案的問題時，需要突破個人現有的知識和經驗，不依固定方法來解決問題，例如：設計自動理髮機、研發鐵釘刺不透的汽車輪胎，都需要使用擴散性思考。

五、定程式思考與捷徑式思考

定程式思考（algorithmic thinking）是指，按部就班的思考方式，例如：拼圖、組裝機械、建築房屋、算術四則運算等，都是按照邏輯的步驟來進行；換言之，個人只要依照一定程序來思考，就可以順利解決問題。雖然定程式思考比較花時間，但是犯錯的機率比較小。

捷徑式思考（heuristic thinking）是指，以抄捷徑的方式，不按照固定的步驟來思考，例如：數學心算、下棋均屬之。雖然捷徑式思考比較節省時間，但是犯錯的機率比較大。

六、因果關係思考與非因果關係思考

因果關係思考（cause-effect thinking）是指，對一個問題的思考，認為有何種結果一定是由何種原因所造成的，例如：「善有善報，惡有惡報」，則善為因，報為果。一般人常有因果關係的思考，例如：「大難不死必有後福」、「人無遠慮，必有近憂」、「有其父必有其子」、「強將手下無弱兵」、「仁者無敵」、「無風不起浪」等。一般人對某些事物，常依幾次相同的經驗，就認為這些事物之間，一定有因果關係存在，例如：某人在某家便利超商購物的統一發票，曾經中過三次高額獎金，他就深信只有到這家超商購物才能中大獎；事實上，到該家商店購物中獎，只不過是一種巧合。由此可知，因果關係的思考並不一定正確。

非因果關係思考（noncause-effect thinking）是指，個人對一個問題的思考，不認為有因果關係，這種思考方式比較具有彈性，思考結果的正確性比較高，例如：將上述例子改成：「大難不死，未必有後福」、「人無遠慮，未必有近憂」、

「有其父，未必有其子」、「強將手下少弱兵」、「仁者少敵」、「無風也會起浪」（如地震、海嘯），這樣的思考就比較正確。

七、二分法思考與多面向思考

二分法的思考方式，係將一件事截然劃分，不是前者就是後者，同時也是一種零合（zero sum）的思考模式，例如：認為甲不是好人就是壞人、乙不是好學生就是壞學生、丁不是朋友就是敵人、漢賊不兩立；這種思考方式比較武斷和僵化，事實上，大多數狀況乃介於兩個極端之間。反之，多面向思考就是思考時能夠面面俱到、思維周延、顧全大局，這種思考方式比較具有彈性，例如：天下沒有永久的朋友，也沒有永久的敵人，這就是多面向思考。

參、增進思考能力的教學原則

一、鼓勵學生思考要靈活

教師教導學生時，應鼓勵學生作水平思考，讓學生知道無法解決的問題，不要一直鑽牛角尖，以免產生習得無助感。水平思考就是當有不能解決的問題時，教導學生嘗試其他各種方法，如此比較能使問題迎刃而解。

二、鼓勵學生朝正面去思考

教師教導學生時，應鼓勵學生朝積極樂觀的方向作正面思考，這樣可以使學生產生希望與信心，讓學生知道危機就是轉機，抓住轉機就有成功的可能，學生才不會放棄努力的機會。

三、鼓勵學生作導向思考

教師教導鼓勵學生在作任何事情時，都要作有系統的思考，也就是擬定工作方案，要有縝密的思考與周詳的計畫，例如：學生要撰寫一篇研究報告，需要先蒐集很多相關資料，再將這些資料作有組織有系統的整理，這樣才能夠撰寫出一篇品質優良的研究報告。

四、教導學生作擴散性思考

一般中小學的學科其內容都有標準答案，但是學生將來離開學校後所面對的問題，大都沒有標準答案，可是有比較好的答案，因此需要培養具備擴散性思考的能力，例如：以相同的金錢去購買同一地段的公寓、商店、別墅、大廈，哪一種房屋將來比較有保值的餘地？一般來說，答案是：商店。此外，鼓勵學生將老師所教導的或從閱讀所獲得的知識，再進一步仔細思考，不要任意接受別人的觀念。這樣將有助於提高學生擴散性思考的能力。

五、教導學生對複雜問題不宜作捷徑式思考

教師教導學生遇到簡單問題時，可以採取捷徑式思考，但是對於複雜問題則不宜作捷徑式思考。因為捷徑式思考的方式就好像心算，不必一步一步來思考，雖然可以節省時間，可是出差錯的機會比較大。

六、鼓勵學生對問題用心思考，不要輕下斷言

教師在教學過程中，可以隨時問學生一些問題，讓學生有思考的機會，從學生的答案就可以發現學生的思考方式。如果學生採二分法或輕易認為事情之間有因果關係，這時教師應加以講解，使學生充分明白。

第二節　推理

推理（reasoning）屬於邏輯思考活動的歷程。所謂推理是指，由事情的原因來尋求其結果，或由結果追溯其原因；推理也是由已知假設推求問題的答案，或由已知答案反求其理由的思考活動。簡言之，推理就是找出前提與結論之間的關係。推理的方式至少可以分為**歸納推理**（inductive reasoning）、**演繹推理**（deductive reasoning）、**類比推理**（analogy reasoning）等三類，茲分別說明如下。

壹、歸納推理

歸納推理是指，觀察同類事項，找出共同特徵的思考過程。這種推理在無法保證前提為真時，結論也一定是真的，例如：有一名犯罪學者為了探討犯罪者的面貌有何特徵，他到一所監獄觀察 2,000 名受刑人，將每一位受刑人的面貌特徵記錄下來。經過統計之後發現，大部分受刑人具有皮膚黝黑、下巴向前突出、額頭狹窄等特徵，他因此下結論說：「皮膚黝黑、下巴向前突出、額頭狹窄等特徵的人就容易犯罪。」

在上述例子中，許多正常人也具有那些特徵，可是從來都沒有犯罪行為，可見這種推理並不完全正確。以血型、出生所屬星座或姓名筆畫數，來判斷個人性格或命運，都屬於歸納推理，這種推理比較容易犯錯。簡言之，歸納推理所得到的結論不一定真實。茲舉一個歸納推理的**三段論**（syllogism）如下：

大前提：所有黑人皮膚是黑的

小前提：犯罪者有黑皮膚的特徵

結　論：所有犯罪者都是黑人

由上述歸納推理所得到的結論是錯誤的。為什麼？因為皮膚黑的人不一定都是犯罪者。

貳、演繹推理

演繹推理是指，根據邏輯法則來推斷真相的思考過程，這種推理是由大前提、小前提來推理，然後得到一個結論，例如：你知道狗的身上有毛，西施犬是一種小狗，所以你可以由演繹推理知道西施犬身上有毛。中小學學生演繹推理的能力，通常隨著年齡增長而增加。

演繹推理常採用三段論法，包括：大前提（普遍的原理、原則或定律）、小前提（某特定事例）與結論等三個命題所構成的論證。當大前提與小前提都正確時，所得到的結論才會正確，也就是**有效論證**（valid argument），否則就是**無效論證**（invalid argument）。有效論證推理的基本形式如下：

大前提：所有 A 是 B
小前提：C 是 A
結　論：所以 C 是 B

例如：

大前提：所有的人（A）會生病（B）
小前提：孔子（C）是人（A）
結　論：所以孔子（C）會生病（B）

一般人在作演繹推理時，時常犯無效論證的謬誤。無效論證是指，推理過程不合乎邏輯，所以推理的結果是不正確的，這種推理的基本形式如下：

大前提：所有 A 是 B
小前提：C 是 B
結　論：所以 C 是 A

例如：

大前提：所有的狗（A）是動物（B）
小前提：貓（C）是動物（B）
結　論：所以貓（C）是狗（A）

參、類比推理

一般人遇到相類似的情境，常採用類比推理來思考或解決問題。茲舉三個類比推理的問題，分別說明如下：

1. 3 ： 6 ＝ 4 ：＿＿＿＿

2. 汽車：公路＝火車：＿＿

3. 大 ： 小 ＝長：＿＿＿＿

由上述問題可知，類比推理是依據已知的幾個元素之間的關係，由長期記憶中找出最適合的答案。以上面第二題來說，汽車在公路上奔馳，就好像火車在鐵路上行駛，所以答案是：鐵路。個人對這類問題推理時，通常要由左邊的兩個元素之間的關係，來找出右邊第一個元素相對應之元素。

肆、教師培養學生推理之道

教師在教學的過程中，利用各種機會來培養學生做正確的推理，進而增進其思考能力。培養學生推理的方式，至少可以從以下幾個方面來著手。

一、讓學生明白歸納推理的結果不一定正確

如果只由少數資料來做歸納推理，則所得到的結果不一定正確，例如：有五位數學成績優秀的學生，其身高都比較高，我們不可以說：「數學成績優秀的學生，其身高都比較高。」因為五個人是小樣本，歸納推理的樣本至少要在30個人以上，這樣推理的結果才會比較正確。

二、教導學生演繹推理時，應避免作無效的推論

演繹推理必須依循邏輯演繹法則，從前提來推演出有效的結論，如底下的演繹推理是有效的：

大前提：凡人皆會死

小前提：孔子是人

結　論：所以孔子會死

換句話說，前提與結論不論是真或假，如果不遵循邏輯演繹法則，就容易產生無效的推論。

三、培養學生在推理思考時，應注意事物間之前因後果

一般人在做演繹推理的時候，很容易認為事物之間一定有因果關係。事實上，影響結果的因素通常很多，例如：學業成績不好不只是智力的問題，還有學習動機、學習方法、學習環境、教師教學技巧、同儕競爭、家長期望、學生身心健康等因素。

第三節　作決定與解決問題

每一個人在日常生活中，隨時隨地都需要**作決定**（decision making）。有一些決定的結果對自己不會有太大的影響。可是，有一些決定則對個人會產生深遠的影響。前者如：去哪裡理髮、用餐、看電影、逛街；後者如：買房子、買車子、結婚、買股票、出國留學等。此外，每一個人都可能遇到一些有待自己去解決的問題，這些問題是否能夠順利圓滿解決，通常與自己的權益、生涯發展、未來的成就等，都有很密切的關係。

壹、作決定

一、理性決定

一般人在作決定之前，通常會先考慮所要決定事物相關的因素，再逐一思考個別因素的重要性與效用，例如：你想在學校附近租房子，這時你可能考慮以下四個因素：(1)租金；(2)房間設備；(3)房屋周圍環境；(4)房子與學校距離。

根據**訊息處理**（information processing）模式，一個人對某事物作理性決定時，會先對上述各個因素的重要性以及效用，分別進行評量，最後再作決定，例如：王同學看過三間房子，在決定是否承租之前，對房屋相關因素的重要性，分

別賦予一個加權值：(1)租金 4；(2)房間設備 3；(3)房屋周圍環境 2；(4)房子與學校距離 1，然後對個別因素的評量分數，乘上加權值即得到個別因素之得分，再將各因素得分加起來就得到總分。最後依這三個房屋的總分高低，來決定是否承租。表 10-1 是王同學對甲、乙、丙三個房屋，計算加權計分的結果。

表 10-1　三個房屋加權計分

因素	加權值	甲屋		乙屋		丙屋	
		評量分數	加權計分	評量分數	加權計分	評量分數	加權計分
租金	4	70	4×70 = 280	85	4×85 = 340	85	4×85 = 340
房間設備	3	65	3×65 = 195	70	3×70 = 210	60	3×60 = 180
周圍環境	2	75	2×75 = 150	70	2×70 = 140	70	2×70 = 140
上學距離	1	80	1×80 = 80	60	1×60 = 60	65	1×65 = 65
			705		750		725

由表 10-1 可知，在經過加權計分之後，甲屋得到 705 分，乙屋得到 750 分，丙屋為 725 分。因為乙屋的總分最高，所以王同學決定承租乙屋，這樣就是作理智的決定。反之，如果王同學只根據房屋租金的高低來決定是否承租，這樣就是非理性的決定。

二、非理性決定

大多數人在作決定的時候，並沒有經過理性思維與審慎評估，而作了**非理性決定**（irrational decision）。一般來說，非理性決定的風險比較大，同時容易犯下大錯。茲舉幾個例子如下：

1. 張三是某一所大學教師，他到一家建設公司購買預售屋，在房屋快要蓋好的時候，該公司突然宣布倒閉，後來由債權銀行委託法院拍賣，法拍所得的錢由該家銀行領走。雖然他已經預付購屋款 500 萬元，可是這個房子不能過戶，預付款也要不回來，於是造成很大的損失。
2. 李四是某大學三年級的學生，他為了要得到女朋友的芳心，於是到一家商店偷了一隻最新型的手機要送給女朋友，不料當場被商店人員發現，報警逮捕移送法辦。
3. 王五是某一公家機關的員工，他喜歡買樂透彩券、股票、期貨，希望在 30 歲之前能有鉅款買房子、車子、結婚，結果不但沒有實現夢想，還負債 800 多萬元。
4. 小明在臺灣退出聯合國時，擔心臺灣將來不安全，於是辭去公家機關的工作，變賣家產到美國去謀生。經過幾年之後，在國外工作不順利，於是想回來臺灣發展，可是臺灣的房價已經漲了好幾倍，他不但沒有能力購買房子，又沒有安定的工作，於是長期失業。
5. 大華的小孩出生後，丈夫就生重病住進醫院，於是她去算命。算命師說：「這個新生兒是個剋星，所以小孩的爸爸才會生重病。」因此她聽信算命師的話，將這個兒子送給別人領養。後來她再也沒有生孩子，送給人的孩子長大了也要不回來了，真是懊悔不已。

由上述可知，非理性決定容易犯錯，使人付出極大的代價，所謂「一失足，成千古恨」就是這個道理。所以個人遇到重大事情時，應冷靜思考、理性分析事情的前因後果，才不致於鑄下大錯。

貳、解決問題

大多數人在人生旅程中，都會遭遇許多問題有待個人去解決。個人**解決問題**（problem solving）的能力，則有賴於各種教育來培養。就訊息處理的觀點而言，**問題**（problems）是指，個人缺乏資訊或不能有效運用資訊的情境。就認知心理學的看法，問題是否存在與個人的認知有密切關係，例如：要通過中小學教師甄試，對許多準教師而言是一大問題，但是對於不必擔心沒有工作或不想參加教師甄試者來說，就不是大問題。以下就問題的性質、解決問題的方法與步驟、影響解決問題的因素，以及解決問題的教學策略，分別說明之。

一、問題的性質

（一）明確問題（well-defined problems）

明確問題又稱為**良好結構問題**（well-structured problems），這種問題只要依循一定思維方式，就可以求得問題的答案。中小學教科書習作的問題，大都是明確問題。

（二）不明確問題（ill-defined problems）

不明確問題又稱為**無結構問題**（ill-structured problems），這種問題即使依循一定的思維方式，也不見得能夠求得問題的答案。因為問題的情境因素不明朗，所以不容易找出解決問題的方法，例如：如何考上研究所？如何通過教師甄試？如何理財致富？如何贏得選舉的勝利？買哪一家公司的股票才會賺大錢？以上這些問題，都屬於不明確問題。

（三）爭論性問題（issued problems）

爭論性問題大都屬於見仁見智、帶有情緒性的問題。這類問題缺乏明確的結構，又容易使人陷入情緒化，例如：教師是否可以懲罰學生？學校職員、工友是否有參與校長選舉的權利？幼兒園是否納入正式的教育學制？中小學師資培育制度，是否恢復一元化？大學生可以穿拖鞋到學校嗎，都屬於爭論性問題。

二、解決問題的方法

（一）嘗試與錯誤

嘗試與錯誤（trial-and-error）是指，個人面對疑難問題時，以各種可能的解決方法逐一嘗試，如果錯誤了再嘗試新的方法，一直到問題獲得解決為止，例如：失業的人可以看徵人求才廣告、請親友介紹、至國民就業輔導中心登記、請行政院青年輔導委員會推薦、至職業訓練局接受職業訓練等，在嘗試各種方法之後就可以找到工作。

（二）固定程序法

以固定程序法來解決問題時，只要依照一定的程序、規則或按部就班，就能夠解決問題，例如：拼圖、模型組合、蓋組合屋、修理汽車等，只要按圖索驥就能夠解決問題。又如：在家裡遺失身分證，只要將所有房間作地毯式搜索，就可以找到失物。不過，以這種方法來解決問題，相當花時間。

（三）抄捷徑法

以抄捷徑法來解決問題，不必依循一定的法則來處理，通常依個人成功的經驗來思考。這種方法比較節省時間、有效率，可是在面對困難的問題時，就不一定適用，例如：「76 × 25 ＝？」這個問題，以抄捷徑法心算時，可以想成：「76×25 ＝ 76 ÷ 4 × 100 ＝ 1900」，也可以想成：「76×25 ＝ 19×4×25 ＝ 19×100 ＝ 1900」。但是，「23876 ×75 ＝？」這個問題以抄捷徑法反而不容易解決。

（四）假設檢驗

假設檢驗（hypothetical testing）是指，對所要解決的問題提出各種可能的假設，然後對這些假設逐一去檢驗，例如：醫師要治療一種新的疾病，通常會先提出一些治療的方案，然後針對各種治療方案逐一去檢驗，最後終於找出治療新疾病的方法。

三、解決問題的步驟

根據史登柏格和葛利格（Sternberg & Grigorenko, 2001）的看法，解決問題可以分為以下七個步驟：

1. 確認問題存在。
2. 認清問題性質。
3. 蒐集與組織有關問題的資訊。
4. 研擬或選擇解決問題的方法。
5. 對問題進行沙盤推演。
6. 採取行動解決問題。
7. 評估解決問題的性質。

四、影響解決問題的因素

個人面對疑難問題是否能夠順利解決，除了問題的複雜性、個人智慧、人格特質，以及知識以外，尚有以下幾個影響的因素。

（一）迷思概念

迷思概念（misconception）是指，個人存有似是而非的概念，影響到問題的解決，例如：數學中真分數與真分數相加的計算，如果有一位學生想成分子加分子，除以分母加分母，這就是迷思概念。又如：很久不下雨，就認為上天懲罰人類，這種也是迷思概念。

（二）偏見

一般人對不同宗教信仰、政黨、族群的人，常持有負面的態度，甚至產生**偏見**（prejudice）。偏見使人在面對問題時，無法以理性的方法來解決問題，而以個人所隸屬的宗教、政黨、族群的利益，來作為思考的方向，如此並無助於問題的解決，其實不同宗教、政黨或族群，也有能力很好的人。

（三）功能固著

一般人對各種物體存有固定功能的概念，當個人面對困難問題時，無法將這些物體的功能加以變通，因而阻礙了問題的解決，這種現象稱為**功能固著**（functional fixedness），例如：在美國電視影集「馬蓋先」（MacGyver）的劇情中，馬蓋先經常能在面對困難問題時，利用周圍環境的事物產生新的功能，最後得以克服難關化險為夷，順利解決困難問題。這種解決問題的方法就是突破功能固著，打破僵化思考最好的例子。

（四）心向作用

心向作用（mental set）是指，個人經常採用相同的方法來解決一個問題，以後遇到相類似的問題時，仍然慣用老方法來解決，這種解決問題的心理習慣，並不利於問題的解決。

（五）認知型式

認知型式（cognitive style）是指，個人面對問題情境時，所採取解決問題的認知方式，認知型式又稱為認知風格或認知類型。魏特金（Herman A. Witkin, 1916-1979）最早從事認知型式研究，他首先提出**場地獨立**（field independent）與**場地依賴**（field dependent）這兩個名詞。認知獨立的人，不受場地刺激變化的影響，在面對問題時，能從渾沌的情境中釐清問題的癥結，進而找出解決問題之道；反之，場地依賴的人，比較容易受到場地刺激的影響，因此在面對問題時，不容易分析問題的真相，所以問題不容易順利解決。

個人認知型式可以使用**藏圖測驗**（embedded figure test）來測量。以圖 10-1 為例，先讓受測者看上面一個圖形，然後要他分別從底下 A、B、C、D 四個圖形中，找出隱藏在上面圖形之中的圖形，受測者能正確辨認，就是屬於場地獨立型的人；反之，不能正確辨認者，就是屬於場地依賴的人。

認知型式除了上述兩種類型之外，尚有**衝動型**（impulsive style）與**愼思型**（reflective style）兩種。衝動型是指，解決問題時反應快速，欠缺周密思考，所以犯錯的機會比較大；反之，愼思型是指，解決問題時雖然反應緩慢但是審愼思考，所以犯錯的機會比較小。在學校教育的環境中，愼思型學生的學業表現較衝動型的學生為優；但是，在一切講求競爭快速的社會裡，愼思型的人其工作效率難免比較差，衝動型的學生做答時速度快，但是錯誤比較多。因此，教師教導學

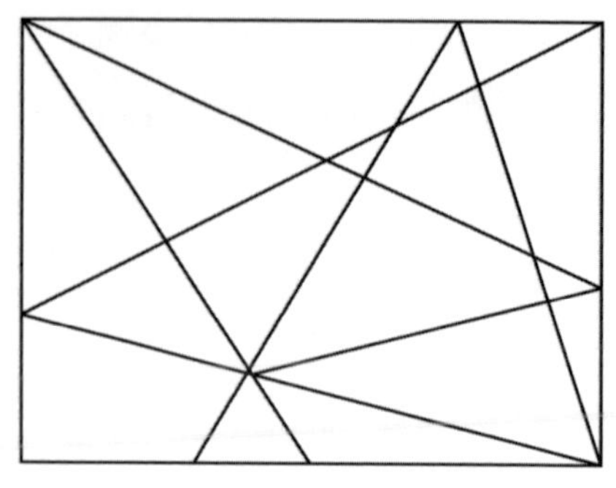

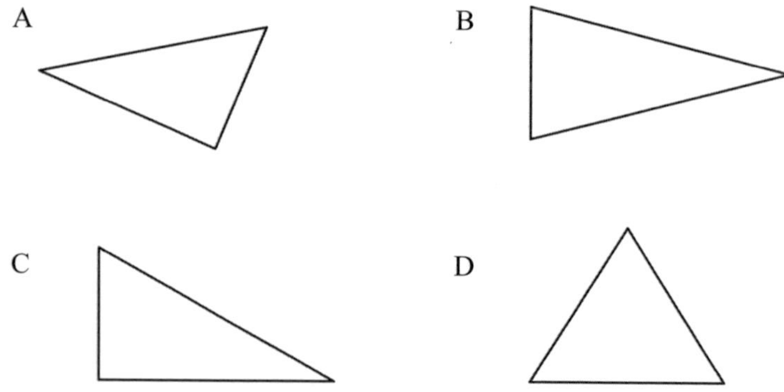

圖 10-1　藏圖測驗例題

生作答時，應先講求正確再逐漸加快速度，同時要學生了解工作的難易度，簡單的工作不一定要深思熟慮，但是困難的工作則必須審慎行事。

五、提升作決定能力與解決問題的教學策略

1. 教導學生作決定時，要蒐集足夠的資訊，然後仔細評估這些資訊的重要性。
2. 教導學生作決定時，要合乎理性，深思熟慮、審慎評估。
3. 教師教學生面對問題時，應先嘗試各種解決方法，不要輕易放棄。
4. 教師教學生面對簡單問題時，可以採用抄捷徑法，但是面對複雜時，問題則宜採用固定程序法，或針對假設逐一去檢驗。

5. 教師教學生解決問題時，不可以存有偏見。
6. 教師教學生解決問題時，不可以有心向作用。
7. 教師教學生解決問題時，要破除迷思概念。
8. 教師教學生解決問題時，要像馬蓋先一樣，儘量利用周遭環境的事物來克服困難。
9. 教師教學生解決問題時，應先求正確，再求快速。

第四節　創造性思考與教學

人類科技不斷進步，生活品質日益提升，創造力扮演著極為重要的角色。一個人的創造力是否能夠充分發揮出來，有賴於教育的啟迪。學校教育是否能夠成功，最關鍵的人物就是教師。教師除了對學生傳道、授業、解惑之外，也要培養學生的創造力，使學生將所學習的知識、技能能夠學以致用，甚至能夠創新發明，這樣才能夠對人類社會有更大的貢獻。

本節將分別討論創造的性質、創造思考歷程，以及影響創造力的因素，最後提出教師培育學生創造力的教學策略。

壹、創造的性質

創造（creativity）是思考的結果。創造與思考不同，思考不一定產生創造，但是創造一定是由思考所產生的，所以思考是創造的必要條件，而非充分條件。一般而言，創造具有創新的、新穎的，以及獨特的思維或新的發明。簡言之，在面對困難問題時，能夠想出新的點子、新的辦法或方案、設計新的產品，研擬出新的典章制度等，都是創造。由上述可知，創造可以視為一種能力，也可以視為一種過程。

一、創造是一種能力

根據吉爾福特（Guilford, 1985）的理論，創造包含以下四種能力，茲說明如下。

（一）流暢性

流暢性（fluency）是指，心思靈活暢通，能在短時間之內產生許多不同的概念，例如：「報紙有哪些用途？」此一問題，受測者在短時間之內，能夠列舉愈多答案者，其流暢性愈佳。又如：能在愈短的時間之內寫出 20 個木字旁的漢字，如林、松、杭等；或寫出 20 個英文字字尾 ey 的學生，如 key、monkey、honey、donkey、parley 等，其流暢性就愈好。

（二）變通性

變通性（flexibility）是指，思考變化多端，能隨機應變，不墨守成規，能舉一反三，觸類旁通。俗語說：「山不轉，路轉；路不轉，人轉；人不轉，心轉」，這就是指思考具有變通性，例如：沒有圓規如何畫一個圓？沒有筷子如何吃飯？如何以新台幣 100 元生活一個星期？沒有刀子如何削柳丁皮？沒有錢如何環島旅行？凡是能夠想出解決方法者，其變通性比較高，創造力也比較強。

（三）獨創性

獨創性（originality）是指，思想獨特、超越凡人，對問題能想出獨特的解決方法，例如：曾有個廣告在加拿大溫哥華（Vancouver）車站旁擺放著一座鋁窗，這座鋁窗有雙層玻璃，裡面放著一疊疊的鈔票，其廣告目的就是強調安全玻璃的品質非常好，而這種廣告就具有獨創性。又如石頭有哪些用途？凡是想出一般人沒有想到的用途，其獨創性比較高；如果回答石頭可以造橋、蓋房子、築牆等較一般之用途，則比較缺乏獨創性，但是，如果回答石頭可以墊高物體、做成容器、雕刻成藝術品者，則其獨創性比較高。

（四）精密性

精密性（elaboration）是指，個人對疑難問題時，能夠分析深入、深思熟慮、面面俱到、精益求精、力求臻於完美的地步，例如：求職面談能獲得資方賞識者，其言談精密性較佳。又如：原子筆本來是一種書寫文字的工具，如果能想到在筆尖另一端加上新造型，成為可以書寫文字又可以當作藝術品的文具，就具有思考的精密性。

二、創造是一種思考歷程

由思考到產生創造的成果，大致需要經過以下四個階段。

（一）準備期

準備期（preparative stage）是指，個人在發現問題之後，到探究問題的階段。在這個時期應先蒐集相關資料，請教有經驗的人，從閱讀資料與前人的經驗來獲得靈感。許多著名的科學家、音樂家、文學家、藝術家，都經過很多年的準備，最後才能有創造的成果。由此可知，充分準備是創造的基石。

（二）醞釀期

醞釀期（incubational stage）是指，個人在創造發明的過程中，會經過一段時間的準備、鑽研，但無法立即有創新的觀念，以致於陷入百思不解的困境。此時個人可能從事相關問題的活動，等到醞釀成熟時，新的構想就能脫穎而出。

（三）豁朗期

豁朗期（illumination stage）是指，個人在經過醞釀之後，終於有所**領悟**（insight）、豁然貫通，有如「山窮水盡疑無路，柳暗花明又一村」，例如：阿基米得有一天在浴缸洗澡時，突然領悟到身體將水排出水缸的量，與身體體積成正比，靈光一現、茅塞頓開，於是發明了浮力原理。

（四）驗證期

驗證期（verification stage）是指，由上述豁朗期所得到新的構想或靈感，尚無法確認就是創造。因此，創造者必須將此新的構想或靈感，加以多次驗證之後，發現確實有創新發明，才能將創造的成果公諸於世。

貳、影響創造力的因素

個人的創造力受到智力、思維方式、人格特質，以及傳統社會文化、教育方式的影響，茲分別說明如下。

一、智力

智力低的人不太可能有創造力，然而儘管有些高創造力的人，其智力高過平常人，但是不少研究發現，智力商數高於 120 以上的人，其智力與創造力之間並無顯著的相關。特曼（L. M. Terman）曾經研究許多資優兒童，這些人長大成人之後，沒有人有驚人的創造表現，也沒有人得到諾貝爾獎或**普立茲獎**（Pulitzer prize），有很多發明家的學歷並不高，也沒有過人的智力。由此可見，智力並非影響創造力最重要的因素。

二、思維方式

一個人的思考方式如果鑽牛角尖，時常採取聚斂性思考，以為任何問題只有一個標準答案，其思考固執、僵化，這種人的創造力就比較低；反之，一個人的思考有彈性，採取擴散性思考，思考靈活變通，不墨守成規，其創造力比較高。

三、人格特質

創造力高的人，大致具有以下的人格特質：

1. 能接受或批評他人的觀點，不堅持已見。
2. 具有高度幽默感。
3. 遇到困難問題，有鍥而不捨的研究精神，不達目標絕不終止。

4. 對自己有自信心，不盲目跟從他人。
5. 對事物善加分析，長期深入鑽研。
6. 有好問與請教他人的精神。
7. 對事物擁有客觀的態度。
8. 能夠與人互助合作。
9. 做事不怕別人批評。
10. 有標新立異的性格。

四、傳統社會文化

一個人從小生長的環境與社會文化，對個人的創造力有很大的影響。社會文化的層面很廣泛，包括：傳統思想、社會文化、風俗習慣等。

（一）傳統思想

自古以來，儒家思想對人們的思想有深遠的影響，這種思想在教育上強調尊師重道、敬老尊賢、服從長上，使人產生不敢挑戰傳統權威、唯命是從的心理。傳統思想對個人品德陶冶雖然有正面的影響，但是不利於個人創造力的發展。胡適曾說：「吾愛吾師，吾更愛真理」，這種觀念是他接受西洋教育後的結果，也是西方國家科學發達的原因之一。此外，在中國傳統社會，重視人與人的關係，不重視人與物的關係，認為科學發明只是雕蟲小技，對於從事發明並不鼓勵，無形中便阻礙了科學創造發明的能力。

（二）社會文化

東方國家的人口比西方國家多得多，可是，科學家與發明家為什麼大多數是西方人？因為東方文化強調：忍耐、逆來順受、六根清淨、四大皆空、無欲則剛，例如：在炎熱的夏季「心靜自然涼」，何必發明冷氣機？人如果沒有慾望，怎麼會想發明新產品？

此外，東方人比較相信自己的前途乃由命運掌控，於是不少人為了升官、發

財、求平安，到處去求神問卜，甚至某些掌權的大官也不例外，這種凡事不講求科學證據的思維，無形中便阻礙了創造力的發展，例如：子女要參加大學入學考試，父母就拿子女大學聯考的准考證去廟裡拜拜，這樣對子女考上第一志願有用嗎？

（三）風俗習慣

風俗習慣會使人習以為常，以為違反風俗習慣就是異端，所以人們只好遵從，例如：男女相差 3 歲或 6 歲不宜結婚；只有黃道吉日才可辦喜事；農曆七月（俗稱鬼月）不可結婚、不可搬家。這種傳統固存的習慣思維容易使人不敢悖逆，久而久之，就會傷害人們的創造力。

五、教育方式

（一）學校教育

一般教師上課內容以教科書為主，而不強調課本以外的知識，學生為了升學死背教材，缺乏獨立思考能力，於是不利於其創造力的發展。此外，如果學校對學生的規定愈多，通常學生將來的創造力也就愈低，例如：學校要求學生留相同髮型、穿相同服裝、看相同的教科書，這樣易養成學生只有齊一的觀念，不容易有創新的思考能力。

（二）家庭教育

創造力高的人，其父母大都教育程度比較高，比較重視子女的教育，提供有利的學習環境與文化刺激，多與孩子溝通，激勵他們求知的慾望，同時以民主的方式來管教子女，對孩子的學習成就有較高的期望，能夠針對子女的潛在能力加以教養；反之，父母不重視子女教育，無法提供有利的學習環境，很少與孩子溝通，同時以嚴厲的方式來管教子女，這樣對孩子創造力的發展將有不良的影響。

參、培養創造力的教學策略

一、腦力激盪

美國學者歐思朋（Osborn, 1963），首先提倡**腦力激盪**（brain storming）法，這種方法是透過集體思考，使團體成員的思想相互激盪，進而引發創造性思考。教師教學採用腦力激盪法，可以先提出問題，再讓一群學生共同來思考，以達到集思廣益的效果。腦力激盪的步驟如下：

1. 提出問題，由團體成員共同來思考。
2. 每一個人對問題的意見都受到尊重，不受別人批評。
3. 在自由自在的和諧氣氛中進行。
4. 每一個人都能暢所欲言，提出不同的觀念與作法。
5. 每一個人的意見可能激發其他成員的靈感。
6. 篩選出創造性的概念，再進行評估。

二、鼓勵聯想

教師鼓勵學生將相關的事情或概念產生聯想，這樣可以突破僵化的思考習慣，以期產生創造性的思考，例如：教師提出「高低」和「椅子」這兩個概念供學生聯想，學生因而想出能調整高低的椅子。又如：由「香蕉」、「口琴」這兩個概念，能夠聯想出香蕉造型的口琴。此外，教師也可以提供圖片或幻燈片給學生聯想，請學生講一個故事或寫一篇作文。

三、局部改變

將原有事物作局部改變，例如：改變物體的形狀、大小、重量、體積、顏色、味道等，使得改變之後的物體，更具有實用性、經濟性、方便性或美觀性，這樣也是一種創造，例如：原子筆的筆套常很容易脫落、遺失，於是發明伸縮型原子筆。又如：鞋墊上加上凹凸不平的圓形柱，就成為腳底按摩器；時鐘可以作成橢圓形或三角形等。

四、檢核表法

檢核表法（checklist method）是指，針對一個問題列舉許多相關的項目供學生思考，以獲得新的觀念，進而產生創造性思考，例如：木瓜可以配上什麼成為新的飲料？我們至少可以得到：木瓜牛奶、木瓜紅豆、木瓜綠豆、木瓜蜂蜜、木瓜檸檬、木瓜釀、木瓜布丁等。

五、組合法

組合法又稱合併法，這種方法係將一些概念或事物加以整合，而產生創造，例如：時鐘分別與瓢瓜、手提琴、向日葵、帽子合併，可以成為各種新造型的時鐘。

六、屬性列舉法

屬性列舉法是針對一些物品，儘量列舉每一件物品的特徵、性能、優點、缺點，然後儘量想出可以改良之處，例如：一般雨傘壓下按鈕傘就張開，但需兩隻手才能收傘，撐傘的人如果一隻手拿東西，收傘時就不方便。針對這個缺點，要學生想出壓下按鈕，就能夠自動收傘的方法。

七、鼓勵學生作擴散性思考

擴散性思考是創造發明的重要條件，教師常對學生提出一些沒有標準答案的問題，讓學生想出各種解決方法，這樣不但可以培養學生具有流暢性、變通性、獨創性，以及精密性的思維，而且對於提升創造力有很大的幫助，例如：如何讓汽車在大太陽之下曬了之後，車內不會很熱？汽車如何省油？如何活得健康長壽？

八、容許學生表達不同的意見

學校行政主管不應該要求學生要有整齊劃一的行為或思想，教師允許學生「標新立異」或有另類的思維，只要不違反校規、班規，就不要給予嘲諷或懲罰，應以開闊的胸襟廣納不同意見，使學生勇於提出自己的看法。

九、培養學生具有創造的性格

教師培養學生具有以下的人格特質，將有助於提升其創造力：

1. 不要堅持己見，也不盲目跟從別人。
2. 遇到困難問題時，要有鍥而不捨的研究精神。
3. 對不懂的問題，有好問與請教他人的習慣。
4. 能夠與人分工合作。
5. 做事不怕別人批評。
6. 有標新立異的性格。

自我評量題目

1. 思考是什麼？
2. 思考有哪些類型？
3. 何謂推理？
4. 如何做理性決定？
5. 如何解決問題？
6. 何謂創造性思考？
7. 教師如何培養學生思考能力？
8. 何謂垂直思考與水平思考？試各舉例說明之。
9. 影響創造力的因素有哪些？
10. 試說明解決問題的方法。
11. 解釋名詞：

(1)水平思考
(2)擴散性思考
(3)認知形式
(4)場地獨立
(5)類比推理
(6)獨創性
(7)迷思概念
(8)變通性

第十一章　特殊學生的心理與教學

近年來，臺灣國民中小學已經實施常態編班教學，在各個國民中小學班級中，除了一般學生之外，還有少數身心狀況特殊的學生，這些學生包括：資賦優異、智能不足、視覺、聽覺、學習語言、情緒肢體等方面的障礙。另外，有些學生罹患自閉症、身體疼痛、發展遲緩等問題。

目前在臺灣國民中小學中，仍然有特殊學生與普通班學生混合在一起上課的情形，教師如何教好普通班的學生，又能同時兼顧特殊學生的需求？教師如何認識特殊學生的身心特徵，同時如何對特殊學生進行教學，並輔導他們充分發展潛能？以上這些問題都是本章討論的焦點。讀者在閱讀本章之後，將能達成以下目標：

1. 了解特殊學生的種類與其出現率。
2. 認識各類特殊學生的定義。
3. 了解各類特殊學生的原因。
4. 認識各類特殊學生的身心特徵。
5. 了解教師如何與各類特殊學生進行教學或輔導。

第一節 特殊學生的種類及出現率

壹、臺灣特殊教育的學生人數

根據教育部（2002）出版的《特殊教育統計年報 90 年度》，臺灣學前教育、國民小學與國民中學特殊兒童的人數，如表 11-1 所示。

表 11-1 臺灣特殊教育學前、國小和國中階段人數統計表

類別	學前教育	國民小學	國民中學
智能障礙	803	9,116	6,451
視覺障礙	100	758	398
聽覺障礙	363	1,671	874
語言障礙	325	839	106
肢體障礙	585	2,348	1,014
身體病弱	188	919	277
嚴重情緒障礙	30	1,237	421
學習障礙	20	14,156	9,233
多重障礙	758	3,344	1,366
自閉症	426	1,106	276
發展遲緩	366	—	—
其他顯著障礙	222	809	174
小計	41,086	36,303	20,590
一般智能	—	5,767	4,110
藝術才能	—	9,437	8,650
其他特殊才能	—	2,872	3,598
合計	45,272	18,076	16,358

資料來源：教育部（2002）

貳、美國特殊學生的出現率

在 1999 至 2000 年之間，美國 6 至 21 歲接受特殊教育的學生，大約占所有學生人數的 9%，也就是說，平均每 11 名學生就有 1 名特殊學生。在特殊學生中，以學習障礙者最多，占 50.50%；語言障礙者次之，占 19.18%；心智障礙者再次之，占 10.82%；其餘依序為：情緒障礙占 8.28%，身體疾病占 4.48%，多重障礙占 1.98%，聽覺障礙占 1.29%，肢體障礙占 1.26%，自閉症占 1.15%，視覺障礙占 0.47%，發展遲緩占 0.34%，腦傷占 0.24%。

由此可知，在美國以一個有 25 名學生的班級來說，大約有 1 至 2 名學生屬於學習障礙，1 名學生屬於語言障礙。至於視覺、聽覺或身體疾病者，則 40 名學生中，大約只有 1 名。

第二節　智能障礙與資賦優異學生

壹、智能障礙

智能障礙又稱為**心智遲緩**（mental retardation）或智能不足，是指心智能力顯著低於一般人，缺乏抽象思考與推理能力。智能不足學生之學業成績較一般學生低落，在人際溝通、自我照顧、居家生活、升學與就業等方面的能力比較差，不容易適應社會生活，其智力測驗的分數低於正常人。

一、智能障礙的分類

智能障礙兒童的心智能力，通常以**智力商數**（intelligence quotient, IQ）作為衡量的依據，智商在 69 以下就屬於智能障礙。根據美國心智遲緩學會（American Association of Mental Retardation, AAMR）在 1983 年的分類，智能不足可分為輕度、中度、重度、極重度等四個等級。各類智能不足者，在魏斯勒（Wechsler）的魏氏智力測驗測量的結果，其智商分別如下：

輕度智能不足：55～69

中度智能不足：40～54

重度智能不足：25～39

極重度智能不足：24 以下

根據魏斯勒的智商分數，輕度智能不足者 IQ 介於 55～69，稱為可教育型，通常可以就讀小學到五年級。中度智能不足者 IQ 介於 40～54，稱為可訓練型，這一類學生無法讀書，但是可以接受一些簡單的職業技能訓練，例如：手工藝品、烘焙麵包、清潔工作、園藝、養殖等工作。重度智能不足者 IQ 介於 25～39，稱為養護型，他們通常無法接受技職訓練。極重度智能不足者 IQ 在 24 以下，又稱為**白癡**（idiot），他們一生都需要接受別人的照料或居家服務。在上述各類智能不足者中，以輕度智能不足者所占比率最多，約 89%（U.S. Department of Education, 1994）。

二、智能不足的原因

（一）遺傳因素

1. 父母智能不足。
2. 近親結婚。
3. 染色體異常，例如：**唐氏症**（Down syndrome）。
4. 小頭症。

（二）懷孕期

1. 孕婦感染德國麻疹、梅毒、腮腺炎、流行性感冒、日本腦炎或糖尿病。
2. 孕婦服用成藥、安眠藥、鎮靜劑、墮胎藥或麻醉劑使用不當。
3. 孕婦嚴重營養不良。
4. 孕婦情緒極端不穩定。
5. 孕婦吸菸（含二手菸）。

6. 孕婦酗酒。
7. 孕婦鉛中毒。
8. 孕婦過度疲勞。
9. 孕婦高齡懷孕。
10. 孕婦照射過量輻射線。

（三）生產過程

1. 生產過程不順利，胎兒停留在產道的時間過長，造成腦部缺氧或中樞神經系統受到損傷。
2. 麻醉藥劑使用不當。
3. 生產時醫師使用產鉗夾傷嬰兒腦部。
4. 生產時吸引嬰兒的器具使用不當。

（四）後天因素

1. 嬰幼兒遭受病毒感染，例如：德國麻疹、腦膜炎、白喉、流行性感冒、日本腦炎。
2. 嬰幼兒發高燒至攝氏 42 度以上。
3. 意外事件，例如：腦部外傷，游泳溺水。
4. 甲狀腺分泌異常。
5. 嬰幼兒鉛中毒。
6. 嬰幼兒嚴重營養不良。

三、智能不足學生的心理與行為特徵

1. 注意力不容易集中。
2. 記憶力欠佳。
3. 不容易約束自己的行為。
4. 語言發展遲緩。

5.社交困難。

6.學業成就低落。

7.不能參與團體活動。

8.缺乏自信心。

四、教師教導智能障礙學生的原則

1.加強學生語言表達技巧訓練。

2.實施個別化教育。

3.激發學習動機，使其努力學習。

4.教導智障學生使用各種工具，例如：拿剪刀來剪紙張。

5.要求他們與老師或同儕互動，學習與人合作或與人溝通互動。

6.加強生活基本技能訓練，養成生活自理的能力。

7.教導人際之間互動的能力。

8.教導他們清潔與衛生保健方法。

9.教導職業技能，以便將來能自力更生。

10.對中、重度智能障礙學生，加強語言、物理與職能治療。

貳、資賦優異學生

一、資賦優異的定義

資賦優異（giftedness）早期有人稱為「天才」，是指智能優異或有特殊的才藝，例如：音樂、體育、棋藝、創造力、數學、藝術或領導能力等方面，有特殊的才華。高智商者通常指 IQ 在 130 以上，資賦優異學生大約占所有學生人數的 3%至 5%。

二、資賦優異的原因

1. 家族遺傳。
2. 母親懷孕時身體健康。
3. 孕婦營養充足、均衡。
4. 孕婦心情愉快、情緒穩定。
5. 嬰幼兒期接受較多的文化刺激。
6. 有良好的家庭、學校與社會教育。

三、資賦優異學生的特徵

(1)學業成績優良；(2)有強烈的學習動機；(3)喜歡閱讀；(4)思考推理能力佳；(5)人際關係良好；(6)情緒穩定；(7)有自信心；(8)記憶力強；(9)興趣廣泛；(10)語言發展良好；(11)身體較同儕健康；(12)領導能力強。(13)偏好挑戰性的作業。

四、資優生可能的潛在問題

(1)對教師教學緩慢覺得無聊；(2)不喜歡教師傳統的教學方法；(3)對很多事情缺乏耐心；(4)與同儕疏遠；(5)容易被同儕排斥；(6)凡事求好心切。

五、資賦優異的種類

1. 一般智能優異：一般智能優異者，其記憶、語文或抽象理解、推理、計算、空間關係、語詞流暢、應用、分析、綜合、評鑑等方面的能力，優於同年齡者。
2. 學術性向優異：學術性向優異係指，語文、數學、社會、自然等學科，比同年齡學生有較傑出的表現。
3. 藝術才藝優異：藝術才藝優異者，在美術、音樂、表演、舞蹈、美術作品、歌唱、雜耍等方面，有卓越的表現。

4. 創造才能優異：創造才能優異者，能運用心智產生創意的觀念、新的發明、獨具慧眼、有建設性的作品，以及高度解決問題的能力。

5. 領導才能優異：領導才能優異者，在計畫、溝通、協調、組織、作決策、工作效率、工作績效評鑑、危機處理等方面，有傑出的表現。

6. 其他特殊才能優異：資賦優異除了上述五類之外，有些人在棋藝、烹飪、美髮、電腦操作、機械操作、牌藝、運動、攝影等方面，有高超的技能。

六、資賦優異學生的教育安置

許多資優生在數理或藝術方面皆有傑出的表現，因此有些學校就設立資優班，將資優學生集中在同一班，由教師因材施教。有些學校因為沒有資優班，所以讓資優生留在普通班，但是由教師提供加深、加廣的教材。另外，也可以將資優生安排在普通班就讀，安排早自修或每天最後一堂課，或空堂時間到資源班，接受較廣、較深的教材。

許多特殊教育的學者主張，資優生可以接受不同學程：第一，接受**加速學程**（acceleration program），讓資優生提早入學、跳級或縮短教育年限，教師跳過同年齡學生，教導比較深奧的課程或教材內容；第二，有些教育學者主張，對資優生採取**充實學程**（enrichment program），這種學程是讓學生針對某個問題，進行實驗或獨立完成。

充實學程有三種模式：第一，水平充實制，就是在學校正常課程之外增加學習內容，即課程內容加廣；第二，垂直充實制，就是對資優生提供其他年級的課程，即課程內容加深；第三，補充充實制，就是提供一些與教材相關的內容，供資優生學習，例如：學習外國語文、電腦、科學實驗等。另外，也可以在一般課程中融入一些比較艱深的教材，供資優生學習。

七、教師教導資優生的原則

1. 培養資優生獨立思考的能力，不可採用灌輸式的教學方式。

2. 由教師提供一些主題，讓學生進行獨立研究。

3. 陶冶良好人際關係，使資優生發揮領導才能。
4. 培養學生高度的**情緒智力**（emotional intelligence, EQ），能夠管理自己的情緒。
5. 培養資優生努力不懈的精神，不可只依賴自己天資聰明。
6. 培養資優生專心學習的習慣。
7. 做好生涯輔導，使資優生在適當的環境下，逐漸展現其個人的才華。

第三節　學習障礙與語言障礙學生

壹、學習障礙學生

學習障礙（learning disability）是指，學生在聽、說、閱讀、書寫、數學推理或運算等方面，有一項或多項顯著的困難，對於教師所指定的作業無法完成，以及學業成就偏低。這一類學生不容易自我管理，社會知覺及社會人際互動也有問題，因此容易產生不正確的自我觀念，常與人敵對或交不到朋友。學習障礙的原因主要是大腦中樞功能異常，例如：腦性麻痺、小腦症，邊緣性腦神經功能障礙等。學習障礙者大約占人口的 3%至 5%，他們不容易在傳統教育之下充分學習，但是如果透過有效的教學策略，他們一樣可以突破學習障礙，充分發揮個人的潛在能力。

一、造成學習障礙的原因

造成學習障礙最主要的原因，就是過度好動。有一些罹患**注意力缺陷過動症**（attention deficit hyperactivity disorder, ADHD）的學生，注意力無法長時間集中，上課無法久坐，對外在刺激常有強烈的情緒反應，其產生原因可能起因於大腦網狀活化系統功能異常，或大腦神經傳導激素的問題；這類學生常有衝動行為，對自己有負面的自我觀念，表現較多違規或攻擊行為。有一些學者認為，過度好動的學生，與其在嬰兒時期所吃的食物中，含有大量人工色素、香料或水楊酸有關，不過，真正的原因尚不明朗。

過動學生通常沒有接受特殊教育的權利，除非他們有伴隨其他法定的障礙。過動學生大約占所有學齡兒童的3%至5%，男生比女生多，大約4比1到9比1（American Psychiatric Association, 1994）。此類學生通常可以接受利他能（Ritalin）藥物治療，這種藥物雖然可以提高其學業表現，不過也有失眠、體重減輕，以及血壓升高等副作用。

二、學習障礙者的特徵

1. 智力在中等以上。
2. 智力與學習表現之間有很大的差距。
3. 在閱讀、書寫、說話、運算、推理等方面有學習困難。
4. 注意力不集中或高度分心。
5. 過分好動、衝動，不能專心學習。
6. 動作笨拙。
7. 不善於解決問題。
8. 知覺不正常，例如：常把數字、符號、文字寫反了。
9. 自我管理的能力很差。
10. 作業常依賴同學幫忙。
11. 記憶、思考或語言方面有缺陷。
12. 社會技巧不成熟，不容易與同儕建立人際關係。
13. 學習沒有組織、沒有頭緒。
14. 缺乏自信心，容易產生挫折感。

學習障礙者不一定是智力低的學生，有一些學生雖然智力很高，可是學業成就卻不高，像這種高智商低成就的學生，也屬學習障礙者；換言之，學習障礙者的學業成就與其能力之間存有很大的落差。不過，有不少學習障礙的學生，其智力也不高。

三、教導過動學生的原則

1. 確認學生是否了解所有班級常規。
2. 將過動學生的座位安排在靠近教師的地方，使過動學生避免分心。
3. 讓學生在指定地方可以盡力去活動。
4. 將學生分組，每一組學生可以安排一位過動兒。
5. 教導學生管理其自己的行為，包括：自我提醒、自我評量、自我增強，以及自我教導。
6. 指定兒童每日完成作業，作業要讓其家長簽名。
7. 擬定教學計畫以處理注意缺陷的問題。
8. 當過度好動的學生有良好的行為表現時，就立即給予獎勵。但是，過動的學生表現不適當行為時，應避免批評或指責。
9. 安排合適的學習環境，例如：調整座位減少分散注意力的機會。
10. 教學策略多使用口頭、視覺或肢體動作，提醒過動學生。

四、學習障礙的類型

1. 語文學習障礙：在學習障礙的學生中，最常見的障礙是語文方面的學習障礙。他們不容易從長期記憶的資訊中去檢索或提取資料，對於文字、符號、數字、圖形等不容易理解，剛學過的教材內容很快就會忘記。
2. 閱讀能力障礙：學習障礙學生在閱讀時，有時會漏讀、跳字，用別的字來取代、發音不正確或有將文字看顛倒的現象。
3. 聽語能力障礙：聽語障礙學生不容易聽懂老師的話，或常將老師的話聽錯

了，例如：將老師聽成老鼠。

4. 書寫能力障礙：書寫能力障礙學生常將文字左右寫反或上下顛倒，例如：將「好」這個字寫成「子女」；「A」這個字寫成「Y」，「7」寫成「2」。

5. 數學能力障礙：數學障礙學生之數學概念發展遲緩，缺乏抽象思考、推理、心算、逆向思考或歸納的能力。因此，在數學知覺方面常有位置顛倒的情形，例如：把「9」看成「6」，把「8」看成「3」，因此，在數字進位或心算方面的能力都很差。

五、教師教導學習障礙學生的策略

1. 實施個別化教學：學校對學習障礙之學生，實施一對一的教學，提高其說、寫、算的能力，將有助於預防學生學習困難之發生。教師教導學生朗誦、發音及寫字，可以使大部分學生避免學習困難。

2. 教導學生學習的技巧：有些學生智力很高，但是其學習動機不強、學習方法不正確、學習策略或考試技巧不佳，所以學習成就偏低。教師應教導學生學習策略、讀書方法或考試技巧，可以使學生的學習表現顯著的提升（Swanson, 2001）。

3. 常常提供回饋：教師應該常對學習困難學生提供回饋，讓他們知道自己的學習情形，有哪些地方進步、哪些地方退步，有哪些方面需要改善，如此則可以增進其學習效果。

4. 鼓勵學生主動參與學習：學生如果能主動參與班級的學習活動，例如：合作學習、分組討論，透過與其他同學或師生的互動，將有助於提升學習效果，避免學習困難的情形發生。

5. 有效的班級經營：因為許多學習困難學生的學業成績不良，同時容易表現偏差行為，如果教師能夠有效預防，做好班級秩序管理，就可以減少這些不良行為的發生。

6. 課外輔導：許多學習困難學生需要其他的服務，例如：小團體家教、資源教師、一對一教學，或電腦輔助教學。

7. 實施補救教學：教師多利用可以操作的教具，讓學生動手操作，或是以實物、圖片來說明重要概念。在課本習題或習作重要的地方，劃上框框、劃線、劃圈圈，或劃上螢光筆，以加深學習印象。

8. 接納與包容：因為學習障礙學生在學習方面比較緩慢，而且注意力不容易集中，對於教師安排的家庭作業常無法如期完成，因此教師應接納與包容他們，酌減其作業或改變繳交作業的方式，讓學習障礙學生減少學習的挫折感。

9. 給予成功的機會：學習障礙學生常因自己學業成就不佳而產生自卑感，甚至因過多失敗的經驗，而失去自信心或產生自暴自棄的心理，因此，教師在教學評量方面，考試題目宜出簡單一點，多給予學習障礙學生成功的機會。此外，多發現他們的優點，多鼓勵與支持，讓他們建立自信心。

10. 改變教學評量方式：教師宜採多元化教學評量方式，例如：以口試或實作代替紙筆測驗，讓學生考試時可以使用計算機或查字典。多元化教學評量方式，比較容易使學習障礙學生表現出其實際的能力。

貳、語言障礙學生

一、語言障礙的定義

學生語言了解能力差，或無法以母語來表達個人觀念者，這一類學生就是語言障礙者。

二、語言障礙的原因

1. 聽覺缺陷。
2. 口語不正常。
3. 智能障礙。
4. 口腔發育系統缺陷。

5.缺乏學習語言的環境。

三、語言障礙學生的特徵

1. 閱讀能力差。
2. 書寫文字不正確，例如：將「揚」這個字，寫成「陽」。
3. 口語不清，例如：對老師說：「老鼠好！」。
4. 學習或記憶文字、符號或數學有困難。
5. 比同儕較晚會說話。
6. 無法清楚表達自己的意念。

四、語言障礙學生的教學策略

1. 加強語音訓練。
2. 使用教學媒體，例如：提供錄音帶讓學生反覆練習。
3. 讓學生打電腦，來表達他們自己的想法。
4. 學生口音或口語表達正確時，立即給予讚美。
5. 教材的印刷字體要放大。
6. 教導學生正確書寫文字。
7. 有嚴重語言溝通障礙者，建議學生家長帶去接受語言治療。

第四節　視覺障礙與聽覺障礙學生

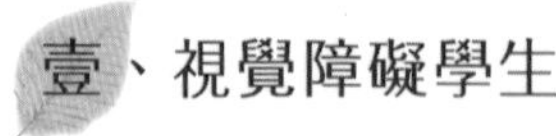

壹、視覺障礙學生

一、視覺障礙的定義

視覺障礙是指，視覺器官障礙，無法或困難使用視覺來學習。其視力經過矯正以後，依據萬國式視力表所測量，優眼視力未達到0.3，或周邊視野在20度以內者。

二、視覺障礙的原因

1. 白內障。
2. 眼球萎縮。
3. 視網膜剝離。
4. 視覺中樞部位長瘤。
5. 眼球外傷。
6. 孕婦罹患淋病。
7. 染色體異常。
8. 青光眼。
9. 隱形眼鏡使用不當。
10. 視神經病變。

三、視覺障礙學生的身心特徵

1. 常用手去搓揉眼睛。
2. 對光源不斷眨眼睛。
3. 歪著頭看東西。
4. 聽覺很敏銳。
5. 行動緩慢，謹慎小心。
6. 語言能力較差。
7. 智能無法正常發展。
8. 學業成就不高。
9. 讀書之後常有疼痛或頭暈的現象。
10. 行動常需依賴他人。

四、視覺障礙學生的教學原則

1. 對盲生教導點字書或提供有聲圖書（如錄音帶）。
2. 教室內所擺設的物品不要任意移動，以免盲生撞到。
3. 教室照明亮度要足夠，板書文字要大，而且使用對比顏色（例如：以黃色粉筆寫在墨綠色黑板上），使弱視學生可以看清楚。
4. 將弱視學生安排在教室最前面第一排，使其容易看清楚黑板的文字。
5. 教師教學如以實物演示時，要對著光源，有足夠的光線讓弱視學生看清楚。
6. 加強戶外教學，使視障學生增廣見聞，以適應社會生活。
7. 學校應提供可調整高度與傾斜度的桌子，使視障生有最佳的閱讀環境。
8. 教師對待盲生的態度應與一般生一樣。
9. 儘量教導視覺障礙學生，使其能行動自如。
10. 培養視覺障礙學生有一技之長，不要產生永遠依賴他人的心理。

貳、聽覺障礙學生

一、聽覺障礙的定義

聽覺障礙係指，聽覺器官構造或機能障礙，導致對聲音聽取或辨識的困難，其接受聽力檢查後，優耳語音頻率聽閾達 25 分貝（decibel）以上。

二、聽覺障礙的原因

1. 遺傳基因。
2. 外耳道異物阻塞。
3. 歐氏管（Eustachian tube）阻塞，使鼓膜與內耳的三個聽小骨，失去傳導聲音的功能。
4. 中耳炎導致鼓膜及聽小骨損傷。

5. 耳硬化症使音波無法傳導至聽覺中樞。
6. 三個聽小骨之間鏈折斷，無法傳導聲波。
7. 病毒感染損傷聽神經系統。
8. 藥物（例如：奎寧、抗生素、鏈黴素）中毒。
9. 孕婦感染德國痲疹或生產不順利，導致嬰兒腦部缺氧。
10. 長期處於高分貝的噪音環境。

三、聽覺障礙學生的身心特徵

1. 語言學習能力比較差。
2. 抽象詞彙不容易理解及應用。
3. 論說文的寫作能力較差。
4. 學業成績低落。
5. 不容易與一般人建立適當的人際關係。
6. 容易以自我為中心，缺乏挫折容忍力。

四、聽覺障礙學生的教學原則

1. 教導聽覺障礙學生適當使用與保養助聽器。
2. 安排聽覺障礙學生坐到教室的第一排。
3. 多使用教學媒體，例如：看影片、幻燈片。
4. 多提供講義，供其閱讀。
5. 教師有時打手語，多一點臉部表情與肢體動作。
6. 鼓勵聽障生多利用其他感覺器官。
7. 教師講課速度放慢，讓學生由教師嘴唇的形狀來了解。
8. 教導聽障生使用口語、手語與筆談方式，和別人溝通。
9. 儘量面對聽障生講話，並講一些教材的重點。
10. 如果一個耳朵聽覺障礙，但是另外一個耳朵正常，教師安排座位時，應讓聽障生正常耳朵的那一邊較接近教師。

第五節　情緒障礙、行為異常與自閉症學生

壹、情緒障礙與行爲異常學生

一、情緒障礙與行為異常的定義

情緒障礙與行為異常是指，容易緊張、焦慮、恐懼、憤怒、憂慮、退縮、攻擊行為、違反校規等。但是大約只有 1%的學生，有嚴重和長期的情緒或行為異常，需要接受特殊教育；這一類學生中，男生比女生較多，男女生的比率大約是 3 比 1（U.S. Department of Education, 1994）。

二、情緒障礙與行為異常的主要問題類型（引自楊坤堂，2001）

1. 青少年犯罪。
2. 脫序行為。
3. 退縮、焦慮、沮喪、害怕、恐懼行為。
4. 攻擊行為。
5. 自閉症。
6. 兒童期精神異常或精神分裂症。
7. 注意力不足過動異常。
8. 防衛行為。
9. 心身症。
10. 人格異常。
11. 自我刺激行為。
12. 自我傷害行為。

三、情緒障礙與行為異常的原因

情緒與行為異常的原因很複雜，以神經功能缺陷、心理或精神異常、自我觀念不正常、家庭功能不彰等因素比較常見。其中家庭功能不彰包括：父母離婚、分居、再婚、死亡、父母犯罪長期坐牢或家人生重病等。此外，父母管教方式不當，也會影響兒童在學校的學習表現。

四、情緒障礙與行為異常學生的特徵

1. 學業成績不良。
2. 人際關係不良，不善與人交往，喜歡獨處。
3. 缺乏自信與自尊。
4. 行為失常，例如：自私、妒忌、不守規矩、對人不禮貌、破壞公物、攻擊別人。
5. 過分焦慮、退縮、敏感、偷竊、犯罪。
6. 性格不成熟。
7. 常有不愉快的心情或憂鬱。
8. 作白日夢，心神不寧。
9. 逃學、害怕上學。
10. 經常生病、請假。

五、教導情緒障礙與行為異常學生的方法

1. 教師利用學生在學校發生的情緒或行為問題，協助學生去領悟問題的原因以及處理方法。
2. 教師在學生情緒困擾時與學生晤談，使其了解情緒問題的原因，以及了解人我之間的關係。
3. 以心理治療的原理與方法，當學生表現良好行為時給予正增強，正增強的方法有三種：(1)物質獎勵，例如：給糖果、玩具；(2)精神鼓勵，例如：褒

獎、讚美；(3)社會性鼓勵，例如：摸摸頭、拍拍肩膀，來刺激其良好的行為。當學生表現不良或偏差行為時，給予懲罰（例如：暫時取消睡午覺的權利）、負增強（例如：學生表現不良行為給予懲罰，但是發現學生表現良好行為時，就將懲罰取消。）

4. 實施遊戲治療，透過遊戲來紓解不良的情緒。
5. 實施團體治療，例如：安排幾名退縮、孤僻的學生與社會人際關係較好的學生，一起作功課或玩遊戲。

貳、自閉症學生

一、自閉症的特徵

自閉症（autism）患者通常在 3 歲以前發病。在嬰幼兒期，對父母的親情行為沒有反應或漠不關心，臉部缺乏表情、眼神很少與人接觸或不對人微笑。根據美國第一社會福利基金會的統計資料顯示，自閉症患者大約每一萬人中就有 5 至 10 人；男生比女生多，大約 5 比 1（Friend & Bursuck, 1999）。

自閉症學生有以下特徵：(1)社會互動能力差，不理會他人，生活在以自我為中心的世界，不喜歡交朋友，喜歡單獨遊戲；(2)語言及溝通能力不良，語言發展遲緩，有說話能力也不願意與人對話，時常以肢體語言來表達自己的情緒；(3)興趣狹隘，時常有刻板化的動作或表現固執性格，例如：搖動身體、拍手，或只吃某一類食物、只玩某一種玩具。

二、自閉症的原因

有些自閉症兒童是因先天性腦部功能損傷，導致腦部機能發展不健全，而有些醫學家則認為，自閉症與遺傳基因有關；但是，有些心理學家則認為，自閉症可能與幼童受到照料者虐待、管教過分嚴苛、缺乏溫暖、冷漠有關。不過其真正原因，尚無明確的答案。

三、自閉症兒童的心智能力

自閉症患者常有相當好的記憶力與空間運作能力，但是抽象思考、推理能力不佳（宋維村，1992）。大部分自閉症患者有認知能力的缺陷現象，但是有一些自閉症患者擁有特殊的天分，例如：拼圖、音樂、空間關係、時間概念、圖形設計、記憶或機械操作等過人的能力（王大延，1994）。

四、教師教導自閉症兒童的原則

由於自閉症患者缺乏與人溝通、互動的能力，活動與興趣又偏狹，所以學業成績普遍不良。自閉症兒童常伴隨有語言學習困難，經過教師教導之後，可以說出一些簡單的語句，或表現出類似鸚鵡學習人類語言的說話方式。自閉症患者特別喜歡從事一些刺激性或危險性的活動，例如：丟擲東西、用手去碰觸危險物品、用頭去撞牆壁等。

如前所述，有些自閉症患者具有很強的記憶力與特殊的能力，因此，學校應及早發現學習障礙與適應困難，並且做好**早期療育**（early intervention），其症狀與學習能力就可以獲得改善。由於多數自閉症兒童喜歡機械操作、記憶力強，而且喜歡從事反覆性之刻板化動作，所以讓他們學習電腦，有助於改善自閉症患者手、眼協調能力，注意力集中與情緒穩定的能力也會跟著提高。

自閉症兒童如果在一般學校普通班就讀，需要由班級教師對其學科學習、語言與社交行為等，進行補救教學，或由特殊教育老師到各校對自閉症兒童進行巡迴輔導。另外，有一種教育安置的方式，就是自閉症學生平時在普通班上課，每週安排到資源班接受資源教師個別指導，指導內容包括：語言訓練、社交行為輔導、課業輔導等。

第六節　肢體障礙或身體病弱學生

壹、肢體障礙學生

一、肢體障礙的定義

肢體障礙係指，身體上肢、下肢、軀幹、四肢有部分或全部障礙，而影響學習者。

二、肢體障礙的原因

1. 先天性遺傳。
2. 孕婦感染梅毒、德國麻疹，或照射放射線次數過多或過量。
3. 孕婦服用沙竇邁（thalidomide）鎮靜劑過量。
4. 胎兒生產時臍帶繞頸，導致難產或腦部缺氧。
5. 大腦神經系統病變，導致腦性麻痺。
6. 脊髓灰質炎，導致小兒麻痺。
7. 肌肉萎縮。
8. 骨骼腫瘤或關節炎。
9. 外傷導致中樞神經系統或周邊神經系統受傷。
10. 截肢。

三、肢體障礙學生的身心特徵

1. 行動不便或緩慢，無法與其他學生充分互動。
2. 常有自卑感，對自己缺乏信心。
3. 容易受同儕排斥。

4. 對別人的異樣眼光很敏感。
5. 社會適應困難。
6. 對自己的未來容易產生焦慮。
7. 一般肢體障礙學生與人溝通良好，但部分腦性麻痺的肢體障礙學生有語言障礙。

四、教導肢體障礙學生的原則

1. 加強課業輔導，使其學業不致於落後一般學生。
2. 加強心理輔導，使其消除心理自卑感。
3. 加強休閒輔導，使其獲得身心平衡。
4. 建議學生家長帶小孩去接受物理治療，例如：水療、運動治療。
5. 實施職能治療（occupational therapy），使其基本動作正常，將來能接受職能訓練。
6. 如長期到醫院復健，可至復健醫院附設的特殊教育班，使其一方面接受復健，另一方面學習功課。
7. 加強職業教育訓練，使不升學的學生擁有一技之長。

貳、身體病弱學生

一、身體病弱的定義

身體病弱係指，罹患慢性疾病、體能虛弱，需要長期療養以致於影響學習者。

二、身體病弱的種類

1. 肺部疾病。
2. 氣喘病。
3. 心臟病。
4. 腎臟病。

5. 肝病。
6. 胃腸疾病。
7. 血友病。
8. 癲癇症。
9. 惡性腫瘤。
10. 糖尿病。
11. 發育不正常。

三、身體病弱學生的身心特徵

1. 依賴父母或他人。
2. 以疾病當藉口來逃避自己應負的責任。
3. 個性退縮。
4. 常對自己身體疾病萌生恐懼、焦慮或憂傷。
5. 無法與正常學生一起活動，容易產生情緒不穩定。
6. 經常生病、請假、遲到、早退。
7. 學業表現欠佳。

四、教師指導身體病弱學生的原則

1. 視病情調整上課時間及內容。
2. 針對個別病童訂定個別教導方案。
3. 病情穩定或進步時，加強實施補救教學。
4. 住院期間可以實施床邊教學。
5. 加強心理輔導或生活常規教育。
6. 教導生理衛生與心理衛生指導。
7. 充分利用視聽器材、網路或實施遠距教學。
8. 對於臨終學生實施生命教育或安寧療護。

學校對以上各類學生實施的特殊教育，可以由特殊教育的教師、學校心理學家、校長、諮商輔導教師和一般教師等，組成個別化教育學程團隊，對需要接受特殊教育學生的家長提供諮詢服務。此團隊成員針對每一位學生的學習結果，通知學生家長，以作為家長決定孩子接受特殊教育的參考。以下說明各類障礙學生之教育策略。

一、特殊教育服務

個別教育學程針對學生的需要，服務方案如下：

1. 直接或間接諮詢與支持。
2. 每天實施特殊教育 1 小時。
3. 每天實施特殊教育 1 至 3 小時。
4. 每天實施特殊教育超過 3 小時。
5. 以特殊時間（例如：夜間、假日）實施之。
6. 特殊寄宿學校。
7. 家庭或醫院。

一般來說，嚴重障礙者需要接受更周全的服務，例如：一個嚴重智能障礙學生，在學期間不可能接受正常教育；可是一位有語言問題或是輕微學習障礙者，則可以接受正常的教育。大致來說，嚴重障礙者要接受何種特殊教育，需考慮個別學生的需要。

身體或感覺障礙學生大都在學校接受特殊教育；有學習障礙或語言缺陷學生，每天大都在一般班級接受教育，但是每天至少挪出一個小時到資源班去上課；身體障礙與情緒障礙學生，也是一樣。其他各類障礙學生，則到學校設置的特殊班去接受教育。

二、在普通班接受教育

許多有身心障礙的學生可以安排在普通班上課，例如：視覺或聽力輕微障礙的學生，可以讓他們坐在教室前面。中度障礙學生在普通班上課，教師再針對個別學生需要採取合適的教學策略，例如：以教學媒體、家教或義工媽媽來協助指導。有許多特殊教育學者的研究結果顯示，學習障礙與行為問題學生在普通班接受教育的成效較佳（Putnam, 1998）。

三、諮商輔導教師與其他專業人員合作

學校心理學家、諮商輔導教師、語言學家和教師，共同來協助身心障礙學生，所產生的效果比較大。諮商輔導教師可以到班級觀察學生行為，然後對教師提供建議，並且協助教師來改善身心障礙學生的問題。另外，每週由巡迴教師對語言異常學生，提供幾次特別的服務，也是很有正面的效果。

四、資源班教師

許多身心障礙學生在學校普通班上課，一部分時間安排到資源班上課，只是資源班通常由一名特殊教育教師，教導幾名學生閱讀、語言、數學與其他學科；因此資源班的教師最好有固定的時間，並與普通班的老師協調，讓普通班老師的教學能夠適應學生的需要。

學校將特殊教育學生及身體障礙學生，安排在特殊班接受教師教導，但是，在學校大部分的上課期間與正常學生在一起，例如：上音樂、藝術、體育課、社會科、科學與數學科。上語文課時大部分時間，不與正常學生在一起。普通班教師擔任一般課程，特殊教育教師則是對學生提供額外支持。如果特殊學生到資源班上課，則大部分教學工作由特殊教育教師負責，班級老師則從旁協助。

五、特殊學生單獨接受特殊教育

特殊學生有嚴重障礙者，例如：重度智能不足或身體障礙、多重障礙者，這類學生與一般學生的課程必須完全各自獨立，由特殊教育老師來上課與輔導。

1. 特殊學生有哪些種類？其出現率為何？
2. 各類特殊學生的定義為何？
3. 各類特殊學生的原因為何？
4. 各類特殊學生的身心特徵為何？
5. 教師如何對各類特殊學生進行教學或輔導？
6. 試說明智能不足的心理與行為特徵。
7. 試說明教師教導自閉症兒童的原則。
8. 試說明視覺障礙學生的教學原則。
9. 試說明教師教導學習障礙學生的策略。
10. 試說明教師教導過動學生的原則。
11. 解釋名詞：

(1)學習障礙　(5)自閉症
(2)加速學程　(6)資源班教師
(3)行為異常　(7)情緒困擾
(4)早期療育　(8)資賦優異

第十二章　班級經營與常規輔導

教學是教師教導與學生學習的歷程，教師要有良好的教學效能，除了要具備專門學科的知識之外，尚需要做好班級秩序管理，否則即使擁有高深的學識，也無法讓學生專心學習。**班級經營**（classroom management）是教師教學的重要工作，在傳統學校教育中，大多數教師以嚴厲的管教方式來維持班級秩序，然而這種班級管理方式，已經不符合現代教育的潮流；因此，本章將以民主取向的學校教育，討論教師如何做好班級經營。讀者閱讀本章之後，將可以達成以下學習目標：

1. 了解學生身心發展的特徵。
2 認識做好班級管理的基本要領。
3. 了解教師如何營造良好的學習情境。
4. 了解班級教室如何布置。
5. 了解教師如何營造良好的班級氣氛。
6. 知道學生違規行為如何管理與輔導。

第一節　了解學生身心發展的特徵

由於各級學校學生身心發展的速度不同，所以教師要做好班級秩序管理，首先要了解學生身心發展的特徵，學生身心發展大致可以從身體、認知、心理社會、道德、個別差異，以及家庭背景等方面，來加以分析。

壹、了解學生身體發展速度不同

一個人身體發展的速度與年齡有關，年齡愈小發展愈快速。國小中、低年級的男女學生，身體發展尚無明顯差異，可是，有一些國小高年級女學生的身體發展較快，已經進入青春期。大抵而言，女生身體發育比男生大約早 1 至 2 年到達青春期。進入青春期的學生，其身體發展相當快速，而且已經出現**主要的性特徵**（primary characteristics），這個時期的學生，食量很大、睡眠時間長、喜歡運動，身體發育非常快速，有一些國中生的身高、體重，甚至已經跟大人一樣。雖然這一類學生外表看起來像個大人，可是其心智能力、情緒、性格仍尚未完全成熟。

學生身體發展速度除了有性別之間的差異之外，尚有個別之間的差異。在青春期的學生，可以分為男生早熟、男生晚熟、女生早熟、女生晚熟等四類。早熟的女生，大約在小學高年級就有**月經**（menstruation），她們已經具有懷孕的能力，在這個時期來臨之前，可以由女老師先實施性教育，以免在初潮來臨時，產生驚恐不安的心理。男生早熟者，大約在國小高年級就有夢遺的現象，此時可以由男老師來實施性教育，以免在夢遺之後，擔心腎虧、陽萎或早洩的恐懼心理。男生晚熟者，可能到了高中還沒有出現主要的性特徵，這類學生在團體中容易因為自己身材矮小，而產生自卑、害羞的心理。女生晚熟與男生早熟學生，在同儕中的身體發育速度比較不明顯，因此其心理適應比較好。

貳、了解學生認知發展的程度

根據皮亞傑的認知發展理論，7 至 11 歲的小學兒童，其認知能力已經進入具體運思期，這個時期兒童的思維以具體事物為主。到了 11 歲以上的兒童或青少年，就已經進入形式運思期，這個時期的學生已經具備抽象思維的心智能力。因此，教師在訂定班級規範時，應考慮學生認知發展的程度，學生才容易理解班級規範的涵義，進而加以遵守，否則，班規的文字敘述過於艱深抽象，學生不明白其涵義，在實踐上難免效果不彰。

參、了解學生心理社會發展情形

依據艾瑞克森（Erikson, 1963）的心理社會發展理論，人一生的生涯發展可以分為八個時期，而小學生已進入第四期；這個時期心理社會發展順利者，表現出勤奮用功進取，發展不順利者，則產生自卑、自貶、畏懼、退縮等心理特徵。中學生已進入第五期，這個時期心理社會發展順利者，能產生**自我統合**（self-identity），有明確的自我努力方向、正確的自我觀念以及生活目標；反之，發展不順利者，容易產生**角色混淆**（role confusion）的危機，生活易迷失方向，對未來產生徬徨不安。因此，教師在管教學生或處理學生違規行為時，最好了解學生心理社會發展的情形，幫助學生性格正常發展，以避免出現心理危機。

肆、認識學生道德發展的水平

根據柯爾柏格（Kohlberg, 1969）的道德發展理論，大約在 9 歲以下的兒童（小學中、低年級），其道德認知發展處於**前習俗道德期**（pre-conventional level of morality），此一時期有兩個特徵：其一是處於逃避懲罰而服從的取向，這個階段的學生不見得能明辨是非善惡，只是為了避免被懲罰而服從權威；其二是相對功利取向，只按行為後果是否給自己帶來好處，來判斷該行為的是非善惡。

大約介於 10 至 20 歲的學生，道德發展已經進入**習俗道德期**（conventional level of morality），此一時期有兩個特徵：其一是尋求認可取向，凡是自己的行為被

他人讚許，就認為是對的；其二是遵守法規取向，凡是社會規範的事項，就認為是大家必須遵守不能改變的。

20 歲以上的學生，道德認知發展進入**後習俗道德期**（post-conventional level of morality），這個時期的道德認知有兩個特徵：其一是社會法制取向，認為法律是為了維持社會秩序的工具，只要大眾取得共識，法律是可以改變的；其二是普遍倫理取向，道德認知是以個人倫理觀念為基石。

由上述可知，教師在建立班級規範時，應先了解學生道德認知發展的程度，對不同年級學生訂定合適的行為規範，以供學生遵守。

伍、了解學生的個別差異

依據我國現行的教育政策，國民教育階段採常態編班教學，因此在國民小學班級學生中，大都有少數特殊學生，這些特殊學生又可以分為：資賦優異、智能不足、視覺障礙、聽覺障礙、語言障礙、肢體障礙、情緒障礙、學習障礙、身體病弱、自閉症、發展遲緩、多重障礙等。特殊學生雖然占班級學生的少數，可是其身心特徵與大多數學生不同，因此，教師在訂定班級學生行為規範時，除了以大多數學生為主外，尚需顧及少數特殊學生的需要，否則要求所有學生在相同規範之下來實踐班規，有其實際上的困難。

陸、了解學生的家庭背景

近年來，由於社會繁榮、交通發達，人口有朝向都市集中的趨勢，因此，都市中有不少學生越區就學，這些學生來自不同的族群、不同的家庭社會經濟地位或不同的文化背景，其家庭背景、家長職業、父母教育程度、宗教信仰、居住環境也各有差異，教師在教導來自不同家庭背景的學生時，應先了解個別學生家庭背景，做好親師溝通以便取得家長合作、支持，這樣才有利於學生行為的管教。

第二節　班級經營管理

壹、班級經營管理的要領

班級管理雖然沒有一定公式可循，可是教師如果能把握以下要領，將可以使學生之不適當行為消弭於無形，進而維持良好的班級秩序。

一、記住學生姓名

教師在教學生之前，應先將班級學生個人的基本資料詳加閱讀，熟記每一個學生姓名，當學生不守規矩時，教師能立即直呼其姓名，請該生要遵守規矩。記住學生姓名的方法如下：

1. 在學生照片上面或下面寫上姓名，常常拿出來記憶。
2. 製作班級學生座位表放在教室講桌上，教師隨時可以看到學生及其姓名。
3. 製作學生名牌置於書桌上，教師隨時可以看到學生及其姓名。
4. 上課常點名，一方面記住名字，另一方面記住人與姓名。

二、恩威並濟、寬嚴適中

在開學之後的前幾週，教師上課時要嚴格要求學生遵守班級秩序，使學生不敢胡鬧，等到班級秩序表現良好之後，再稍微寬鬆一點；當學生又不守秩序時，教師就再嚴格一點；最好能做到寬嚴適中、恩威並濟的地步。如果第一次上課時，教師就表現很友善、放縱、溫柔的樣子，則以後班級秩序就很難維持了。

三、善用眼神傳達教師的情緒

教師上課時，隨時要以關懷的眼神逐一注視每一位學生，如果學生上課時分心、調皮搗蛋，教師注視該生的時間要長一點，必要時提高聲音分貝或搖搖頭表示警告或不許再犯；反之，如果學生表現良好行為時，教師應表現出讚許的眼神，以示嘉勉。

四、運用肢體語言

肢體語言（body language）包括：手勢、搖頭、音調、眼神、與學生的距離、微笑、皺眉頭等，教師善用各種肢體語言，可以傳達教師個人強烈的訊息。學生由教師的肢體語言就可以知道教師的態度，進而約束自己的行為。

五、隨時發問

教師在上課時，隨時對不用心聽講的學生問一些問題，或問他：「剛才老師講些什麼？」教師也可以隨機抽問其他同學問題，學生為了答覆老師的問題，全班同學比較能夠專心聽講，同學用心上課班級秩序自然良好。發問的技巧如下：

1. 由易而難，由簡而繁逐步進行。
2. 先發問再指名學生作答。
3. 每一個學生都有被問到的機會。
4. 儘量鼓勵沉默的學生參與。
5. 發問與回答問題之間，給學生思考的時間不可少於 3 秒鐘。
6. 學生回答可以不限於課本內容。
7. 學生回答良好者，教師立即給予讚美或獎勵。

六、教學靈活

教師教學生動活潑，容易引吸引學生的注意力，學生吵鬧分心的現象自然減少。活化教學的方法，至少有以下幾個要領：

1. 教師上課時不宜固定站在一個地方，有時可走動、巡視行間，學生有問題時，應趨前協助。
2. 教師講課時，聲音速度快慢適中，音調不宜平鋪直敘，講到重點時宜提高音量、放慢速度，以加深學生印象。

3.運用教學媒體來吸引學生集中注意力。
4.以故事的講述來引起學生的學習興趣。
5.運用幽默風趣來化解沉悶的教室氣氛。
6.教師提出問題不立刻提供答案，讓學生有思考的機會。
7.將學生分組比賽、討論、**腦力激盪**（brain storming）或辯論。
8.列舉實例加以闡述、說明或示範。
9.提出令學生困惑的問題，以激發其思考。
10.安排戶外教學活動，提升學生學習興趣。

七、適時增強良好行為

當學生表現良好行為時，教師應立即給予增強，例如：讚美、給予獎賞，這樣學生的良好行為再出現的機率就會增加。有些教師在學生表現不良的行為時，給予增強，例如：學生不守規矩時，老師宣布下課；學生吵鬧時，老師說：「大家去打躲避球！」這樣反而會增強學生的不良行為。如果教師宣布：「這堂課哪一位同學最認真、最守規矩，等一下這位同學就可以先下課。」這樣可以增強學生上課遵守秩序的行為。

八、調整座位

教師在安排學生座位後，如果發現某生喜歡與鄰座同學交談或爭吵，可以將其中一人調離原來的座位，最好將與人爭吵者，安排在第一排的中間位置，教師可以就近監督。此外，教師可以將一些不守規矩的學生，安排在品學兼優學生的隔壁，使其產生見賢思齊的效果。

九、教室環境

大多數教學活動都在教室內進行，教室環境可以直接影響學生的學習行為。教室環境包括：教室大小、溫度、溼度、照明、噪音、通風、課桌椅等，例如：教室太小空間擁擠、溫度太高或太低、濕度太大、光線昏暗、通風不良、噪音過大、教室設備老舊、雜物太多等，都會影響學生的學習動機與興趣；反之，舒適的學習環境可以提高學習興趣與動機。

十、分組秩序競賽

教師上課前準備一張表格，張貼於黑板的角落，再將全班同學分組，然後宣布哪一位學生表現最好，教師就在該組的方格子內畫圈，等到下課前再統計各組畫圈的數目，得勝那一組的學生就可得到獎勵。

十一、公平對待每一位學生

教師對班上每一位學生，不論其性別、衣著、長相、家庭背景、宗教信仰或種族，都應一視同仁，將每一位學生當作有尊嚴的個體，視同自己的孩子來看待，以愛心和關懷來對待每一位學生，這樣教師自然可以得到學生的尊敬。

十二、消弱學生不良行為

教師對不聽話的學生，可以採取消弱的行為改變技術，例如：當學生不守規矩時，不要去理會他，這樣可以使學生知道，如果不守規矩就不受老師歡迎，其不良行為自然會逐漸消弱下來。

十三、以民主的方式來管教學生

教師管教學生的方式很多，如果採取嚴厲、專制、放縱等方式來管教，通常容易使學生產生退縮、自卑、焦慮，以及為所欲為等行為。教師如果能培養學生少數服從多數，多數尊重少數，有民主的觀念與民主的素養，遇到學生之間有爭執問題時，由教師調停、折衷，教導學生互相妥協、禮讓、尊重他人，如此就比較容易產生和諧的班級氣氛。

十四、親師合作

教師與學生家長合作，例如：利用晨光時間，請愛心媽媽帶領班級學生閱讀成語故事，講解為人處世之道、班級讀經或研讀法律常識等，都有助於班級經營。

十五、戶外教學

大多數學生都很期待戶外教學，例如：參觀科學博物館、美術館、科學工藝博物館、昆蟲博物館、海洋博物館、動物園、植物園、科學園區、民俗文物館、發電廠、名勝古蹟等，學校可以安排每一學年至少一次戶外教學活動。

貳、班級常規的建立與輔導

一、班級常規的重要性

班規是學生在學校生活的例行性行為規範。一個班級是由許多學生所組成的，同學朝夕相處、互動頻繁，有班級常規（簡稱班規）供學生遵守，使得上課秩序良好，教師就可以安心上課，同時可以收到教學效果；反之，如果沒有班級常規供學生遵守或學生不遵守班規，教師即使課前有充分準備，也無法專心上課，學生也無法用心聽講，這樣就很難收到教學效果。由此可知，班級有明確的常規供學生遵守，將使學生為團體榮譽而努力，培養班級學生的向心力與和諧的學習情境，增進教師教學與學生學習的效果。

二、訂定班規的方法

（一）開班會討論

教師在開學之後，第一週上課時就要訂班規。小學低年級的班規可以由教師直接訂定，小學中、高年級或中學班規的訂定，可以請班長主持班會，由導師加以指導，請全班同學提出大家要遵守的共同規範，經全班同學討論並且表決通過之後，就成為班規。

（二）分組討論

將學生分成幾個小組進行討論：

1. 每一個小組的學生，都發表自己對本班的期望與具體建議。

2. 將各組討論所得到的班規張貼在黑板上。

3. 將各組討論所得到的班規，加以歸納、合併或刪除重複的班規。

4. 師生共同討論修飾班規，使每一條班規清楚、合理可行。

5. 教師提出班規執行的可行性，讓同學慎重思考，最後作成決議。

三、訂班規的原則

班級常規不是要制定一些消極的公約，來懲罰或束縛學生的行為，而是積極引導並鼓勵學生要有良好的行為表現。訂班規的原則如下：

1. 班規條文要具體明確。
2. 班規條文以五至十條為原則。
3. 班規內容應簡潔扼要，簡單易懂。
4. 在學期開始就訂定班規。
5. 班規要合理可行。
6. 班規必須以書面寫明。
7. 班規如有不適當，可以經由班會討論修正。
8. 班規宜配合學校政令宣導。

四、班規的內容要項

1. 不遲到、早退或曠課。
2. 服裝儀容整齊清潔。
3. 不可攜帶與課業無關的物品到學校。
4. 出入教室或公共場所要魚貫而行、不爭先恐後。
5. 上課時不妨礙他人學習、不喧譁或惡作劇。
6. 上課發言時，必須先舉手徵求老師同意。
7. 上課時要專心，不可與同學交談或做別的事。
8. 按時繳交作業，不抄襲別人的作業。
9. 考試絕對不作弊。

10. 尊敬師長、友愛同學，不打人、罵人、傷人、撞人或害人。
11. 不可隨意拿取或偷竊別人的物品。
12. 要愛護一切公物，不可任意毀損或破壞。
13. 保持教室整潔，廢棄物要丟棄到指定地方。
14. 拾獲財物要送交教師處理。
15. 上課要離開教室或學校時，必須先得到老師的同意。
16. 常說：「請」、「謝謝」、「對不起」。

五、班規的執行

班規訂定之後，應張貼於教室前面醒目的地方，同時印發給學生每人一張，要求學生在班規上簽名，同時送給每一位學生家長一份。班級常規訂定之後，最重要的就是徹底執行，班規的執行可以分成以下三個階段。

（一）試行階段

1. 讓學生朗讀班規，熟記班規。
2. 與學生共同訂定遵守或不遵守班規的獎懲方法。
3. 與學生討論班規的可行性或尋求補救的方法。
4. 定期檢討班規執行的成效。

（二）執行階段

1. 設計班規評量表（如表 12-1 所示），每天確實記錄（例如：畫○或打∨）。
2. 班規評量要公正、客觀。
3. 隨時對學生遵守班規的行為給予回饋。
4. 每隔一段時間累計個別學生的表現，累積次數最多或進步最多的學生，就給予獎勵或表揚，例如：個人一週的行為表現優良者，可以得到梅花章戳 1 枚，蒐集 10 枚梅花章戳可以兌換好學生卡 1 張，蒐集 3 張好學生卡可以

表 12-1　班規評量表

項目 週次	1.愛整潔	2.守秩序	3.友愛同學	4.愛護公物	5.有禮貌
1					
2					
3					
4					
5					
6					
7					
8					
9					
10					
合計					

得到榮譽學生獎章，由校長在全校朝會時頒獎；反之，不遵守班規者先給予警告，如果再違反就給予懲罰。

5. 通知學生家長，讓家長知道孩子在學校的行為表現，不遵守班規者可以請家長協助管教。

（三）獎懲階段

教師將每一位學生的行為表現加以統計，如表 12-2 所示，然後比較每一位學生的各項行為表現，就可以清晰呈現每一週進步或退步的情形，再據以實施獎懲。

在公布班規的初期，教師應時常提醒學生加以遵守，如果學生第一次違反班規，應加以警告或勸導，如果學生故意再犯，則應加以懲罰。懲罰有很多方式：

表 12-2　班規行為累計表

項目 / 週次	1.愛整潔	2.守秩序	3.友愛同學	4.愛護公物	5.有禮貌
1	1	3	1	2	3
2	2	1	2	3	2
3	2	2	3	3	2
4	3	5	1	0	4
5	1	4	2	2	1
6	3	2	5	1	0
7	2	2	0	1	3
8	4	1	2	2	2
9	3	5	2	3	2
10	2	1	3	3	4
11	1	0	1	2	5
12	2	2	3	2	3
13	3	3	1	0	1
14	0	1	1	2	1
15	2	2	4	2	2
合計	31	34	31	28	35

(1)暫時取消權利，例如：第一次違規，下課時在教室罰坐 5 分鐘；第二次違規，放學後留校 20 分鐘；第三次違規，通知學生家長；第四次違規，送到學生事務處管教；第五次違規，送到校長室由校長管教；(2)罰勞動服務；(3)罰寫作業等。班規訂定之後，教師應徹底執行，班級上課秩序才能井然有序。

六、學生違反班規的因素

學生如果經常違反班級規範，教師採取懲罰只是消極性的作法。教師最好主動深入了解原因，然後針對違反班規的原因來給予輔導，使學生以後能夠循規蹈矩。學生違反班規的原因相當複雜，不過可以歸納為以下幾個方面。

（一）家庭方面

1. 父母管教方式不當，例如：管教過度嚴厲、放縱、溺愛、疏於管教。
2. 父母工作繁忙沒有時間管教子女。
3. 父母死亡、離異、分居。
4. 父母對子女接受教育的態度不夠積極。
5. 父母虐待兒童或家庭暴力。
6. 家庭貧窮，孩子沒有零用錢。
7. 父母不遵守社會規範，對子女產生不良示範。
8. 住家社區環境不良，居住在在工商業混雜區或風化區。

（二）同儕方面

1. 交到品行不良的朋友。
2. 參加不良青少年幫派。
3. 交往的同學大部分都不用功讀書。
4. 與中途輟學的學生為伍。

（三）學生個人方面

1. 過度好動，坐立不安。
2. 發展遲緩。
3. 情緒障礙。
4. 學習困難。
5. 罹患身心症或精神疾病。

6. 故意引起教師注意。
7. 故意惹同學注意。
8. 蓄意向教師挑戰。
9. 性格異常。
10. 內分泌失調。
11. 睡眠不足。
12. 營養不良。
13. 受大眾傳播媒體影響。
14. 看電視的時間太長。
15. 功課壓力太重。
16. 同儕競爭太劇烈。

（四）學校方面

1. 課程編排不當。
2. 教師教學技巧不佳。
3. 教師管教學生方法不正確。
4. 教師對學生有不適當的期望。
5. 教師對學生有偏見，不能公平對待學生。
6. 教師不適任教學工作。
7. 教師不重視學生輔導。
8. 學校活動空間不足。

參、班級常規的輔導

班級常規訂定之後，教師要對學生做好輔導工作，否則徒法不足以自行。班規輔導的要點如下：

1. 教師在新擔任一個班級的導師時，可以利用始業輔導向學生說明班規的意義。

2. 教師與學生建立良好的師生關係，學生比較會聽從老師所重視的班規。
3. 選拔遵守班規的學生加以表揚，以收見賢思齊的效果。
4. 選拔優秀學生當幹部，請幹部協助教師提醒同學遵守班規。
5. 教師與家長保持聯繫，請學生家長叮嚀孩子要遵守班規。
6. 教師對不遵守班規的學生，應了解其動機與身心特質，然後再加以輔導。
7. 當學生遵守班規時，教師應給予獎勵或表揚。
8. 當學生故意不遵守班規時，教師應給予懲罰。
9. 教師輔導不遵守班規的學生時，要注意學生的個別差異。
10. 教師要時常提醒學生是否遵守班規。

第三節　營造良好的學習情境

壹、學習情境的涵義與重要性

良好的學習環境可以激發學生的學習動機與興趣，同時也可以增進學習效果。學生長期置身於學習情境中，可以產生潛移默化的效果。誠如美國著名教育學家杜威（Dewey）所說：「要想改變一個人，必須先改變環境，環境改變，人也就跟著改變了。」由此可知，學校校園的規劃與布置，將直接或間接影響學生的身心發展與學習行為。

學校是學生學習活動的主要場所，學習環境的設計、空間的安排、教學設備等，都與學生學習的效果有密切關係。學習環境中各種軟硬體設備，皆有助於教學活動，同時也直接或間接影響學生的學習行為。

學校是學生求學的園地，也是吸收新知、陶冶性情最佳的場所，因此，學校應提供良好的學習環境，教師則必須有班級經營的理念，布置一個理想的班級教學情境。而教師應針對教學目標，具有人性化的教學理念，配合學生身心發展特徵，塑造優良的班級文化，發揮言教、身教、境教的功能。

根據人本主義教育的理念，學校應提供學生安全、舒適、賞心悅目的學習環境，使學生在優美的環境中快樂學習，這樣學生的潛能更容易充分發揮出來。因此，教室不只是一個空間、建築物而已，學生在教室的各種學習活動，應充滿人性化，讓學生感受到有如在家那種溫馨自在的感覺。在一個班級教學活動中，教師和學生互動相當重要。因此，如何建立一個充滿人性化的學習樂園，使其發揮最大的教育效果，將成為教學環境設計的重要課題。

一般而言，班級學習環境包括：物質環境（例如：課桌椅的擺設、溫度、溼度、光線、通風、照明、噪音等）和教室情境布置（例如：教室美化與綠化、公布欄的設計、學習標語的張貼、學習角落的規劃等）。教師應結合學校、學生與家長的力量，規劃與布置完善的班級環境，使學生能在一個優美、舒適的環境之下，享受學習的樂趣。

貳、學習環境的設計

師生在進行教室布置時，應先考慮班級學生的人數、教室的方位、樓層的高低、空間的大小等因素，然後再進行規劃布置。教室布置的原則如下：

1. 採光要適中。
2. 空氣要流通。
3. 教室內灰塵要清除。
4. 課桌椅、櫥櫃除舊布新。
5. 座位安排要利於教學。
6. 教室整潔美觀。
7. 減少教室噪音。
8. 布置學習角。
9. 教室布置由師生共同規劃。

參、教學設備

為了讓教師上課節省時間與體力，並且增進教學效果，學校設備經費應優先購置現代化的教學設備，例如：購置教學媒體——電視機、單槍投影機、幻燈機、錄音機、錄放影機、電動螢幕、教學用電腦設備、實驗器材等。教學設備對於教學品質有很大的影響，充實教學設備的原則如下：

1. 各項教學設備應於開學之前準備好。
2. 各項教學設備應兼顧實用、經濟、堅固、美觀。
3. 教學設備應妥善管理及有效運用。
4. 班級設備宜使用電腦建檔或列冊保管。
5. 教學設備的添購需視經費，排列優先順序逐步充實。
6. 編列設備預算向學校申請添購。
7. 善用家長、社會或社區的資源，協助充實設備。

肆、座位的編排

學生座位的安排，除了傳統行列式之外，尚有以下幾種方式，教師可以視實際需要來編排：

1. 桌子排成正六邊形，以利於小組討論。
2. 桌子排成圓弧形，有助於師生互動。
3. 桌子排成馬蹄形狀，有助於動態課程的實施。

伍、塑造良好的班級學習氣氛

為了使學生在自然溫馨的環境之下快樂學習，可以將教室布置得像家裡一樣，讓學生有自由自在的感覺。教師可以請學生將家中的書籍、圖畫、玩具、盆栽、裝飾品等帶來教室布置。教師可以將學生的優點記錄下來，同時請班上同學隨時記錄同學的優點，讓每一個學生學會去發現與欣賞別人的優點。同時，教師應將教學單元相關資料呈現於教室重要的角落，供學生學習。

陸、教學情境的設計原則

一、配合各科教學需要，適時調整教學情境

（一）配合教學單元

以國小四年級上學期為例：配合國語第七課「知識的海洋」（康軒版），教學前請學生蒐集、剪貼與知識寶藏有關的文教機構，例如：科學館、動物園、民俗館、文藝館、圖書館、博物館、生態館等有關的文章、照片、文物等資料，拿來布置教室。

（二）配合校內重大活動

學校各學期都有重大的活動，例如：校慶活動、運動會、畢業典禮、園遊會、科學展覽、音樂會、美勞作品展、教學觀摩等，都可以請學生蒐集資料，再由教師指導設計共同布置，使各種活動多采多姿。

（三）配合時令節目

例如：在聖誕節前，教師可以請學生將教室內外布置得很有聖誕節的氣氛，包含：聖誕樹、聖誕老公公、聖誕鐘、聖誕禮物等，一一布置展示在教室內外，使學生感受到聖誕節充滿普世歡騰與平安的氣氛。

二、營造班級文化

一個班級由許多學生所組成，教師可依其個人的教育理念並且兼顧學生的特徵，共同來營造班級特有的文化，例如：將班級塑造成具有科學性、文藝性、傳統文化氣息、創新性等特色。一個班級有自己獨特的風格，可以增進學生的歸屬感及凝聚力。

三、營造舒適、安全、優美的學習環境

教學情境與學生知識的獲得、性格陶冶，以及生活習慣的養成，有很密切的

關係，所以，教學情境的規劃、布置均應有周詳的設計。教學情境布置時，除了考慮空間的大小、學生人數的多寡之外，空氣要流通、照明要充足、色彩宜柔和、教室要整齊清潔、設法減少噪音、注意安全設施（例如：有直角的地方加上軟墊），使學生有如置身於自己家中般的溫馨與自在。如果加上教師有教育的大愛，同學之間互相友愛、互相合作，在這種沒有心理壓力的環境之下學習，就可以提高學生的學習效果。

四、實踐人性化的教育

人性化的教育，就是把每一個學生當作一個獨立的個體，具備理性、感性、有思想、有理想的人。教師需要了解每一位學生的優缺點、性格特徵、家庭背景、身體特徵，並尊重學生的需要，進而因材施教。每一位學生都能得到教師、同學的尊重，師生之間、同儕之間有良好的關係，進而發揮群育的功能。

五、運用媒體設計，活化教學情境

在傳統的教學情境中，大都由教師對學生單向傳播知識，久而久之，學生容易產生不耐煩、枯燥無味的心理，甚至缺乏學習興趣。近年來，科學一日千里，各種教學媒體不斷推陳出新，為了突破傳統式教學的缺失，教師使用各種現代化的教學媒體設備，可以為沉悶的教學氣氛注入一股活力。

教學媒體的種類很多，比較常見的有：光碟、錄影帶、錄音帶、幻燈片、投影片、圖片、電腦軟體等，教師上課時也可以請學生參與教學媒體的操作，使師生互動更為緊密。

第四節　班級教室的布置

教室是教學活動最重要的空間，教室如果有適當的布置，就好像房屋有經過室內設計師的裝潢設計，會使人產生賞心悅目的感覺。因此，教室布置是否典雅、美觀、舒適，對於教師的教學活動以及學生的學習效果，都具有很大的影響。本節將就教室布置設計的理念、教室布置設計的原則，分別加以說明。

壹、教室布置設計的理念

每一個人每天的生活都與生活環境有密切關係，學生在學校的學習活動更與教室環境息息相關，因此，如何將教室布置成良好的學習環境，藉以提高學生的學習效果，也是一個相當重要的課題。

教室布置具有**潛在課程**（hidden curriculum）的功能，此外，學校的環境、設備及空間安排，無形中對學生產生潛移默化的效果。具體而言，學校的建築、人文景觀，以及各種軟硬體設備、每一間教室的布置，都對學生的認知、情意、行為與價值觀，有直接或間接的影響。由此可知，環境教育是教育歷程中重要的條件。

貳、教室布置設計的原則

一、教室格局彈性化

中小學教室格局的規劃，應依據實際教學需要，擺脫傳統式的格局，朝向更為彈性化的設計。綜觀今日世界各先進國家，中小學的教室設計或個別教室設計，已逐漸走出傳統長方形和標準化的格局，呈現出彈性的、多元的風貌，例如：半

圓形、正方形、梯形、正六邊形、扇形等。

二、教室空間規劃多樣化

1. 幼兒園教學的空間規劃，宜考慮幼兒園學童上課的需求，例如：要有唱遊的空間。
2. 小學一般教室的規劃，應考慮小學生活潑好動的特性，注意學生安全。
3. 國中或高中教室的空間規劃，除了一般教室之外，可以視實際需要，設置研討室。
4. 中小學專科教室的規劃，需考慮學生人數、教學設備的放置。

三、教學環境舒適化

一般中小學學生上課大都採固定教室，所以教室是學生與老師、同學朝夕相處的地方。教室之通風、採光、照明、色彩、噪音、溫度、溼度等環境因素，對學生學習的動機、情緒、身心健康，都具有直接和間接的影響。總而言之，優美舒適的學習環境，可以提高學生的學習效果。

教室物理環境設計的要點如下：

1. 採光的標準：教室照明不低於 500 燭光，桌面照明不低於 200 燭光，黑板照明不低於 350 燭光。
2. 色彩的選擇：教室儘量採用同一色系，顏色不要太暗或太刺眼，同時不要五顏六色。
3. 噪音的限制：在 50 分貝（decibel）以下的低噪音，教師講話的聲音在 9 公尺以內學生可以聽清楚，如果教室噪音超過 60 分貝，教師講話的聲音學生須在 2 公尺以內才能夠聽清楚。因此，教室內的噪音應限制在 60 分貝以下，以免影響學生聽講。
4. 溫度與溼度的控制：教室內的溫度宜保持在攝氏 20 至 27 度之間，溼度宜保持在 60 至 65%之間（林進材，1998）。

四、教室布置教育化

教室的情境布置應具有教育性的教學功能，目前臺灣一般國中小教室的設計趨於規格化、制式化。一般學校的建築物外觀華麗，但是，教室內卻擺設陳舊的講桌、黑板、磨石子地面及陳舊的課桌椅，天花板甚至吊著老舊、滿布灰塵的電風扇，這種教室硬體設備，缺乏美化、人性化，不容易使師生心情開朗。

教室的地面可以鋪上地毯，教室後面可設置學生私人的儲納櫃、教具展示櫥，掃除用具應擺放在不醒目的地方，黑板可以改用白板；教室最好有空調設備、投影布幕、擴音器等設備。此外，教室牆壁可以張貼一些標語，例如：「人生最大的財富就是健康」、「貧者因書而富，富者因書而貴」、「原諒別人就是善待自己」等。簡言之，教室除了讓學生有一個舒適、美觀的學習環境之外，應具有教育的功能。

五、教室內外的布置

（一）教室內的布置

一般教室內的布置，不分年級大略可分為以下幾項：

1. 公布欄。
2. 學習園地或學習角。
3. 設置愛心信箱。
4. 榮譽榜。
5. 教室標語或名人語錄。
6. 美化、綠化。
7. 提供娛樂器材。

（二）教室外的布置

1. 設置文化走廊。
2. 張貼壁報。

3. 通道走廊美化、綠化。

4. 設置垃圾分類箱。

5. 提供安全娛樂設施。

6. 提供學生休憩區。

（三）由師生共同設計與布置

教學情境的設計與布置，不宜只由教師一人包辦，應給予學生參與的機會，這樣不但可以增進師生關係，同時也可以提升同學之間的向心力。教師可以教導學生共同蒐集資料，同時將平日所學習的心得與成果，在布置教學情境中展現出來。

（四）將學生分組分別進行布置

教學情境的布置，教師可以將學生分組，然後各小組分別進行不同角落的布置，例如：榮譽榜、教室標語、學習園地、生活公約欄等。每一個學生負責自己小組的布置工作，各自發揮自己所長，最後完成整個教學情境的布置，並加上教室標語，例如：「屋寬不如心寬，心寬路就廣」、「黑髮不知勤學早，白頭方悔讀書遲」、「想像力比知識更重要」、「存好心、說好話、做好事」、「人生有兩件事不能等，第一是孝順，第二是求知」等。

第五節　教師領導與班級氣氛

一個班級是由教師與一群學生所組成的，師生朝夕相處與互動，彼此的態度、期望、價值觀與行為，在經過一段時間之後，自然形成班級獨特的氣氛。班級氣氛不知不覺影響每一個學生的思想、態度、觀念，以及行為，進而影響學生的學習效果。

在一個充滿歡樂氣氛、合作、積極進取的班級，不但可以促進學生身心健全發展，同時可以提升教師的教學效果。

壹、教師與班級氣氛

一、教師專業成長

教師所擁有的學科專業知識，必須凌駕於學生之上，這樣才能夠使學生對老師口服心服，帶動班級學生的學習氣氛。因此，教師應不斷自我充實、進修、研究，隨時吸收新知識來傳授給學生。

二、教師領導方式

「有怎樣的教師就有怎樣的學生」（as is the teachers, so is the students）。教師是一個班級的領導者，如何善用領導方式來達成教育目標，這是每一位教師必須具備的能力。教師領導學生的方式，大約有以下幾類：

（一）權威式領導

權威式（authoritarian）領導是指，教師指導學生學習，學生只能接受不能問為什麼，更不可違背教師的意思，這種領導方式的師生之間很少有互動，是由上而下單向式的溝通。

（二）放任式領導

放任式（laisser-faire）領導是指，教師對學生的學習行為，讓學生完全自由決定，教師不指導也不干涉，也就是採取無為而治的方法。

（三）民主式領導

民主式（democratic）領導是指，教師尊重學生的想法、意見，班級重要的事情透過班會表決，少數服從多數，多數尊重少數，教師對學生循循善誘，培養學生自我管理與自治的能力。

（四）權變式領導

權變式（contingency）領導，是由費德勒（F. Fiedler）於 1967 年所提倡的。這種領導方式應用在班級教學上，教師可以依照學生的年級、智能、性格、成就感、教學目標、教學情境等作彈性調整。簡單來說，這種領導方式需要視教學對象、教學目標、教學情境而定。

教師對於年級較低、智能較差、性格不成熟學生的領導，可以採取開明的態度或偏權威式領導來指導學生；反之，年級比較高、智能較佳、性格比較成熟的學生，教師可以採取民主的領導方式，讓學生參與討論、溝通、表決，進而達成共識。在上述各種領導方式中，放任式領導對班級經營的成效最差。

（五）關懷與倡導式領導

美國俄亥俄大學（Ohio University）提出**關懷**（consideration）與**倡導**（initiating）所構成的四種領導方式。倡導是由教師來引導、指引學生；關懷就是對學生主動關心、傾聽、協助。這種領導方式可以細分為以下四類：

1. 高倡導、高關懷：學生要學習什麼，由教師主導，同時，教師也很關心學生的學習行為及表現。
2. 高倡導、低關懷：學生要學習什麼，由教師主導，但是，教師比較不關心學生的學習行為及表現。
3. 低倡導、高關懷：學生要學習什麼，教師很少主導，但是教師關心學生的學習行為及表現。
4. 低倡導、低關懷：學生要學習什麼，教師很少主導，同時，教師也很少關心學生的學習行為及表現。

上述四類領導方式，以「高倡導、高關懷」比較理想，學生的學習表現也比較好；「低倡導、低關懷」最差，學生的學習興趣、學習表現最不理想。

三、提供楷模人物供學生效法

教師不但要「經師」，更要「人師」，經師是指教師應具備豐富的學科知識；人師是指教師為人師表，其言行應成為學生的表率與典範。但是，在今日多元的社會中，學生很容易獲得許多的訊息，所以教師不再是學生學習模仿的唯一楷模；因此，教師可以在教學過程中，介紹各行各業的傑出人士，作為學生學習模仿的典範，這樣有助於塑造良好的班風。

貳、師生關係與班級氣氛

教師與學生之間如果有良好的關係，班級氣氛自然良好。教師如何與學生建立亦師亦友的關係，以下幾點可供參考。

一、了解每一位學生

教師可以由學生個人的基本資料、與學生個別的晤談、觀察、心理測驗、交友情形，以及與家長溝通聯繫等方面來了解學生；此外，教師可以從學生的週記、作品、作文、學業表現、品行等方面來了解學生。當學生能感受到老師對他的了解、愛與尊重，就有助於師生關係的建立。

二、教師對學生要有無條件的愛

教師毫無保留將知識傳授給學生，對學生無條件的關愛、教導、付出、支持與協助，就能夠深深感動學生，師生之間的情感將日益深厚。

三、管教學生寬嚴適中

教師對待學生視同己出，也就是將學生視為自己的孩子，對每一位學生公平對待；如果學生犯錯了，教師不應疾言厲色或大發雷霆，不任意責罵，以免傷害學生的自尊心。教師教導學生時，應心平氣和、恩威並濟，嚴而不兇，寬而不鬆，能傾聽學生的心聲，接納學生的情緒避免直接說教，以拉近師生之間的距離。

四、幽默風趣

教師上課時營造愉快的氣氛，可以消除嚴肅、沉悶的教學氣氛。有時教師可以消遣自己，開自己的玩笑，讓學生輕鬆一下，消除緊張的情緒，這樣可以提高學生上課的注意力，促進和諧的班級氣氛。

五、對學生適切的鼓勵與期望

教師要了解每一位學生的身心特徵與個別差異，發覺學生的優點與長處，對每一位學生有適當的期望，讓學生感受到老師的鼓勵與期待，對自己產生自信心，進而朝著教師所期望的方向去發展，這樣就能產生**比馬龍效應**（Pygmalion effect）。

當學生學習成績退步時就給予鼓勵、支持，經常正向激勵學生，使學生產生向上的勇氣和毅力，例如：「你這次考試成績雖然不理想，只要再努力，下次就會進步！」

六、雙向溝通交流

教師與學生在思想、觀念、意見上雙向互動交流，可以增進彼此的了解，產生互相信賴。

第六節　學生違規行為的管理與輔導

每個班級的學生都有個別差異，如果教師沒有做好預防措施，等到學生表現違規行為再來處理，就得大費周章、產生困擾。如果教師能對學生在違規行為的規範上，事先做好預防措施，就可以減少違規行為的發生。雖然教師訂定班規供學生遵守，是預防違規行為的重要方法，可是，學生的違規行為不可能完全不會發生，因此教師預防與處理學生違規，至少有以下方法。

壹、學生違規行爲的預防

一、要學生為自己的行為負責

教師在開學時，就要訂定班規供學生遵守，在班規中明訂學生如果違反班規，必須負起哪些責任，學生知道違反班級規範的後果，其違規行為的發生自然減少。

二、了解學生違規行為的動機

教師在處理學生違規行為時，需要先了解其違規的動機方能對症下藥，給予適當的處置。學生雖然有同樣的違規行為，但不同原因就應採用不同的輔導方法，才能夠收到實質的效果，例如：甲、乙、丙三位同學都有偷竊行為，甲生可能缺乏零用錢、乙生可能要報復對方、丙生可能受到不肖同學的慫恿。教師應針對這三位學生偷竊行為的不同動機加以諮商輔導與處理，方能產生效果。

三、說理或勸導

「說理」就是對事情提出合理的解釋，說理可以讓學生知道為什麼某些行為可以做，某些行為不可以做，例如：當學生上課時講話，老師如果告訴學生：「不要講話，因為講話會干擾其他同學上課，使他們無法專心學習。」這樣就是說理。如果教師在學生上課講話時說：「再講話就要罰站！」這樣就是以懲罰作為威脅。教師對學生說理時心平氣和，學生便會有受到老師尊重的感覺，因此較能夠誠心接受老師的教導。威脅難免語氣嚴厲，學生若有不受尊重的感覺，就容易產生反效果。

貳、懲罰

當學生表現不良行為的時候，教師可以採取各種懲罰措施，來減弱或消除該行為。傳統的教師常以打罵方式來懲罰（punishment）表現不良的學生，這樣只

能收到短暫效果；比較理想的方式是：暫時取消強化物、取消權利或隔離（time out），例如：學生上課講話屢勸不聽，教師叫該生坐到教室角落。又如：上游泳課時，不守規矩的學生，教師可以讓該生坐在游泳池畔，觀看其他同學游泳，一直等到該生表現良好行為時，才允許他下去游泳。

雖然有一些教師喜歡使用懲罰來改變學生的不良行為，但是，懲罰有時只能夠使個體的不良行為暫時收斂。假如教師長期對學生嚴厲懲罰，容易使學生產生退縮、焦慮、自卑、憤怒等心理，甚至攻擊他人、破壞物品、報復教師。因此，大多數教育心理學家主張，教師應多對學生鼓勵、少用懲罰，千萬不可使用體罰。不過，當教師對學生屢勸不聽時，自然可以適度使用懲罰，可是，使用懲罰宜遵守以下幾個原則（葉重新，2011）。

一、懲罰方式

1. 罰寫作業。
2. 罰站。
3. 扣分。
4. 暫時隔離。
5. 口頭警告。
6. 訓誡。
7. 公布姓名。

二、懲罰的技巧

1. 教師態度嚴肅，不可發脾氣，避免過度情緒反應。
2. 學生有違規行為應儘速懲罰。
3. 暫時取消權利，例如：某個學生打籃球時故意撞人，教師立即不准他這堂課再出場打球。
4. 不可因為一個人犯錯而懲罰全班學生。
5. 懲罰之前應先警告，如果再不遵守規勸，才施予懲罰。

6. 如係多人皆違規，懲罰應公平，不可偏袒任一方。
7. 不可剝奪違規者的基本生理需求，例如：喝水、上廁所。
8. 懲罰不可超越學生的負荷，例如：罰寫作業 100 遍。
9. 懲罰之前須先說明為何老師要懲罰他。
10. 懲罰時教師態度要威嚴，但語氣要溫和。
11. 不可威脅恐嚇學生。
12. 不可讓違規學生彼此相互懲罰。
13. 不可以虐待學生。
14. 對故意一再犯錯的學生，教師應檢討懲罰方式是否正確。
15. 對於能即時改正的學生，應給予讚美。
16. 避免使懲罰產生反效果，例如：有些嬉皮笑臉的學生，情願挨老師的打或罵，也不甘寂寞。這樣懲罰反而成為另一種**獎賞**（reward）。
17. 懲罰之後應了解受罰者是否有改過之心。

三、懲罰管教的缺點

以懲罰的方式來管教學生，是在萬不得已的情況下才使用。大多數心理學家都主張，教師不宜以懲罰來管教學生，其理由如下：

1. 懲罰只能使學生暫時收斂，而無法根除其不良行為。
2. 懲罰會傷害師生關係，使學生不敢親近教師。
3. 懲罰可能引起學生轉向攻擊，例如：攻擊同學、破壞公物，或攻擊無辜的社會大眾。
4. 懲罰可能使學生產生報復老師的心理。
5. 懲罰容易使學生產生退縮、膽怯、焦慮、恐懼的心理，以後學生容易遲到、早退、逃學、輟學或表現偏差行為。
6. 懲罰學生容易使該學生只聽從老師的話，而妨礙其創造力的發展。
7. 常被教師懲罰的學生，容易受到班上同學的排斥。
8. 教師懲罰學生時，難免控制不了自己的情緒，如果懲罰過度傷害學生身心健康，家長無法諒解。

9. 有些學生擔心受懲罰，因而以說謊來逃避懲罰，或得到別人的讚美。

參、違規行爲輔導

少數違反班規之學生都是偶發且輕微的問題，對這些學生採用行為改變技術，加上開導、說理，就能產生效果。但是，也有一些學生的違規行為比較嚴重，例如：偷竊、吸菸、頂撞老師或欺負同學，雖然教師給予懲罰或勸導，但是都沒有明顯的效果。對於這些學生，即可以採用以下輔導策略，較能產生顯著的效果。

一、深入了解學生違規的潛在動機

學生若出現違規行為，有時教師不能只從表面來看問題，透過與違反班規學生個別談話、仔細觀察其行為或向其他同學求證，有時可以發現學生違規的行為是潛在意識的問題。學生違反班規或校規的潛在動機，大致可以分為以下四類：(1)希望得到老師或同學的注意；(2)為了要報復別人；(3)為了要爭取自己的權利；(4)為了要表示自己無能為力。

如果學生的違規行為是要引起老師或同學注意，教師對學生不良行為可以採取忽視的作法。換句話說，老師在學生表現不良行為時，不要一直喊這個學生的姓名，這樣反而會使學生以為老師或同學注意到他，而使其不良行為變本加厲。教師應儘量在這類學生尚未期望老師注意時，就給予注意，或在他表現良好行為時給予獎勵，這樣就容易產生良好的效果。假如此類學生偶而又在班上干擾同學上課，這時老師不必加以懲罰或責罵，可以對學生說：「你要老師注意你多久？！」

如果學生的違規行為是為了要報復別人，例如：李四曾經罵過王五，於是王五有一天就偷了李四的東西。老師對這兩位學生都應加以輔導。教師要對李四說：「你以後不可以罵人，否則容易遭到別人報復。」同時要對王五說：「你想想看為什麼別人會罵你？如果你自己沒有錯，就不必報復別人，你可以原諒別人；如果你自己犯錯了，就應向對方道歉，而不是以偷東西來報復。」

假如學生的違規行為是為了要爭取更多的權利，教師應了解其原因何在，再做適當的輔導，例如：一個學生非常想要當班長，教師可以採取民主方式，由全班同學來選舉班長；如果學生要爭取最好的座位，教師應依學生身高來排座位。

假如學生不遵守班規是為了表示自己能力差，守規矩也沒用；通常這類學生希望老師不管他、放棄他，但如果老師放棄這學生，學生更會認為自己無能、沒有價值，就更容易表現出為所欲為的行為。因此，當教師遇到這種學生時，不要輕易放棄他，而要有敏銳的眼光，慧眼識英雄、伯樂識千里馬，去發現學生的優點，輔導他朝自己的優點去發展；只要學生表現努力、有進步時，就給予鼓勵、支持。當學生發現自己有某一方面的長處，且受到老師肯定時，他對自己的能力就會產生信心。

二、協助學生釐清問題行為

學生發生違規行為時，可能主觀上認為自己沒有錯，教師應設法協助讓這類學生站在別人的立場，客觀地分析問題，例如：老師問小明：「你為什麼沒有朋友？」小明回答說：「別人不願意跟我交朋友。」這時老師可以反問小明：「你有主動去交朋友嗎？」這時小明就能明白自己沒有朋友的原因。同樣的，老師問小明：「你為什麼不遵守校規？」小明回答說：「遵守校規不能得到獎品。」老師就必須告訴小明，遵守校規是每一個學生的本分，而不是為了得到獎品。

三、協助學生對自己的問題行為作價值判斷

學生的價值觀是維持其行為的原動力，違規的學生往往對問題行為存有不正確的價值觀，例如：有一名學生時常欺負同學，老師問他：「你為什麼經常欺負人？」這名學生回答說：「欺負人有什麼關係？」這時老師可以問這名學生：「欺負人有什麼好處？難道你也喜歡被人欺負嗎？」如此可以幫助學生對自己的行為作正確的價值判斷，對於改變其不良行為，將產生正面的效果。

四、對問題學生關懷與接納

教師對於不遵守規矩的學生，不但不可以採取敵意的態度，反而要有人本主義的精神，傾聽學生的心聲，對學生積極尊重、主動關懷、具同理心，以及了解他們，同時與這類學生建立友善的關係，這樣可以使學生感受到老師的關愛及溫暖，而被老師的大愛所感動。如此一來，學生便願意檢討自己的行為，並且嘗試改變自己。

五、教師與學生簽訂契約

教師與學生訂定遵守規矩的契約，如果學生遵守契約就給予獎勵；反之，學生不履行契約就不給予獎勵。在開學的第一天，老師與每一位學生簽訂契約，契約的內容訂有遵守班規的獎勵辦法。如果學生到學期終了，真的能夠履行契約，教師就按照契約的獎勵辦法來執行。在葛拉瑟（William Glasser, 1925- ）所提倡的**現實治療**（reality therapy）法中，常採取簽訂契約法來治療個案，結果發現效果相當顯著。

六、採用適當行為改變技術

行為改變技術是以行為主義及認知理論為基礎，利用增強、制約、消弱、相互抑制、類化、模仿等方法，來改變學生的不良行為。學生的違規行為有不同的種類，因此需要採取不同的行為改變技術，例如：有一名學生喜歡製造髒亂，教師可以請同學選他當衛生股長，讓他來維持班級教室的整齊清潔；如果他繼續在教室製造髒亂，只會給自己帶來麻煩，所以他便會改正在教室製造髒亂的不良習慣。這種行為改變技術就是利用**相互抑制**（reciprocal inhibition）的原理。

教師對於擾亂上課秩序調皮搗蛋的學生，宜採用懲罰與獎勵兩種管教方式靈活運用。每當學生表現違規行為的時候，教師就應立即給予警告或勸導，如果繼續為非作歹，就給予懲罰，例如：讓該生做他（她）最不喜歡做的事，這樣比較會有良好的懲罰效果。但是，不可以對學生實施體罰、虐待或作人身攻擊。反之，當不守規矩學生表現良好行為的時候，就應立即給予讚美。

七、使用代幣制

如果教師對學生使用增強物、讚美、微笑等方法，都沒有明顯的效果時，這時可以採用**代幣制**（token economy）。當學生表現良好行為時，例如：上課不隨便講話、尊敬師長、桌子保持乾淨、友愛同學、上課注意聽講、考試不作弊、不遲到、不早退、不隨便拿別人的東西、撿到東西送給老師處理等，教師就給予代幣（錢幣替代物）；反之，學生表現不良行為時，教師就收回代幣。經過一段時間之後，學生就可以拿所蒐集的代幣，向教師兌換獎品。可是，學生所兌換的獎品必須是學生所喜歡的，才具有鼓勵的效果；因此，教師平時就要了解個別學生的需求，然後準備好各種學生喜歡的獎品。

八、追蹤輔導

教師要長期追蹤學生的行為表現，有一些學生經過老師輔導之後，雖然行為有了明顯改變，可是當教師發現這種進步只是短暫時，就需要對這類學生繼續追蹤，當發現學生又產生以前的不良行為時，就要適時給予輔導，使學生朝向積極、正面的方向去發展。

自我評量題目

1. 教師如何了解學生身心發展的特徵？
2. 教師如何做好班級管理？
3. 教師如何營造良好的學習情境？
4. 班級教室如何布置？
5. 教師如何營造良好的班級氣氛？
6. 學生違規行為如何管理與輔導？
7. 試說明班級常規的重要性。
8. 教師如何預防學生違規行為的發生？
9. 試說明教師領導一個班級較好的方式。
10. 試說明教學情境的設計原則。
11. 教師如何懲罰學生，並且避免傷害學生的身心健康？
12. 班級常規如何建立與輔導？
13. 解釋名詞：

(1)班級文化
(2)潛在課程
(3)比馬龍效應
(4)肢體語言
(5)權變式領導
(6)代幣制
(7)相互抑制
(8)隔離

第十三章　學生學習評量

教師在教學歷程中，為了了解學生的學習是否達成教學目標，會採取各種測驗或考試的方式，教育心理學者大多採用**教學評量**（teaching evaluation）一詞。本章就教學評量的涵義與目的、教學評量的種類、教學評量的工具，以及多元化教學評量等，分別加以說明。讀者在閱讀本章之後，將能達成以下目標：

1. 了解教學評量的涵義與目的。
2. 認識教學評量有哪些種類。
3. 認識教學評量有哪些工具。
4 知道如何編製教學評量工具。
5. 了解多元化教學評量。
6. 知道教師如何評量學生的學習表現。

第一節　教學評量的涵義與目的

壹、教學評量的涵義

評量（evaluation）一詞，具有測量與量化之意。教學評量是使用工具來測量學生之學習情形，根據測量的資料加以量化，進而評定學生的學習效果。美國教育學者葛拉瑟（Glaser, 1962）提出教學基本模式，如圖 13-1 所示。由該圖可知，教師教學之前先有教學目標，接著了解學生在教學之前已經具備的能力，再根據起點行為來實施教學，在教學活動之後實施教學評量。由教學評量結果可以檢驗學習成果是否達成學習目標，了解學生的學習起點行為是否適當，發現教學活動是否有缺失。由此可知，該教學模式是一個循環的過程。

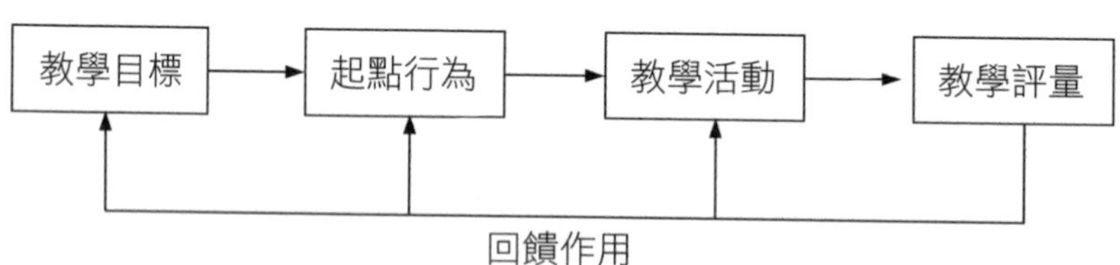

圖 13-1　葛拉瑟的教學基本模式

另外，教學評量專家基伯勒等人（Kibler, Cegala, Miles, & Barker, 1974），在其《教學目標與評量》（*Objectives for Instruction and Evaluation*）一書中，提出教學基本模式，如圖 13-2 所示。

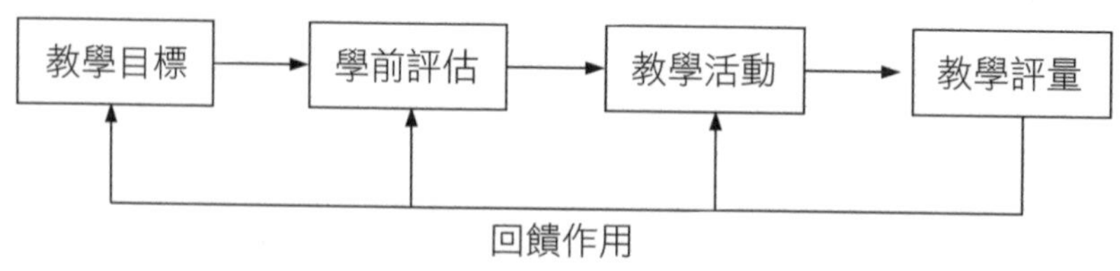

圖 13-2　基伯勒等人的教學基本模式

由該圖可知，他將教學的基本歷程分為：教學目標、學前評估、教學活動、教學評量等四個部分。教師在教學之前先設定教學目標，再對學生實施學習前評估，然後進行教學活動，最後對學習成果進行評量，由評量結果來檢驗教學目標是否正確、學習前評估是否適當、教學活動有無缺失、教學評量是否可靠。由此可知，基伯勒的教學基本模式也是一個循環過程。

從上述二圖可知，教學評量不是教學過程活動的結束，也不是教學歷程的終點，教學評量的主要目的，在於分析教師教學的得失，並且診斷學生的學習成果，如果發現學生有學習困難，則可以作為個別輔導與實施補救教學的依據。由此可見，教學目標、教學活動與教學評量三者之間，具有非常密切的關係。

貳、教學評量的目的

一、作為輔導學生的依據

教學評量就好像健康檢查，身體健康檢查的目的在於發現身體是否有疾病，再針對疾病來加以治療，使身體恢復健康。同理，教學評量的目的在根據評量結果，發現學生學習困難的問題，再給予適當輔導，使學生學習困難的問題得到解決。

二、讓學生了解自己學習的結果

教師對學生的學習進行評量，一方面可以使學生知道自己的學習結果，另一方面教師對學生學習的結果給予回饋，例如：教師對學生作文提出評語、對錯別字給予訂正、對數字計算過程給予指正，這樣可以使學生從教師處得到訊息，進而能夠改進學習上的缺失。

為了發揮回饋的效果，教師在實施教學評量的時候，不僅僅是對學科打個評量成績而已，而是應對學生作答錯誤的地方給予訂正，然後將訂正後的資料，提供學生作為改進的依據。

三、讓教師了解自己教學的成果

教師由教學評量所得到的資訊，可以發現自己教學上有何優缺點，例如：學生不懂的地方，可能是教學時沒有說明清楚、沒有適當運用教學媒體、沒有配合學生認知發展的程度，或沒有做好教室秩序管理等。教師如果能針對自己教學上的疏失來改進教學，就可以提升教學效果。

四、讓學生家長知道子女的學習情形

教師對學生實施教學評量，並將教學評量結果提供給學生父母，使父母知道子女在學校的學業表現。大多數父母都很關心子女的學業，假如子女的學業成績不好或退步，父母通常會鼓勵、督促子女用功，或想出其他方法來提高子女的學業成績。

五、提供學生升學與就業輔導之參考

學生在學校接受多次教學評量之後，學校教師、導師或輔導老師就能夠清楚了解學生的能力、性向以及學習興趣。這樣不但可以作為教師因材施教，導師或輔導老師個別輔導學生之參考，同時可以對學生的學習能力進行篩檢，例如：高中或大學基本學力測驗，根據測驗結果可以作為學校教育人員，對學生提供升學與就業輔導的參考。

六、提供學校主管了解教師的教學表現

教師教學是否認真、教學方法是否正確，都與學生的學習成績有密切關係。學校實施教學評量的結果，一方面可以了解教師的教學表現，另一方面可以提供教師改進教學的參考。

第二節　教學評量的種類

從測量的本質而言，教學評量可以分為最大表現評量與典型表現評量。就評量的時機和目的而言，教學評量可以分為形成性評量、總結性評量、診斷性評量，以及安置性評量。就評量資料的解釋方式而言，教學評量可以分為常模參照評量和標準參照評量，茲分述如下。

壹、最大表現評量

最大表現評量（maximum performance evaluation）是指，評量個人盡自己最大努力所能達成的程度。這種評量的工具以**性向測驗**（aptitude test）和**成就測驗**（achievement test）最常見。性向測驗可以測量個人的潛在能力，進而預測個人未來學習的成就，例如：學生接受音樂性向測驗，由測驗結果就可以知道學生是否具有音樂的天賦，如果缺乏音樂的特殊潛在能力，即使去接受音樂教育或訓練，將來在音樂方面也不容易有傑出的表現。成就測驗旨在測量學生，在經過學科教學活動之後的學習表現，進而顯示過去的學習活動是否成功；一般學校的考試、升學考試、就業考試等都屬於成就測驗。

貳、典型表現評量

典型表現評量（typical performance evaluation）是指，評量個人平時的行為，包括：態度、興趣、人格、價值觀、自我概念等，由評量結果可以知道個人在一般情形之下，會有什麼行為反應。這種評量大多以問卷、心理測驗、訪談、觀察等方式，來蒐集受測者的行為資料，例如：教師對學生實施人格測驗後，就可發現學生的人格特質，如學生有不良的人格特質，就可作為心理諮商輔導的參考。

參、形成性評量

形成性評量（formative evaluation）是指，教師在教學進行中以事先準備好的自編單元問題，對學生進行隨堂考試、口頭考問、作業或實際演示，考試結果提供學生了解學習是否進步，同時可以幫助教師了解學生的學習情況，以作為調整教學方法與實施補救教學的參考。形成性評量可以使學生在產生學習困難時，得以及時獲得補救。

肆、總結性評量

總結性評量（summative evaluation）是指，在上完某一個單元或學期末，教師以自編的學科成就測驗或標準化成就測驗，就學生的學習成就進行評量，例如：段考、月考或期末考。其目的在檢討教師教學的成效，同時決定學生學習成績的等第或是否及格，進而了解學生達成教學目標的程度。

伍、診斷性評量

診斷性評量（diagnostic evaluation）的目的，在確定學生學習的困難與原因，以作為個別輔導或補救教學的依據。學生的學業成績不良，至少有以下幾個原因：(1)智能偏低；(2)學習動機薄弱；(3)學習方法不正確；(4)學習環境不佳；(5)身心疾病；(6)缺乏同儕合作與競爭；(7)教師教學方法不正確；(8)教師對學生期望低；(9)父母管教方式不當；(10)缺乏文化刺激等。以標準化的智力測驗、成就測驗、性向測驗、教師自編學科測驗、人格測驗、自陳量表、觀察法或晤談法等，就可以診斷出學生學習成績低落的原因，然後設法去除這些原因，藉以提升教學效果。

陸、安置性評量

安置性評量（placement evaluation）的目的，在幫助教師發現學生達成教學目標之前，已經具備的起點行為，以便安排適合大多數學生的教材和方法，同時作為分組教學或安排學生接受特殊教育的依據。

安置性評量通常以性向測驗、自陳量表或觀察法，來蒐集學生的起點行為。教師採用安置性評量的時機，大都在新任教班級或對學生的能力不清楚時。

柒、常模參照評量

常模參照評量（norm-referenced evaluation）是指，以個人的測驗分數在團體中所占的相對位置，來解釋個人評量結果的一種教學評量方式。常模參照評量通常以同年級平均數為參照點，據以比較分析學生之間的相對優劣；有時也以學校、學區、居住地區或全國學生作為比較的團體。至於要以何種對象來作比較，就需要視評量結果之用途而定。學校通常以教師自編學科測驗的結果，分析個別學生在團體中的相對地位，以作為分班、編組、評定等第、擇優錄取之用。換言之，常模參照評量的目的，在區分學生彼此之間學業成就水準的高低。

捌、標準參照評量

標準參照評量（criterion-referenced evaluation）是指，以事先決定的標準，衡量學生是否已經達到這個標準，已達該標準者即視為**精熟**（mastery），未達該標準者則視為未精熟。至於標準的選取，可以由教師或教育行政機關來決定，例如：大學以下各級學校學生學科成績以 60 分為及格；研究所以上學生的學科成績，以 70 分為及格；大學教師升等亦以 70 分為及格。

由標準參照評量結果，教師可以發現全班學生學習內容精熟的程度，同時找出哪些學生未達到精熟水準，然後作為實施個別輔導或補救教學的依據。目前政府所舉辦的技能檢定考試，例如：汽、機車駕駛執照的考試，就是屬於標準參照評量，只要考試及格就可以拿到駕駛執照，與應考者人數多寡無關，考試分數也不必跟別人做比較。

第三節　教學評量的工具

壹、標準化測驗

標準化測驗是指，一個測驗的編製過程相當嚴謹，這種測驗具有高的信度、效度、有適用的常模、有固定的施測程序，以及客觀的計分方法。標準化測驗大多由心理與教育測驗之學者與課程專家共同編製。茲就標準化測驗之信度、效度和常模等，分述如下。

一、信度

信度（reliability）是指，可相信的程度，也就是可靠性，通常是指測量結果的**穩定性**（stability）或**一致性**（consistency）。教學評量工具信度的分析，有以下四種方法：(1)再測法；(2)複本法；(3)內部一致性法；(4)評分者法，茲就其涵義以及應用，分別說明如下。

（一）再測法

再測法（test-retest method）是指，使用同一個測量工具，對一群受測者在不同的時間前後各測量一次，再根據受測者在這兩次測量的得分，求其相關係數，就可得到信度係數。相關係數愈高，表示再測信度愈高；反之，相關係數愈低，則表示再測信度愈低。

當得分資料屬於**等距量尺**（interval scale）或**比率量尺**（ratio scale）時，可以使用**皮爾遜積差相關**（Pearson product-moment correlation）統計法，以第一次測量的得分當作x，第二次測量的得分當作y，N為人數，代入下列公式，就可以求得再測信度係數：

$$r_{xy}=\frac{N\Sigma xy-\Sigma x\Sigma y}{\sqrt{N\Sigma x^2-(\Sigma x)^2}\cdot\sqrt{N\Sigma y^2-(\Sigma y)^2}}$$

當得分資料屬於次序量尺（ordinal scale）時，可以使用**斯皮爾曼等級相關**（Spearman rank correlation）統計法。將第一次測量的得分等第，以 x 表示，第二次測量的得分等第，以 y 表示，N 為人數，代入下列公式，即可求得再測信度係數（舉例如表 13-1 所示）：

$$r_{xy}=1-\frac{6\Sigma d^2}{N^3-N}$$

表 13-1　再測信度係數舉例

受測者	第一次得分等第（x）	第二次得分等第（y）	d	d^2
A	6	7	-1	1
B	3	3	0	0
C	7	6	1	1
D	4	1	3	9
E	9	9	0	0
F	10	10	0	0
G	5	5	0	0
H	1	2	-1	1
I	8	8	0	0
J	2	4	-2	4
N = 10				$\Sigma d^2=16$

$$r_{xy}=1-\frac{6\times 16}{10^3-10}=.90$$

以再測法求教學評量工具的信度時，除了不可以讓受測者知道此工具將對他們重複施測之外，同時應注意前後兩次測量時間的間隔，如果間隔太長，容易受到受測者身心成長的影響，信度就容易偏低；反之，如果時間間隔太短，就容易受到練習效果與記憶的影響，以致於容易產生再測信度偏高的現象。

在實施再測法時，前後兩次測驗時間應間隔多久較合適？這通常要視測量對象而定。一般而言，對兒童實施再測之時間間隔，大約以兩週為宜，因為兒童心智成長的速度比成人快速；如果對成人實施再測，前後兩次測驗宜間隔兩週以上，但是以不超過 4 個月為原則。

以再測法分析教學評量工具的信度時，應注意兩次施測時之情境因素與受測者身心狀況是否相同。前者包括：溫度、噪音、照明，以及室內環境等，後者包括：受測者身體健康情形、情緒、動機等。此外，主試者所使用的指導語、態度應儘量保持前後一致。同時應考慮在第一次施測之後，是否能夠讓原來的受測者都有機會再接受測量，例如：在第一次施測之後受測者就畢業或放暑假，不可能再對這些學生實施測量，這種情形就不適合採用再測法。

（二）複本法

複本（equivalent forms or parallel forms）是指，兩種工具的題型、題目數、難度、鑑別度等方面都相當一致。先讓受測者接受第一份工具（正本），之後再接受第二份工具（複本），將這兩份工具施測結果的得分計算其相關係數，就可以得到**複本信度**（alternate-form reliability）。

複本法（equivalent-forms method）可以分兩種方式實施：

第一，同時連續實施所求得之複本信度，可以說明測量工具所造成誤差的大小，但是無法反映出受測者的身心狀況與測驗情境的誤差，這種複本信度又稱**等值係數**（coefficient of equivalence）。

第二，相距一段時間分兩次實施測量，也就是先實施正本測驗，間隔一段時間後，再實施複本測驗，這樣所求得之複本信度，不但可以顯示測量內容的誤差情形，而且可以顯示出間隔一段時間，受測者與施測情境不同所造成的誤差情形，因此這種信度又稱為**穩定與等值係數**（coefficient of stability and equivalence）。由測驗原理與研究應用的觀點來說，第二種方式是考驗信度的良好方法。

（三）內部一致性法和評分者法

以前述再測法和複本法衡量信度，都需要將測量工具施測兩次，不僅容易使受測者產生學習記憶以及身心疲勞，而且在人力、物力與時間上都不經濟，為了避免上述現象，只對受測者施測一次就可以分析信度，這種情況可以採用**內部一致性法**（internal consistency method）。這種方法比較常用**折半法**（split-half method）與**評分者法**（scorer method）。

折半法是將受測者在測量工具上的答題資料，分成相等的兩半，再求這兩半題目得分的相關係數，就可以得到**折半信度**（split-half reliability）。將教學評量工具的題目分成兩半，最常採用的方法就是將奇數題當作一半，偶數題當作另一半，然後計算受測者在奇數題與偶數題得分的相關係數，即得折半信度。不過，每一半題目只占全部題目的一半，此一相關係數只是半個測量工具的信度而已，所以會低估整個測量工具的信度。由於在其他各種條件相等的情況之下，測量工具的題目愈多愈可靠，因此，必須使用**斯布公式**（Spearman-Brown formula）加以校正，藉以估計整個測量工具的信度。斯布公式如下：

$$r'_{XX}=\frac{nr_{XX}}{1+(n-1)r_{XX}}$$

上式中r'_{xx}代表測量工具的真正信度係數，r_{xx}代表未增減題目時之信度係數，n為題目增加或減少的倍數，例如：題目由 20 題增為 80 題，則n等於 4；假如題目由 60 題減為 30 題，則n等於 0.5。在計算折半信度時，每一半題目只占全部題目的一半，因此，必須增為兩倍（n = 2）才能求得測量工具真正的信度。所以代入上述公式之後，就變成下列公式：

$$r'_{XX}=\frac{2r_{XX}}{1+(2-1)r_{XX}}=\frac{2r_{XX}}{1+r_{XX}}$$

例如：某測量工具兩半的相關係數為 .80，經過斯布公式校正後的信度係數為 .89。由此可知，經斯布公式校正後所得到的真正信度係數，比校正前之信度係數 .80 較高。

$$r'_{xx}=\frac{2\times.80}{1+.80}=.89$$

當測量工具不能客觀評分時，可以請幾名學者專家來評判，然後求這些評分者給分的一致性，即為**評分者信度**（scorer reliability）。當評分者只有兩名時，可以採用**斯皮爾曼等級相關**（Spearman rank correlation）來計算評分者信度，其公式如下：

$$r_s=1-\frac{6\Sigma d^2}{N(N^2-1)}$$

上式中，r_s：斯皮爾曼等級相關係數；d：被評作品分數等第之差；N：被評之作品數。

茲以表 13-2 為例，說明兩名教師評定 7 名學生美術作品之評分者信度。

$$r_s=1-\frac{6\times4}{7(7^2-1)}=.93$$

如果評分者有三名以上時，可以採用**肯德爾和諧係數**（Kendall coefficient of concordance），來求其評分者信度。其公式如下：

$$W=\frac{12S}{K^2(N^3-N)}$$

上式中，W：肯德爾和諧係數；K：評分者的人數；N：被評之作品數；S：被評分作品分數等第累加之和，與其等第平均數的離均差平方和。

表 13-2　兩位評分者評分信度之計算

學生美術作品	甲教師評定		乙教師評定		d	d^2
	分數	等第	分數	等第		
A	76	6	79	5	1	1
B	84	3	85	3	0	0
C	90	1	86	2	-1	1
D	67	7	70	7	0	0
E	78	5	74	6	-1	1
F	89	2	87	1	1	1
G	82	4	80	4	0	0
N = 7						$\Sigma d^2 = 4$

表 13-3 為五名評分者評定七名學生作文成績，評分者信度之計算過程如下。

表 13-3　五名評分者信度之計算

評分者	學　生　作　文　（N = 7）						
（k = 5）	A	B	C	D	E	F	G
甲	3	6	1	7	5	6	2
乙	5	3	2	6	1	6	4
丙	4	5	2	3	6	7	1
丁	4	5	1	6	2	7	3
戊	5	7	1	4	3	7	6
R_i	21	26	7	26	17	33	16

$$\Sigma R_i = 21 + 26 + 7 + 26 + 17 + 33 + 16 = 146$$

$$\Sigma R_i^2 = (21)^2 + (26)^2 + (7)^2 + (26)^2 + (17)^2 + (33)^2 + (16)^2 = 3476$$

$$S = 3476 - \frac{(146)^2}{7} = 430.86$$

$$W = \frac{12 \times 430.86}{5^2(7^3 - 7)} = .616$$

計算結果肯德爾和諧係數為 .616，經查核統計書籍附錄表，發現該數字已經達到統計上的顯著水準。由此可知，這五名評分者之間的評分，具有頗高的一致性。

（四）測量標準誤與信度的關係

因為任何測驗的實得分數都有一些誤差，所以**實得分數**（obtained score，簡稱X）等於**真正分數**（true score，簡稱T）加上**誤差分數**（error score，簡稱e），可用下列公式表示：

$$X = T + e$$

就理論上來說，受測者在同一個測驗接受無限多次測量所得到的標準差，稱為**測量標準誤**（standard error of measurement，簡稱 SEM），其公式如下：

$$SEM = SD\sqrt{1 - r_{XX}}$$

上式中，SD 代表測驗分數的標準差，r_{XX}代表該測驗的信度係數，例如：以某測驗施測一群受測者，所得分數的標準差為 10，其信度係數為 .64，則其測量標準誤為：

$$SEM = 10\sqrt{1 - .64} = 6$$

由測量標準誤的公式可知，測驗的信度愈高，測量標準誤愈小；反之，測驗的信度愈低，則測量標準誤愈大。

二、效度

效度（validity）是指，測量工具能夠測量所欲測量行為特質的程度。假如研究工具的效度偏低，則無法達成其測量的功能，當然測量結果就不可靠。效度可分為以下三類。

（一）內容效度

內容效度（content validity）是指，測驗的試題能測量所欲測量內容的程度，又稱為取樣效度或**邏輯效度**（logical validity）。考驗內容效度的步驟，應先確定所要測量的範圍，並在此範圍內蒐集教材，建立雙向細目表。再請幾名學科專家評量該表內的數字，占整個測量範圍的比重是否適當。這些學科專家評量結果一致性高，就表示該測驗具有高的內容效度。

一個優良的成就測驗，應能測量出學生在教材內容範圍內，各教學目標層面的學習成就。因為這種衡量效度的方法，係針對教材內容與教學目標，以系統邏輯的方法來分析試題的性能，所以又稱為邏輯效度或**課程效度**（curricular validity）。

（二）效標關聯效度

教師假如能夠蒐集與測量工具相關的資料作為效標，再計算測量工具的得分與效標之間的相關係數，這樣就可以建立該工具的**效標關聯效度**（criterion related validity）。

效標關聯效度是指，測量工具與效標之間的相關程度。效標是考驗測量工具真確性的標準，例如：測量工具為中學生數學科成就測驗，則大學入學考試數學成績就可以當作效標。假設大學入學考試數學科有很高的效度，受測者在數學科成就測驗上的得分，與大學入學考試數學成績的相關很高，就表示中學生數學科成就測驗具有很高的效度；反之，假如兩者相關很低，這就表示該測驗的效度不高。

測量工具效標的種類如下：

1. 學科成就測驗，例如：期末考試成績、聯考成績、畢業考試成績。
2. 職業訓練的表現，例如：教師教學表現、醫師執業的醫療效果。
3. 實際工作的表現，例如：操作機械的成績。
4. 具有高效度的測驗，例如：魏氏智力測驗、比西智力量表。
5. 專業人員的評量，例如：精神科醫師對人格異常的評等、教師對學生行為的評等。
6. 心理異常的診斷，例如：美國精神醫學會（American Psychiatric Association, 1994）出版《心理異常的診斷及統計手冊》（第四版）（*Diagnostic and Statistical Manual of Mental Disorders*, 4th ed.，簡稱 DSM-IV）一書所作的分類。

效標關聯效度分為**同時效度**（concurrent validity）與**預測效度**（predictive validity）兩種，前者是指受測者在測量工具上的得分，與施測同時取得效標之間的相關程度；後者是指受測者在測量工具上的得分，與施測之後一段時間所取得效標之間的相關程度。這兩種效度的高低，都可以使用皮爾遜積差相關係數來表示。

（三）建構效度

建構效度（construct validity）是指，一個工具能夠測量某一個理論的概念或特質的程度。檢驗測驗工具的建構效度，有以下幾種方法。

1. 相關檢定

假如測驗工具係依據某著名的理論來編製的，以受測者在該測驗的得分與在效標上之得分，求其皮爾遜積差相關；如果兩者之正相關係數達到顯著水準，則該測驗就具有良好的建構效度；反之，如果兩者之間無顯著正相關，就表示該測驗的建構效度偏低。

2. 差異檢定

假設測驗工具根據某心理學理論來編製，而該理論主張，受測者焦慮偏低或太高，則考試成績偏低；適度的焦慮，則考試成績較高。如果將受測者分為高焦慮、中焦慮、低焦慮等三組，經過單因子變異數分析檢定結果，與該理論的理念一致，則顯示該測驗就具有高的建構效度。當受測者分為兩組時，可以採用 t 檢定，來比較這兩組人的測驗分數是否有顯著的差異。

3. 因素分析

以測驗工具施測一群受測者，將所得到的資料進行**因素分析**（factor analysis），就可以了解該測驗所涵蓋的因素，是否與編製該理論之概念相符合，若相符合的程度愈高，則該測驗工具的建構效度也愈高。

4. 輻合效度與辨別效度檢定

坎貝爾和斐斯克（Campbell & Fiske, 1959）提出**多重特質、多重方法矩陣**（multitrait-multimethod matrix），可以同時檢定**輻合效度**（convergent validity）與**辨別效度**（discriminant validity）。該實驗設計主張，同一種方法可以測量不同的心理特質，同一心理特質可以用不同方法加以測量，按照其理論之構念，測量方法、心理特質與測驗結果有以下四種情況：

(1)以相同方法測量相同心理特質，所得分數之間的相關最大。

(2)以不同方法測量相同心理特質，所得分數之間的相關次高。

(3)以相同方法測量不同心理特質，所得分數之間的相關較低。

(4)以不同方法測量不同心理特質，所得分數之間的相關最低。

三、常模

（一）常模的涵義

常模（norm）是指，解釋測驗原始分數所參照的相對量數。個人測驗的分數，對照常模就可以顯示出其在所屬團體中的相對位置。由每一位受測者在團體

中的相對位置，就可以說明受測者之間的個別差異情形。標準化測驗都需要建立常模，以作為解釋測驗結果的依據。

個人在某測驗所得到的**原始分數**（raw score），不能直接用來解釋該分數的意義，例如：小明第一次月考數學 85 分，表面上看來成績還不錯，可是，事實上 85 分是全班 35 名學生數學成績的最後一名。唯有將該分數與常模對照，才能夠知道小明在班上成績的優劣。常模除了可以提供受測者測驗分數在團體中的相對位置之外，同時可以使同一名受測者，在兩種以上測驗的結果相互比較。由此可知，常模在學生輔導工作上相當重要。

（二）常模的分類

在心理與教育測驗實務上，常依建立常模母群體的不同，將常模分為：全國性常模、地區性常模、特殊團體常模；依受測者身心發展情形，可以將常模分為：年齡常模、年級常模；依常模的統計方法可分為：百分位數常模與標準分數常模，茲分述如下。

1. 全國性常模

全國性常模（national norm）是指，以全國人民為母群體，在測驗上的資料所建立的常模，例如：男性平均壽命 75 歲，這個數字就是全國男性壽命的全國常模。各種測驗皆可建立全國性常模，參照全國性常模來解釋受測者測驗的分數，就可以知道受測者測驗分數在全國常模的相對位置，例如：教師想知道學生的數學程度，於是將學生數學測驗的分數與全國常模來作對照比較，就可一目了然。

2. 地區性常模

地區性常模（local norm）是指，依某一個地區母群體來建立的常模。因為各地區有不同的教育條件、文化、經濟水平，所以不同地區受測者的測驗分數不宜直接比較。但是，要了解受測者的測驗分數，在其所屬地區所占的位置，就需要建立地區性常模，例如：數學分數相同的學生，也許在都會型學校中是第 25 名，但是在偏遠地區學校則是第 1 名，所以建立地區性常模之後，才能夠做地區性比較。

3. **特殊團體常模**

特殊團體是指，受測者之身體、精神、性向、才能、職業技能或文化背景等，與常人不同之特殊團體。將這些個別團體分別建立常模，稱為**特殊團體常模**（special group norm）。由同一團體受測者在該團體測驗分數所占的相對位置，即可作比較，例如：受測者在職業訓練局所編製的職業性向測驗分數，參照該職業團體的常模，就可以知道該受測者的職業性向。

4. **年齡常模**

受測者在測驗上的得分，換算成**心理年齡**（mental age），可以表示其心智發展程度。**年齡常模**（age norm）係將每個年齡組兒童的標準化樣本，計算各組兒童在測驗原始分數的平均數，就是該測驗的年齡常模。兒童心智發展快速，所以通常對每一年齡組建立一個測驗的常模。由兒童在測驗上的得分與常模對照比較，就可知道其發展是否正常，例如：小英今年 6 歲，她在智力測驗的分數與 7 歲兒童平均智商相同，就表示小英的智力已達到 7 歲兒童的水準。

5. **年級常模**

年級常模（grade norm）是指，依據不同年級學生，計算其測驗分數的平均數，就可以得到該測驗的年級常模。年級常模適用於學科成就測驗，將受測者學科測驗分數與常模做對照比較，就可以知道其學業成就的高低，例如：小明是國小三年級學生，其數學測驗成績 85 分，該校四年級學生在同一份數學測驗平均也是 85 分，則表示小明的數學已達到四年級的水準。一般來說，年級常模適用於小學生，而不適用於高中以上的學生。

6. **百分位數常模**

百分位數（percentile）是指，受測者測驗所得到的原始分數，在一百個等級中勝過幾個等級，例如：有一個學生測驗分數 70 分，在 100 個人中勝過 85 人，那麼他的百分位數是 85，或 $P_{85} = 70$。**百分等級**（percentile rank）是指，受測者個人的測驗分數，在團體中依序分為 100 個等級時，可以勝過幾個等級。

百分位數常模（percentile norm）是指，將測驗的原始分數，利用統計方法求出百分等級，再編製成原始分數與百分等級的對照表，這樣就可以看出某一分數者在團體中所占的相對位置。

7. 標準分數常模

標準分數（standard score）是以平均數為參考點，以離均差的數值表示個人的測驗分數在所屬團體中的相對位置，例如：個人測驗分數 90 分，團體平均數 80 分，標準差 10 分，則個人的標準分數為（90 － 80）÷10 ＝ 1。標準分數常模是指，將測驗分數的原始分數求出標準分數，再編製成原始分數與標準分數的對照表，這樣就可以看出某一個分數在團體中所占的相對位置。

個人測驗分數在團體中的相對位置，依轉換的方式分為直線標準分數和常態化標準分數兩種。若依照定點和尺度的不同，可以分為：Z 分數、T 分數、A G C T 分數、C E E B 分數、**離差智商**（deviation IQ），以及**標準九**（stanine）等，上述幾項可以參考統計學相關書籍之說明。

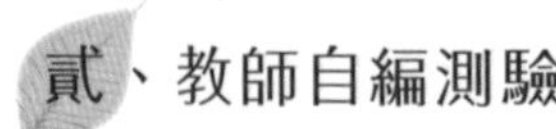

貳、教師自編測驗

一、編製成就測驗的原則

1. 針對學習目標來評量。
2. 測驗題目是學習內容的代表性試題。
3. 測驗題目是最能測量學習結果的題型。
4. 測驗題目宜難易適中。
5. 測驗題目應具有高的信度與效度。
6. 測驗結果能讓學生知道答錯的地方，以作為改進的參考。

二、使用雙向細目表

教師自編的成就測驗，如果測驗結果要具有高的信度與效度，最好在命題之前，應先就所界定的測量範圍，建立**雙向細目表**（two-way specification table）。雙向細目表是由教學目標與教材內容兩個向度所構成的，表 13-4 中的數字代表教材內容與教學目標在整個測量範圍的題數。

表 13-4　愛惜生命與愛護生活環境之雙向細目表舉例

教材內容	教學目標						合計
	記憶	理解	應用	分析	綜合	評鑑	
親近自然	4	6	6	4	3	2	25
珍惜生命	3	5	4	2	2	1	17
愛人愛物	3	3	7	3	0	1	17
愛護生活環境	5	6	4	3	3	1	22
了解人與自然的關係	5	7	4	2	1	0	19
合　　計	20	27	25	14	9	5	100

三、教師自編測驗的種類

教師自編的測驗，可分為**論文式考試**（essay examination）和**新法考試**（new-type examination）等兩類。

（一）論文式考試

1. 論文式考試的涵義

論文式考試又稱舊法考試。論文式試題包括：申論、作文、問答等題型。這種試題可以測量受測者認知、分析、表達、判斷、推理、統整，以及創造的能力。自從 19 世紀中葉，美國教育學家曼恩（Mann, 1845）批評口試的缺點，大力提倡論文式考試，從此論文式考試乃廣泛使用在學科考試和文官考試中。

2. **論文式試題的優點**

(1)試題容易命題，編製試題所需的時間比較少。

(2)可以測量分析、綜合、判斷、創造、發明等複雜的心理能力。

(3)可以促進學生思考、推理、統整、應用，以及解決問題的能力。

(4)可以使學生注意學到知識的連貫性與整體性，進而養成認真與積極學習的態度。

(5)可以增進學生表達、思考、組織與寫作能力。

3. **論文式試題的缺點**

(1)試題少，不容易代表學科內容，因此內容效度比較低。

(2)評分者信度低：評分主觀難維持一致的標準，即使由幾位評分者對相同的試題來評分，所得到的結果未必相同。

(3)評分時容易受到無關因素的影響：例如：文字的優美、字數的多寡、試卷的整潔、文詞表達等影響。

(4)評分容易產生**月暈效應**（hallo effect）：評分者對同卷的評分，如果前幾題答得不錯，容易產生以偏蓋全的現象，也就是對以後的試題評分容易趨向寬鬆。

(5)評分容易產生對比效應：評分者在評閱完一份試卷之後，容易與下一份試卷的答題情形作比較，例如：第一份試卷答得很好，第二份試卷答得差一點，評分者便容易對第二份試卷打較低的分數。

(6)評分費時費力：論文式考試的試題不多，但是受測者作答時容易長篇大論，因為沒有標準答案，無法由電腦或其他人員替代閱卷，所以閱卷時所花費的時間和精力都很可觀。

4. **論文式考試的命題技巧**

(1)針對教學目標與教材內容，兼顧各部分的學習結果撰擬試題。

(2)增加題數，以提高論文式考試的信度、效度與鑑別力。

(3)試題應以測量高級心理能力為主，例如：理解、應用、分析、綜合、批判、創造等能力。

(4)試題難易適中，而且依照由易而難的順序排列，同時各題所占的分數應標明，使受測者能適當支配考試時間。

(5)題目不宜使受測者有選擇的機會，所有題目應全部作答，否則受測者作答的題目不同，測驗分數無法相互比較，即失去評分的公平性。

5. **論文式考試的評分技巧**

(1)先決定各題給分所占的比重，並據以訂定各題評閱要點。

(2)逐題列出參考答案，作為評分的參照依據。

(3)為了使評分寬嚴適中，在閱卷之前宜先隨機抽取部分試卷概略瀏覽一遍，以了解一般受測者的作答情形，然後再仔細閱卷。

(4)每一次對所有受測者同一題的作答加以評閱，閱畢某一題之後再隨機抽取某一題，然後對該題仔細評閱，俟閱畢之後再隨機抽取未閱的試題，繼續評閱下去，一直到所有試題評閱完畢為止。

(5)對同一份試卷應一氣呵成閱完，不可以間斷，以免相隔時間太久，無法維持原訂給分的標準，而造成給分寬嚴尺度不一的情形。

(6)增加評閱者人數，以減少個人主觀因素所造成的偏差。

（二）新法考試

新法考試（new-type examination）又稱**客觀測驗**（objective test）。1920 年，麥柯爾（William A. McCall）提倡教師自編測驗應採用有標準答案的試題，此後新法考試在一般學校逐漸推廣，客觀測驗試題的題型如下。

1. **自由反應題**

自由反應題又稱回憶式試題。此類試題是要受測者就問題內容，將所學習過的教材回憶出來，例如：簡答題、申論題、填充題、名詞解釋題等。

2. 限制反應題

限制反應題又稱為再認式試題。此類試題是要受測者針對所學習過的教材，加以辨認或排列組合，例如：選擇題、是非題、配合題等。

客觀測驗試題的優點如下：

(1)試題多，可以涵蓋全部教材的重要部分，內容效度比較高，能夠測量出受測者的學習成就。

(2)試題有標準答案，評分不受個人主觀因素的影響。

(3)作答方法簡單，可以節省作答與評閱試卷的時間和精力。

(4)試題可以由電腦計分，迅速而且客觀。

(5)可視教材內容與教學目標，採用不同類型的試題，以便比較和分析受測者各方面的學習成就。

客觀測驗試題的缺點如下：

(1)試題多，命題頗費時費力。

(2)不容易測量組織、批判、綜合等高層次的心理能力。

(3)受測者容易猜答，養成投機、僥倖、取巧的心理。

(4)考試容易趨向零碎知識的記憶。

（三）新法考試的命題原則與技巧

1. 一般命題原則

(1)試題取材宜均勻分布。

(2)題意需明確，文字簡短扼要，例如：

有一個梯形，上底 2 公尺、下底 3 公尺，則其面積為多少平方公尺？

(A) 6　(B) 10　(C) 16　(D) 20

上題中並未指明梯形的高度，遺漏解題的必要條件，所以無法解答。必須在題中加入「高為 8 公尺」，使題意明確成為可解答之題目。

(3)各試題不可相互牽涉，例如：

臺灣最高的山是哪一座山？ (A)大雪山 (B)玉山 (C)大壩尖山 (D)奇萊山

東亞最高峰玉山在哪裡？ (1)日本 (2)韓國 (3)臺灣 (4)菲律賓

上述兩題不能彼此獨立，由其中一題可以找到另一題的答案，在編製試題時應避免之。

(4)試題應有明確的答案，例如：

臺灣哪一個地方的天氣最炎熱？ (A)臺北 (B)臺中 (C)高雄 (D)屏東

該題沒有指明哪一個月份的平均溫度，所以標準答案容易引起爭議。

(5)試題內容避免直接抄自教科書或參考書。

(6)試題應評量思考、理解、應用與分析能力，而非零碎的知識記憶。

(7)試題內容應能測量教學目標。

2. 選擇題的原則

(1)**題幹**（stem）力求完整，不宜被選項分隔，例如：

臺灣最長的河流 (A)大甲溪 (B)大安溪 (C)高屏溪 (D)濁水溪 是哪一條？

上題題幹不完整，受測者未看完整個試題，不易把握題意，宜改為：

臺灣最長的河流是哪一條？ (A)大甲溪 (B)大安溪 (C)高屏溪 (D)濁水溪

(2)選項以 4 或 5 個為宜。

(3)選項相同的字詞宜置於題幹中，例如：

有一個長方形長 10 公分，寬 8 公分，則其面積為多少？

(A) 50 平方公分 (B) 60 平方公分 (C) 70 平方公分 (D) 80 平方公分

上題各選項中皆有平方公分，是重複的累贅詞，可以將「平方公分」移到題幹中，而將題目改為：

有一個長方形長 10 公分，寬 8 公分，則其面積為多少平方公分？

(A) 50 (B) 60 (C) 70 (D) 80

(4)題目敘述儘量使用肯定語句，避免採用否定語句。

(5)標準答案絕對不可以有爭議性。

(6)正確答案的選項與誘答選項，應具有似真性和邏輯性，例如：

積差相關的自由度（degree of freedom）是多少？

(A) N－1　(B) N＋1　(C) N－2　(D) N＋2

(7)所有試題之正確答案的位置應隨機排列，而且其次數應大致相等。

(8)儘量少用「以上皆是」或「以上皆非」的選項。

(9)每一個試題彼此獨立，不可以成為另一題作答的線索。

3. 撰擬是非題的原則

是非題的標準答案是二選一，所以被猜中的機率比較高，因此是非題所占的比重可以小一點。撰擬是非題的原則如下：

(1)避免使用必然性的字詞，如「所有……都」、「一定」、「絕不」、「可能」、「有時」等字詞，這樣對受測者的作答具有暗示性，例如：「所有學業成績很好的學生智商都很高」。

(2)儘量採用正面肯定的敘述問題，避免使用反面否定的問題，例如：「大甲溪不是臺灣的第二大河流」，宜改為：「臺灣的第二大河流是大甲溪」。

(3)每一題只包含一個觀念，避免一個問題包含兩個以上的觀念，例如：「紐約是美國的第一大都市和首都」，宜改為：「紐約是美國第一大都市」或「紐約是美國的首都」。

(4)每一題應有確切的標準答案，例如：「牧羊犬是智商最高的狗」，此題的答案即具有爭議。

(5)「是」與「非」的題數應大致相等，而且隨機排列之。

4. 撰擬填充題的原則

(1)空白處須屬於重要觀念或事實。

(2)試題不可直接抄自課本習題或參考書。

(3)試題不可留過多的空白處，以免受測者無法把握題意。

(4)空白處的答案必須有確定的答案。

(5)答案如果屬於數字性質者，在試題中應註明其單位。

(6)儘量使用直接問句。

(7)若答案與數量、測量有關時，應標明答案所使用的單位。

參、成績評量結果

一、百分制

百分制就是成績最低打 0 分，最高打 100 分。臺灣一般學校長久以來廣泛使用百分制，這種成績給分制度雖然通俗易懂，可是相同分數在不同學科，其意義並不相同，例如：國文試題全班平均 80 分，某生得 87 分；數學試題全班平均 70 分，該生也是得 87 分；雖然分數相同，但與全班平均相比較之後，這表示該生數學能力優於國文。此外，得分接近可能是測驗誤差，而非有真正的差別，例如：張三數學考 80 分，李四數學考 78 分，這兩名學生的數學程度不一定有真正的差異。

二、等第制

等第制就是將成績分成等第，例如：優、甲、乙、丙、丁五個等第。在計算成績等第之前，需要先算出**平均數**（mean，簡稱 M）與**標準差**（standard deviation，簡稱 SD），然後依下列公式來換算：

優：M + 1.5 SD 以上

甲：M + 0.5 SD～M + 1.5 SD

乙：M − 0.5 SD～M + 0.5 SD

丙：M − 1.5 SD～M − 0.5 SD

丁：M − 1.5 SD 以下

等第制適用於打品德操行成績，由於其計算過程麻煩，所以比較少人使用。

三、成績評量結果的解釋

（一）相對解釋法

學生測驗所得到的原始分數，不具有任何意義，例如：某國中學生第一次平時考數學成績 80 分，該分數乍看之下還不錯，可是事實上 80 分卻是這次考試全班學生的最後一名。以全班學生平均分數作為基準點，算出每一位學生原始分數的離均差，就可知道學生的成績在班上的相對位置，例如：張三數學考 78 分，全班平均 70 分，標準差 8 分，張三的數學成績高於平均數一個標準差，也就是張三數學成績贏過全班 84.13%的同學。

（二）絕對解釋法

絕對解釋法是指，將個人的得分和預先設定的標準來作比較，不必跟其他人的成績作比較，而此預設標準通常是由教師主觀決定，以學生是否達到教師所設定的標準，來判定其學習成就。

（三）自我比較法

自我比較法是指，將每一位學生考試的得分，與自己上一次考試分數拿來作比較。教師可以針對每一位學生自我比較結果來作為獎懲的參考，例如：張三第一次平時考試數學 50 分，第二次平時考試得 60 分，他進步 10 分是全班同學中進步最多的，所以教師就給予最多的獎勵。這種方法對於先天資質不佳或努力用功的學生，具有鼓勵作用。

第四節　多元化教學評量

傳統的教學評量大都採用**紙筆測驗**（paper-pencil test）。紙筆測驗內容又以教材中認知層面的記憶、理解為主，不容易評量分析、情意、技能、批判等方面的能力。因此，評量方式多元化已成為今日教學評量的新趨勢。

多元化教學評量除了使用紙筆測驗之外，常用的多元評量有實作、檔案、動態、情意、真實、過關（闖關）、口頭、宿題（題目帶回家做）、開書等評量方式。由於多元化教學評量的方式有別於傳統制式的評量，因此又稱為變通評量或**另類評量**（alternative evaluation）。茲就常用的多元化評量，簡述如下。

壹、實作評量

實作評量（performance evaluation）旨在測量學生在真實情境之下，所表現的技能，例如：演講、操作實驗儀器、繪畫、演唱、體育、樂器演奏、電子器材修理、文書處理、木工、烹飪、美髮、舞蹈等。實作評量可以在模擬情境之下進行，例如：汽車或飛機駕駛訓練，可以在模擬機上實施實作評量。如果評量的情境是真實的，這種評量稱為**真實評量**（authentic evaluation），例如：考汽車駕駛執照者，把汽車開上市區道路接受評量。教師對學生實作評量時，通常從學生的實作過程或實作結果（如作品）來進行評量。評量標準可以針對評量項目進行核算計分、評定等級或檢核等。

實作評量大多適用於數學或自然與生活科技領域，其方法特徵如下：

1. 要求學生實際操作。
2. 不只是看成果也注重過程。
3. 評量內容不限於學科知識，同時包含技能、報告、實作。
4. 評量問題與日常生活有關。
5. 評量時間比較有彈性。

由於實作評量試題不容易製作，評量計分相當主觀，所以評量的信度與效度頗令人質疑。

貳、檔案評量

檔案評量（portfolio evaluation），又稱為卷宗評量或個人檔案紀錄評量。檔案評量就是要求學生將學科學習表現的書面資料、非書面資料（如錄音帶、錄影帶、VCD、DVD等）、各種作品、學習心得、得獎資料等，彙整成一個完整紀錄的檔案資料，再由教師加以評量。檔案評量不只是評量蒐集學生作品的資料而已，積極的意義是評量學生進步的情形。評量方式可以分為整體評分法與分析評分法，前者是以整體的印象為評分的基礎；後者是針對檔案資料的重要細節部分進行評分，評分時可以使用軼事紀錄、評定量表或檢核表，作為評量的工具，評量結果則使用量化資料來顯現學生的學習成果。檔案評量的方法如下：

1. 確認每一位學生都有自己的資料夾，以便蒐集自己的作品。
2. 檔案需要蒐集哪些作品，可以由師生共同討論決定。
3. 教師指導個別學生把作品放置在資料夾內。
4. 教師設計學生自我評量表，要求學生評估自己的作品。
5. 鼓勵學生家長參與檔案評量的過程。
6. 教師指導學生增進自我評量能力。

參、動態評量

動態評量（dynamic evaluation）是指，教師在教學過程中隨時評量學生的學習表現。動態評量的種類很多，最常使用的是漸進提示評量，例如：教師問學生問題，學生如果回答錯誤，教師則提供一部分答案的線索供學生思考，如果學生再答錯，教師再呈現進一步線索供學生思考，這時如果學生又答錯，教師又提供更多線索，一直到學生答對為止。評分方法是以教師提供線索次數的多寡來判斷，提供線索次數愈多者給分愈低；反之，提供線索次數愈少者，給分愈高。動態評量的特徵如下：

1. 適用於特殊教育中的智能不足兒童。
2. 在教學過程中連續實施評量。
3. 評量與教學緊密結合。
4. 比較不容易低估身心或文化不利兒童。
5. 評量結果的信度與效度容易受質疑。
6 評量過程費時、費力。

肆、情意評量

情意評量（affective evaluation）旨在評量學生的品德、人際關係、興趣、價值觀等方面的表現。其中品德操行面的評量，除了由教師根據平時對學生的觀察紀錄來評量之外，尚可以採取同儕相互評量、學生自我評量、任課教師評量等方式。至於人際關係方面的評量，除了由教師對學生的人際關係進行觀察記錄之外，也可以採用同儕相互評量法，這種方法又可分為**提名技術**（nominating technique）與**社會評定**（socio-metric rating）。

提名技術是指，由教師列出一些特質，例如：領導能力、與人合作、關心別人、服務他人等，然後由每一位學生選出具有上述特質的學生，經統計之後就可以知道哪些同學具有上述特質。

社會評定法是由莫雷諾（Moreno）於 1932 年所提倡的，這種方法是要每一位學生寫出班上同學中，自己最喜歡或最不喜歡的人，然後計算每一個人被同學認為最喜歡或最不喜歡的次數，就可知道其人際關係的良劣。假設讓班上 1 到 10 號同學，相互圈選出自己最喜歡的同學 1 或 2 名，結果如圖 13-3 所示。由此社會關係圖可知，7 號學生的人緣最好，2 號學生的人際關係最差。

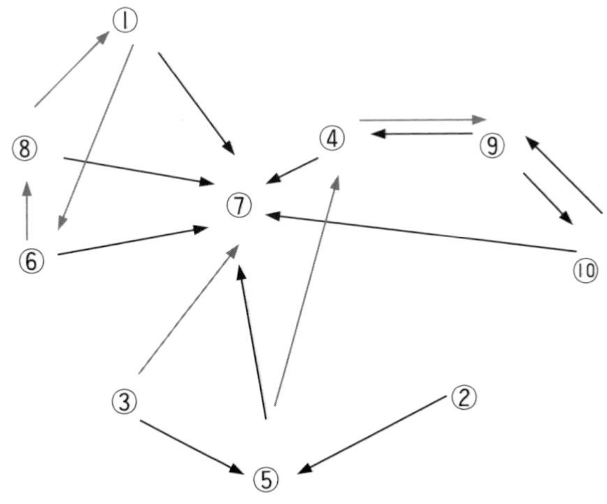

圖 13-3　社會關係圖

自我評量題目

1. 教學評量的涵義與目的為何？
2. 試說明基伯勒（Kibler）的教學基本模式。
3. 教學評量有哪些種類？
4. 教學評量有哪些工具？
5. 何謂多元化教學評量？
6. 教師如何評量學生的學習表現？
7. 試說明影響信度的因素。
8. 教師如何評量學生的品德？
9. 教師如何評量學生的人際關係？
10. 試說明教師編製選擇題測驗的原則。
11. 試說明測驗信度與效度的關係。
12. 某一個測驗標準差為 6，信度係數為 .84，則其測量標準誤為多少？
13. 解釋名詞：

(1)標準參照
(2)內容效度
(3)評分者信度
(4)形成性評量
(5)真實評量
(6)測量標準誤
(7)情意評量
(8)動態評量
(9)檔案評量
(10)社會評定

參考文獻

一、中文部分

王大延（1994）。自閉症的特徵。**特殊教育季刊，52**，7-13。

朱曼殊（1990）。**心理語言學**。上海：華東師範大學出版社。

吳武典、林幸台、王振德、郭靜姿（1999）。**基本人格量表**。臺北市：心理。

宋維村（1992）。**自閉症兒童輔導手冊**。臺北市：教育部第二次特殊教育普查工作執行小組。

李元貞（1997）。國小兩性平等教育實施之現況、缺失與可行方案。載於蘇芊玲、吳嘉也、彭婉茹、張玨（主編），**落實兩性平等教育**。臺北市：行政院教育改革審議委員會。

林幸台、張小鳳、陳美光（2003）。**田納西自我概念量表（第二版）**。臺北市：測驗出版社。

林進材（主編）（1998）。**班級經營**。高雄市：復文。

周麗玉（1996）。落實兩性平等教育。**教改通訊，19**，28-30。

教育部（2002）。**特殊教育統計年報 90 年度**。臺北市：教育部特殊教育工作小組。

畢恆達（1998）。安全無性別偏見校園空間指標之建立。**學生輔導，58**，126-134。

楊坤堂（2001）。**情緒障礙與行為異常**。臺北市：五南。

楊清芳（1996）。國小男生與女生的校園生活。**性別與空間研究室通訊，2**，85-88。

葉重新（2011）。**心理學（第四版）**。臺北市：心理。

葉學志（1985）。**教育哲學**。臺北市：三民。

賴保禎、賴美玲（2003）。**賴氏人格測驗（新訂版）**。臺北市：千華。

二、英文部分

American Psychiatric Association [APA] (1994). *Diagnostic and statistical manual of mental disorders* (4th ed.) (DSM-IV). Washington, DC: The Author.

Anderson, J. R. (1995). *Learning and memory: An integrated approach*. New York, NY: John Wiley & Sons.

Anderson, P. J., & Graham, S. M. (1994). Issues in second-language phonological acquisition among children and adults. *Topics in Language Disorders, 14*, 84-100.

Andrich, D., & Styles, I. (1994). Psychometric evidence of intellectual growth spurts in early adolescence. *Journal of Early Adolescence, 14*(3), 328-344.

Aronson, E. A. (1995). *The social animal* (7th ed.). New York, NY: W. H. Freeman and Company.

Atkinson, J. W. (1964). *An introduction to motivation*. New York, NY: Van Nostrand.

Atkinson, J. W. (Ed.) (1958). *Motives in fantasy, action, and society*. New York, NY: Van Nostrand.

Bahrick, H. P., Bahrick, P. C., & Wittlinger, R. P. (1975). Fifty years of memories of names and faces: A cross-sectional approach. *Journal of Experimental Psychology: General, 104*, 54-75.

Baillargeon, R., Graber, M., DeVos, J., & Black, J. (1990). Why do young infants fail to search for hidden objects? *Cognition, 36*, 255-284.

Bandura, A. (1986). *Social foundations of thought and action: A social cognitive theory*. Englewood Cliffs, NJ: Prentice-Hall.

Bandura, A. (1989). Social cognitive theory. *Annuals of Child Development, 6*, 1-60.

Banks, J. A. (2002). *An introduction to multicultural education* (3rd ed.). Boston, MA: Allyn & Bacon.

Barrett, G. V., & Depinett, R. L. (1991). A reconsideration of testing for competence rather than for intelligence. *American Psychologist, 46*, 1012-1024.

Bates, E., & McWhinney, B. (1982). Functionalist approaches to grammer. In E. Wanner & Gleitment (Eds.), *Language acquisition*. UK: Cambridge University Press.

Baumeister, R. F., & Leary, M. R. (1995). The need to belong: Man motivation. *Psychological Bulletin, 117*(3), 497-529.

Behrman, R. E. (Ed.) (1996). Financing child care. *The Future of Children, 6*(2), 11.

Bell-Gredler, M. E. (1986). *Learning and instruction: Theory into practice*. New York, NY: Macmillan.

Berk, L. (2002). *Infants, children, and adolescents* (4th ed.). Boston, MA: Allyn & Bacon.

Best, D. L., William, J. E., Cloud, J. M., Davis, S. W., Edwards, J. R., Giles, H., & Fowlkes, J. (1977). Development of sex-trait stereotypes among young children in the United States, England, and Ireland. *Child Development, 48*, 1375-1384.

Bloom, L. (1964). *Stability and change in human characteristics*. New York, NY: John Wiley & Sons.

Bouchard, T. J. Jr., Lykken, D. T., McGue, M., Segal, N. L., & Tellegen, A. (1990). Sources of human psychological differences: The Minnesota study of twins reared apart. *Science, 250*, 223-228.

Bruner, J. S. (1972). The nature and uses of immaturity. *American Psychologist, 27*, 687-708.

Byrnes, J. P. (1988). Formal operations: A systematic reformulation. *Developmental Review, 8*, 66-87.

Campbell, D. T., & Fiske, D. W. (1959). Convergent and discriminant validation by the mulitrait-multimethod matrix. *Psychological Bulletin, 56*, 81-105.

Cattell, R. B. (1963). Theory of fluid and crystallized intelligence: A critical experiment. *Journal of*

Educational Psychology, 54, 1-22.

Chomsky, N. (1980). *Rules and representations*. New York, NY: Columbia University Press.

Costa, P. T. Jr., & McCrae, R. R. (1992). Four ways five factors are basic. *Personality & Individual Difference, 13*(6), 653-665.

Covington, M. V. (1992). *Making the grade: A self-worth perspective on motivation and school reform*. New York, NY: Cambridge University Press.

Cowan, N. (1988). Evolving conceptions of memory storage, selective attention, and their mutual constrains within the human information-processing system. *Psychological Bulletin, 104*, 163-191.

Cummins, J. (1994). The acquisition of English as a second language. In K. Spangenberg-Urbschat & Prichard (Eds.), *Kids come in all languages: Reading instruction for ESL students* (pp. 36-62). Newark, DE: International Reading Association.

Damon, W. (1983). *Social and personality development: Infancy through adolescence*. New York, NY: W. W. Norton.

Daniels, H. (Ed.) (1995). *An introduction to Vygotsky*. New York, NY: Routledge.

Dansky, J. L. (1980). Make-believe: A mediator of the relationship between play and associative fluency. *Child Development, 51*, 576-579.

DeVries, R. (1997). Piaget's social theory. *Educational Researcher, 26*(2), 4-17.

Doyle, W. (1986). Classroom organization and management. In M. C. Wittrock, A. B. Doyle, P. Doehring, O. Tessier, S. deLorimuer & S. Shapiro (1992). Transitions in children's play: A sequential analysis of states preceding and following social pretense. *Development Psychology, 28*, 137-144.

Dunn, R., Beaudrey, J. S., & Klavas, A. (1989). Survey of research on learning styles. *Educational Leadership, 46*(6), 50-58.

Eagley, A. H., & Crowley, M. (1986). Gender and helping behavior: A meta-analytic review of the social psychological literature. *Psychological Bulletin, 100*, 283-308.

Erikson, E. H. (1963). *Childhood and society* (2nd ed.). New York, NY: W. W. Norton.

Flavell, J. H., Miller, P. H., & Miller, S. A. (1993). *Cognitive development*. Englewood Cliffs, NJ: Prentice-Hall.

Friedman, L. (1995). The space factor in mathematics: Gender differences. *Review of Educational Research, 65*(1), 22-50.

Friend, M., & Bursuck, W. D. (1999). *Including students with special needs* (2nd ed.). Boston, MA:

Allyn & Bacon.

Gardner, H. (1983). *Frames of mind*. New York, NY: Basic Books.

Gelman, R. (1979). Preschool thought. *American Psychologist, 34*, 900-905.

Gelman, R., & Baillargeon, R. (1983). A review of some Piagetian concepts. In J. H. Flavell & E. M. Markman (Eds.), *Handbook of child psychology: Cognitive development* (4th ed.) (pp. 167-230). New York, NY: John Wiley & Sons.

Gibbs, J. C., Arnold, K. D., & Burkhart, J. F. (1984). Sex differences in the expression of moral judgment. *Child Development, 55*, 1040-1043.

Gilligan, C. (1982). *In a different voice: Sex differences in the expression of moral judgment*. Cambridge, MA: Harvard University Press.

Gilligan, C. (1985). *Remapping development*. Paper presented at the biennial meeting of the Society for Research in Child Development, Toronto, Canada.

Glaser, R. (1962). Psychology and instructional technology. In R. Glaser (Ed.), *Training, research and education*. Pittsburgh, PA: University of Pittsburgh Press.

Goldberg, L. R. (1993). The structure of phenotypic personality traits. *American Psychologist, 48*, 26-34.

Grossman, H., & Grossman, S. H. (1990). *Gender issue in education*. Boston, MA: Allyn & Bacon.

Guilford, J. P. (1959). Three faces of intellect model. In B. B. Wolman (Ed.), *Handbook of intelligence: Theories, measurements and applications*. New York, NY: John Wiley & Sons.

Guilford, J. P. (1985). The structure-of-intellect model. In B. B. Wolman (Ed.), *Handbook of intelligence: Theories, measurements, and applications*. New York, NY: John Wiley & Sons.

Halpern, D. F., & LaMay, M. L. (2000). The smarter sex: A critical review, of sex differences in intelligence. *Educational Psychology Review, 12*, 229-246.

Harris, K. R., Graham, S., & Pressley, M. (2001). Cognitive-behavioral approaches in reading and written language: Developing self-regulated learners. In N. N. Singh & I. L. Beale (Eds.), *Learning disabilities: Nature, theory, and treatment* (pp. 415-451). New York, NY: Springer-Verlag.

Hatzichriston, C., & Hopf, D. (1996). A multi-perspective comparison of peer sociometric status groups in childhood and adolescence. *Child Development, 67*, 1085-1102.

Hedges, L. V., & Friedman, L. (1993). Gender differences in variability in intellectual abilities: A reanalysis of Feingold's results. *Review of Educational Research, 63*(1), 94-105.

Heider, F. (1958). *The psychology of interpersonal relations*. New York, NY: John Wiley & Sons.

Hess, H., & McDevitt, T. (1984). Some cognitive consequences of maternal intervention techniques. A longitudinal study. *Child Development, 55*, 1902-1912.

Hoffman, M. L. (1983). Affective and cognitive processes in moral internalization. In E. T. Higgins, D. Ruble & W. Hartup (Eds.), *Social cognition and social development: A sociocultural perspective* (pp. 236-274). New York, NY: Cambridge University Press.

Horn, J. L. (1994). Theory of fluid and crystallized intelligence. In R. J. Sternberg (Ed.), *Encyclopedia of human intelligence*. New York, NY: Macmillan.

Horner, M. S. (1972). Toward an understanding of achievement-related conflicts in woman. *Journal of Social Issues, 28*, 157-176.

Howes, C., & Matheson, C. C. (1992). Sequences in the development of play with peers: Social and social pretend play. *Developmental Psychology, 28*, 961-974.

Inhelder, B., & Piaget, J. (1958). *The growth of logical thinking from childhood to adolescence*. New York, NY: Basic Books.

Jensen, A. R. (1980). *Bias in mental testing*. New York, NY: The Free Press.

Johnson, D. W., & Johnson, R. T. (1987). *Learning together and alone* (2nd ed.). Englewood Cliffs, NJ: Prentice-Hall.

Johnson, D. W., & Johnson, R. T. (1994). *Learning together and alone: Cooperation, competitive, and individualistic learning* (4th ed.). Boston, MA: Allyn & Bacon.

Kibler, R. J., Cegala, D. J., Miles, D. T., & Barker, L. L. (1974). *Objectives for instruction and evaluation*. Boston, MA: Allyn & Bacon.

Kohlberg, L. (1969). Stage and sequence: The cognitive developmental approach to socialization. In D. A. Golsin (Ed.). *Handbook of socialization theory and research*. Chicago, IL: Rand McNally.

Konig, A. (1995, March/April). *Maternal discipline and child temperament as contributors to the development of internalization in your children*. Paper presented at the biennial meetings of the Society for Research in Child Development, Indianapolis, IN.

Kusaka, S. (1989). Awareness and solution of contradictions in the construction of length conservation schema. *Japanese Journal of Educational Psychology, 36*, 316-326.

Lee, S. J. (1996). *Unraveling the "model minority" stereotype: Listening to Asian American youth*. New York, NY: Teachers College Press.

Macionis, J. J. (2003). *Sociology* (9th ed.). Upper Saddle River, NJ: Prentice-Hall.

Maslow, A. H. (1970). *Motivation and personality* (2nd ed.). New York, NY: Harper and Row.

McClelland, D. C. (1993). Intelligence is not the best predictor of job performance. *Current Directions in Psychological Science, 2*, 5-6.

McLoyd, V. C. (1998). Socioeconomic disadvantage and child development. *American Psychologist, 53*(2), 185-204.

Mann, H. (1845). Report of the annual examining committee of the Boston grammar and writing schools. *Common School Journal, 7*, 326-336.

Meichenbaum, D. (1977). *Cognitive behavioral modification: An integrative approach*. New York, NY: Plenum.

Miller, G. A. (1956). The magical number seven, plus or minus two: Some limits on our capacity for processing information. *Psychological Review, 63*, 81-97.

Mills, C. J., Ablard, K. E., & Stumpf, H. (1993). Gender differences in academically talented young students' mathematical reasoning: Patterns across age and subskills. *Journal of Educational Psychology, 85*(2), 340-346.

Moerk, E. L. (1992). *A first language taught and learned*. Baltimore, MD: Paul H. Brookes.

Murphy, S. H. (1994). Closing the gender gap: What's behind. In J. I. Goodlad & P. Keating (Eds.), *Access to knowledge: The continuing agenda for our nation's schools*. New York, NY: The College Board.

National Center for Education Statistics (1997). *The condition of education*. Washington, DC: U.S. Department of Education, National Center for Education Statistics.

Nurss, J. R., & Hodges, W. L. (1982). Early childhood education. In H. E. Mitzel (Ed.), *Encyclopedia of educational research* (5th ed.) (pp. 477-513). New York, NY: Free Press.

Okagaki, L., & Frensch, P. A. (1998). Parenting and children's school achievement: A multiethnic perspective. *American Educational Research Journal, 35*(1), 123-144.

Osborn, A. F. (1963). *Applied imagination* (3rd ed.). New York, NY: Scribner's.

Osgood, C. E. (1949). The similarity paradox in human learning: A resolution. *Psychological Review, 56*, 132-143.

Parten, M. (1932). Social participation among preschool children. *Journal of Abnormal and Social Psychology, 27*, 243-269.

Piaget, J. (1970). Piaget's theory. In P. Mussen (Ed.), *Handbook of child psychology* (Vol. 1) (3rd ed.) (pp. 703-732). New York, NY: John Wiley & Sons.

Putnam, J. W. (Ed.) (1998). *Cooperative learning and strategies for inclusion celebrating diversity in*

the classroom (2nd ed.). Baltimore, MD: Paul H. Brookes.

Ramey, C. T., & Ramey, S. L. (1998). Early intervention and early experience. *American Psychologist, 53*(2), 109-120.

Reay, D. G. (1994). *Understanding how people learn*. London, UK: Kogan Page.

Reynolds, A. J. (1998) .The Chicago child-parent center and expansion program: A study of extended early childhood intervention. In J. Crane (Ed.), *Social programs that work* (pp. 110-147). New York, NY: Russell Sage Foundation.

Rice, F. P. (2001). *Human development* (4th ed.). NJ: Prentice-Hall.

Robinson, F. P. (1961). *Effective study*. New York, NY: Harper & Row.

Rogers, C. R. (1980). *A way of being*. Boston, MA: Houghton & Mifflin.

Rotter, J. B. (1966). Generalized expectancies for internal versus external control of reinforcement. *Psychological Monographs, 80*.

Sadker, M., & Sadker, D. (1994). *Failing at fairness: How America's schools cheat girls*. New York, NY: Charles Scribner's Sons.

Sadker, M., Sadker, D., Fox L., & Salata, M. (1994). Gender equaity in the classroom. In J. I. Goodlad & P. Keating (Eds.), *Access to knowledge: The continuing agenda for our nation's schools* (pp. 79-86). New York, NY: The College Entrance Examination Board.

Schunk, D. H. (1999). Social-self interaction and achievement behavior. *Educational Psychologist, 34*, 219-227.

Sheldon, W. H. (1942). *The varieties of temperament: A psychology of constitutional differences*. New York, NY: Harper.

Sherman, A. (1994). *Wasting America's future: The children's defense fund report on the costs of child poverty*. Boston, MA: Beacon Press.

Skinner, B. F. (1957). *Verbal behavior*. New York, NY: Appleton-Century-Crofts.

Slavin, R. E. (2003). *Educational psychology: Theory and practice* (7th ed.). Boston, MA: Allyn & Bacon

Smetana, J. G., Killen, M., & Turiel, E. (1991). Children's reasoning about interpersonal and moral conflicts. *Child Development, 62*, 629-644.

Snarey, J. R. (1985). Cross-culture universality of social-moral development: A critical review of Kohlberg research. *Psychological Bulletin, 97*, 202-232.

Sternberg, R. J. (2000). *Handbook of human intelligence*. New York, NY: Cambridge University Press.

Stevens, R. J., & Slavin, R. E. (1995a). The cooperative elementary school: Effects on students' achievement, attitudes, and social relations. *American Educational Research Journal, 32*(2), 321-351.

Stevens, R. J., & Slavin, R. E. (1995b). Effects of a cooperative learning approach in reading and writing on academically handicapped and nonhandicapped students. *Elementary School Journal, 95* (3), 241-262.

Swanson, H. L. (2001). Research on interventions for adolescents with learning disabilities: A meta-analysis of outcomes related to higher-order processing. *The Elementary School Journal, 101*, 332-348.

Terman, L. M., & Merrill, M. A. (1973). *Stanford-Binet Intelligence Scale: Manual*. Boston, MA: Houghton Mifflin.

Thorndike, E. L. (1916). *Measurement of intelligence*. Boston, MA: Houghton Mifflin.

Thorndike, E. L. (1921). Intelligence and its measurement: A symposium. *Journal of Educational Psychology, 12*, 123-127.

Thorndike, R., Hagen, E., & Sattler, J. (1986). *The Stanford-Binet Intelligence Scale* (4th ed.). Chicago, IL: Riverside.

Thurstone, L. L. (1938). Primary mental abilities. *Psychometric Monographs, 1*.

Tomasello, M. (1995). Language is not an instinct. *Cognitive Development, 10*, 131-156.

Torrance, E. P. (1986). Teaching creative and gifted learners. In M. Wittrock (Ed.), *Handbook of research on teaching* (3rd ed.) (pp. 630-647). New York, NY: Macmillan.

U.S. Department of Education (1994). *Sixteenth annual report to congress on the implementation of the Individuals with Disabilities Education Act*. Washington, DC: The author.

Vygotsky, L. S. (1978). *Mind in society: The development of higher mental process*. Cambridge, MA: Harvard University Press.

Walker, L. J. (1989). A longitudinal study of moral reasoning. *Child Development, 60*(1), 157-166.

Wechsler, D. (1974). *Wechsler Intelligence Scale for Children-Revised: Manual*. New York, NY: The Psychological Corporation.

Weiner, B. (1979). A theory of motivation for some classroom experiences. *Journal of Educational Psychology, 71*, 3-25.

Weiner, B. (1994). Integrating social and personal theories of achievement striving. *Review of Educational Research, 64*(4), 557-573.

Woolfolk, A. E. (1990). *Educational psychology*. NJ: Prentice-Hall.

索引

一、漢英索引

一致性（consistency）368
一般遷移（general transfer）263
一起學習（learning together）204
二層次制約（second-order conditioning）161
人工智慧（artificial intelligence）13
人文主義（humanism）191
三山實驗（three-mountain experiment）76
三段論（Syllogism）276
三層面（three dimensions）264
上學恐懼症（school phobia）17, 186
小組遊戲競賽（Teams-Games-Tournaments, TGT）203
不可逆性（irreversibility）77
不固定比率（varied-ratio schedule）174
不固定時距（varied-interval schedule）174
不明確問題（ill-defined problems）282
中介變項（intervening variables）214
中心特質（central trait）147
中胚型（mesomorphy）145
五大人格特質理論（Big Five Trait Theory of Personality）148
內向或內傾（introversion）144
內在動機（intrinsic motivation）218, 226
內在控制信念（internal locus of control）230
內在誘因（intrinsic incentive）234
內在歸因（internal attribution）229
內省法（introspective method）11
內胚型（endomorphy）145
內容效度（content validity）375
內部一致性法（internal consistency method）371
分貝（decibel）312, 346
分散練習（distributed practice）248
分層隨機抽樣（stratified random sampling）30
分類（classification）90
反射動作（reflex movement）71
天賦理論（innative theory）54
少數族群（minority group）128
心向作用（mental set）217, 285
心理年齡（mental age）121, 379
心理性動機（psychological motivation）218
心理社會理論（psychosocial theory）79, 91
心理社會發展（psychosocial development）55
心理表徵（mental representation）243
心理能力（mental ability）105
心理測驗（psychological testing）150
心智遲緩（mental retardation）85, 299
手掌抓握反射（palm grasping reflex）71
文化公平測驗（culture-fair test）107
月暈效應（hallo effect）382
比馬龍效應（Pygmalion effect）352
比率智商（ratio intelligence quotient）121
比率量尺（ratio scale）368
水平思考（horizontal thinking）272
水平遷移（lateral transfer）262
主要的性特徵（primary characteristics）326
主要特質（cardinal trait）147
他律性道德（external morality）61
代幣制（token economy）153, 358
充實學程（enrichment program）304
加速學程（acceleration program）304
功能主義（functionalism）10
功能固著（functional fixedness）284
功能性遊戲（functional play）81
半結構性晤談（semi-structured interview）151

卡方考驗（chi-square test）29
可逆性（reversibility）46, 77
可能發展區（the zone of proximal development, ZPD）51
古典制約作用（classical conditioning）159
另類評量（alternative evaluation）389
史金納箱（Skinner box）170
外向或外傾（extroversion）144
外在動機（extrinsic motivation）218, 226
外在控制信念（external locus of control）230
外在誘因（extrinsic incentive）234
外在歸因（external attribution）229
外胚型（ectomorphy）145
失衡（disequilibrium）43
平行遊戲（parallel play）81
平均數（mean，簡稱 M）387
平衡（homeostasis）217
本能（instincts）158, 215
正向關懷（positive regard）224
正面思考（positive thinking）272
正增強作用（positive reinforcement）172
正增強物（positive reinforcer）172
正遷移（positive transfer）261
民主式（democratic）349
生存反射（survival reflex）71
生物性動機（biological motivation）218
生的本能（life instinct）189
生長陡增（growth spurt）94
生理年齡（chronological age）121
生理性動機（physiological motives）218
皮爾遜積差相關（Pearson product-moment correlation）368
交流壓力（communication pressure）55
全國性常模（national norm）378
共同元素理論（identical elements theory）167, 263
共變數分析（covariance analysis）27
再測法（test-retest method）368
同化（assimilation）43, 115
同卵孿生子（identical twins）116
同時效度（concurrent validity）376
同時處理（simultaneous processing）116
同理心（empathy）66, 194
同儕團體（peer group）100
合作的道德（morality of cooperation）61
合作遊戲（cooperative play）81
合作學習（cooperative learning）202
因果關係思考（cause-effect thinking）273
因素分析（factor analysis）107, 147, 377
回復記憶（reminscence）256
回溯研究法（retrospective research method）19
地區性常模（local norm）378
多元文化教育（multi-culture education）130
多因素理論（multiple-factor theory）108
多重特質、多重方法矩陣（multitrait-multimethod matrix）377
多基準線設計（multiple-baseline design）27
字鈎法（peg-word method）250
存在主義（existentialism）190
安置性評量（placement evaluation）366
年級常模（grade norm）379
年齡常模（age norm）121, 379
成長需求（growth needs）223
成就動機（achievement motivation）227
成就測驗（achievement test）365
早期療育（early intervention）317
有效論證（valid argument）277
次序量尺（ordinal scale）369
次要特質（secondary trait）147
次級文化（subculture）100
次級需求（secondary need）217
次級增強作用（secondary reinforcement）173
次級增強物（secondary reinforcer）173

死的本能（death instinct）189
百分位數（percentile）121, 122, 379
百分位數常模（percentile norm）380
百分等級（percentile rank）121, 122, 379
自我一致性（self congruence）225
自我中心主義（egocentrism）46, 76
自我肯定（self-assertive）142, 154
自我接納（self-acceptance）142
自我理論（self theory）224
自我統合（self-identity）99, 327
自我統合危機（self-identity crisis）99
自我發現學習（self-discovery learning）226
自我實現（self-actualization）14, 193
自我認同（ego identity）57
自我價值理論（self-worth theory）233
自我調整（self-regulation）181
自我應驗預言（self-fulfilling prophecy）134
自我歸因理論（self-attribution theory）230
自我觀念（self-concept）91, 98, 142
自律性道德（autonomous morality）61
自閉症（autism）316
自陳量表（self-report inventory）143, 150
自發性恢復（spontaneous recovery）160
自變項（independent variable）21, 29
舌尖現象（tip-of-tongue phenomenon, TOT）246
行為改變（behavior modification）16
行為塑造（behavior shaping）16, 154, 172
作決定（decision making）279
伯麥克原理（Premack principle）175
利他能（Ritalin）306
利社會行為（pro-social behavior）79
序列位置效應（serial position effect）247
序列處理（sequential processing）116
形式訓練（formal discipline）264
形式運思期（formal operational stage）47, 96, 116
形成性評量（formative evaluation）366
折半法（split-half method）371
折半信度（split-half reliability）371
投射技術（projective technique）150
沙寶邁（thalidomide）318
系統抽樣（systematic sampling）30
系統減敏感法（systematic desensitization）153
良好結構問題（well-structured problems）282
角色扮演（role playing）197, 237
角色取替（role taking）66
角色混淆（role confusion）58, 100, 327
角色認可（role identity）100
走步反射（stepping reflex）71
事件取樣（event sampling）36
事件記憶（episodic memory）246
依附關係（attachment relationship）79
依變項（dependent variable）21, 29
兒童肥胖症（childhood obesity）74
兩極向度（bipolar dimension）145
兩難困境（moral dilemmas）62
具體運思期（concrete operational stage）47, 115
典型表現評量（typical performance evaluation）365
刻板印象（stereotype）83, 130
刺激辨別（stimulus discrimination）161
刺激類化（stimulus generalization）161
制約反應（conditioned response, CR）159
制約刺激（conditioned stimulus, CS）159
協同教學（team teaching）201
受試者間（between subjects）27
命題推理（propositional reasoning）97
固定比率（fixed-ratio schedule）174
固定時距（fixed-interval schedule）174
定程式思考（algorithmic thinking）273
性向（aptitude）11, 105
性向測驗（aptitude test）365
性別角色（gender role）136
性別保留概念（gender conservation）83

性別配合行為（gender typed behaviors）83
性別偏見（gender bias）140
性別認同（gender identity）83
性格（character）144
抽象性智力（abstract intelligence）108
抽樣調查（sampling survey）30
放任式（laisser-faire）349
明確問題（well-defined problems）282
注意力缺陷過動症（attention deficit hyperactivity disorder, ADHD）305
爭論性問題（issued problems）282
物體恆存性（object permanence）45
直覺思考（intuitive thinking）75
直觀教學法（intuitional instruction）9
知識獲得（knowledge acquisition）114
知覺自我（perceived self）194
社會性動機（social motivation）218
社會性智力（social intelligence）108
社會契約取向（social contract orientation）64
社會計量法（sociometric method）33
社會評定（socio-metric rating）391
社會經濟地位（social economic status, SES）3, 118
社會認知理論（social cognitive theory）54
社會學習（social learning）16
社會學習理論（social learning theory）55, 179
肢體語言（body language）330
肯德爾和諧係數（Kendall coefficient of concordance）372
初始效應（primacy effect）247
表面特質（surface trait）147
長期記憶（long-term memory, LTM）110, 242, 246
阿茲海默症（Alzheimer's disease，簡稱 AD）259
青少年（adolescence）69, 94
青少年犯罪（juvenile delinquency）101
青春期（puberty）87, 94
非因果關係思考（noncause-effect thinking）273
非制約反應（unconditioned response, UCR）159
非制約刺激（unconditioned stimulus, UCS）159
非參與觀察者（non-participant observer）35
非理性的決定（irrational decision）280
非結構性觀察（unstructured observation）35
信度（reliability）368
前習俗道德期（pre-conventional level of morality）62, 327
前運思期（pre-operational stage）45, 74, 115
前導組體（advance organizer）248
垂直思考（vertical thinking）272
垂直遷移（vertical transfer）262
客觀測驗（objective test）383
建構主義（constructivist）44
建構性遊戲（constructive play）81
建構效度（construct validity）376
後習俗道德期（post-conventional level of morality）64, 328
後設認知技巧（meta cognition skills）181
恆存性概念（conservation concept）75
拼圖法（jigsaw method）204
流暢性（fluency）288
流體智力（fluid intelligence）111, 271
相互抑制（reciprocal inhibition）155, 358
相對功力取向（instrumental-relativist orientation）63
相關法（correlation method）20
衍生性動機（secondary motivation）218
負面思考（negative thinking）272
負增強作用（negative reinforcement）172
負增強物（negative reinforcer）172
負遷移（negative transfer）262
軌跡法（method of loci）249
倒返設計（reversal design）24
倒攝抑制（retroactive inhibition）256
倡導（initiating）350
個人神話（personal fable）99

個別差異（individual difference）127
個案研究法（case study method）32
個案研討會議（case conference）34
原始分數（raw score）120, 378
原始反射（primitive reflex）71
原始性動機（primary motivation）218
原始增強作用（primary reinforcement）173
原始增強物（primary reinforcer）173
唐氏症（Down syndrome）300
夏山學校（Summerhill School）14, 199
恐懼失敗（fear of failure）227
恐懼成功（fear of success）227
效果律（law of effect）11, 167, 220
效度（validity）375
效標關聯效度（criterion related validity）375
時間抽樣（time sampling）36
核心家庭（nuclear family）131
消弱（extinction）160, 220
特殊因素（specific factor，簡稱 S 因素）107
特殊能力（special ability）105
特殊團體常模（special group norm）379
特殊遷移（specific transfer）263
班級經營（classroom management）325
真正分數（true score，簡稱T）374
真正實驗（true experiment）22
真實自我（real self）225
真實評量（authentic evaluation）389
破碎家庭（broken home）131
紙筆測驗（paper-pencil test）388
記憶扭曲（memory distortion）247
記憶痕跡（memory trace）256
記憶術（mnemonic）249
訊息處理（information processing）13, 42, 279
迷思概念（misconception）284
迷籠（puzzle box）11, 165
迴避學習（avoidance learning）172
逃離學習（escape learning）172
高峰經驗（peak experience）193
高層次制約（high-order conditioning）161
假設性的概念（hypothetical concept）214
假設演繹推理（hypothetical-deductive reasoning）47, 97
假設檢驗（hypothetical testing）96, 283
健忘症（amensia）259
側面圖（profile）109
動態評量（dynamic evaluation）390
動機（motivation）16, 213
動機性遺忘（motivated forgetting）259
參與觀察者（participant observer）35
問卷調查（questionnaire survey）29
基本需求（primary need）217
基模（schema）43, 114
專心複誦（elaborative rehearsal）247
常模（norm）120, 377
常模參照評量（norm-referenced evaluation）367
強迫性行為（compulsive behaveior）216
從做中學習（learning by doing）11
情意評量（affective evaluation）391
情境記憶法（contextual facilitation method）255
情緒智力（emotional intelligent, EQ）101, 197, 305
捷徑式思考（heuristic thinking）273
推理（reasoning）275
教學評量（teaching evaluation）361
教學機（teaching machine）12, 178
啟智方案（Head Start Program）84
敘述法（descriptive method）18
晤談（interview）151
理性主義（rationalism）8
理想自我（ideal self）144, 194, 225
現實自我（actual self）144
現實治療（reality therapy）358
異卵孿生子（fraternal twins）116

組合型智力（componential intelligence）114
組合推理（combinatorial reasoning）97
習俗道德期（conventional level of morality）63, 327
習得性動機（learned motivation）218
習得無助感（learned helplessness）134, 216
規則性遊戲（game with rules）81
連結主義（connectionism）166
連續增強（continuous reinforcement）173, 235
部分增強（partial reinforcement）173, 235
陳述性記憶（declarative memory）246
最大表現評量（maximum performance evaluation）365
創造（creativity）287
單向視幕（one-way screen）35
單獨遊戲（solitary play）81
單親家庭（single parent families）131
場地依賴（field dependent）285
場地獨立（field independent）285
尋求認可取向（good boy-good girl orientation）63
提名技術（nominating technique）391
斯布公式（Spearman-Brown formula）371
斯皮爾曼等級相關（Spearman rank correlation）369, 372
普通因素（general factor，簡稱 G 因素）107
普通能力（general ability）105
普通能力測驗（general ability test）119
普遍倫理取向（universal ethical orientation）64
晶體智力（crystallized intelligence）111, 271
智力三元論（triarchic theory of intelligence）113
智力商數（intelligence quotient, IQ）121, 299
智力測驗（intelligence test）119
智力結構理論（structure of intellect theory）109
替代學習（vicarious learning）179, 181
期望與價值理論（theory of expectancy and value）233
游泳反射（swimming reflex）71
測量標準誤（standard error of measurement，簡稱 SEM）374
無效論證（invalid argument）277
無結構性晤談（unstructured interview）151
無結構問題（ill-structured problems）282
無關干擾變項（extraneous variable）21
短期記憶（short-term memory, STM）110, 242, 245
程序性記憶（procedural memory）246
等值係數（coefficient of equivalence）370
等距量尺（interval scale）368
結構性晤談（structured interview）151
結構性觀察（structured observation）35
評分者法（scorer method）371
評分者信度（scorer reliability）372
評量（evaluation）18, 362
診斷性評量（diagnostic evaluation）366
超常記憶（hypermensia）256
量化分析（quantitative analysis）29
量的改變（quantitative changes）42
開放教育（open education）14, 199
開放教室（open classroom）199
間歇性增強（intermittent reinforcement）173
集中練習（mass practice）248
順攝抑制（proactive inhibition）256
亂數表（random table）30
感官收錄（sensory registers）244
感官記憶（sensory memory）242, 244
感覺動作期（sensory-motor stage）44, 115
慎思型（reflective style）285
新法考試（new-type examination）381, 383
新近效應（recency effect）247
概念形成（concept formation）271
概念性定義（conceptual definition）104
準備律（law of readiness）11, 167
準備期（preparative stage）289
準實驗（quasi experiment）22
經驗主義（empiricism）8

經驗型智力（experiential intelligence）114
肆應型智力（contextual intelligence）113
群因素理論（group factor theory）108
腦力激盪（brain storming）293, 331
解決問題（problem solving）281
解碼（decoding）243, 254
試探性實驗（exploratory experiment）22
資賦優異（giftedness）302
運作記憶（working memory）245
過度學習（over learning）247
隔離（time out）154, 177, 354
雷斯多夫效應（Restorff effect）247
電腦輔助教學（computer-assisted instruction, CAI）178
零合（zero sum）274
預測效度（predictive validity）376
匱乏需求（deficiency needs）223
厭食症（anorexia nervosa）95
嘗試與錯誤（trial-and-error）282
嘗試與錯誤學習（trial-and-error learning）45, 166
團體研究（group investigation）204
實地實驗（field experiment）21
實作評量（performance evaluation）389
實得分數（obtained score，簡稱 X）374
實驗法（experimental method）21
實驗室實驗（laboratory experiment）21
對抗平衡法（counterbalance）28
態度（attitude）218
演繹法（deduction）18
演繹推理（deductive reasoning）90, 276
精神官能症（psychoneurosis）186
精密性（elaboration）289
精熟（mastery）367
精熟學習（mastery learning）266
聚斂性思考（convergent thinking）110, 271, 272
語言心理學（psycholinguistics）13
語言習得機制（language acquisition device, LAD）54
語意記憶（semantic memory）246
認同（identification）99
認知（cognition）12
認知失調理論（cognitive dissonance theory）153
認知型式（cognitive style）285
認知結構（cognitive structure）43
誤差分數（error score，簡稱 e）374
誘因（incentives）215
需求（need）214, 217
需求層次理論（need-hierarchy theory）195, 223
領悟（insight）289
增強（reinforce）220
增強作用（reinforcement）53
增強物（reinforcer）171
影像記憶（iconic memory）244
憂鬱症（depression）101
標準九（stanine）380
標準分數（standard score）122, 380
標準差（standard deviation，簡稱 SD）387
標準參照評量（criterion-referenced evaluation）367
模仿（modeling）54, 179
潛伏期（latency period）92
潛在意識（unconscious）189
潛在課程（hidden curriculum）345
潛能（potentiality）11, 105
潛源特質（source trait）148
獎賞（reward）355
練習律（law of exercise）11, 167
編序教學（programmed instruction）178
編序學習（programmed learning）12
編碼（encoding）243
衝動型（impulsive style）285
複本（equivalent forms or parallel forms）370
複本法（equivalent-forms method）370
複本信度（alternate-form reliability）370

複誦（rehearsal）245
課程效度（curricular validity）375
調適（accommodation）43, 115
論文式考試（essay examination）381
質性分析（qualitative analysis）29, 35
質的改變（qualitative changes）42
輟學（dropout）100
餘音記憶（echoic memory）244
墨洛反射（Moro reflex）71
器質性健忘症（organic amensia）259
學生小組成就區分法（Student Team-Achievement Divisions, STAD）203
學習（learning）157
學習風格（learning style）16, 201
學習動機（motivation to learn）219
學習障礙（learning disability）305
學習遷移（transfer of learning）11, 17, 167, 261
學術性向測驗（academic aptitude test）119
學業性向測驗（scholastic aptitude test）119
學齡前兒童（preschool children）72
導向思考（directive thinking）272
操作制約（operant conditioning）11
操作性定義（operational definition）23, 104
操弄（manipulate）21
橫斷後續研究法（cross-sequential research method）19
橫斷研究法（cross-sectional research method）19
獨創性（originality）288
積差相關係數（coefficient of correlation）20
輻合效度（convergent validity）377
辨別效度（discriminant validity）377
遵守法律規範取向（law and order orientation）63
遺忘（forgetting）16, 256
隨機分派（random assignment）22
隨機化（randomization）28
戲劇性遊戲（dramatic play）81
檔案評量（portfolio evaluation）389
檢核表法（checklist method）250, 294
檢索（retrieval）243
獲得（acquisition）160
總結性評量（summative evaluation）366
縱貫研究法（longitudinal research method）19
聯合遊戲（associative play）81
聯想思考（associative thinking）272
豁朗期（illumination stage）289
避罰服從取向（punishment-obedience orientation）62
醞釀期（incubational stage）289
鎂光燈記憶（flashbulb memory）247
叢集（chunk）253
叢集抽樣（cluster sampling）31
擴散性思考（divergent thinking）110, 271, 273
歸因（attribution）229
歸納法（induction）18
歸納推理（inductive reasoning）276
簡單隨機抽樣（simple random sampling）30
職能治療（occupational therapy）319
藏圖測驗（embedded figure test）285
轉移性問題（transitivity problem）48
轉換理論（theory of transposition）264
離差智商（deviation IQ）122, 380
雙向細目表（two-way specification table）381
雙因素理論（two-factor theory）107
雙語（bilingual）78
懲罰（punishment）177, 353
穩定與等值係數（coefficient of stability and equivalence）371
藥物上癮（drug addiction）101
關鍵字法（key-word method）249
關懷（consideration）350
類化理論（theory of generalization）264
類比推理（analogy reasoning）276
類別包含（class inclusion）47, 90

驅力（drive）214, 217
驅力減降理論（drive-reduction theory）220
孿生子研究（twin study）116
權威式（authoritarian）349
權變式（contingency）350
變異數分析（analysis of variables）30
變通性（flexibility）288
邏輯效度（logical validity）375
驗證性研究（confirmatory experiment）22
驗證期（verification stage）290
體態反射（postural reflex）71
鷹架（scaffolding）51
觀察法（observational method）34
觀察學習（observational learning）179

二、英漢索引

abstract intelligence（抽象性智力）108
academic aptitude test（學術性向測驗）119
acceleration program（加速學程）304
accommodation（調適）43, 115
achievement motivation（成就動機）227
achievement test（成就測驗）365
acquisition（獲得）160
actual self（現實自我）144
adolescence（青少年）69, 94
advance organizer（前導組體）248
affective evaluation（情意評量）391
age norm（年齡常模）121, 379
algorithmic thinking（定程式思考）273
alternate-form reliability（複本信度）370
alternative evaluation（另類評量）389
Alzheimer's disease，簡稱 AD（阿茲海默症）259
amensia（健忘症）259
analogy reasoning（類比推理）276
analysis of variables（變異數分析）30
anorexia nervosa（厭食症）95
aptitude test（性向測驗）365
aptitude（性向）11, 105
artificial intelligence（人工智慧）13
assimilation（同化）43, 115
associative play（聯合遊戲）81
associative thinking（聯想思考）272
attachment relationship（依附關係）79
attention deficit hyperactivity disorder, ADHD（注意力缺陷過動症）305
attitude（態度）218
attribution（歸因）229
authentic evaluation（真實評量）389
authoritarian（權威式）349
autism（自閉症）316
autonomous morality（自律性道德）61
avoidance learning（迴避學習）172
behavior modification（行為改變）16
behavior shaping（行為塑造）16, 154, 172
between subjects（受試者間）27
Big Five Trait Theory of Personality（五大人格特質理論）148
bilingual（雙語）78
biological motivation（生物性動機）218
bipolar dimension（兩極向度）145
body language（肢體語言）330
brain storming（腦力激盪）293, 331
broken home（破碎家庭）131
cardinal trait（主要特質）147
case conference（個案研討會議）34
case study method（個案研究法）32
cause-effect thinking（因果關係思考）273
central trait（中心特質）147
character（性格）144
checklist method（檢核表法）250, 294
childhood obesity（兒童肥胖症）74

chi-square test（卡方考驗）29
chronological age（生理年齡）121
chunk（叢集）253
class inclusion（類別包含）47, 90
classical conditioning（古典制約作用）159
classification（分類）90
classroom management（班級經營）325
cluster sampling（叢集抽樣）31
coefficient of correlation（積差相關係數）20
coefficient of equivalence（等值係數）370
coefficient of stability and equivalence（穩定與等值係數）371
cognition（認知）12
cognitive dissonance theory（認知失調理論）153
cognitive structure（認知結構）43
cognitive style（認知型式）285
combinatorial reasoning（組合推理）97
communication pressure（交流壓力）55
componential intelligence（組合型智力）114
compulsive behaveior（強迫性行為）216
computer-assisted instruction, CAI（電腦輔助教學）178
concept formation（概念形成）271
conceptual definition（概念性定義）104
concrete operational stage（具體運思期）47, 115
concurrent validity（同時效度）376
conditioned response, CR（制約反應）159
conditioned stimulus, CS（制約刺激）159
confirmatory experiment（驗證性研究）22
connectionism（連結主義）166
conservation concept（恆存性概念）75
consideration（關懷）350
consistency（一致性）368
construct validity（建構效度）376
constructive play（建構性遊戲）81
constructivist（建構主義）44
content validity（內容效度）375
contextual facilitation method（情境記憶法）255
contextual intelligence（肆應型智力）113
contingency（權變式）350
continuous reinforcement（連續增強）173, 235
conventional level of morality（習俗道德期）63, 327
convergent thinking（聚斂性思考）110, 271, 272
convergent validity（輻合效度）377
cooperative learning（合作學習）202
cooperative play（合作遊戲）81
correlation method（相關法）20
counterbalance（對抗平衡法）28
covariance analysis（共變數分析）27
creativity（創造）287
criterion related validity（效標關聯效度）375
criterion-referenced evaluation（標準參照評量）367
cross-sectional research method（橫斷研究法）19
cross-sequential research method（橫斷後續研究法）19
crystallized intelligence（晶體智力）111, 271
culture-fair test（文化公平測驗）107
curricular validity（課程效度）375
death instinct（死的本能）189
decibel（分貝）312, 346
decision making（作決定）279
declarative memory（陳述性記憶）246
decoding（解碼）243, 254
deduction（演繹法）18
deductive reasoning（演繹推理）90, 276
deficiency needs（匱乏需求）223
democratic（民主式）349
dependent variable（依變項）21, 29
depression（憂鬱症）101
descriptive method（敘述法）18
deviation IQ（離差智商）122, 380
diagnostic evaluation（診斷性評量）366

directive thinking（導向思考）272
discriminant validity（辨別效度）377
disequilibrium（失衡）43
distributed practice（分散練習）248
divergent thinking（擴散性思考）110, 271, 273
Down syndrome（唐氏症）300
dramatic play（戲劇性遊戲）81
drive（驅力）214, 217
drive-reduction theory（驅力減降理論）220
dropout（輟學）100
drug addiction（藥物上癮）101
dynamic evaluation（動態評量）390
early intervention（早期療育）317
echoic memory（餘音記憶）244
ectomorphy（外胚型）145
ego identity（自我認同）57
egocentrism（自我中心主義）46, 76
elaboration（精密性）289
elaborative rehearsal（專心複誦）247
embedded figure test（藏圖測驗）285
emotional intelligent, EQ（情緒智力）101, 197, 305
empathy（同理心）66, 194
empiricism（經驗主義）8
encoding（編碼）243
endomorphy（內胚型）145
enrichment program（充實學程）304
episodic memory（事件記憶）246
equivalent forms or parallel forms（複本）370
equivalent-forms method（複本法）370
error score，簡稱 e（誤差分數）374
escape learning（逃離學習）172
essay examination（論文式考試）381
evaluation（評量）18, 362
event sampling（事件取樣）36
existentialism（存在主義）190
experiential intelligence（經驗型智力）114
experimental method（實驗法）21
exploratory experiment（試探性實驗）22
external attribution（外在歸因）229
external locus of control（外在控制信念）230
external morality（他律性道德）61
extinction（消弱）160, 220
extraneous variable（無關干擾變項）21
extrinsic incentive（外在誘因）234
extrinsic motivation（外在動機）218, 226
extroversion（外向或外傾）144
factor analysis（因素分析）107, 147, 377
fear of failure（恐懼失敗）227
fear of success（恐懼成功）227
field dependent（場地依賴）285
field experiment（實地實驗）21
field independent（場地獨立）285
fixed-interval schedule（固定時距）174
fixed-ratio schedule（固定比率）174
flashbulb memory（鎂光燈記憶）247
flexibility（變通性）288
fluency（流暢性）288
fluid intelligence（流體智力）111, 271
forgetting（遺忘）16, 256
formal discipline（形式訓練）264
formal operational stage（形式運思期）47, 96, 116
formative evaluation（形成性評量）366
fraternal twins（異卵孿生子）116
functional fixedness（功能固著）284
functional play（功能性遊戲）81
functionalism（功能主義）10
game with rules（規則性遊戲）81
gender bias（性別偏見）140
gender conservation（性別保留概念）83
gender identity（性別認同）83
gender role（性別角色）136
gender typed behaviors（性別配合行為）83

general ability test（普通能力測驗）119
general ability（普通能力）105
general factor，簡稱 G 因素（普通因素）107
general transfer（一般遷移）263
giftedness（資賦優異）302
good boy-good girl orientation（尋求認可取向）63
grade norm（年級常模）379
group factor theory（群因素理論）108
group investigation（團體研究）204
growth needs（成長需求）223
growth spurt（生長陡增）94
hallo effect（月暈效應）382
Head Start Program（啟智方案）84
heuristic thinking（捷徑式思考）273
hidden curriculum（潛在課程）345
high-order conditioning（高層次制約）161
homeostasis（平衡）217
horizontal thinking（水平思考）272
humanism（人文主義）191
hypermensia（超常記憶）256
hypothetical concept（假設性的概念）214
hypothetical testing（假設檢驗）96, 283
hypothetical-deductive reasoning（假設演繹推理）47, 97
iconic memory（影像記憶）244
ideal self（理想自我）144, 194, 225
identical elements theory（共同元素理論）167, 263
identical twins（同卵孿生子）116
identification（認同）99
ill-defined problems（不明確問題）282
ill-structured problems（無結構問題）282
illumination stage（豁朗期）289
impulsive style（衝動型）285
incentives（誘因）215
incubational stage（醞釀期）289
independent variable（自變項）21, 29
individual difference（個別差異）127
induction（歸納法）18
inductive reasoning（歸納推理）276
information processing（訊息處理）13, 42, 279
initiating（倡導）350
innative theory（天賦理論）54
insight（領悟）289
instincts（本能）158, 215
instrumental-relativist orientation（相對功力取向）63
intelligence quotient, IQ（智力商數）121, 299
intelligence test（智力測驗）119
intermittent reinforcement（間歇性增強）173
internal attribution（內在歸因）229
internal consistency method（內部一致性法）371
internal locus of control（內在控制信念）230
interval scale（等距量尺）368
intervening variables（中介變項）214
interview（晤談）151
intrinsic incentive（內在誘因）234
intrinsic motivation（內在動機）218, 226
introspective method（內省法）11
introversion（內向或內傾）144
intuitional instruction（直觀教學法）9
intuitive thinking（直覺思考）75
invalid argument（無效論證）277
irrational decision（非理性的決定）280
irreversibility（不可逆性）77
issued problems（爭論性問題）282
jigsaw method（拼圖法）204
juvenile delinquency（青少年犯罪）101
Kendall coefficient of concordance（肯德爾和諧係數）372
key-word method（關鍵字法）249
knowledge acquisition（知識獲得）114
laboratory experiment（實驗室實驗）21
laisser-faire（放任式）349

language acquisition device, LAD（語言習得機制）54
latency period（潛伏期）92
lateral transfer（水平遷移）262
law and order orientation（遵守法律規範取向）63
law of effect（效果律）11, 167, 220
law of exercise（練習律）11, 167
law of readiness（準備律）11, 167
learned helplessness（習得無助感）134, 216
learned motivation（習得性動機）218
learning by doing（從做中學習）11
learning disability（學習障礙）305
learning style（學習風格）16, 201
learning together（一起學習）204
learning（學習）157
life instinct（生的本能）189
local norm（地區性常模）378
logical validity（邏輯效度）375
longitudinal research method（縱貫研究法）19
long-term memory, LTM（長期記憶）110, 242, 246
manipulate（操弄）21
mass practice（集中練習）248
mastery learning（精熟學習）266
mastery（精熟）367
maximum performance evaluation（最大表現評量）365
mean，簡稱 M（平均數）387
memory distortion（記憶扭曲）247
memory trace（記憶痕跡）256
mental ability（心理能力）105
mental age（心理年齡）121, 379
mental representation（心理表徵）243
mental retardation（心智遲緩）85, 299
mental set（心向作用）217, 285
mesomorphy（中胚型）145
meta cognition skills（後設認知技巧）181
method of loci（軌跡法）249
minority group（少數族群）128
misconception（迷思概念）284
mnemonic（記憶術）249
modeling（模仿）54, 179
moral dilemmas（兩難困境）62
morality of cooperation（合作的道德）61
Moro reflex（墨洛反射）71
motivated forgetting（動機性遺忘）259
motivation to learn（學習動機）219
motivation（動機）16, 213
multi-culture education（多元文化教育）130
multiple-baseline design（多基準線設計）27
multiple-factor theory（多因素理論）108
multitrait-multimethod matrix（多重特質、多重方法矩陣）377
national norm（全國性常模）378
need（需求）214, 217
need-hierarchy theory（需求層次理論）195, 223
negative reinforcement（負增強作用）172
negative reinforcer（負增強物）172
negative thinking（負面思考）272
negative transfer（負遷移）262
new-type examination（新法考試）381, 383
nominating technique（提名技術）391
noncause-effect thinking（非因果關係思考）273
non-participant observer（非參與觀察者）35
norm（常模）120, 377
norm-referenced evaluation（常模參照評量）367
nuclear family（核心家庭）131
object permanence（物體恆存性）45
objective test（客觀測驗）383
observational learning（觀察學習）179
observational method（觀察法）34
obtained score，簡稱 X（實得分數）374
occupational therapy（職能治療）319
one-way screen（單向視幕）35

open classroom（開放教室）199
open education（開放教育）14, 199
operant conditioning（操作制約）11
operational definition（操作性定義）23, 104
ordinal scale（次序量尺）369
organic amensia（器質性健忘症）259
originality（獨創性）288
over learning（過度學習）247
palm grasping reflex（手掌抓握反射）71
paper-pencil test（紙筆測驗）388
parallel play（平行遊戲）81
partial reinforcement（部分增強）173, 235
participant observer（參與觀察者）35
peak experience（高峰經驗）193
Pearson product-moment correlation（皮爾遜積差相關）368
peer group（同儕團體）100
peg-word method（字鈎法）250
perceived self（知覺自我）194
percentile norm（百分位數常模）380
percentile rank（百分等級）121, 122, 379
percentile（百分位數）121, 122, 379
performance evaluation（實作評量）389
personal fable（個人神話）99
physiological motives（生理性動機）218
placement evaluation（安置性評量）366
portfolio evaluation（檔案評量）389
positive regard（正向關懷）224
positive reinforcement（正增強作用）172
positive reinforcer（正增強物）172
positive thinking（正面思考）272
positive transfer（正遷移）261
post-conventional level of morality（後習俗道德期）64, 328
postural reflex（體態反射）71
potentiality（潛能）11, 105
pre-conventional level of morality（前習俗道德期）62, 327
predictive validity（預測效度）376
Premack principle（伯麥克原理）175
pre-operational stage（前運思期）45, 74, 115
preparative stage（準備期）289
preschool children（學齡前兒童）72
primacy effect（初始效應）247
primary characteristics（主要的性特徵）326
primary motivation（原始性動機）218
primary need（基本需求）217
primary reinforcement（原始增強作用）173
primary reinforcer（原始增強物）173
primitive reflex（原始反射）71
proactive inhibition（順攝抑制）256
problem solving（解決問題）281
procedural memory（程序性記憶）246
profile（側面圖）109
programmed instruction（編序教學）178
programmed learning（編序學習）12
projective technique（投射技術）150
propositional reasoning（命題推理）97
pro-social behavior（利社會行為）79
psycholinguistics（語言心理學）13
psychological motivation（心理性動機）218
psychological testing（心理測驗）150
psychoneurosis（精神官能症）186
psychosocial development（心理社會發展）55
psychosocial theory（心理社會理論）79, 91
puberty（青春期）87, 94
punishment（懲罰）177, 353
punishment-obedience orientation（避罰服從取向）62
puzzle box（迷籠）11, 165
Pygmalion effect（比馬龍效應）352
qualitative analysis（質性分析）29, 35
qualitative changes（質的改變）42

quantitative analysis（量化分析）29
quantitative changes（量的改變）42
quasi experiment（準實驗）22
questionnaire survey（問卷調查）29
random assignment（隨機分派）22
random table（亂數表）30
randomization（隨機化）28
ratio intelligence quotient（比率智商）121
ratio scale（比率量尺）368
rationalism（理性主義）8
raw score（原始分數）120, 378
real self（真實自我）225
reality therapy（現實治療）358
reasoning（推理）275
recency effect（新近效應）247
reciprocal inhibition（相互抑制）155, 358
reflective style（慎思型）285
reflex movement（反射動作）71
rehearsal（複誦）245
reinforce（增強）220
reinforcement（增強作用）53
reinforcer（增強物）171
reliability（信度）368
reminscence（回復記憶）256
Restorff effect（雷斯多夫效應）247
retrieval（檢索）243
retroactive inhibition（倒攝抑制）256
retrospective research method（回溯研究法）19
reversal design（倒返設計）24
reversibility（可逆性）46, 77
reward（獎賞）355
Ritalin（利他能）306
role confusion（角色混淆）58, 100, 327
role identity（角色認可）100
role playing（角色扮演）197, 237
role taking（角色取替）66
sampling survey（抽樣調查）30
scaffolding（鷹架）51
schema（基模）43, 114
scholastic aptitude test（學業性向測驗）119
school phobia（上學恐懼症）17, 186
scorer method（評分者法）371
scorer reliability（評分者信度）372
secondary motivation（衍生性動機）218
secondary need（次級需求）217
secondary reinforcement（次級增強作用）173
secondary reinforcer（次級增強物）173
secondary trait（次要特質）147
second-order conditioning（二層次制約）161
self congruence（自我一致性）225
self theory（自我理論）224
self-acceptance（自我接納）142
self-actualization（自我實現）14, 193
self-assertive（自我肯定）142, 154
self-attribution theory（自我歸因理論）230
self-concept（自我觀念）91, 98, 142
self-discovery learning（自我發現學習）226
self-fulfilling prophecy（自我應驗預言）134
self-identity crisis（自我統合危機）99
self-identity（自我統合）99, 327
self-regulation（自我調整）181
self-report inventory（自陳量表）143, 150
self-worth theory（自我價值理論）233
semantic memory（語意記憶）246
semi-structured interview（半結構性晤談）151
sensory memory（感官記憶）242, 244
sensory registers（感官收錄）244
sensory-motor stage（感覺動作期）44, 115
sequential processing（序列處理）116
serial position effect（序列位置效應）247
short-term memory, STM（短期記憶）110, 242, 245
simple random sampling（簡單隨機抽樣）30

simultaneous processing（同時處理）116
single parent families（單親家庭）131
Skinner box（史金納箱）170
social cognitive theory（社會認知理論）54
social contract orientation（社會契約取向）64
social economic status, SES（社會經濟地位）3, 118
social intelligence（社會性智力）108
social learning theory（社會學習理論）55, 179
social learning（社會學習）16
social motivation（社會性動機）218
sociometric method（社會計量法）33
socio-metric rating（社會評定）391
solitary play（單獨遊戲）81
source trait（潛源特質）148
Spearman rank correlation（斯皮爾曼等級相關）369, 372
Spearman-Brown formula（斯布公式）371
special ability（特殊能力）105
special group norm（特殊團體常模）379
specific factor，簡稱 S 因素（特殊因素）107
specific transfer（特殊遷移）263
split-half method（折半法）371
split-half reliability（折半信度）371
spontaneous recovery（自發性恢復）160
standard deviation，簡稱 SD（標準差）387
standard error of measurement，簡稱 SEM（測量標準誤）374
standard score（標準分數）122, 380
stanine（標準九）380
stepping reflex（走步反射）71
stereotype（刻板印象）83, 130
stimulus discrimination（刺激辨別）161
stimulus generalization（刺激類化）161
stratified random sampling（分層隨機抽樣）30
structure of intellect theory（智力結構理論）109
structured interview（結構性晤談）151
structured observation（結構性觀察）35
Student Team-Achievement Divisions, STAD（學生小組成就區分法）203
subculture（次級文化）100
summative evaluation（總結性評量）366
Summerhill School（夏山學校）14, 199
surface trait（表面特質）147
survival reflex（生存反射）71
swimming reflex（游泳反射）71
Syllogism（三段論）276
systematic desensitization（系統減敏感法）153
systematic sampling（系統抽樣）30
teaching evaluation（教學評量）361
teaching machine（教學機）12, 178
team teaching（協同教學）201
Teams-Games-Tournaments, TGT（小組遊戲競賽）203
test-retest method（再測法）368
thalidomide（沙寶邁）318
the zone of proximal development, ZPD（可能發展區）51
theory of expectancy and value（期望與價值理論）233
theory of generalization（類化理論）264
theory of transposition（轉換理論）264
three dimensions（三層面）264
three-mountain experiment（三山實驗）76
time out（隔離）154, 177, 354
time sampling（時間抽樣）36
tip-of-tongue phenomenon, TOT（舌尖現象）246
token economy（代幣制）153, 358
transfer of learning（學習遷移）11, 17, 167, 261
transitivity problem（轉移性問題）48
trial-and-error learning（嘗試與錯誤學習）45, 166
trial-and-error（嘗試與錯誤）282
triarchic theory of intelligence（智力三元論）113
true experiment（真正實驗）22

true score，簡稱T（真正分數）374
twin study（孿生子研究）116
two-factor theory（雙因素理論）107
two-way specification table（雙向細目表）381
typical performance evaluation（典型表現評量）365
unconditioned response, UCR（非制約反應）159
unconditioned stimulus, UCS（非制約刺激）159
unconscious（潛在意識）189
universal ethical orientation（普遍倫理取向）64
unstructured interview（無結構性晤談）151
unstructured observation（非結構性觀察）35
valid argument（有效論證）277
validity（效度）375
varied-interval schedule（不固定時距）174
varied-ratio schedule（不固定比率）174
verification stage（驗證期）290
vertical thinking（垂直思考）272
vertical transfer（垂直遷移）262
vicarious learning（替代學習）179, 181
well-defined problems（明確問題）282
well-structured problems（良好結構問題）282
working memory（運作記憶）245
zero sum（零合）274

筆記欄

筆記欄

筆記欄

筆記欄

國家圖書館出版品預行編目（CIP）資料

教育心理學 / 葉重新著. -- 初版. --
臺北市：心理, 2011.08
面； 公分. -- （教育基礎系列；41213）

ISBN 978-986-191-455-8（平裝）

1. 教育心理學

521 100013356

教育基礎系列 41213

教育心理學

作　　者：葉重新
責任編輯：郭佳玲
總 編 輯：林敬堯
發 行 人：洪有義
出 版 者：心理出版社股份有限公司
地　　址：231026 新北市新店區光明街 288 號 7 樓
電　　話：(02) 29150566
傳　　真：(02) 29152928
郵撥帳號：19293172 心理出版社股份有限公司
網　　址：https://www.psy.com.tw
電子信箱：psychoco@ms15.hinet.net
排 版 者：辰皓國際出版製作有限公司
印 刷 者：辰皓國際出版製作有限公司
初版一刷：2011 年 8 月
初版六刷：2022 年 2 月
I S B N：978-986-191-455-8
定　　價：新台幣 450 元